니체

그의 삶과 철학

NIETZSCHE
THE MAN AND HIS PHILOSOPHY

NIETZSCHE
THE MAN AND HIS PHILOSOPHY

니체

그의 삶과 철학

레지날드 J. 홀링데일 지음

김기복·이원진 옮김

북캠퍼스

니체 그의 삶과 철학 **특별보급판**

초판 1쇄 펴낸 날 2017년 8월 21일
초판 4쇄 펴낸 날 2023년 10월 30일

지은이   레지날드 J. 홀링데일
옮긴이   김기복·이원진

발행인   이원석
발행처   북캠퍼스
등 록   2010년 1월 18일(제313-2010-14호)
주 소   서울시 마포구 양화로 58 명지한강빌드웰 1208호
전화   070-8881-0037
팩스   02-322-0204
전자우편 bcampus@naver.com

편집   김지혜
디자인   책은우주다

ISBN   979-11-88571-05-5 03160

이 도서의 국립중앙도서관 출판예정도서목록(CIP)은 서지정보유통지원시스템 홈페이지 (http://seoji.nl.go.kr)와
국가자료공동목록시스템(http://www.nl.go.kr/kolisnet)에서 이용하실 수 있습니다.(CIP제어번호: CIP2018027042)

내가 가진 유형의 호기심은 단연코 가장 유쾌한 악덕이다. 잠깐! 내가 말하려고 한 것은, 진리에 대한 사랑은 천국에서 보상받는다는 것, 그리고 지상에서는 미리 보상받는다는 것이다.

- 『선악의 저편』 45절

차례

일러두기

1. 본문의 [ ]는 옮긴이가, 인용문의 [ ]는 저자가 덧붙인 내용이다.

2. 인용문의 고딕체는 콜리-몬티나리 판 전집에 있는 것을 따랐다.

3. 본문에서 책은 『』, 논문이나 짧은 글, 그리고 시는 「」, 정기 간행물은《》, 그 외 예술 작품은〈〉로 표시하였다.

4. 니체의 주요 저작은 다음과 같이 줄여 표기하였다. 이 외의 책들은 제목을 줄이지 않고 모두 표기하였다.

『비극의 탄생, 또는 그리스 문화와 염세주의』→『비극의 탄생』

『인간적인 너무나 인간적인. 자유 정신을 위한 책』→『인간적인 너무나 인간적인』

『아침놀. 도덕적 선입견들에 대한 사유』→『아침놀』

『차라투스트라는 이렇게 말했다. 만인을 위한, 그러나 어느 누구를 위한 것도 아닌 책』
→『차라투스트라는 이렇게 말했다』

『선악의 저편. 미래 철학을 위한 서곡』→『선악의 저편』

『도덕의 계보. 하나의 논박서』→『도덕의 계보』

『바그너의 경우. 한 악사의 문제』→『바그너의 경우』

『우상의 황혼, 또는 망치를 가지고 철학하는 방법』→『우상의 황혼』

『니체 대 바그너. 한 심리학자의 편지』→『니체 대 바그너』

『이 사람들을 보라. 어떻게 사람은 자기 자신이 되는가』→『이 사람을 보라』

5. 니체 저작을 인용할 때는 인용문 마지막의 괄호 안에 출처를 표시하였으며, 책 제목과 부, 장, 절 사이는 쉼표 없이 연결하였다.

6. 니체가 다닌 김나지움은 공식 명칭이 포르타 공립학교Landesschule Pforta이지만, 슐포르타Schulpforta로 불리기도 한다. 이 이름은 학교의 소재지인 슐포르테Schulforte(이전 이름은 슐포르타Schulpforta)에서 유래한다. 이 책에서는 "포르타"로 표기하였다.

7. 바그너의 작품〈Der Ring des Nibelungen〉은 "니벨룽의 반지"로 표기하였다. 국내에서는 "니벨룽엔의 반지" 또는 "니벨룽겐의 반지"로 표기되기도 하지만, 작품 맥락상 "니벨룽人" 혹은 "니벨룽 사람"의 반지라는 의미에 가깝다. 이런 식으로 표기하면 국내 관행과는 너무 동떨어져 잠정적으로 "니벨룽의 반지"로 표기하지만 추후 새로운 표기가 정착되면 수정을 약속한다. 이런 예로 괴테의『젊은 베르터의 고뇌』를 들 수 있는데, 작품 내용상 정확한 번역인 이 제목이 국내에서 서서히 정착되고 있다. 이에 대해서는 다음의 블로그에 자세한 설명이 있다. http://yoons_cha.blog.me/40103319862

8. 니체의 Übermensch는 국내에서 원음 그대로인 "위버멘쉬" 또는 "극복인"으로 번역되지만 독일어를 모르는 사람에게는 의미 전달이 쉽지 않다. 이 책에서는 "초인"으로 옮긴다.

서문

―

　초판의 서문에서 밝혔듯이, 이 책의 목적은 니체의 삶을 적절한 수준에서 간결하게 개괄하는 것이다. 마찬가지로 그의 철학도 삶의 일부로 간주하여 간결하게 설명할 것이다. 내가 이 책에서 말하려고 한 것은 니체의 삶과 사상의 본질적인 진행 과정이다.

　이번에 나는 이 책을 전체적으로 개정했다. 표현상의 오류를 바로잡았고, 오해의 여지가 있거나 시대에 뒤떨어졌다고 생각되는 몇몇 구절들을 삭제했으며, 이 책을 쓸 당시엔 사실이라고 생각됐으나 그 뒤 이어진 여러 연구를 통해 사실이 아니라고 밝혀진 것들을 수정했다. 그러나 본질적인 측면에서 이 책은 1965년에 출판된 책과 아무런 차이가 없다.

　제1판에 수록된 부록은 시대에 뒤떨어진 감이 있어 삭제했다. 대신 지난 35년 동안 니체의 작품을 출판하고, 수용하며 이해하는 데 일어난 변화를 매우 제한적으로 개관하는 후기를 추가했다(이 후기의 일부는 『국제적 철학 연구International Studies in Philosophy』 22권, 2부, 1990. 에서 먼저 출판됐다). 제1판의 참고문헌에는 ― 당연한 것이겠지만 ― 니체에 대한 이전 세대의 연구들이 수록되어 있다. 따라서 그것 역시 새롭게 바꿨다.

　이 책에 인용한 니체의 작품과 편지는 모두 1965년에 제1판을 내면서 새로 번역한 것이다. 작품에서 인용한 구절에는 작품 제목, 장 그리고(또는) 절이 표시되어 있다(이 체계는 니체 작품의 모든 판본에서 똑같다). 그리고 편지에서 인용한 구절에는 날짜를 표기하여, 서간집의 어느 판본에서도 이를 찾아볼 수 있도록 하였다.

런던에서

R.J. 홀링데일

I

Nietzsche
1844년~1869년

—

우리는 (···) 훌륭한 유럽인들이며, (···) 수천 년에 걸쳐 계승된 유럽 정신의 상속자들이다. 그러한 자들로서, 우리는 기독교를 벗어났다. 바로 기독교가 우리를 감당할 수 없었기 때문에, 그리고 우리의 선조들이 자신의 신앙을 위해서 재산과 생명, 지위와 국가를 기꺼이 희생한, 무자비한 성실성을 가진 기독교인들이었기 때문에. 우리도 이와 똑같이 하고자 한다. (『즐거운 학문』 377절)

—

▲ 1848년 경의 카를 루트비히 니체(니체의 아버지) ▼ 니체의 생가

1

어린 시절

프로테스탄트 목사가 독일 철학의 할아버지이다. (『안티크리스트』 10절)

- 1 -

니체가 그의 저서에서 내세운 주장들은 언제나 그가 어린 시절에 교육받은 기독교적 세계관과 현저하게 다르다는 인상을 준다. 이런 탓에 번번이 사람들은 그의 주장이 어린 시절의 기독교적 가정환경에 대한 격렬한 반항에 뿌리를 두고 있다고 생각했다. 그리고 더 나아가 그의 철학 전체를 기독교적 전통에 대한 치밀하게 계획된 반대에 불과하다고 간주하였다. 니체의 선조들은 17세기 초반부터 루터교 가문이었으며, 그의 아버지, 친할아버지 그리고 외할아버지도 모두 루터교 목사를 지냈다. 그는 다섯 살까지 아버지의 목사관에서 자랐고, 그 이후에도 종교적으로 경건한 가정에서 어린 시절을 보냈다. 사람들은 바로 이러한 사실들로부터 훗날 그에게서 나타나는 반종교적 태도를 설명하려고 한다. 하지만 이러한 설명은 다음과 같은 두 가지 측면에서 니체 사상의 뿌리를 설명하는 데 적합하지 않다. 첫째, 우리는 그의 사상과 기독교 사이의 차이를 지나치게 과장해서는 안 된다. 오늘날의 올바른 연구

경향은 그의 철학 안에 들어 있는 전통적인 요소를 중시하고, 그의 철학과 프로테스탄트적 탐구 전통(독일 철학 전체가 바로 이 전통의 일부라고 할 수 있다)이 맺는 밀접한 연관성을 강조하는 것이다. 둘째, 그의 철학이 조금도 비합리적이지 않다는 사실이 갈수록 설득력을 얻어감에 따라, 흔히 니체 사상의 특징이라고 간주되는 비합리성을 그의 어린 시절로 거슬러 올라가 설명해야 할 필요가 더는 없다고 할 수 있다. 니체의 사상이 자신의 어릴 적 가정환경에 대한 반항에 불과하다는 주장은, 그의 철학이 이성보다는 감성에 기초한 비합리적 철학이라는 사실을 전제로 한 것이다. 이런 주장을 하는 사람들은 기독교에 대한 그의 반항심을 근거로 그의 철학의 비합리성을 설명하려고 하며, 그 다음에는 다시 그의 철학의 비합리성을 근거로 기독교에 대한 반대에 따르는 폭력성과 급진성을 설명하고자 한다. 하지만 니체에 대한 이러한 통념적인 이미지는 수정이 불가피하게 되었다. 오늘날의 올바른 연구 경향은 반항의 요소를 (그의 작품 안에 분명 들어 있는 요소지만) 무시하는 것이며, 대신 그의 철학과 전통이 맺는 밀접한 연관을 강조하는 것이다.

니체의 작품을 좀더 신중하고 철저하게 연구하면 할수록, 작품의 외부에서 그것의 의미와 기원을 찾으려는 생각은 점차 없어지게 된다. 작품을 심리학적으로 설명해 버리거나 그것의 발생 기원을 종교적 원리를 엄격하게 따르는 가정환경에 대한 반항에서 찾을 필요를 더는 느끼지 않게 되었을 때에야, 니체가 자란 가정이 실제로 어떤 모습이었는지를 편견 없이 살펴볼 수 있다. 그리고 이때, 그의 가정에 대한 통념적인 이미지가 편견에 기초해 있다고 하는 사실이 분명해질 것이다. 분명, 니체의 가정은 종교적 원리를 따르는 가정이었다. 하지만 그 실제 분위기는 상당히 잘못 이해되었다. 외부인의 시각에서 볼 때, 루터교는 다른 어떤 것보다 영국 국교회와 닮아 보인다. 루터교는 근본주의적이거나 광신적이지 않으며, 도덕적 엄숙주의를 띠지도 않는다. 루터교는 독일의 문화와 교육의 역사에서 하나의 특별한 위치를 차지한다. 루터교 목사관에서 문화가 보존되고 발전해 온, 이른바 목사관 전통 Pfarrhaustradition은 독일 역사에서 지난 3백 년 동안 끊이지 않고 이어져 온 몇 안 되는 전통들 가운데 하나이다. 이 속에서 자란 사람들은 목사가 되든 안 되든 독일의 문화적이고 지적인 삶에서 두드러진 역할을 해 왔다. 프로테스탄트 목사가 독일 철학의 할아버지라고 썼을 때, 니체는 정확하게 진실을 말했던 것이다. 그의 집안은 전통적인 루터교 가정이었다. 의심의 여지없이 그는 그 안에서 행복했다. 게다가 그는 견디기 어려운 환경에 "반항"했다고는 한 번도 말한 적이 없다. 아버지와 어머니를 제외하고, 그의 어린 시절과 청소년 시절에 가장 많은 영향을 끼친 사람은 그의 외할아버지인 다비트 욀러 목사였다. 그와 그의 여동생은 많은 휴일을 외할아버지와 함께 보냈다. 욀러 목사는 사냥을 즐기는 구식 목사였다. 그는 큰 서재를 가지고 있었고, 음악에 재능이 있었다. 그의 목사관은 농장과 비슷했고, 평일에는 대부분 성직자라기보다는 한 사람의 농부처럼 생활했다. 그는 매우 건장한 신사였고 열한 명의 자녀를 두었으며, 일흔두 살에 평소와 다름없이 일을 하다가 죽었다. 그는 이를 테면 로렌스 스턴 정도의 신앙심을 가진 인물이라는 인상을 준다. 영국 국교회처럼 루터교도 하층 계급에게 사회적·문화적 신분 상승을 위한 몇 안 되는 길 가운데 하나를 제공했다. 니체의 선조들이 그런 길을 밟았다는 사실이 그들의 각별한 신앙심을 증명하는 것은 아니다(또는 신앙심과는 전혀 무관하다). 영어권 독자로서, 스위프트가 대성당의 사제장이 되고, 버클리가 주교가 될 수 있었으며, 심지어 스턴조차도 일자리를 잃지 않을 수 있었던 18세기의 영국 국교회를 떠올려 본다면, 니체가 자란 전통의 관용적인 분위기를 제대로 알 수 있을 것이다.

니체의 조상은 16세기까지 추적해 볼 수 있다. 알려져 있는 2백 명이 넘는 조상들은 모두 독일인이다. 그들 중 몇몇은 소작농이거나 농부였고(귀족은 한 명도 없다), 대부분은 모자 장수, 목수, 푸주한과 같은 소상인이었다. 한편, 18세기 무렵의 니체의 직계 선조들은 모두 루터교 신자들이었다.

니체의 할아버지 프리드리히 아우구스트 루트비히(1756년~1826년)가 가장 먼저 목사가 되었는데, 그는 주교에 해당하는 감목監牧의 위치에 올랐다. 프리드리히 아우구스트의 어머니 쪽 집안은 5대(1600년~1725년)에 걸쳐 루터교 목사를 배출했고, 그의 부인 쪽으로 보자면, 그녀의 아버지와 증조할아버지도 목사였다. 그는 프랑스 혁명기에 기독교 정신을 옹호하는 두 개의 논쟁적인 글을 썼다. 그리고 이 가운데 하나에서는 부제목을 통해 기독교 정신이 영원토록 계속될 것이라는 신념을 개진하였다. 이처럼 그의 주장은 니체와 다르지만, 거기에는 니체를 생각나게 하는 점이 있다. 전통이 위협받고 있다는 사실을 극단적으로 단언했다는 점에서 두 사람은 일치하며, 비록 할아버지에게서는 니체의 재치와 수사학적인 재기 발랄함이 나타나지 않지만 논쟁적인 방식으로 글을 쓴다는 점에서는 유사하다.[1]

프리드리히 아우구스트의 아들이자 니체의 아버지인 카를 루트비히 니체는 1813년에 태어났다. 처음부터 성직자가 될 몸이었던 그는 1842년에, 뤼첸 근처에 위치하고 있으며 미힐리츠와 보트펠트라는 작은 마을에 이웃하고 있는 뢰켄 마을의 목사가 되었다. 이듬해에 그는 거기서 한 시간 정도 떨어진 포블레스 마을의 목사의 딸 중 한 명과 결혼했다. 니체의 어머니 프란치스카 윌러는 윌러 목사의 열한 명의 아이들 가운데 여섯째였다. 그녀는 1826년에 태어나 열일곱 살에 니체 목사와 결혼했다. 그녀가 충분히 배우지는 못했다고 하지만, 많은 사실들이 그녀가 쾌활하고 사려 깊은 성격이었음을 말해 준다. 이것은 대수롭지 않은 미덕인 것 같지만, 그녀가 시집오기 전의 뢰켄 목사관에서는 이런 미덕을 찾아보기 힘들었다. 니체 목사의 관저는 농사를 짓고 사냥을 하는 윌러 목사의 관저보다 더 조용했다. 그곳은 과부였던 목사의 어머니의 영향력 아래 있었고, 목사의 이복 여동생들인 아우구스타와 로잘리가 함께 살고 있었다. 이들은 중년을 넘긴 괴짜들로서, 상냥하고 친절했으며, 미혼이었고 다소 신경과민 증세를 보였다. 그들은 사후에 "니체의 고모들"이라는 이름을 얻었으며, 몇몇 니체 연구자들은 니체의 모든 철학이 이들의 편협하고 낡은 사고방식에 대한 반작용이라고 생각했다.

갓 시집온 목사 부인은 가족들보다 훨씬 어렸기 때문에, 그녀는 친부모의 집에서 그다지 맘에 들지 않는 또 다른 부모의 집으로 옮겨 간 것처럼 여겼을 것이다. 그 집에서 그녀는 여주인이 되기는커녕 가장 어린 손아래 사람이었다. 아이들이 태어났을 때 그들은 가족의 어느 누구보다도 그녀와 같은 시대의 사람들이었다. 프란치스카 니체에 대해 우리가 알고 있는 모든 사실은 그녀가 매우 온화하고 인정 많은 사람이라는 것을 보여준다. 그녀는 아버지로부터 삶에 대한 사랑을 물려받았다. 그리고 그녀의 깊은 신앙심은 설교보다는 오히려 행동으로 표현하는 본능적인 것이었다. 그녀는 복음을 배운 누군가가 복음의 진실성을 진지하게 의심해 볼 수 있다고는 상상조차 하지 못하는 기독교인이었으며, 따라서 책에 쓰여 있을 뿐인 이교들을 관대하게 바라보는 사람이었다. 그래서 그녀가 실제로 아들과 불화를 일으킨 것은 아들이 이론적인 이교 사상을 행동으로 옮기려 한다고 생각했을 때뿐이었다.

니체가 사실 폴란드 귀족의 후손이라는 이야기는 니체의 선조들에 관한 지극히 간단한 이야기 속에 전적으로 불필요한 혼란을 만들어 냈다. "가문의 전설"에 따르면, 니체의 귀족 선조들은 가톨릭의 박해를 피해 고국에서 독일로 도망친 프로테스탄트들이었다는 것이다. 니체는 생애의 마지막까지 이런 이야기에 동의하였다. 그는 1888년에 게오르크 브란데스에게 다음과 같이 썼다. "나의 조상들은(니츠키^{Nietzky}라는 성^姓을 가진) 폴란드 귀족입니다. 그 형질은, 어머니들이 삼대째 독일인이었음에도 불구하고 잘 보존되어 온 것 같습니다." 그리고 다른 곳에서도, 특히 『이 사람을 보라』에서 그는 이 주장을 반복했다. 니체의 내력과 관련해 그가 직접 말한 것만을 알고 있었던 브란데스는 니체의 부고에서 이 이야기를 반복함으로써 널리 퍼뜨렸다. 바이마르에 있는 니체 문서보관소의 관리인이었던 막스 욀러는 니체의 동시대인들이 모두 미심쩍어 했던 그 이야기가 사실이 아니라는 것을 증명했다. 욀러는 니체의 2백 명의 조상들을 추적하여, 그들뿐 아니라 그 부인들의 가족들까지도 모두 독일인임을 입증했다. 리하르트 블룽크에 따르면,[2] 니츠키^{Nietzky}는 폴란드 성^姓이 아니며, 반면 니체^{Nietzsche}는 그 어형이나 동족 어형(Nitsche, Nizke 등) 모두 중부 독일 전체에 걸쳐 퍼져 있는 아주 평범한 성이다. 많은 평범한 성처럼, 니체도 평범한 이름에서 파생한다. 이 경우, 니콜라우스^{Nikolaus}(니콜라스^{Nicholas})가 닉^{Nick}으로 축약되고, 슬라브어 니취^{Nitz}(니취^{Nitsch}라고 발음되는)와 동화되어 니체^{Nitsche}가 되고, 그 다음에 니체^{Nietzsche}가 되었다. 니체가 자신의 조상에 대해 어떤 조사도 하지 않았음은 분명하다. 그리고 "어머니들이 삼대째 독일인이었다"는 그의 언급은 순전히 꾸민 이야기인 것 같다. 니체가 자신의 루터교 목사 가문이 폴란드 귀족의 후손이라고 믿고 싶어 한 이유를 확실히 밝힐 수는 없으나, 내 느낌으로는 귀족보다 폴란드인으로 생각되길 원했던 것 같다. 말하자면 그가 그 전설을 퍼뜨린 것은, "유럽의 평평한 땅"이자, "자신들의 양심에 따라 (…) 지난 4세기 동안 문화에 반ᅑ하는 모든 거대한 범죄"(『이 사람을 보라』「바그너의 경우」 2절)를 저지른 국가인 독일에 반대하는 운동의 일부였던 것이다. 게다가 그 독일인들은 『인간적인 너무나 인간적인』이 출판된 첫 해에, 그 책을 단지 170부만 구입했으며, 『차라투스트라는 이렇게 말했다』의 1, 2, 3부가 각각 출판됐을 때의 반응도 너무나 냉담해서 어떤 출판업자도 4부를 출판하는 위험을 무릅쓰려고 하지 않을 정도였다. 『인간적인 너무나 인간적인』 이후 1888년까지 10년 동안 그가 생산한 일련의 작품들은 모든 점에서 그를 당대의 독일 문학과 철학에서 지도적인 인물로 자리 잡게 하기에 충분했으나, 실제로 그런 일은 일어나지 않았다. 그는 침묵과 무관심에 맞닥뜨렸다. 이러한 대우에 대한 그의 정당한 분노는 그가 제정신을 유지하던 마지막 해에 가서는 맹목적이고 불합리한 증오로 변했다. 그는 그때 독일 민족에 대해 오직 그들의 범죄만을 인정하려 했다. 그는 말했다. 누구도 하이네와 자신만큼 훌륭하게 독일어를 쓴 사람은 없다고. 그런데 하이네는 유대인이고 자신은 폴란드인이라고.

2

니체는 1844년 10월 15일에 뢰켄에서 태어났다. 그날은 니체 목사가 가장 존경했던 당시 프로이센의 왕 프리드리히 빌헬름 4세의 생일이기도 하여, 니체 목사는 그 왕의 이름을 본떠 아들의 이름을 프리드리히 빌헬름이라고 지었다. 목사와 프란치스카 니체는 그 후 아이를 두 명 더 낳았는데, 딸 엘리자베트는 1846년 6월 10일에 태어났고 둘째 아들 요제프는 1848년 2월에 태어났으나 어릴 때 죽었다.

어린 프리츠(니체의 애칭 – 옮긴이)가 생애 첫 다섯 해를 보낸 목사관은 마을의 중심부에 위치해 있었다. 사방에 농장들이 자리 잡고 있었으며, 목사관 자체도 일종의 농장이어서, 뒤에는 과수원이 있고 앞에는 농지가 펼쳐져 있었다. 농지 너머에는 꽃밭이 있었으며, 그 너머에는 울타리를 사이에 두고 아이에게는 천국과도 같은 곳이 자리 잡고 있었다. 물고기가 가득한, 버드나무로 둘러싸인 네 개의 연못이 그곳이었다. 그는 여름 내내 대부분의 시간을 여기에서 보냈다. 가장 가까운 도시는 30분 거리에 있는 뤼첸이었는데, 그곳은 매우 인적이 뜸한 곳이었고 일 년에 한 번씩 장이 열릴 때만 활기를 띠었다. 그때 그곳에 가는 것이 대다수 뢰켄 주민들이 일 년 중 마을을 떠나는 유일한 경우였다. 옛 동독의 작센안할트 주州에 있는 이 도시는 지금도 여전히 작은 곳이지만, 니체 시대에는 완전히 농촌 지역이었고 주변 마을에 시장과 "자본"을 제공했다.

1848년과 1849년에 일어난 혁명이 뢰켄 지역에는 아무런 흔적도 남기지 못했다는 사실을 굳이 말할 필요는 없을 것이다. 니체는 「나의 삶」[3] 이라는 글에서, 환호하는 사람들을 태운 마차들이 깃발을 휘날리며 목사관을 지나가는 것을 보았으며, 그들을 반역자로 생각했다고 적었다.

니체 목사는 그 반란을 자신이 경애해 마지않던 왕에게 야비하게 배은망덕하는 행위라고 비난했다고 알려져 있다. 이것은 1849년 5월에 드레스덴의 반란에 참여한 바그너가, 자신을 궁정 오페라 하우스의 지휘자로 임명함으로써 가난에서 구해 준 작센의 왕에게 배은망덕했다는 이유로 고소당한 사실을 연상시킨다.

그러나 이런 모든 것들은 어린 프리츠와는 전혀 관계가 없었다. 아무런 사건도 일어나지 않는 생활, 바뀌는 것이라고는 날씨뿐인 변함없이 흘러가는 나날들, 영원히 지속될 것 같은 확고한 가정, 유년기는 대개 이런 것들로 이루어지며, 니체도 네 살까지 그런 환경에서 지냈다. 그리고 니체 목사가 병이 들어 서른여섯 살의 나이로 죽으면서 이 목가적인 생활은 끝이 났다. 아버지의 죽음은 아마도 니체의 인생에서 결정적인 사건이었을 것이다. 훗날 그를, 자신을 비롯한 다른 어느 누구의 가정에도 정착할 수 없게끔 만든 원인을 이것 말고는 찾을 수 없기 때문이다. 니체의 삶을 전체적으로 바라볼 때, 그의 가족이나 선조들이 국가 내의 한 지역에 완전히 정착해서 살았던 것과는 달리, 그가 끊임없이 떠돌아다녔다는 사실만큼 사람들에게 깊은 인상을 주는 것은 없다. 열렬하게 민족주의적이며 확고히 정착한 가문의 아들인 그는 뿌리 잃은 세계주의자가 되었다. 종종 그래왔듯이, 그 이유를 훗날 그를 괴롭혔던, 나쁜 건강 때문이라고 설명하는 것은 그다지 설득력이 없다. 아픈 사람은 건강한 사람보다 여행이나 불안정한 가정을 더 꺼리기 때문이다. 그러나 니체는 자신을 특정한 곳에 묶어 둘지도 모를 모든 구속을 마치 본능에 따르듯이 피해갔다. 그는 결코 결혼하지 않았고, 스스로 아버지가 되지도 않았으며, 대부분의 사람들, 심지어 가장 뛰어난 사람에게도 안정적인 삶의 토대를 제공해 주는 이러한 제도들과 연관되는 것을 피했다. 이런 사실을, 어릴 적에 겪은 갑작스럽고도, 틀림없이 그에게 비극적이었을 가정의 붕괴로 설명하는 것은 너무 작위적일까?

니체는 아버지를 열렬히 사랑했고, 그를 잃은 충격은 깊었다. 그의 글 「나의 삶」 속에는 그가 간직하고 있던 아버지의 모습과, 아버지의 병과 죽음을 지켜보는 아들의 불안한 감정들이 기록되어 있다. 이 글에 따르면, 니체 목사는 "시골 목사의 완벽한 전형"이다.

> 영혼과 따뜻한 마음을 타고났으며, 기독교인의 모든 미덕을 갖춘 그는 평화롭고 단순하며 행복한 삶을 살았고, 그를 알았던 모든 사람으로부터 사랑과 존경을 받았다. 그의 훌륭한 예의범절과 명랑한 기질은 그가 초대를 받은 많은 사교 모임을 더욱 빛나게 만들었다. 그는 독서와 음악으로 여가 시간을 보냈으며, 피아니스트로서 특히 자유 변주곡을 연주할 때는 뛰어난 솜씨를 발휘했다. (다시 말해, 즉흥 연주에 탁월했다. 니체도 그랬다.)

1861년에 쓴 또 다른 간략한 자전적 기록인 「나의 인생 여정」에서도 위의 글만큼이나 아버지를 찬양하는 기록을 볼 수 있다.

> 나는 아직까지도 나의 영혼 안에 그에 대한 또렷한 인상을 갖고 있다. 그는 섬세한 외모와 친절하고 호감을 주는 태도를 가진, 키가 크고 마른 인물이었다. 친절하고 다감했을 뿐만 아니라 재치 있는 대화 때문에 모든 곳에서 환영과 사랑을 받았으며, 농부들은 말과 행동이 모두 유익한 목사로서 그를 존경하고 사랑했다. 또한 가장 사랑받는 아버지이자 다정한 남편이었던 그

는 시골 목사의 완벽한 전형이었다.

1888년에 쓴, 아버지에 대한 니체의 가장 유명한 회상은 명백한 이상화라고 비웃음을 받았다.

(…) 그는 섬세하고 부드러웠으며 병약했다. 이 세계를 스쳐 지나는 운명을 타고난 것 같았으며, 삶을 살았다기보다는 삶을 은은하게 생각나게 하는 사람이었다. (『이 사람을 보라』 1장 1절)

그러나 이것은 사실상 기억에서 지워진 아버지를 이상화한 초상이라기보다는, 병들어 죽어 가는 한 남자에 대한 초상이라고 할 수 있다. 곧 마흔네 살의 아들이 가장 생생하게 기억하는, 생애 마지막 아홉 달 동안의 니체 목사의 모습이다. 이 마지막 몇 달이 니체에게 준 인상은 「나의 삶」에 가장 잘 나타나 있다.

그때까지, 우리는 오직 기쁨과 행복만을 경험했고, 우리의 삶은 밝은 여름날처럼 부드럽게 흘러갔다. 하지만 지금, 검은 구름이 우리의 머리 위를 뒤덮었고, 번개가 번쩍이면서 하늘에서 벼락이 내리꽂혔다. 1848년 9월, 사랑하는 아버지는 갑자기 정신적으로 아프게^{gemütskrank} 되었다. 우리들은 모두 빠른 회복을 바랐다. 아버지는 병세가 좀 나은 듯할 때마다, 다시 설교와 견진성사 수업을 하게 해 달라고 했다. 왜냐하면 그의 활동적인 영혼은 게으름을 참을 수 없었기 때문이다. 몇몇 의사들이 무슨 병인지를 밝히려고 애썼으나 헛수고였다. 그래서 우리는 그 당시 라이프치히에 있는 유명한 의사 오폴처를 뢰켄으로 데려 왔다. 이 감탄할 만한 사람은 병이 어디에 자리 잡고 있는지를 단번에 알아냈다. 끔찍하게도, 그는 뇌연화증이라고 진단했다. 그 병은, 희망이 없는 것은 아니지만, 매우 심각한 것임에 틀림없었다. 사랑하는 아버지는 끔찍한 고통을 견뎌야 했으나, 병세는 나아지지 않고 날이 갈수록 나빠졌다. 아버지는 1849년 7월까지 병상에 누워 있었다. 마침내 그가 고통으로부터 풀려나는 날이 다가왔다. 7월 26일에 그는 깊은 혼수상태에 빠져 들었고, 이따금씩 다시 깨어나곤 했다. (⋯) 1849년 7월 27일, 아버지는 죽었다. 그날 아침 내가 잠에서 깨자, 주위에서 온통 눈물을 흘리며 흐느껴 우는 소리가 들렸다. 어머니는 눈물을 흘리며 울부짖기 시작했다. "오! 신이시여, 나의 사랑하는 루트비히가 죽다니!" 그때 나는 매우 어리고 철이 없었지만, 죽음이 무엇인지를 알고 있었다. 사랑하는 아버지와 영원히 이별한다는 생각이 나를 사로잡았고, 나는 비통해 하며 눈물을 흘렸다. 그 이후의 날들은 눈물과 장례식 준비로 채워졌다. 오! 신이시여, 나는 아버지 없는 고아가 되었고, 나의 어머니는 과부가 되었습니다! 8월 2일, 사랑하는 아버지의 유해가 대지의 품에 안겼다. (⋯) 장례식은 한 시에 종이 울리면서 시작되었다. 오! 나는 귓가에 울려 퍼졌던 그 공허한 종소리를 언제나 듣게 될 것이며, 찬송가 "예수는 나의 희망"의 그 우울한 선율을 결코 잊지 못할 것이다.

니체는 네 살 때 이 일을 겪었으며, 열네 살 때 이 글을 썼다. 상실감과 세상이 무너져 내리는 듯한 느낌은, 10년이 지나는 동안에도 줄어들기보다는 더 늘어난 것처럼 보인다.[4]

니체 목사의 병의 특징과 원인에 대해서는, 훗날 니체 자신이 정신이상이 되었다는 이유로 니체와 관련한 문헌들 속에서 뜨거운 논쟁거리가 되었다. 『인간적인 너무나 인간적인』 이후의 저작들이 1880년대와 90년대 독자들 사이에 불러일으킨 충격이 얼마나 엄청난 것이었는지는 독자들이 대부분 저자가 미쳤다는 것을 입증하고 싶어 했다는 사실에서 분명하게 알 수 있다. 나는 이러한 견해가 지지받을 수 없다는 것을 니체가 발병한 실제 이유에 대해 논의할 때 보여 주고 싶다. 그가 아버지로부터 모종의 정신적 허약함을 물려받았냐는 직접적인 질문의 대답은 확실히 "아니다"이다. 니체 목사가 사망할 때 정확히 무엇 때문에 고통을 받았는지에 대한 증거는 부족하다. 분명하게 말할 수 있는 것은 그가 때때로 아주 미약한 간질 발작을 일으켰지만 그것을 알아차리지 못했고, 적절한 치료나 보호를 충분히 심각하게 고려하지도 않았다는 점이다. 사망하기까지 대략 아홉 달 동안 그는 치명적인 것으로 드러난, 신경이나 뇌에 관련한 고통으로 시달렸다. 프란치스카는 훨씬 뒤에 (바젤에서 의사에게 한 말을 통해) 그가 "긴 계단에서 굴러 떨어져 생긴 뇌연화증" 때문에 죽었으며, 어떤 의미에서도 "미치지" 않았다고 주장했다. 니체가 열네 살의 나이에 10년 전 아버지가 처해 있던 상황을 묘사하기 위해 사용한 "정신적으로 아픈 것gemütskrank"이라는 단어는 정신적으로 불안정한 상태나 우울증을 의미한다. 그러나 그것은 매우 애매한 단어이며, 의학적인 의미에서의 "정신이상"을 포함할 필요는 없다(엄격하게 말하면, 포함하지 말아야 한다). 반면, 니체 자신은 확실히 "정신적으로 아픈 것gemütskrank"이 아니라 "정신병geisteskrank", 곧 정신적으로 불안정한 상태가 아니라 미친 것이었다. 게다가 네 살짜리 소년을 "정신적으로 불안정한" 아버지와 자주 만나게 했을 거라고는 생각할 수 없으며, 혹은 자주 만났더라도 네 살짜리 소년이 무언가가 좋지 않다는 본능적인 감각 이상의 더 많은 것을 알 수 있었을 거라고도 생각할 수 없다.

니체의 전기 자료들을 다루는 데 있어서 엘리자베트가 보여 준 악명 높은 부정직성 때문에, 그녀가 내놓은 자료를 어떤 주장의 근거로 사용하는 것은 불가능하다. 그녀가 쓴 오빠[니체]의 전기에서, 그녀는 아버지가 정신착란을 일으킨 것이라는 의심을 피하기 위해 가능한 한 모든 수단을 사용한다. 그러나 그녀의 작업 방식은 오히려 그러한 의심을 충분히 근거 있는 것처럼 보이게 만들었다. 예를 들어 그녀는 「나의 삶」에서 니체가 썼던 "사랑하는 아버지는 갑자기 정신적으로 아프게gemütskrank 되었다"고 하는 구절을 왜곡한다. 그녀는 1895년에 쓴 전기 제1권에서 이 말을 인용하면서, 다음과 같이 만들었다. "사랑하는 아버지는 갑작스런 추락으로 중한 병에 걸렸다." 이것이 엘리자베트의 작업 방식에서 보이는 전형적인 예다. 그녀가 정직하고 가장 합리적인 방식으로 작업했다면, 우선 니체의 말을 인용하고, 그 다음에 어머니의 진술이 사건의 진실을 말하는 것이라고 제시한 뒤, 니체의 실수를 그가 어렸기 때문에 아버지에게 무슨 일이 일어났는지를 이해할 수 없었던 탓으로 돌리면서 그의 말이 사실이라는 것을 부정했을 것이다. 그러나 그녀는 이렇게 하지 않았다. 뿐만 아니라 그녀는 니체의 원고를 고의로 잘못 인용한 후 원본을 파기하지 않고 문서보관소에 그대로 보관해 둠으로써 훗날 정확한 원본이 공개되게 만들었다.

니체 목사가 과연 "미쳤는지"에 대해서는 결정적인 증거는 없다고 보아야 할 것이다. 그러나 그가 아들에게 문제의 정신착란을 물려주었는지와 관련해서는 분명코 어떠한 증거도 없다. 그것은 순전히 추측이다. 니체가 정신적으로 붕괴되고 확실히 제정신이 아니었다는 것을 알고 있던 사람들은 그의 아버지가 "뇌연화증"으로 죽었다는 사실을 알게 되자, 두 사건이 밀접하게 연관되어 있다는 식의, 편리하긴 하지만 근거 없는 결론을 이끌어 냈다. 니체가 사실상 그의 아버지로부터 정신 병적 기질을 물려받았다고 가정했을 때, 이로부터 이끌어 낼 수 있는 뻔한 추론이 로데에 의해 실제로 이루어졌다. 그는 1889년 8월 4일(니체가 미쳐 버리고 나서 여덟 달 뒤)에 오버베크에게 보낸 편지에서 엘리자베트도 "정신착란의 씨앗"을 가지고 있음에 분명하다고 걱정스럽다는 듯이 말하면서, "그녀에게는 언제나 뭔가 이상한 점이 있었다"고 덧붙인다. (로데는 니체 목사의 병이 일종의 정신병으로 여겨지고 있다는 사실을 알고 있었다.) 다행히, 엘리자베트의 온전한 정신 상태를 염려하는 그의 걱정은 근거가 없는 것으로 드러났다. 설령, 그녀의 행동이나 주장, 판단이 의문스럽고 맘에 들지 않는다고 하더라도, 그것들을 정신착란의 탓으로 돌릴 수는 없다.

1888년의 마지막 몇 달 사이에 나타난 정신적 붕괴가 분명 그 이전 시기에 조짐을 보였을 것이라는 점을 인정하더라도, 니체의 작품들 중 어느 것이 그 영향을 받았을 것이라고 생각할 근거는 없다. 그의 사상의 발전은 『인간적인 너무나 인간적인』 이후로 시종 일관적이며 생의 마지막에 가까이 갈수록 더욱 설득력을 얻는다. 그의 작품이 동시대의 독자들을 소외시켰던 이유는 그의 표현 방식에 이성이 결여돼 있었기 때문이 아니라, 그의 사상이 낯설었기 때문이었다. 그리고 그가 미쳤다는 사실은 그의 사상을 더욱 쉽게 불안정한 정신의 결과물로 평가 절하하도록 만들었다.

뢰켄 목사관의 가족에게로 되돌아가자. 아버지의 죽음이라는 불행에 뒤이어 1850년 초에 둘째 비극이 일어났다. 어린 요제프가 갑자기 죽은 것이다. 그의 어머니에 따르면, "젖니가 나던 시기의 경련" 때문이었다. 아버지의 미약한 간질 증세가 아이에게 나타나는 것은 확실히 가능한 일이다.

니체 목사의 후임자가 그해 5월에 도착하기 때문에, 가족은 목사관에서 이사를 해야만 했다. 니체의 할머니가 잘레 강변의 나움부르크에 연고가 있어 가족은 그곳으로 이사했고, 그들의 삶은 새로운 국면을 맞이했다. 나움부르크는 그때까지 성곽 도시였다. 다섯 개의 성문은 밤 열 시에 닫혔고, 이튿날 아침 다섯 시까지는 열리지 않았다. 그 나름대로, 뢰켄만큼이나 조용하고 보수적인 도시인 나움부르크는 한 세기, 혹은 그 이상 동안 본질적인 면에서는 변화가 없던 곳이었다. 바로 여기서 니체는 여섯 살 때부터 열네 살 때까지 살았다. 그의 가족은 그를 빼면 전부 여자들이었다.

우리는 여기서 나움부르크 시절 동안 이 가족의 운명을 짤막하고 쉽게 그려볼 수 있을 것이다.

1855년 여름에 아우구스타 고모가 죽었고, 1856년 4월에 할머니 에르트무테가 그 뒤를 따랐다. 시어머니에게서 물려받은 유산 덕분에, 이제 프란치스카는 그녀만의 가정을 꾸릴 수 있었다. 1856년 여름에 그녀는 두 아이들과 함께 친구의 집으로 이사했고, 그 다음엔 자기 소유의 집으로 이사했다. 그녀는 겨우 서른 살이었고, 끝내 재혼하지도 않았는데 이는 기회가 없어서라기보다는 그럴 마음이 없어였던 것 같다. 만약 우리가 "과부"라는 말이 강하게 암시하는 어둠과 과도한 소유욕을 염두에 둔 채, 니체가 "과부 어머니"와 함께 살았다고 생각한다면, 이는 당시 그의 가정 환경에 대해 잘못된 인상을 가지는 것이다. 왜냐하면 그녀가 나이 든 여자들의 지배로부터 벗어나 소녀 시절 자신의 가장 두드러진 특징이었던 융통성 있고 명랑한 기질을 완전히 되찾은 것이 바로 이때였기 때문이다. 1858년 여름에, 그녀는 바인가르텐 18번지로 셋째 번 이사를 했고, 그곳에서 남은 생애를 보냈다. 니체가 포르타 기숙학교(학교의 정식 명칭은 포르타 공립학교)에 들어가기 위해 처음으로 어머니 곁을 떠날 때 바로 이 집에서 출발했고, 서른한 해 뒤에 돌아와 어머니가 죽기 전까지 그녀의 보살핌을 받은 곳도 바로 이 집이었다.

니체는 나움부르크에 도착한 뒤 곧바로 그 지역 소년 학교에 입학했다. 그는 여섯 살이 다 되었고, 어머니에게서 배웠던 탓에 이미 글을 읽고 쓸 수 있었다. 여기에서 그는 처음으로 친구들을 사귀게 되었다. 두 명의 나움부르크 소년, 빌헬름 핀더와 구스타프 크루크가 그들이다. 핀더의 할머니는 니체의 할머니와 친구였고, 그 도시의 지도적인 인물 가운데 한 사람이었다. 그의 아버지는 시의원이었는데, 문학을 좋아했다. 그는 세 소년에게 괴테의 『노벨레』를 읽어 주었고, 니체는 이때 처음으로 괴테를 접했다. 크루크는 핀더의 사촌이었으며, 그의 아버지는 주목받는 아마추어 음악가였는데, 연주를 위해 나움부르크에 온 음악인들을 집으로 초대했다. 그리고 니체가 이때 들은 음악들은 음악에 대한 그의 타고난 재능을 더욱 강하게 복돋웠다.

니체의 모든 인간적 특성을 부정하려고 작정한 사람들은 그에게 친구를 사귈 수 있는 능력이 없다고 비난했다. 이것은 물론 진실이 아니다. 니체는 평생 우정을 나누게 될 오버베크라는 한 명의 친구를 만났다. 또 로데와의 우정은, 나중에 두 사람이 가는 길이 달라지면서 끝을 맺었지만, 분명 가장 진한 우정을 누렸다고 할 수 있을 만큼 오래 지속되었다. 게다가 니체보다 더 강하고 아름답게 우정을 예찬한 사람은 없을 것이다. 그럼에도 니체가 친구를 통해서 추구했던 것은 대부분 자기 자신에 대한 확신이나 자신이 일으키는 효과에 대한 반향이었으며, 친구는 자신의 이야기를 들어 줄 청중 이상이 아니었음을 말해야만 한다. 그가 순전히 인간적 특성 때문에 다른 누군가를 좋아하게 되는 일은 드물었다(오버베크는 가장 중요한 예외이다). 그의 이런 점은 다른 많은 점과 마찬가지로 바그너와 매우 흡사하기 때문에, 바그너가 친구로부터 무엇을 기대했는가에 대한 어니스트 뉴먼의 묘사는 니체에게도 정확하게 맞아떨어진다.

> 그에게는 격렬하게 터져 나오는 자신의 사상을 담을 그릇과 그것을 실현하게 할 격려가 필요했다. 그의 관점에서 보면, 진정한 친구란 귀 기울여 듣고 도와주는 역할을 가장 철저하게 해내는 사람이었다. 동료들보다 훨씬 뛰어난 모든 사람들과 마찬가지로, 그는 어떤 의미에서 평범한 우정을 맺기에는 너무 컸다. 중앙의 산과 주변의 언덕들 사이에 진정한 우정이란 있을 수 없다. 오직 후자의 입장에서 올려다보는 것과 전자의 입장에서 내려다보는 것만이 가능하다. 로맹 롤랑은 아주 정확하게 다음과 같이 말한다. "천재를 지배하고 있는 비통한 숙명은 자신의 우정에 대한 욕구를 만족시키기 위해서는, 상대방이 탁월한 정신뿐만 아니라 상당한 정도의 평범함도 가지고 있어야 한다는 것이다. 천재는 자신과 필적하는 사람들과는 단지 한때의 우정만을 나누게 될 것이다."[5]

이 글이 천재적인 사람은 절대로 우정을 맺을 수 없다는 것을 뜻하는 것은 전혀 아니다. 또한 롤랑의 단언을 그런 사람들이 모두 숭배되길 원한다는 뜻으로 받아들여서도 안 된다. 바그너와 결별한 후, 니체의 가장 가까운 동료는 페터 가스트였다. 그는 (자신도 분명하게 인정하듯이) 매우 열등한 지성을 가졌지만, 니체에 대한 존경심으로 가득 찬 사람이었다. 가스트는 글씨를 매우 아름답고 깔끔하게 썼다. 니체의 필체는 아주 형편없었고, 시력이 약해지면서 점점 더 나빠져 결국 가스트만이 읽을 수 있는 흘려쓰기가 되었다. 가스트의 도움이 없었다면, 니체가 자신의 원고를 식자공이 알아볼 수 있는 상태로 만들 수 있었을지 의문스럽다. 후대 사람들은 필경사로서 참으로 많은 노동을 한 가스트에게 빚을 지고 있다. 게다가 가스트는 니체가 원할 때면 언제라도 그의 조수가 되기 위해 자신이 하고 있는 일을 그만둘 준비가 되어 있었다. 이런 면에서 만약 니체가 가스트에게 고마움을 느끼지 않으면서 그의 헌신을 받아들였다면, 종종 그렇게 묘사되는 것과 마찬가지로 니체는 정말로 배은망덕한 사람이었을 것이다. 하지만 니체는 고마움을 느끼고 있었다. 가스트는 작곡가였는데, 니체는 가능한 한 그의 공연에 참석하거나 참석하려고 노력했으며, 가스트의 평범한 재능을 "또 하나의 모차르트"와 같다고 칭찬하면서 그가 성공할 수 있도록 자신이 할 수 있는 모든 일을 했던 것으로 널리 알려져 있다. 니체의 비평가들은 당연히 가스트의 작곡에 대한 니체의 터무니없는 칭찬을 비웃었다. 그들은, 이런 사실은 다만 니체가 미학적 판관으로서 자처하는 일이 얼마나 부당한가를 폭로해 주는 것일 뿐이라고 주장했다. 대체로 이와 같은 주장을 한 신사들이 니체를 두고 우정을 알지 못한다고 비난했다.

소년 시절에 핀더와 크루크와 맺은 우정은 여러 가지 점에서 장차 니체가 맺을 우정이 어떠한 모습일지를 보여주는 전형이다. 이들 사이에서 니체가 지배적인 위치를 차지하는 것은 불가피한 일이었다(그렇지 않았다면 그들 사이에 우정은 아예 생겨나지도 못했을 것이다). 그러나 그것은 확실히 그가 셋 가운데서 가장 재능이 뛰어나기 때문이었다. 비록 신동은 아닐지라도 그의 지적, 예술적 재능은 처음부터 분명했으며, 그가 유명한 포르타 학교에서 장학금을 받은 것은 전혀 놀랄 일이 아니다. 어쨌든, 니체가 지배적인 위치에 있다는 사실을 다른 두 사람 역시 아무불만 없이 수용했음에 틀림없다. 왜냐하면 그들의 우정은 소년 시절뿐만 아니라, 니체가 포르타에 입학하기 위해 나움부르크를 떠나면서 서로 떨어질 수밖에 없었음에도 불구하고 계속되었기 때문이다. 더 나아가 그들의 우정이, 예술적 성장을 위해 결성하여 3년 동안 유지한 작은 문학 동아리 "게르마니아"에서 가장 아름다운 열매를 맺었다는 것도 이러한 사실을 잘 보여 준다. 마지막으로, 니체에게 바그너의 작품을 소개한 사람은 바로 크루크였다. 친구들은 니체가 포르타를 떠나 본과 라이프치히로 갔을 때 비로소 서로 만나고 돕는 것을 그만두었고, 그때 그의 어린 시절은 실제로 끝났다.

나움부르크에서의 학창 시절은 상당히 평온하게 흘러갔다. 1851년 봄에 니체와 그의 두 친구들은 시립학교에서 사립 예비학교로 옮겼는데, 그들은 1854년 가을까지 그 학교를 다녔고, 거기서 니체는 처음으로 라틴어와 그리스어를 배웠다. 그 후 그들은 상급 학교인 "돔 김나지움"에 진학했다. 니체는 여기서 4년을 보낸 후에 포르타로부터 장학금을 받았다. 그는 1858년 여름 학기가 끝날 때 김나지움을 떠났고, 그해 10월 5일부터 포르타에 다니기 시작했다. 그는 학교 공부에 그다지 어려움을 겪지 않았다. 그는 학구적인 소년이었지만 공붓벌레는 아니었다. 훗날 그의 성격에서도 짐작할 수 있듯이 그는 길거리에서 거칠게

뒹구는 것을 꺼렸으며, 이미 뚜렷하게 근시가 나타나기 시작했기[6] 때문에 체육수업에 참여하지 못했다. 그러나 스스로 잘할 수 있다고 생각하는 종류의 야외 활동에는 언제나 열심이었다. 그는 일찌감치 수영을 배웠고, 언제나 평균 이상의 수영 실력을 유지했다. 또 스케이트를 아주 잘 탔으며, 모든 연령대의 독일인들이 매우 열중한 것으로 보이는 장거리 국토 도보여행도 즐겼다. 그는 약골이 아니었고, 튼튼했다. 소년은 훗날 몸이 안 좋은 시기를 견딜 수 있게 해 준 원기를 이미 갖추고 있었다.

그의 체질에서 약한 부분은 눈이었다. 그는 학교에 들어가자마자 안경을 써야 했으며, 그 후 평생 동안 안경을 착용했다. 그는 결코 장님이 되지는 않았지만, 실제로 그의 시력이 장님이 될 정도까지 나빠질 가능성은 언제나 있었다. 소년기에 했던 엄청난 독서와 작문은 의심할 여지없이 시력에 해로운 영향을 끼쳤으며, 그를 괴롭히기 시작했고, 결코 완전하게 회복되지 못한 두통의 원인이 되었다. 그는 1856년 여름에 시력 문제와 계속되는 두통 때문에 한동안 학교를 쉬었다.

포르타는 나움부르크에서 겨우 한 시간 정도 걸어가면 닿을 수 있었지만, 니체가 그곳으로 옮긴 것은 그의 생애에서 한 시기의 끝남과 또 다른 시기의 시작을 의미했다. 열네 살이 될 때까지, 그의 삶은 격리된 것이었다. 사랑하는 어머니의 품에 안긴 채, 처음에는 작은 시골 마을에서, 그 다음에는 좀 더 크지만 마찬가지로 조용한 시골 도시에서, 그는 더 큰 세상의 현실을 거의 알지 못했다. 그리고 포르타의 엄격한 규율은 그가 지금까지 의지해 왔던 안락한 가정적 평안함과는 두드러진 대조를 이뤘다. 포르타에서의 삶으로 넘어가기 전의 어린 시절 동안 어린 예술가와 철학자로서 그가 했던 일들을 살펴보자.

어떤 철학자들은 시를 썼고 어떤 시인들은 철학적 사색을 했다. 그러나 오직 플라톤의 경우만이 지적 능력과 예술적 능력이 니체에게서 보이는 만큼의 높은 수준으로 결합되어 있을 뿐이다. 그러나 이 이중의 재능은 철학자로서의 니체의 명성을 해쳤기 때문에, 그가 철학자이지, 시인이나 몇 개의 경직된 관념을 지니고 있을 뿐인 아포리스트가 아니라는 사실을 주장할 필요가 여전히 있다. 그의 아포리즘들이 사람들에게 쉽게 기억된다는 점은 그에게 불리하게 작용했다. 왜냐하면 그의 짧은 글귀들은 맥락에서 분리된 채 사람들의 마음속에 남게 되고, 그럼으로써 종종 거의 무의미한 것이 되어 버리거나 크게 오해됐기 때문이다. 또 그의 예술가적 기질은 이성과 감성, 논리학과 수사학, 그리고 종종 문학과 진리를 뒤섞음으로써 그의 글이 순수한 철학적 형식을 띠는 것을 방해했으며, 그 결과 "니체가 의미하는 것"이 무엇인지를 발견하려고 하는 질서 정연한 정신의 소유자들을 좌절시켰다. 그러므로 이 철학자가 대학에서 너무 오랫동안 정식 학과의 주제가 되지 않았다면, 비난은 바로 그 시인이 받아야 할 것이다. 왜냐하면 철학자가 내용을 제공했다 할지라도 형식을 지시한 것은 시인이기 때문이다. 그리고 이 형식이 종종 논리적 명료함을 무시한 채 예술의 규칙을 따름으로써 니체를 "연구"하고자 하는(그리고 어쩌면 끝마쳐 버리고자 하는) 연구자가 쓸데없는 어려움이라고 생각하는 것들을 만들어 냈기 때문이다.

그러나 이런 불리한 사정에도 불구하고 니체 안의 예술가는 그에게 도움이 되었다. 그는 사색가일 뿐만 아니라 예술가였기 때문에, 독일 철학의 결점을 피해 갔다. 반면에, 그는 독일 철학의 가치 있고 심오한 부분과 접촉하였기 때문에, 궤변론자나 재치 있는 말을 하는 아포리스트가 하는 되는 대로의 사유도 피할 수 있었다. 니체의 반대편에 있는 이들 두 부류의 사색가의 결점을 열거하는 것은 니체가 딛고 서 있는 산마루가 얼마나 비좁은 곳인가를 보여 줄 것이다.

독일 철학의 결점은 폐쇄된 분위기, 삶을 대신하는 책, 성과물을 세상에 널리 소통시키는 능력의 부족, 훌륭한 표현 양식에 대한 경멸, 보편교양의 결여, 소름끼치는 성실함 등과 같은 전문가가 가지는 결점과 같다. 반대로 교양 있는 철학자의 결점은 너무 많은 호기심들, 피상성, 그자체가 목적인 훌륭한 표현 양식의 개발, 재치를 위해 진리를 희생하는것, 지적 정직함의 결여, 철학이 없는 사색, 비일관성 등과 같은 아마추어가 가지는 결점과 같다. 니체는 이러한 정신의 두 유형과 표현의 두 형식 사이에서 균형을 이루었다. 그는 심오하되 모호하지 않다. 그는 훌륭한 표현 양식을 목표로 하되 그것을 훌륭한 사유와 일치시켰다. 그는 진지하지만 성실하지는 않다. 그는 예술과 문화에 대한 예민한 비평가이지만 탐미주의자는 아니다. 그는 아포리스트이고 경구가이지만 그의 아포리즘과 경구는 일관된 철학에서 나온 것이다. 그는 가장 재치 있는 철학자이지만 재치 있는 문구를 위해 진리를 희생하려는 유혹에 굴복하지않았다. 그는 다양한 관심을 가졌지만 결코 시야에서 주된 관심을 놓치지 않았다. 특히 후기 작품들 속에서 그는 독일 산문에서는 찾기 힘든 간결함과 투명함을 성취했다. 비슷한 깊이를 가진 현대 사상가 가운데 누구도 표현 수단을 그렇게 유연하게 자유자재로 사용한 사람은 없었다.

그는 지적으로 조숙했으나 일찍부터 독창적이지는 않았으며, 서른네 살이 되어서야 최초의 주요 저작인 『인간적인 너무나 인간적인』을 내놓았다. 모든 초기 작품들(1858년 이전에 쓴 나움부르크 시절의 시와 다른 글들)은 사실, 놀랍게도 개성적이지 않다. 주제나 논조는 관습적이며, 그보다 훨씬 재능이 부족한 다른 많은 아이들이 드러내는 일종의 천진난만함이 없다는 것도 눈에 띈다. 1858년의 「나의 삶」에서 그는 지금까지의 시 창작 작업을 세 시기로 구분했다. 첫 시기에는 제멋대로이고 운도 맞지 않는 시 속에서 자연 경관과 극적 사건을 기술하는 데 몰두했다(「바다의 폭풍」, 「구조」, 「난파」, 「폭풍우」). 그 다음에는 혼돈에 형식과 운율을 부여하려고 했으나 단지 지루함만을 만들어 냈을 뿐이다(「안드로메다」, 「아르고나우츠」, 「드리오페」). 마침내 그는 둘째 시기의 형식과 첫째 시기의 열정을 통합하기 위한 의식적인 노력을 시작했다(「어디로」, 「종달새」, 「나이팅게일의 한탄」, 「헥토르의 작별」, 「바르바로사」). 1857년에는 핀더, 크루크와 함께 집 뒤의 정원에서 어떤 이유에서인지 열렬한 러시아 편이 되어 크림 전쟁 놀이를 했고, 세바스토폴(현재 우크라이나 크림 주에 있는 항구 도시로 1854년부터 1855년까지 크림 전쟁 기간에 영국과 프랑스의 침략을 받았다. – 옮긴이)의 공격에 대한 시를 썼다. 그는 1855년에서 1858년 사이에 쓴 마흔여섯 편의 시에 대한 목록을 만든 후, 이 목록은 선별된 것이라고 따로 덧붙였다. 아마도 그는 대략 백여 편의 시를 썼던 것 같다. 그러나 그 속에서 그가 타고난 작가였다는 표시는 발견되지 않는다. 그러나 그는 「나의 삶」에서 자신이 초기에 시를 쓰기 위해 기울인 노력을 이야기하면서 다음과 같은 짧은 소견을 말한다. "어쨌든, 작은 책을 쓰고 그것을 스스로 읽어 보는 것이 언제나 나의 소망이었다." 이것은 자신이 이뤄 낸 것에 감탄하고 싶어서 작업을 하는 진정한 예술가의 나르시시즘을 어린아이답게 표현한 것이다. 이 밖에도 그가 어린 시절에 시도해 본 것으로는 핀더와 협력하여 쓴 고전적 주제에 관한 두 개의 짧은 희곡과 1856년에 쓴 "죽음과 파괴"라는 제목의 소설 초반부가 있다. 가장 설득력 있는 작품은 이미 인용한 「나의 삶」이다. 이것은 단순하고 진솔하게 쓰인 산문으로서, 아무런 군더더기 없이 오직 말하고자 하는 것만을 말하고 있어서 아직 열네 살이 채 안 된 소년으로서는 훌륭한 성과물이라 할 수 있다.

이러한 어린 시절의 작품들은 니체를 연구하는 연구자에게 출발점을 제공한다는 점에서 가치가 있다. 왜냐하면 그 작품들은 니체가 얼마나 종교적인 소년이었는가를 다른 어떤 2차 자료보다 더 분명하게 보여 주기 때문이다. 아직까지는 누구도 니체가 종교에 대해 심각한 불신을 품고 있다고 생각할 수 없을 것이다. 하물며 반감을 명확히 나타냈다고는 더욱더 생각할 수 없을 것이다. 오히려 그의 종교적 감정은 놀랄 정도로 강렬하다.

나는 이미 너무나 많은 것들을 경험했다. 기쁨과 슬픔, 즐거운 일들과 슬픈 일들을. 하지만 이 모든 것 속에서 신은 아버지가 자신의 약하고 어린 아들을 인도하듯이 안전하게 나를 이끌어 주셨다. (…) 내 마음속에서 영원히 그분의 종이 되겠다고 확고하게 결심했다. 주님께서 (…) 나의 이러한 뜻을 실행할 수 있는 강인함과 힘을 주시고 인생의 길 위에서 나를 보호해 주시기를! 어린아이와 같이 그분의 은혜로움을 믿는다. 그분은 우리 모두를 보호하사 어떠한 불행도 우리를 덮치지 못하게 하실 것이다. 대신 그분의 성스러움이 행해질 것이다! 그분이 주시는 모든 것을 나는 기쁘게 받아들일 것이다. 행복과 불행, 가난과 부귀를. 그리고 대담하게, 죽음조차도 정면으로 바라볼 것이다. 죽음은 언젠가 영원한 기쁨과 지복 속에서 우리 모두를 하나로 만들어 줄 것이다. 오! 주여, 당신의 얼굴이 우리를 영원히 비추게 하옵소서! 아멘! (「나의 삶」)

포르타 학생 시절의 니체(1862년)

2

포르타에서

청춘은 불쾌하다. 그때는 어떤 의미에서 보아도 생산적이라는 것이 불가능하거나 어울리지 않기 때문이다. (『인간적인 너무나 인간적인』 539절)

- 1 -

포르타는 고되고 엄격한 학교였지만 이것은 열네 살의 니체에게 필요한 것이었다. 그 시대 대부분의 공립학교가 그랬던 것처럼, 포르타의 규율도 계도하기 어려운 범죄자들을 통제하는 감옥에서나 쓰일 법한 것이었다. 그러나 그것이 실제로 소년에게 해롭다고 생각하는 것은 잘못이다. 편안함이 행복과 동일하지 않다는 것을 다소나마 배워야 하는 소년이라면, 진정으로 그가 잘되길 바라는 사람들에게서 배우는 것이 차라리 더 나을 것이기 때문이다. 그는 포르타의 일상 생활에 대한 기록을 남겼다.[1] 학생들은 오전 4시에 일어나고 5시까지는 활동할 준비를 마쳐야 한다. 수업은 6시에 시작되고, 이런저런 수업들이 정오까지 계속된다. 그리고 오후 1시 15분에 수업이 다시 시작되어 3시 50분까지 계속된다. 수업은 저녁에도 있었고, 취침 시간은 9시였다. 식사 시간에도 규율은 엄격했으며, 학생들이 자유롭게 사용할 수 있는 시간은 하루에 한 시간 정도였다. 이와 같은 일과가 일주일에 닷새 동안 똑같이 반복됐다. 토요일에는 여느 때보다 한 시간 늦게 일어날 수 있었으며, 주로 한 주 동안의 공부를 복습하면서 보냈다. 그리고 일요일은 자유시간이었다. 물론 기력을 재충전할 수 있는 긴 방학도 있었다. 처음에 니체는 이런 생활을 몹시 싫어했고, 향수병에 시달렸다. 1859년 2월, 그가 포르타 생활을 시작한 지 넉 달이 되었을 때 그는 이런 생활에서 벗어나 집으로 돌아가고 싶다는 참을 수 없는 열망으로 완전히 지쳐 있었다. 그리고 같은 해 여름 방학이 끝나 학교로 돌아왔을 때 비슷한 고통이 또 찾아왔다. 그는 결국 선생인 부덴지크에게 이런 상태를 털어놓았고, 부덴지크는 그가 회복되도록 도와주었다.[2] 그 후로 니체는 어느 정도 모범적인 학생이 되었는데, 이는 학교에서 중점을 둔 과목들에서 그가 뛰어난 성적을 얻을 수 있었기 때문이었다.

포르타의 중심 교과는 그리스어와 라틴어였고, 그 다음으로는 독일 고전이었다. 리하르트 블룽크가 언급했듯이, 이 학교는 완전히 책과 문헌들로 둘러싸인 세상이었다. 학생들은 현대 유럽의 공기를 마시면서 생활한 것이 아니라, 고대 그리스와 로마, 그리고 괴테와 실러의 독일 공기 속에서 살고 있었다. 이와 같은 포르타의 교육 과정으로 볼 때 이 학교를 졸업한 니체가 고전문헌학 교수가 된 것은 학교가 배출하고자 한 학생의 모습에 아주 걸맞은 것이었다. 다음 순위에 있던 과목은 수학과 과학이었다. 니체는 수학을 가장 못했다. 만일 그가 고전 연구자로서의 명성을 쌓지 않았더라면, 수학 점수 때문에 졸업 시험에서 떨어졌을지도 모른다. (시험 감독관들이 이 문제로 그를 낙제시키려고 했을 때 그중 한 사람이 이렇게 주장했을 것이다. "그렇지만 여러분, 포르타가 배출한 가장 뛰어난 학생을 정말로 낙제시킬 생각입니까?") 또 니체는 다른 비非 고전 분야 과목에서도 그다지 우수한 성적을 얻지 못했다. 그는 신학을 공부하고 싶은 마음에 히브리어를 배웠지만 결코 문법에 통달할 수 없었다. 뿐만 아니라 현대 유럽어 과목에도 약한 편이어서 셰익스피어와 바이런을 독일어 번역본으로 읽었고, 심지어 이탈리아에서 살 때조차도 이탈리아어를 자유롭게 구사할 수 없었으며, 프랑스어는 사전이 있어야만 읽을 수 있었다.

학과 공부가 그의 모든 지적 에너지를 다 소진시키지는 못했다. 나날이 성장하는 그의 재능은 다른 배출구가 필요했다. 니체는 나움부르크의 친구들인 핀더와 크루크에게 "게르마니아"라는 모임을 제안했다. 그것은 서로의 작품을 같이 읽고 논하는 문학과 음악 동아리였다. 이모임은 나름의 엄숙함 속에서 1860년 7월 25일에 결성됐다. 그 후 3년동안 그들은 꽤 정기적으로 만나 자신들이 쓰거나 작곡한 것들을 발표하고 연주하였다. "게르마니아"에서 발표한 니체의 첫 작품은 음악 작품으로서 크리스마스 오라토리오를 위한 소곡이었다. 그는 그 뒤에 시와 에세이들을 발표하였고, 1862년 4월에는 그의 첫 철학적 에세이인 「운명과 역사」를 발표하였다.

1861년 3월, 크루크는 모임에서 "〈트리스탄과 이졸데〉의 몇몇 장면들"이라는 글을 발표했다. "게르마니아"는 당시 바그너와 그의 "신新음악"을 열심히 선전한 《음악잡지Zeitschrift für Musik》를 구독했고, 뷜로Hans von Bülow가 피아노로 편곡하여 1859년에 선보인 〈트리스탄〉의 악보 사본을 사 보기도 했다. 크루크는 이미 열성적인 바그너 숭배자였고, 니체도 관심을 가지게 하려고 노력했다. 그는 모임에서 〈트리스탄과 이졸데〉에 들어 있는 다양한 곡들을 연주했으며, 이미 상당한 피아노 연주 실력을 갖추었던 니체도 그와 함께 피아노 앞에 앉아 낯설고 까다로운 악보를 즉석에서 연주하려고 애쓰곤 했다. 또 두 젊은이는 이 오페라의 성악 부분도 소화해 내려고 열심이었다. 이러한 연주는 주로 니체의 집에서 이루어졌는데, 엘리자베트의 기록에 따르면, 이들이 연주할 때 거실에서 들려오는 소리는 정말 끔찍한 것이었다고 한다. 크루크는 〈파우스트 서곡〉과 〈라인의 황금〉도 모임에 소개했다. 니체는 이 모임에서 바그너를 처음 접했다. 물론 니체는 자신과 크루크의 연주 실력이 〈트리스탄과 이졸데〉를 충분히 소화할 수 있는 정도가 아니라는 것을 알고 있었겠지만, 그런 점을 감안하더라도 그 당시 바그너의 작품들은 니체에게 낯설고 불가해한 것이었다. 그가 포르타 시절 내내 가장 좋아했던 작곡가는 슈만이었다. 니체는 슈만의 절제된 낭만주의가 바그너나 리스트의 무절제한 방만함(당시 그는 이렇게 느꼈다.)보다 마음에 들었고, 자신이 작곡할 때도 슈만을 모범으로 삼았다.

물론 이 같은 문학과 음악 활동들은 명백히 학과 수업 외의 활동이었다. 그러나 니체는 학업에서도 성과를 이루었다. 1861년에 횔덜린과 바이런에 대한 평론을 썼고, 에르마나리히 왕의 모험담과 북유럽 신화 일반에 대한 연구는 이때부터 1863년까지 계속 이어졌다. 이 연구 과제물을 계기로 니체는 카를 폰 게르스도르프와 알게 되었고, 이렇게 맺어진 친밀한 관계는 그 뒤로도 오랫동안 계속되었다. (게르스도르프는 독일학 수업을 들었는데, 그 수업의 교수는 게르스도르프에게 니체의 에르마나리히 왕에 대한 연구를 보여 주면서 높이 칭찬했다. 그리고 이를 들은 게르스도르프는 니체를 만나 봐야겠다고 생각했다.) 니체는 또한 학문적 비평의 원리에 눈을 뜨기 시작했다. 그때까지 그는 성경을 무비판적인 신자의 시각으로만 읽어 왔으나, 이제는 더욱 학문적인, 따라서 좀더 회의적인 방식으로 이해하는 법을 배우게 된다. 고대 그리스와 로마의 문헌들의 경우에는 학문적 지식과 역사학적 비평의 모든 자료를 동원하는 데 비해 유독 성경만을 비학문적인 방식으로 읽는 것은 어떤 식으로도 정당화될 수 없다는 것을 깨닫게 되었기 때문이다. 1861년 부활절에 니체는 파울 도이센과 함께 견진성사를 받았다. 도이센 역시 포르타의 학생으로, 니체와의 우정을 평생 유지했다. 견진성사 전 몇 주 동안 니체와 도이센은 일종의 종교적 도취 상태에 빠져 있었지만, 이런 상태는 의식이 끝난 후에 곧 사라졌고 다시는 돌아오지 않았다. 니체의 순진했던 시절은 끝나 가고 있었다. 이로부터 일 년이 채 지나기도 전에 니체는 종교란 "사람들의 유아기적 산물"에 불과하다고 분명하게 말할 수 있음을 느끼게 되었다.

그렇게 일어난 변화는 이것만이 아니었다. 격동의 시기인 사춘기가 시작됐고, 이전의 모범생은 이제 제멋대로 하려는 성향을 보이기 시작했다. 이런 성향은 글쓰기에서도 나타나는데, 1862년 여름 휴가 동안 쓴 「오이포리온」이 그것이다. 니체는 7월 20일에 자신이 머물던 고렌젠에서 학교 친구인 그라니어에게 이 글을 보냈으며, 그라니어는 이 글을 계속 보관해 두었다. 이 글에서 니체는 다소 냉소적이고 감상적인 투로 젊은 날의 절망을 표현했다. 그리고 원고와 함께 보낸 편지에는 다음과 같이 썼다. "첫째 장을 쓴 뒤 혐오감이 들어 이 지겨운 이야기를 쓰겠다는 계획은 집어치워 버렸어. 이런 변덕의 산물을 보내니 좋을 대로 사용해."[3] 1863년 초가 되자 니체는 몇 달 동안 글쓰기뿐만 아니라 행실에서도 방종해지기 시작했다. 그는 기도 마이어Guido Meyer라는 학생에게 강한 호감을 느끼게 되었는데, 그 학생은 곧잘 제멋대로 행동해 학교 당국과 잦은 마찰을 빚곤 했다. 마이어는 얼마 지나지 않아 퇴학을 당했고, 니체는 그가 떠나던 3월 1일을 "포르타에서 맞이한 가장 슬픈 날"이라고 편지에 적어 어머니와 여동생에게 보냈다. 그는 이제 밤늦도록 자지도 않고, 여러 사람들 속에 끼어서 그라니어와 함께 술을 마시며 이야기하는 버릇이 생겼다. 종종 이튿날 아침까지도 술이 깨지 않아 그리스어 문법 수업을 제대로 들을 수도 없었다. 이런 방종한 행실의 종말은 4월 14일 일요일에 찾아왔다. 니체와 그의 친구 리히터가 쾨젠 근처의 작은 마을로 내려가 역 구내에서 각각 맥주를 2리터씩 마시고 학교로 돌아오던 길이었다. 그들은 불행히도 학교 선생과 마주쳤다. 그 선생은 술에 취한 니체와 엉망이 된 리히터의 모습에 분개했고, 그에 따른 징계를 내렸다. 그 결과 니체는 한동안 반장 자리를 내놓게 된다. 이와 같은 징계에 그의 마음도 흔들려 그 다음 주 화요일에 어머니에게 보낸 편지에서 이제는 정신을 차리겠다고 약속한다. "변명할 생각은 없지만, 제 주량을 잘 몰랐던 것 같습니다. 우리 둘 다 그날 오후에 좀 흥분해 있었고요." 그는 그 뒤로 정신을 차린 것 같다. 포르타의 처벌 기록에 더는 그에 대한 내용이 없는 걸 보면 말이다.

그러나 병상 기록에서는 그의 이름이 계속 발견된다. 그가 처음 학교에 왔을 때 시작된 두통은 점점 심해져 갔다. 1861년 1월 중순과 2월에는 특히 더 심한 두통에 시달렸고, 이 때문에 두 주 동안 집에서 쉬고 오는 것이 허용되었다. 그러나 두통은 자꾸 재발했으며, 그는 일기에 "두통에 적응하는 법을 배워야만 할 것이다."라고 쓰기도 했다. 1859년 3월에서 1864년 5월에 이르는 기간에 니체의 병상 기록 횟수는 총 스무 건으로 그는 두통 외에도 류머티즘, 감기, 오한 그리고 뇌충혈로 고생했고, 앓는 기간은 평균 일주일이었다.

니체는 1864년 9월 4일에 포르타 공립학교를 졸업했다. 그의 졸업 논문은 라틴어로 쓴 「메가라의 테오그니스에 대해」(테오그니스는 기원전 6세기 말부터 5세기 초까지 아테네 근처 메가라에서 활동한 그리스의 시인이다. - 옮긴이)로, 문헌학 분야에서 그가 처음으로 남긴 독창적인 연구였다. 7일에는 고별 파티가 있었고, 그 후 그는 초기에 쓴 시 작품 가운데 가장 훌륭한 작품인 「미지의 신에게」를 썼다. 그 다음 달에 니체는 문헌학과 신학을 전공할 생각으로 본 대학교에 입학했다.

포르타에 있는 동안 니체가 술을 마셨던 사실과 관련해 덧붙이자면, 술에 빠지는 것은 당시 공립학교에서 종종 있는 일이었다. 잉글랜드의 럭비 공립학교는 프로이센의 포르타 공립학교와 비슷한 수준의 명문 학교였는데, 이 학교 학생들의 음주량이 대단했다는 사실은 유명하다.

- 2 -

포르타 시절에 쓴 니체의 문학 작품들을 살펴보는 이유는 니체가 성년이 되었을 때 보인 표현 양식과 생각과 감정들이 어떻게 그 싹을 틔우기 시작했는지를 보기 위해서다. 먼저, 그의 주된 관심은 여전히 시에 있었다. 그러나 주관적인 감정을 시의 형태로 표현하고자 하는 충동은 좀더 많은 지식을 얻고자 하는 갈망과 대립했다. 1859년 8월, 니체는 이렇게 적고 있다. "현재 나는 지식, 그리고 일반적인 교양을 더욱 많이 알고자 하는 조급한 심정에 사로잡혀 있다. 내게 이런 갈망을 불러일으킨 것은 훔볼트다. 지금 생겨난 열정이 시에 바친 노력만큼이나 영속적이라면!" 그러나 그가 시에 바쳤던 열의도 성과를 보이기 시작했다. 그는 매우 율동적이고 조화로운 어조를 보이는 시 형식을 가지게 됐으며, 이를 통해 내면의 심상을 적절히 표현할 수 있었다. 그의 초

기 작품 가운데 완성된 형태를 보여 주는 것으로 1859년 8월 10일에
쓴 「고향 없이」가 있다. 이 시에는 이후 그의 작품 속에 반복해 나타나
는 내용이 처음 등장한다. 곧 고향은 없으나 바로 그런 이유로 그는 자
유롭다.

> 빠른 말馬들이 나를 실어 가고 있다.
> 두려움도 망설임도 없이
> 아주 먼 곳으로.
> 나를 본 사람은 나를 알아본다.
> 또 나를 아는 사람은 누구든 나를 부른다.
> 고향 없는 이라고….
>
> 아무도 감히
> 나에게 물으려 하지 않는다
> 나의 고향이 어디에 있는지를.
> 나는 공간과 스쳐 가는 시간에
> 한 번도 속박된 적 없이,
> 독수리처럼 자유롭다.[4]

비슷한 생각이 그 무렵에 쓴 단편 「카프리와 헬골란트」에서 더욱
구체적으로 나타난다. "우리는 이 세계의 순례자들이다. 우리는 세계
의 시민들이다." 벌써 그는, 가끔씩이긴 하지만 자신을 프로이센 사람
이라기보다는 세계시민Weltbürger으로 생각하고 있다. 그가 뒤늦게 발전
시킨 "훌륭한 유럽인gute Europäer" 사상은, 중간에 바그너와의 교제로 지체

되지만 않았더라면 분명 더 일찍 생겨났을 것이다. 편협한 애국심에 대한 그의 근본적인 반감은 1861년 10월 19일에 쓴 횔덜린에 관한 단편에 가장 잘 나타나 있다. 지금은 숭고한 영역에 속하는 사람으로 거의 숭배되다시피 하는 횔덜린은 그 당시에는 거의 알려져 있지 않았고, 다만 그가 당대의 독일을 비판했다는 점에서만 기억되고 있었다. 니체는 횔덜린을 옹호하고 그가 독일인의 속물 근성과 "야만성"을 비판한 것을 정당화하면서, 이것은 "독일을 부당하게 비판"한 것이 아니라고 주장한다. 나중에 니체 자신은 이 점에서 횔덜린보다 훨씬 멀리 나아간다. 독일의 속물적인 실리주의와 야만성에 대한 니체의 비판은 국가의 국민 전체에 대한 철저한 경멸로까지 확대된다. (횔덜린은 괴테와 실러 시대의 사람이었고, 니체는 바그너와 독일제국으로 대표되는 시기의 사람이라는 사실을 고려해야 할 것이다.) 종종 주목되어 왔다시피, 이 둘 사이의 유사성은 놀랄 만하다. 니체와 횔덜린은 모두 고대 그리스 문화에서 많은 영향을 받았고, 둘 다 자신이 살던 시대의 독일에 비판적이었으며, 오랜 기간을 정신병으로 고생하다 죽었다. 또 니체는 횔덜린의 산문 작품인 『히페리온』을 "정말로 음악적"인 작품이라고 평했는데, 니체의 산문 작품인 『차라투스트라는 이렇게 말했다』도 종종 이와 같은 평을 듣는다. 횔덜린에 대한 니체의 단편을 검토한 지도 교사는 그것이 우수한 작품이라는 사실을 인정했다. 하지만 글 밑에 다음과 같이 적었다. "그러나 나는 학생이 좀더 건강하고, 명확하고, 좀더 독일적인 시인을 가까이 하는 것이 좋을 거라고 생각하네."[5]

1861년 12월에 쓴 바이런에 대한 평론은 바이런에 대한 찬양 일색이라는 점에서 다소 흥미가 떨어지는 작품이다. 여기서 니체는 바이런에 대한 당시의 관점을 그대로 반복하고 있을 뿐이다. 그가 바이런을 통해 본 것은 본질적으로 동시대의 독일 사람들이 보았던 것과 같은 것, 곧 카를 모어의 부활이다. 실러의 이 악당 영웅은 1860년대의 독일 젊은이들에게 아직도 낭만적인 반역자의 모범이었다(당시 실러에 대한 니체의 열광은 거의 전적으로 『도적 떼』에 대한 열광에서 기인한다). 그리고 바이런은 실러가 단지 꿈꾸기만 했던 것을 실행한 인물이었다. "무법자 영웅"에 대한 니체의 숭배는 그의 평론에도 스며 있다. 그것은 과감하게 자신의 본능을 따르는 사람에 대한 숭배이다. 하지만 이런 사람은 나중에 니체가 발전시킨 "초인^{Übermensch}"과는 아주 다르기 때문에, 초인 사상의 형성에 바이런이 끼친 영향을 과도하게 평가하는 것은 잘못이다. (니체는 바이런의 만프레드를 "영혼을 통제하는 초인"이라고 불렀지만, 그 말의 의미는 강한 정열과 힘을 가진 사람, 또는 아마도 "거의 반#신적인" 사람 정도일 뿐이다. 그가 나중에 초인에 부여한 독특한 의미를 여기서 읽어 낼 수는 없다.)

그가 바이런에게 끌렸던 것은 사실, 이 시기에 그의 성적 충동이 점점 강해짐에 따라 정서적으로 불안정한 상태에 있었기 때문이라고 볼 수 있다. 이러한 연관성은 1862년 여름에 쓴 단편 「오이포리온」에서 매우 분명하게 나타난다.[6] 니체가 기괴한 변덕의 산물이라고 말한 이 글은, 정말로 "악마적인" 불합리함의 혼합물이었다.

〔오이포리온은 다음과 같이 말한다.〕 부드럽고 나른한 화음의 물결이 내 영혼을 휩쓸고 지나간다. 왜 이토록 슬픈지 모르겠다. 울고 싶고, 그리고 죽고 싶다. (…) 하늘에서 빛나는 아침의 붉은 태양은 이제 진부한 불꽃놀이일 뿐이다. 내 눈동자가 더욱더 밝게 타올라 하늘에 구멍을 내지나 않을까 두렵다. 이제 막 껍질을 깨고 나온 느낌이다. 나는 나 자신을 속속들이 알고 있으며, 원하는 것이라곤 나 자신의 유령의 머리를 찾아 그 뇌를 해부하는 것이다.

(…) [끝부분은 다음과 같다.] 길 건너편에 한 수녀가 살고 있는데, 나는 그녀의 도덕적 행동을 감상하기 위해 종종 방문한다. 나는 내 자신보다 더 그녀의 존재를 머리끝에서부터 발끝까지 속속들이 안다. 그녀는 가늘고 약한 수녀이며, 나는 의사였다. (…) 그녀는 오빠와 살고 있는데, 그들은 결혼한 사이다. (…) 나는 그를 마르고 여위게 만들었다. 시체처럼 여위게. 그는 곧 죽을 것이다. 나는 아주 기쁘다. 그를 해부하고 싶기 때문이다. 하지만 우선 내 인생 이야기를 쓰려고 한다. 이 이야기는 재미있을 뿐만 아니라, 어떻게 하면 젊은 사람을 빨리 늙게 할 수 있는지도 알려 준다. (…) 나는 그 방면에선 권위자이다. (…) 여기서 오이포리온은 뒤로 기대며 신음했다. 그는 척추가 아파 고통받고 있었던 것이다…….

이 글에서 보이는 것과 같은 반항적인 분위기는 1863년까지 계속됐다. 1863년의 시 가운데 「십자가 상 앞에서」가 있는데, 이 시에는 한 주정뱅이가 십자가에 못 박힌 예수에게 술병을 내던지는 장면이 나온다. 이런 행동은 물론 바이런적인 것이긴 하지만, 한때의 바이런적인 반항심보다는 니체의 내면에 존재하는 더 심오하고 지속적인 무언가를 나타내고 있다. 1862년 4월, 그는 핀더와 크루크에게 보낸 편지에서 "기독교는 본질적으로 마음에 대한 문제이다. (…) 믿음을 통해 축복을 얻는다는 것은 지식이 아니라 오직 마음이 우리를 행복하게 할 수 있다는 고대인들의 진리를 증명하고 있는 것일 뿐이다."라고 썼다. 비슷한 시기에 그는 "게르마니아"에서 「사람들의 유아기에 대하여」라는 단편을 발표했는데, 여기서 그는, 종교는 처음에는 사람들의 창조성을 보여주는 것이었음에도 불구하고, 그것이 오래되자 "다음 세상"을 위해 "지금 세상"의 모든 신성함을 빼앗는 결과를 가져오게 되었다고 주장했다.

신이 인간이 된 것은 인간이 자신의 천국을 영원한 내세에서 구하는 것이 아니라 지상에 건설하려 함을 보여 준다. 그러나 천상의 세계에 대한 환상 때문에 인간의 영혼은 현세의 삶과 잘못된 관계를 맺게 되었다. 이러한 환상은 사람들의 유아기적 산물이다.

그는 기독교 신앙을 버렸으며, 기독교에 대한 믿음이 약해짐에 따라 종교 일반의 정당성에 관한 의심을 품었다. 이러한 의심을 정리해 놓으려는 가장 분명한 시도는 1862년 3월에 써서 4월에 "게르마니아"에서 발표한 「운명과 역사」이다.

우리가 기독교의 가르침과 교회의 역사를 자유롭고 편견 없는 시선으로 볼 수 있었다면, 일반적으로 받아들이고 있는 생각과 대립하는 무수한 결론에 도달했을 것이다. 그러나 우리는 아주 어린 시절부터 관습과 편견의 굴레에 매여 있어서, 그때의 인상으로 지성Geist의 발전이 가로막히고, (⋯) 종교와 기독교에 대해서 당파심을 벗어나 시대의 요구에 부합하는 판단을 내릴 수 있는 자유로운 시각을 취하려 할 때는 마치 죄를 범한 것 같은 기분을 느끼게 된다. 이 같은 시도는 하나의 과업이다. 단지 몇 주만에 끝날 수 있는 일이 아니라, 일생이 걸릴지도 모르는 과업이다. 나침반도 조타수도 없이 의심의 바다로 배를 띄우는 것은 미숙한 인간들에게는 죽음과 파멸로 나아가는 길이다. 대부분은 폭풍에 뒤집히고, 아주 극소수만이 새로운 땅을 발견한다. 측량할 수 없는 사상의 망망대해에 놓인 사람은 종종 다시 육지로 돌아가 그 단단한 땅을 밟고 싶다고 느낄 것이다.

그는 역사와 과학을 "성찰의 탑을 세울 수 있는 유일하고 확고한 기반"이라고 추천한다. 그런데 니체가 기독교와 종교 일반에 대해 환멸을 느낀 뒤에 다른 독단론이나 통념을 따른 것이 아니라, 끊임없는 의심의 상태에 머물렀다는 것은 주목할 만한 부분이다. 그는 벌써 철학적 물음을 하나의 시도Versuch(또는 실험)라고 부르고 있었고, 진정한 탐구자가 살아가는 불확신의 상태를 폭풍우가 몰아치는 바다의 이미지에 비유하고 있다. 이것은 『차라투스트라는 이렇게 말했다』의 형식을 예시하는 것이다.

> 그대들은, 격렬한 폭풍 속에서 바람에 한껏 부푼 돛을 달고 온몸을 떨며 앞으로 나아가는 돛배를 한 번도 본 적이 없는가? 그 돛배와 마찬가지로, 정신의 격렬함 속에서 몸서리치며, 나의 지혜는 바다를 건너간다. (『차라투스트라는 이렇게 말했다』 2부 8장)

> 내 가까이에 있는 그대, 대담한 자들이여! 탐험가, 모험가들이여! 그리고 그대들 가운데서 능란하게 배를 몰아 미지의 바다를 향해 떠난 적이 있는 자들이여! (『차라투스트라는 이렇게 말했다』 3부 2장)

> 바다는 거칠다. 그러나 모든 것이 바다에 있다. 그렇다면, 자, 늙은 뱃사람의 영혼이여! 조상의 땅이 도대체 무엇인가! 우리들의 조타수는 저기 우리 후손들의 땅으로 배를 몰아 가려고 한다! 저 멀리로, 바다의 폭풍보다 더 거세게 우리의 거대한 갈망이 휘몰아친다. (『차라투스트라는 이렇게 말했다』 3부 12장 28절)

그는 늦어도 1862년 무렵에는 종교적 확신을 그 반대의 것과 맞바

꾸게 된다. 그리고 곧 불확실의 상태, 그리고 끊임없이 바뀌는 관점과 기분을 그 자체로 바람직한 것이라고 공언한다.

투쟁[7]은 영혼의 영속적인 양식糧食이다. 영혼은 투쟁에서 달콤함을 추출하는 법을 잘 알고 있다. 영혼은 파괴하는 동시에 새로운 것을 산출한다. 영혼은 성난 싸움꾼이다. 그러나 상대편을 내밀한 동맹자로서 부드럽게 자신의 편으로 끌어들인다. 가장 놀라운 것은 영혼이 외적인 형태에 구애하지 않는다는 점이다. 이름, 인물, 장소, 세련된 말들, 화려한 꾸밈, 이 모든 것들은 부수적인 가치만을 가질 뿐이다. 영혼이 가치를 두는 것은 내면에 놓여 있는 것이다. (…) 나는 지금 내가 사랑해 왔던 것들을 생각해 보고 있다. 이름과 인물들은 바뀌었고, 그 바뀐 모습이 그 본성에 있어서 항상 더 깊고 아름답게 변한 것은 아니다. 그러나 분명 이들의 분위기는 내게 일보 전진을 의미하며, 정신은 이미 자신이 지나온 계단을 다시 밟는 것을 견디지 못한다. 정신은 더욱 높이 올라가기를 원하며 더욱 깊어지기를 원한다. (「분위기들에 대하여」)

니체의 힘에 대한 철학을 "투쟁은 영혼의 영속적인 양식"이라는 구절의 주석으로 볼 수도 있다. 그리고 계단에 대한 이미지는 그의 후기 작품에서도 종종 사용되는 것이다. 그 가운데 한 예로 「나의 무정함」이라는 시가 있다.

나는 백 개의 계단을 지나야만 한다.
나는 위로 올라가야만 하며, 너희의 울음 소리를 듣는다.
"너는 정말 무정하구나! 우리가 돌로 만들어진 줄 아는가?"

나는 백 개의 계단을 지나야만 한다.

하지만 아무도 계단이 되고 싶어 하지 않는다. (『즐거운 학문』 서곡 26절)

그리고 더 나중에 쓴 아포리즘에서,

나에게 그들은 계단이었다. 나는 그들을 딛고 올라갔다. 그러므로 나는 그
들을 지나쳐 가야 했다. 그러나 그들은 내가 그들과 함께 머물고 싶어 한다
고 생각했다. (『우상의 황혼』 1장 42절)

당시 니체는 이 정도로 이미 그 자신의 정체성을 지니고 있었다. 그
리고 포르타 시절의 작품이 갖는 중요성은 이처럼 성숙한 니체를 앞서
보여 준다는 데 있다. 그가 표현한 사상은 물론 독창적인 것은 아니다.
그러나 이것이 중요한 것은 아니다. 어떤 의미에서 사상의 세계에 독창
성은 없다고도 볼 수 있다. 이전의 생각들은 새로운 방식으로 해석하고
제시하는 것, 형식적으로 분리된 요소들을 새롭게 종합하는 것, 반쯤 잊
힌 부분들을 새롭게 강조하고 재조명하는 것 등이 전부인지도 모른다.
힘에의 의지는 어떤 의미에서 진부한 사상이다. 그리고 니체는 단지 이
사상의 진가를 최초로 알아본 사람이었다. 그의 초기작의 중요성은, 그
가 독창적이지 않은 의견을 반복했다는 사실이 아니라 그가 앞으로 나
아갈 진로를 이미 정했다는 점에 있다.

시인이라는 면에서, 그의 표현법은 포르타 시절을 거치면서 성숙해
갔다. 그 결과 포르타를 떠날 무렵 쓴 비교적 완성된 시 「미지의 신에
게」에서 그는 미래에 대한 불확실함과, 그의 선조들의 신을 영원히 버
린 것에 대한 감회를 적절히 표현할 수 있었다.

한 번 더, 걸음을 계속하고
내가 가야 할 앞쪽을 바라보기 전에,
나는 고독 속에서 손을 위로 올립니다.
나의 피난처인 당신에게
내 마음의 깊은 곳 중 가장 깊은 곳에서
엄숙하게 쌓은 제단을 당신에게 바칩니다,
그래서 항상
당신의 목소리가 다시 나를 부를 수 있도록….

미래에 대한 불확실함에 이전의 자신의 모습과 자신이 해 왔던 것
들에 대한 불만족이 덧붙여졌다. 1864년에 쓴 짤막한 글 「새해 전날 밤
의 꿈」에서 니체는 지난 해가 무익한 날들이었다고 저주한다. 지난날들
은 그의 성급함을 나무라며 그에게 말한다. "열매는 익으면 떨어질 것
이다. 익기 전이 아니라."

3

본 대학과 라이프치히 대학

그가 지금 하고 있는 모든 일은 적절하고 질서 정연하다. 하지만 그는 양심의 가책을 느낀다. 왜냐하면 비일상적인 것이 그의 과제이기 때문이다. (『즐거운 학문』 186절)

- 1 -

훗날 니체는 본 대학에서 지낸 열 달이 낭비한 시간이었다고 회고한다. 이 기간에 니체는 보통의 젊은이들의 삶을 따라해 보려 했지만, 자신에게는 그것이 불가능하다는 사실을 깨닫는다. 흔히 사람들은 남들과 다르고자 하는 욕구를 가진다. 하지만 이 욕구는 그리 깊이 있는 것은 아니다. 남들과 정말로 다른 사람은 자신이 가진 특이함이 얼마나 많은 불행을 불러올지 예감하기 때문에 다르게 되고 싶어 하지 않는다. 그럼에도 결국 그는 자신의 운명을 피할 수 없다. 그는 인생이 그를 위해 준비해 놓은 고독과 실망에 직면해야만 하는 것이다. 하지만 처음에는 주변 사람들이 추구하는 정상적인 것들에 그 자신도 정열을 모방해서 따라가려고 하며, 자신의 운명에 저항하고 그것을 부정하려고 한다. 니체는 본 대학에서 이런 식으로 행동했고, 이 때문에 나중에 시간을

대학생 연합인 "프랑코니아"에서 동료들과 찍은 사진(두 번째 줄 왼쪽에서 세 번째 인물이 니체)

헛되이 썼다고 생각하게 된다.

처음에 그는 분명 포르타에서 해방됐다는 자유로운 느낌을 맛보았다. 니체는 본에 함께 온 도이센과 또 한 명의 젊은이 슈나벨과 함께 라인 강 일대를 여행하면서 자유를 만끽했다. 이 세 명은 포도주를 실컷 마시면서 꽤 떠들썩하게 놀았고, 니체는 도이센의 누이와 잠시 연애를 하기도 했다. (도이센의 집은 라인 주州에 있었다.) 니체와 도이센은 1864년 10월 16일에 함께 대학에 등록했다.

본 대학은 오토 얀과 프리드리히 리츨이라는 교수들로 문헌학 분야에서 상당한 명성을 누리고 있었다. 그들은 문헌학 분야의 일인자였을 뿐만 아니라 폭넓은 교양도 갖추고 있었으며, 학생들이 존경할 만한 인물들이었다. 얀은 그가 쓴 모차르트 전기로 잘 알려져 있었고, 두 사람 모두 어떤 분야를 택하든 두각을 나타낼 만한 기량이 있었다. 니체는 처음에 리츨보다 얀에게 더 끌렸다. 그러나 얀과 리츨 사이의 해결하기 어려운 불화 때문에 둘 다 본 대학을 떠나게 되었을 때 니체가 따라간 사람은 라이프치히로 간 리츨이었으며,[1] 나중에 니체의 이름과 관련해서 거명되는 사람도 리츨이다. 도이센의 글에 따르면,[2] 리츨과 니체의 만남은 더할 나위 없이 싱거운 것이었다. 니체와 도이센은 같은 소개장을 가지고 리츨의 집으로 찾아갔다. 리츨은 편지를 뜯어본 후 외쳤다. "아, 나의 오랜 친구인 니제(소개장을 써 준 포르타의 교사)가 보낸 것이군! 그는 어떻게 지내고 있지? 잘 있나? 자네 이름이 도이센이로군. 잘 왔네. 그럼 조만간 다시 보세." 면담은 이제 끝난 것처럼 보였다. 그러자 옆에 서 있던 니체가 억눌린 듯한 기침 소리를 내며 자신의 이름도 써 있다고 말했다. "아, 그렇군." 리츨이 말했다. "도이센과 니체, 두 사람의 이름이 적혀 있군. 아무튼 좋네. 환영하고, 자 여러분, 그럼 다음에 또 보세." 이것이 리츨과 나중에 그의 가장 유명한 제자가 될 젊은이와의 첫 만남이었다.

대학에 도착한 지 얼마 되지 않아, 니체는 대학생 연합인 "프랑코니아Frankonia"에 가입했다. 이 "대학생 연합"은 1815년에 생긴 것으로 자유롭고 통일된 독일이라는 기치 아래 모든 독일 대학생들이 연합하는 것을 목적으로 하는 단체였다. 그러나 1860년 즈음에 와서는 그 정치적 열의는 완전히 식어 버렸고, 의례적인 허울만 남은 사교 모임에 지나지 않게 되었다. 니체는 이 모임에 적응해 보려고 있는 힘을 다했다. 그는 풍자가로서 인상을 남겼고, 그의 피아노 즉흥 연주 실력도 많은 도움이 됐다. 그러나 대학생 연합의 특징적인 문화인 "거나하게 술 마시기"만큼은 결코 즐길 수 없었다. 그의 짧고 온건한 폭음의 시기는 이미 끝난 뒤였다. 더욱이 그는 평소에도 체질상 맥주를 연거푸 들이키지는 못했다. 그는 그것보다는 크림 케이크를 훨씬 좋아했으며, 그것이라면 몇 개라도 먹을 수 있었다. 학생들 사이에 유행한 좀더 어리석은 관행 중에는 결투 의식도 있었다. 니체도 이제 "프랑코니아"의 일원이 됐기 때문에, 결투에서 생긴 상처가 있어야만 어른이 된 것으로 여기던 분위기에 따라 상처가 필요하다고 느꼈다. (모순되게도, 상처를 입어야만 뛰어난 용사로 인정됐다.) 도이센은 그가 어떻게 상처를 얻었는지를 전해 준다.[3] 어느 날 저녁, 그는 다른 모임의 학생 한 명과 사이좋게 이야기를 나누며 걷고 있었다. 그런데 갑자기 니체가 결투를 해 서로 상처를 주자고 제안했다. 결투는 전통적인 규칙에 따라 준비됐고, 믿을 만한 증인들 앞에서 시작됐다. 3분쯤 지나 니체는 코를 얻어맞고 코피를 쏟았다. 증인들은 이것으로 충분하다고 선언했다. 니체가 얻은 상처 자국은 아주 미세한 것이었다. 그리고 도이센이 이 일에 대해 더는 아무 말도 하지 않는 것으로 보아 니체는 상대방을 한 방 먹이는 데 실패한 것 같다.

또 우리는 도이센의 글을 통해 1865년 2월에 일어난 한 사건에 대해 알게 된다. 이 사건은 상당히 유명해졌으며, 니체의 말년에 나타난 정신이상과 관련해 중요한 의미를 가진다. 도이센의 글에 따르면,[4] 니체는 혼자 쾰른으로 여행을 간 이야기를 그에게 들려줬다고 한다. 그는 마차를 타고 마부의 안내를 받으면서 관광을 했고, 관광이 끝난 뒤에 마부에게 좋은 식당으로 데려다 달라고 부탁했다. 그런데 그가 도착한 곳은 매음굴이었다. 니체는 "나는 갑자기 번쩍거리고 속이 비치는 옷을 입은 채 기대에 찬 시선으로 나를 쳐다보는, 대여섯 명쯤 되는 환영들에 둘러싸이게 됐네. 잠시 동안 아무 말도 할 수 없었지. 그때 나는 본능적으로 그곳에서 유일하게 살아 있는 물건 같은 피아노를 향해 걸어가서 몇 화음을 쳐 보았다네. 그 소리가 마법을 풀어 주었고, 나는 서둘러 그곳을 빠져 나왔네."라고 말했다. 도이센은 이 사건이 니체만의 독특한 성격을 보여 주는 것이며, "여자에게 결코 손대지 않았다"는 말이 그에게 적용될 수 있을 거라고 생각했다. 하지만 우리는 이러한 의견에 더는 동의하기 어렵다. 왜냐하면 지금은 이 글을 썼을 당시에 도이센이 몰랐던 여러 가지 증거를 확보했기 때문이다. 니체를 쓰러뜨린 병이 정신착란에 수반되는 일반적인 마비증이었다는 것은 분명한 사실이다. 이는 그가 매독에 걸렸음이 거의 틀림없다는 것을 의미한다. 그리고 대부분의 니체 연구자들은 아마도 젊은 시절에 니체가 매독에 걸렸을 것이라는 데 동의하고 있다. 크레인 브린턴[5]은 말한다. "니체가 매독에 감염됐다는 것은 (그런 종류의 일이 증명될 수 있는 한) 확실하게 증명된 사실이라고 생각할 수 있을 것이다." 발터 카우프만[6]은 좀더 조심스럽게 말한다. "우리가 말할 수 있는 전부는, 이 문제에 대한 모든 냉철하고 과장 없는 의학적 판단을 고려해 봤을 때, 니체가 매독에 감염됐을 가능성이 매우 크다는 것이다." 리하르트 블룽크[7]는 니체가 1867년 무렵에 라이프치히에서 두 명의 의사로부터 매독 치료를 받았다는 증거를 복원해 낸다. 물론 그들이 니체에게 병의 종류를 알리지 않았을 가능성은 있다. 그가 어떻게 이 병에 걸리게 됐는지는 순전히 추측해 봐야 할 문제이지만, 추측이 그다지 어려운 것은 아니다. 니체와 같은 상황에 있는 젊은이가 매음굴이 아닌 다른 곳에서 그런 병을 얻는다는 것은 상상하기 힘들기 때문이다. 브란[8]은 『차라투스트라는 이렇게 말했다』 4부에 삽입된 「황무지가 자란다」라는 시에 니체가 1865년 2월의 경험을 도이센에게 묘사할 때 사용했던 말들이 그대로 반복된다는 점에 착안하여, 이 시가 니체의 매음굴을 찾았던 경험을 되살린 것이라고 말하기도 한다. 토마스 만[9]은, 니체가 처음에는 억지로 그런 곳에 가게 됐지만 나중에는 자발적으로 찾아간 것이라고 추정한다. 이런 모든 설명에서 알 수 있는 것은 니체가 아버지로부터 광기를 물려받았으며, 따라서 "항상 미쳐 있었다"는 주장이 신빙성이 없다는 것이다. 그의 운명은 결코 특이한 것이 아니었다. 매독은 불치병이었기 때문에 의사가 환자에게 그 병을 알리지 않는 경우가 자주 있었다. 그 결과 감염자는 점점 깊어지는 "알 수 없는" 병의 발작으로 종종 미치광이가 되거나, 때 이른 죽음으로 삶을 마감했다. 니체가 프랑스-프로이센 전쟁에서 위생병으로 복무할 때 매독에 감염됐을지도 모른다는 의견도 있다. 하지만 블룽크가 제시한 증거에 따르면 그는 1867년이라는 이른 시기에 치료를 받았기 때문에, 이보다 늦은 1870년에 매독에 걸렸다는 주장은 앞뒤가 맞지 않는 것이며, 또 그가 위에서 얘기한 것과는 다른 방식으로 그 병에 걸렸을 가능성도 희박하다.

본에 있는 동안 니체는 신학을 그만두기로 결심했다. 앞서 살펴봤듯이 기독교의 진리와 종교 일반의 정당성에 대한 그의 믿음은 포르타 공립학교를 떠나기 전에 사실상 이미 끝났다. 당시, 그는 앞으로 무엇을 할 것인지에 대해 확고한 생각을 가지고 있지는 않았지만, 적어도 아버지나 친할아버지, 외할아버지가 했던 일을 하게 되지는 않을 것이라고 깨닫고 있었음에 분명하다. 어머니의 소망이 아니었다면 그는 결코 신학 공부에 진지하게 매달리지 않았을 것이다. 그러나 본에서 지낸처음 몇 달 사이에 신학에 대한 그의 태도는 확고해졌고, 1865년 부활절 무렵에는 신학을 포기하기로 결심한다. 자신의 결심이 어머니를 당혹스럽게 만들 것이라는 짐작과 어머니가 극구 말릴지도 모른다는 불안감 때문에, 부활절 휴가를 맞아 집으로 향하는 니체의 기분은 공격적이었다. 그는 교회와 그에 속한 사람들을 비난하는 발언을 했고, 자신은 원시적인 미신인 기독교를 넘어서고 있노라고 주장했다. 그는 프로테스탄트 교도들의 경우, 다른 어떤 날보다 부활절만큼은 성찬식에 참석하는 것이 당연하다는 것을 알면서도, 교회에 가지 않겠다고 말했다. 그리고 마침내 거의 직설적으로 어머니에게 신학을 그만두었음을 알렸다. 이 사건으로 급기야 눈물과 비난으로 가득 찬 가정 불화의 한 장면이 연출됐다. 그러나 갈등은 일시적인 것으로 끝났다. 니체의 어머니는, 하느님이 우리의 모든 행동을 인도하시기 때문에 니체의 이런 행동도 그분이 인도하신 것임에 틀림없다고 생각했고, 그래서 신의 뜻을 받들어 아들의 뜻을 수용하기로 했다. 그러나 엘리자베트는 그의 행동에 화가 났고, 그의 배교에 동요됐다. 그녀는 독실한 신자였고 그 역시 그럴 것이라고 생각해 왔던 것이다. 니체가 본으로 돌아간 뒤 그녀는 니체가 자신의 주장을 정당화한 것에 대한 반대 논리를 찾기 위해 삼촌들 가운데 한 사람과 상의했다. 그녀는 니체에게 기독교 신앙을 옹호하는 내용을 담은 진심 어린 편지를 보냈고, 1865년 6월 11일에 보낸 니체의 답장은 그의 전기에서 가장 유명한 자료 가운데 하나가 됐다.

진리는 언제나 더 어려운 편에서 발견된다는 너의 기본 원칙에는 나도 어느 정도 동의한다. 하지만 2 곱하기 2는 4가 아니라는 말을 한번 생각해 봐라. 이 말이 믿기 어렵다고 해서 이 말이 진리가 되는 거니? 또 반대로 이렇게 질문해 보자. 우리가 배워 온 모든 것들, 우리 안에 점차 단단하게 뿌리를 내려 주위 사람들이나 많은 훌륭한 사람들이 진리라고 말하는 것들, 게다가 실제로 사람의 마음을 편안하게 해 주고 북돋아 주는 것들, 이러한 것들을 진리라고 간단히 받아들이는 일이 정말로 그렇게 어려운 일일까? 그것이 정말로 정신의 독립에 따르는 위험 속에서 용기가 꺾이고 양심마저 흔들리는 위기를 수없이 경험하면서도 항상 진리와 미와 선을 목표로 관습과 투쟁하면서 새로운 길을 개척해 나가는 것보다 더 어려운 일일까? 우리의 마음을 편안하게 해 주는, 신과 세계와 화해에 대한 특정한 견해에 도달하는 것만이 정말로 가장 중요한 일일까? 혹, 진정한 탐구자는 자신의 물음이 가져올 결과에 상관없이 질문을 하는 사람이 아닐까? 왜냐하면, 우리가 물음을 던질 때 그것은 휴식과 평화와 행복을 구하기 위해서가 아니라 오직 진실, 그것이 극도로 추악하고 불쾌할지라도 진실을 원하기 때문이다. 아직 마지막 질문이 하나 더 남아 있다. 만약 우리가 어렸을 때부터 줄곧 모든 구원이 예수가 아닌 다른 사람, 예를 들어 무함마드로부터 나온다고 믿어 왔다면, 우리는 똑같은 은총을 경험할 수 없었을까? 은총을 주는 것은 믿음이지, 믿음 뒤에 있는 객관적인 실체가 아니다. (…) 모든 진실한 믿음은 결코 속이지 않는다. 그것은 믿음을 지닌 자가 믿음 안에서 발견하고자 하는 것을 얻게 해 주지. 그러나 진실한 믿음은 객관적 진리를 입증하는 데는 전혀 도움이 되지 않아. 여기에서 인간의 길이 나뉜다. 만일 네가 영혼의 평화와 행복을 원한다면, 믿어라. 하지만 네가 진리의 사도가 되고 싶다면, 질문해라.

그의 이런 관점은 이후에도 결코 변하지 않으며, 외려 계속해서 거듭 강조된다. 철학적 질문의 대상은 진리이다. 그러나 진리와 행복, 곧 옳은 것과 기쁨을 주는 것 사이에 예정된 일치는 없다. 따라서 진정한 탐구자는 "영혼의 평안과 행복"에 무관심할 것이 틀림없다. 또는 적어도 그러한 것들을 추구해서는 안 된다. 왜냐하면, 그가 "영혼의 평안과 행복"을 목표로 삼는다면 진실이 추하고 불쾌한 것일 때는 비켜 가야 하기 때문이다.

좀 더 쾌활하고 가벼워지려고 노력하는 가운데, 그리고 어쩌면 그런 노력에 대한 직접적인 반작용으로, 니체는 점점 더 진지하고 심오해졌다. 그는 이미 "자유 사상가"였다. 그러나 이전의 자유 사상가들과는 반대로, 그는 "자유"란 단지 하나의 짐을 벗어 버리는 것이 아니라 그 자리에 더 무거운 짐을 얹어 놓는 것이라는 사실을 깨닫기 시작했다. 그는 곧 "자유주의적 성향을 가진" 불신자들에게 경멸감을 느끼게된다. 왜냐하면 그들은 신성한 건축가가 없어도 자유롭다고 생각하지만 여전히 그가 지은 건축물에 의지하고 있거나, 법률 제정자를 거부했지만 여전히 그가 제정해 놓은 법이 자신들을 보호해 주길 바라는 사람들이기 때문이었다. 또 그는 곧 신이 인류를 위한 현실로서 존재하기를 멈춘다면 삶은 그 자체의 의미를 상실하게 되며, 인간은 결국 무의미의 무게에 눌려 멸망하고 말 것이라는 것을 깨닫게 된다. 1865년 무렵에 그는 이미 상황의 심각성을 깨닫고 있었다. 니체와 도이센은 다비트 프리드리히 슈트라우스의 『예수의 생애』를 사서 읽었는데, 이 책은 당시 진행 중이던 종교에 대한 탈신화화에 두드러진 공헌을 한 작품이었다. 도이센이 슈트라우스의 글에 동의해야 할 것 같은 기분이라고 말하자 니체는 이렇게 대답한다. "그것은 심각한 결과를 가져올 수도 있어. 네가 예수를 포기한다면 신 자체도 마찬가지로 포기해야만 할 거야."[10]

창조 활동이라는 면에서, 니체가 본에서 지낸 몇 달 동안 주로 관심을 기울였던 것은 음악이었다. 그는 많은 작품을 작곡하고 연구했으며, 1865년 6월에는 쾰른에서 열린 사흘 동안의 음악제에 페르디난트 힐러가 지휘하는 6백 명의 웅장한 합창단 가운데 한 명으로 참가하기도 했다.

그는 라이프치히 대학에 들어가기 위해 그해 8월 17일에 본을 떠났다. 그곳으로 간 뒤 그는 "프랑코니아"에 탈퇴 편지를 보내는데(10월 20일), 이것은 그가 주변 환경과 얼마나 어울리지 못하고 있었는지를 보여준다.

그만두는 마당에 대학생 연합의 이념의 가치까지 부정하지는 않겠습니다. 단지 그것이 지금 보이는 모양새가 내겐 그다지 만족스럽지 않다는 것을 말하고 싶습니다. 이것은 부분적으로 제 잘못이겠지요. 나는 "프랑코니아"에서 일 년을 버티기도 힘들다는 것을 알았지만, 나 스스로 조직의 일원이 되는 것이 의무라고 생각했습니다. 그러나 이제는 나 자신이 "프랑코니아"와 더는 어떤 관련도 없다고 느꼈고, 따라서 작별 인사를 고합니다. 부디 하루속히 "프랑코니아"가 지금 보여 주고 있는 모습보다 더 높은 단계로 발전하길 바랍니다.

이렇듯 이중적인 의미를 담고 있는 호의에 대한 보답으로 "프랑코니아"는 니체의 이름을 명단에서 삭제했다.

- 2 -

라이프치히에서 보낸 시간 – 1865년부터 1869년까지 – 은 니체의 젊은 시절이 끝나가는 시기이기도 하다. 이 시기에 일어난 중요한 사건들은 문헌학을 공부하는 학생으로서 그가 이룬 진보, 쇼펜하우어와 랑에Friedrich Albert Lange의 발견, 에르빈 로데와의 우정 그리고 바그너와의 교제의 시작이라는 네 가지 주제로 나눠서 살펴보는 것이 가장 적절할 것이다.

리츨은 1865년 10월 25일에 라이프치히 대학에서 취임 강연을 했다. 강당은 사람들로 가득 찼고, 니체도 참석했다. 기분이 매우 들뜬 상태였던 리츨은 연단에서 니체와 본 대학에서 온 다른 몇몇 학생들에게 우스갯소리를 섞어 가며 환영 인사를 했다. 니체는 처음부터 리츨이 가르치던 문헌학 수업반의 일원이었으며, 12월에는 리츨이 결성을 제안하고 직접 지도한 라이프치히 문헌학회에 다른 세 명과 함께 창단 회원으로 참여하기도 했다. 1866년 1월 18일에 니체는 학회에서 "테오그니스의 마지막 교정본"을 주제로 첫 강의를 했는데, 이는 테오그니스에 대한 자신의 논문을 수정한 것이다. 다음 달에 그는 강의 원고를 다시 교정한 뒤에 리츨에게 제출하고 의견을 물었다. 리츨은 2월 24일에 니체를 연구실로 불러 그 연구를 어떤 의도에서 수행한 것인지를 물었다.

> 나는 우선 머리에 떠오르는 대로 이 연구가 하나의 강의를 위한 기초로서 우리 사회에 기여한다면, 이미 그 목적한 바를 이룬 거라고 말했다. 그러자 그는 내 나이와, 내가 얼마나 오랫동안 공부를 해 왔는지 등을 물었다. 내가 대답하자, 그는 방법의 엄격함이나 조사의 확실성에서 세 학기만에 이에 필적할 만한 논문을 쓴 학생은 아직 없다고 공언했다. 그는 나에게 이 강의 원고를 소책자로 만들 것을 적극적으로 권했다. (…) 면담이 끝난 후 나의 자신감은 하늘로 솟구쳤다. (…) 한동안 나는 머릿속이 계속 소용돌이치는 상태로 돌아다녔다. 바로 이 순간 나는 문헌학자로서 태어나게 된 것이다.[11]

이 면담은 결정적인 사건이었다. 리츨은 시간이 지날수록 니체의 문헌학자로서의 능력을 신임했고, 니체는 어떤 의미에서 그의 피보호자가 됐다. 리츨은 니체가 이 분야에 굉장한 소질을 타고났다고 확신했다. 그는 다른 사람들에게도 이를 납득시켜 바젤 대학교 교수 자리에 공석이 났을 때 겨우 스물네 살의 니체를 교수로 추천하는 데 성공했으며, 라이프치히 대학에서의 박사 학위도 시험을 비롯한 다른 정규 절차 없이 얻을 수 있게끔 조처했다. 니체가 처음에 고전문헌학을 전공으로 택한 것은 단지 포르타에서 라틴어와 그리스어가 "강요됐기" 때문인 것 같다. 그는 교수가 되겠다는 계획 같은 건 가진 적이 없었다. 그는 어떤 계획도 없었지만, 계획이 분명하지 않은 다른 많은 젊은이들처럼, 가장 쉽고 할 일이 분명하다는 이유로 "학생"이 된 것이었다. 1866년 2월의 면담은 이 모든 것을 바꿨고, 그해 여름이 되자 그는 바젤에 가기 위한 준비 과정에 착수했다.

1866년 11월, 라이프치히 대학은 (리츨의 주도 아래) 문헌학 논문 현상 공모의 주제로 디오게네스 라에르티오스(기원전 3세기에 활동한 그리스의 저술가 - 옮긴이)를 내걸었다. 예상했던 대로 상은 니체에게 돌아갔다. 니체의 테오그니스에 대한 논문은 「테오그니스 단편 모음집의 역사」라는 제목으로 1867년《라인 문헌학지》에 게재됐다. 이것이 니체의 첫 출판물이다. 라에르티오스에 대한 논문은 1868년과 1869년에 네 부분으로 나뉘어 게재됐으며, 다른 문헌학 연구물들도 이 기간 중에《라인 문헌학지》와《문학 중앙지》를 통해 출판됐다.

그의 공부는 1867년에서 1868년 사이의 일 년에 걸친 군복무로 중단됐다. 1866년의 독일 전쟁은 매우 금방 끝나서[12] 일반인이 동원되지는 않았다. 하지만 프로이센 젊은이들에게는 자발적인 참여라는 이름으로 열두 달 동안의 의무 복무 기간이 부과됐다. 니체는 1867년 10월 9일에 소집됐고, 나움부르크에 주둔한 포병 연대의 기마 소대에서 사병으로 근무했다. 그는 군대 생활을 전혀 즐기지 않았다. 그리고 군 생활은 1868년 3월에 일어난 심각한 낙마 사고로 중단됐다. 그는 이 사고로 한 달 동안 누워 있어야 했으며, 남은 복무 기간 역시 건강을 회복하는 데 보내야만 했다. 그해 4월 1일, 그는 병원에 누워 있으면서 하사 근무 상병으로 진급했다. 그는 "그보다는 오히려 제대시켜 주길 바랐다"고 썼다. 그는 10월 15일에 제대했다.

라이프치히로 돌아오자마자 그는 자신이 취약한 분야, 특히 과학을 공부할 생각을 하기 시작한다. 아직 스물네 살로 매우 젊은 나이였던 그는, 삶의 폭이 너무 좁아지고 있다고 느꼈다. 그는 이미 대학 생활을 일 년쯤 중단하거나 아예 그만두고, 로데와 함께 파리로 가서 "신성한

캉캉 춤과 노란 압생트 독주毒酒"를 경험해 볼 계획을 세운 적이 있다. 그와 로데가 주고받은 편지에 여러 차례 이런 얘기가 오가고 있는 것으로 보면 이 계획을 상당히 진지하게 고려했던 것 같다. 그는 전공 분야에서 탁월함을 보였다고 하지만, 그렇다고 해서 문헌학의 중요성을 결코 과장하지 않았다. 오히려 그는 문헌학을 죽은 책들을 다루는 까다로운 학문이라고 비난하다시피 했다. 따라서 그가 다른 공부나 다른 종류의 생활을 맛보기 위해 잠시나마 문헌학 공부를 중단할 생각을 했다는 것은 그리 놀랄 일이 아니다. 그러나 그는 아주 나중에야 이것을 그만둔다. 1869년 초에 거부하기 어려운 제안이 들어왔기 때문이다. 이 제안으로 그는 향후 10년 동안 문헌학과 대학에서의 생활에 묶이게 된다.

문헌학에 대한 그의 이중적인 태도는 1869년 1월 16일에 로데에게 보낸 편지에서 잘 나타난다. 그는 로데에게 자신의 교수 임용 가능성에 대해 알려 주면서 자신은 그것을 반쯤은 환영하고, 반쯤은 유감스럽게 느낀다고 말한다.

우리는 확실히 운명의 어릿광대야. 지난주에는 자네에게 편지를 써서 같이 화학을 공부하자고 제안하려 했네. 그리고 문헌학은 그것이 마땅히 있어야 할 자리인 옛날 골동품들 사이로 던져 버리자고 말하려고 했지. 그런데 지금 저 악마 같은 "운명"이 문헌학 교수 자리로 나를 유혹하고 있네.

니체가 실제로 쇼펜하우어를 어떻게 받아들였는지는 뒤(5장)에서 자세히 논의할 것이다. 그러나 쇼펜하우어의 대표작인 『의지와 표상으로서의 세계』를 발견한 것이 그의 지적 삶에서 중대한 사건이었다는 것은 부인할 수 없다. 그것은 그가 라이프치히에 도착한 지 얼마 안 된

1865년 10월 말이나 11월 초의 일이었다. 그는 본에서부터 계속된 언짢고 만족스럽지 못한 기분에 여전히 사로잡혀 있는 상태였다.

나는 그때 근본적인 원칙도, 희망도, 단 하나의 즐거운 기억도 없이 고통스러운 경험이나 실망스러운 일들만을 겪으면서 절망하여 갈팡질팡하는 상태에 빠져 있었다. (…) 이런 상태에 있는 사람에게 쇼펜하우어의 대표작이 어떤 영향을 주게 될지 상상해 보라. 어느 날 나는 그 책을 발견했다. 헌책방에서 한 번도 들어 본 적이 없는 그 책을 집어 몇 쪽을 넘겨 보았다. 도대체 어떤 악령이 내게 "이 책을 집으로 가지고 가라"고 속삭였는지 모르겠다. 이런 행동은 평소 책을 살 때 망설이던 버릇과는 정반대이기 때문이다. 어느 날 집에 있던 나는 새로 획득한 보물을 가지고 소파에 몸을 묻은 채 그 정력적이고 우울한 천재가 뿜어내는 마력에 나를 맡겨 보았다. (…) 여기에서 나는 세계와 인생, 그리고 나 자신의 본성이 소름 끼치도록 웅장하게 비치고 있는 하나의 거울을 보았다. (…) 여기에서 나는 병과 건강, 유배와 피난처, 지옥과 천국을 보았다.[13]

쇼펜하우어의 철학에 대한 논의나 그 철학에 대해 니체가 보인 반응은 별도의 장에서 다루는 것이 적절할 것이다.[14] 따라서 여기에서는 쇼펜하우어의 철학이 니체의 삶에 어떤 결과를 가져왔는지만 간단히 얘기하고 넘어가겠다. 그는 쇼펜하우어주의자가 됐고, 친구들에게 그 철학자의 견해를 알리기 위해 최선을 다했다. 로데와 게르스도르프도 곧 "쇼펜하우어주의자들"이 됐는데, 이것이 독자적인 결정인지 니체의 영향을 받은 것인지는 확실하지 않다. 니체가 도이센에게 쇼펜하우어의 저작을 소개했다는 것은 분명하며, 도이센은 훗날 독일의 진정한 쇼펜하우어 계승자가 된다. 쇼펜하우어에 대한 공통된 숭배는 니체와 바그너 사이의 우정이 굳건해지게 된 요소였고, 어쩌면 니체가 그에게 사로잡히게 된 결정적인 이유였을 것이다. 어쨌든, 바그너가 쇼펜하우어에게 무관심하거나 그와 대립하는 사람이었다면 니체와 그렇게 가까워지지는 않았을 것이다.

이 몇 년 동안 니체는 자신이 이 위대한 염세주의자와 완전히 하나라고 느꼈다. 하지만 중요한 것은 "느꼈다"라는 단어다. 이것은 거의 감정의 문제일 뿐이었다. 니체는 쇼펜하우어 속에서 자신이 듣고자 했던 것만을 들었다. 이러한 사실은 그가 동시에 랑에의 『유물론의 역사와 그 현재적 의미에 대한 비판』에도 열광했다는 점에서 분명하게 알수 있다. 그는 이 책을 1866년 여름에 읽었다. 그리고 랑에의 책을 알게 된 지 열여덟 달이 지난 뒤인 1868년 2월 16일에 게르스도르프에게 편지를 보내 다음과 같이 가능한 한 가장 열정적인 말로 이 책을 추천한다. "이 책은 제목이 약속하는 것보다 더 많은 내용을 무한히 담고 있으며, 반복해서 읽고 연구할 수 있는 진정한 저장고네." 그리고 그는 이 책에서 소개되고 있는 "우리 시대의 유물론 운동, 다윈 이론을 포함한 자연과학 (…) 윤리적 유물론, 맨체스터 학설"에 대해 언급한다. 그는 랑에를 방문할 계획을 세웠으나 시도하지는 못했고, 1887년에 개정판이 나왔을 때는 한 권을 사서 다시 통독했다. 주목할 만한 부분은 랑에의 견해가 단순히 쇼펜하우어와 다른 정도가 아니라 서로 반대되며, 두 견해가 서로 양립할 수 없다는 점이다. 따라서 랑에가 맞다면 쇼펜하우어는 틀린 것이고, 그 반대 역시 그렇다. 니체가 동시에 두 사람을 좋아할 수 있었던 것은, 쇼펜하우어는 주로 감성적인 면에서, 그리고 랑에는 전적으로 지성적인 면에서 호소력을 가졌기 때문이다. 다른 식으로 말하면, 쇼펜하우어가 오직 완전한 사람만이 받아들이거나 거부할 수 있는, 삶에 대한 완전한 태도를 제시한 반면, 랑에는 단지 철학만을 논했다고 할 수 있다.

라이프치히 시절에 쓴 니체의 글에는 훗날 이용하게 되는 몇몇 관념들이 나타나기 시작한다. 두 가지가 특히 주목할 만하다. 그는 호메로스와 헤시오도스에 대해, 그리고 그들 간의 전설적인 "경연"에 대해 공부하면서, 그리스 문화의 발전에서 싸움이나 경쟁이 얼마나 중요한 개념인가에 대한 암시를 처음으로 얻게 되었다. 그리고 이러한 통찰은 그가 간접적인 수단을 통해 힘을 획득하는 사례들을 모을 때 아주 중요한 의미를 띠게 된다. 1868년에 출간된 디오게네스에 대한 논문의 제1부 앞머리에는 핀더에게서 따온 표어가 나온다. "너 자신이 되어라!" 니체는 이 표어를 자신의 것으로 받아들였고, 이것을 『즐거운 학문』의 제3권(『즐거운 학문』은 다섯 개의 "권"으로 구성된 한 권의 책이다. 이 책의 "니체 저작목록" 참조 - 옮긴이)을 마무리하는 "대리석 같은 경구들" 가운데 하나로 인용한다.

너의 양심은 뭐라고 말하느냐? "너는 반드시 너 자신이 되어야 한다." (『즐거운 학문』 270절)

그리고 그는 자서전(1888년)에 다음과 같은 제목을 붙였다. 『이 사람을 보라. 어떻게 사람은 자기 자신이 되는가』.

니체와 에르빈 로데는 거의 동년배였다. 로데는 1845년 10월 9일 함부르크에서 의사의 아들로 태어났다. 그는 니체와 비슷한 시기에 라이프치히에 왔고, 문헌학회에 참여하면서 니체를 만나게 된다. 니체는

1866년 9월에 게르스도르프에게 보낸 편지에서 그에 대해 "매우 영리하지만 고집이 세고 제멋대로인 친구"라고 묘사했다(이는 상황에 따라 두 사람 모두에게 해당하는 이야기다). 둘 사이의 우정은 1867년 부활절 학기에 깊어졌고, 다가오는 8월에는 함께 긴 휴가 여행을 계획하기도 했다. 시간이 갈수록 그들의 취향은 조화를 이루며 발전했고, 그들은 곧 고대 그리스에 대한 사랑이나 쇼펜하우어에 대한 정열, 바그너에 대한 숭배에 있어서 한마음이 되었다. 니체는 자신들이 문헌학의 "진부한 상투성과 공허한 허식"을 질색하는 점에서도 마찬가지였다고 말한다. 그들의 우정은 10년 동안 변하지 않고 계속됐다. 그러나 대략 1880년 이후부터 나타나는 니체의 정신적 발전을 로데가 이해할 수 없게 되면서 둘의 관계는 무너졌고, 1886년의 만남을 끝으로 그들은 사실상 남남이 됐다. 그 이듬해에 니체가 관계를 회복해 보려고 했으나 로데는 거절했다. 로데가 (니체와 로데를 모두 알고 있는) 주변 사람들에게 보낸 편지를 보면, 그가 점점 비뚤어져 가는 니체의 삶과 제멋대로인 사유 방식을 참지 못하고 있음을 알 수 있다. 그는 『선악의 저편』을 읽은 후 폭발했다. "니체에게 필요한 것은 적당한 직업을 갖는 거야!"[15] 우리는 로데가 어떤 마음에서 이런 말을 했는지 이해할 수 있다. 로데 자신은 그들이 둘 다 추구할 만하다고 인정했던 분야에서 명성을 날리고 있었고, 결혼해서 가족을 이루고 안정적으로 살고 있었다. 반면 니체는 다른 사람의 눈에 산중 요새로 은둔한 것처럼 보였고, 그곳에서 때때로 절반밖에 이해할 수 없는 책들을 던져 놓으면서 그 책에 과대한 찬사를 요구했다. 그는 가족도, 직업도 없었으며, 어떤 관계나 어떤 책임도 없었다. 그는 책에서는 자신의 고립을 자랑했지만, 편지에서는 그것을 한탄했다. 그는 이제 이전에 자신이 살았던 삶, 그리고 그의 친구들이 여전히 살아가고 있는 삶을 단지 비웃기만 할 뿐이었고, 그가 쓴 모든 글에는 대다수 사람들의 삶을 채우고 있는 모든 것들에 대한 경멸이 떠돌고 있는 듯했다. 이런 모든 상황에 갈수록 커져 가는 니체의 자기 중심성을 덧붙인다면, 로데가 그와 절교한 이유를 설명하는 데 어려움이 없을 것이다. 로데는 단순히 옛 친구의 행동에 화가 났던 것이다.

니체와 로데가 처음 만난 1866년 무렵, 로데는 자신의 감정을 쉽게 표현하지 않는 다소 내성적인 젊은이였다. 그는 1868년 크리스마스 때 니체에게 보낸 편지에서 자신의 마음을 다소 수줍게 털어놓는다. 이 편지를 보면 그들 사이의 감정의 깊이가 어느 정도였는가를 짐작할 수 있다.

내가 인생에서 최고의 시간을 보낼 수 있었던 건 오직 자네 덕분일세. 자네가 내 마음속을 들여다볼 수 있다면 좋을 텐데. 그럼 자네가 해 준 모든 것들에 내가 얼마나 고마워하고 있는지 알 수 있을 걸세. 나는 그동안 가난한 어린아이가 부유한 집의 정원을 바라보듯이 사랑에 목마른 마음으로 순수한 우정을 상상해 왔네. 자네가 그 순수한 우정의 복된 땅을 나에게 열어 보여 준 걸세. 항상 외롭게 지내 왔던 나는, 이제 가장 훌륭한 사람과 친구가 된 느낌이 든다네. 그리고 그것이 얼마나 나의 내적 세계를 바꿔 놓았는지 자네는 알기 힘들 걸세.

니체가 그에게 보낸 편지는 우정의 표현으로 가득했고, 그들이 함께 나눌 미래에 대한 계획을 담고 있었다. 당시 그들은 자신들이 어떤 경우에도 같은 길을 갈 것이라고 예상했지만, 그래도 함께할 수 있는 여러 가지 특별한 계획을 의논했고 그 가운데 가장 열의를 보인 것이 앞서 말했던 파리 여행이었다. 이런 이유로, 바젤 대학에서 교수직을 맡게 될 것 같다는 사실을 알리는 1869년 1월 16일자 편지에는 그들의 소중한 계획이 이 때문에 무산될 터이지만 그 자리를 포기하기 어렵다는 점을 로데에게 납득시키고자 애쓰는 기색이 애처로울 정도로 역력하게 나타나 있다.

1867년 8월에 니체와 로데는 함께 보헤미아의 산림지대(독일과 체코 국경에 접해 있는 초원지대 — 옮긴이)로 여행을 떠났다. 니체는 그곳에서 리스트가 지휘한 "미래의 음악 연주회"를 들었다고 썼다. "미래의 음악 Zukunftsmusik"이라는 표현은 당시 언론이 바그너의 주요 이론서인 『미래의 예술 작품』의 제목을 비꼬아 쓴 말이다. 바그너는 이 책에서 음악, 연극, 회화, 마임이 미래의 "통합 예술" 속에서 종합된다는 자신의 생각을 정리했다. 당시의 언론인들은 바그너가 자신의 끔찍한 음악을 2백 년 후에는 세련된 음악이 될 거라는 말로 변호하고 있다고 주장했다(이러한 주장들은 어느 정도 고의적인 것이었으나 대부분은 무지에서 비롯되었다). 이렇듯 "미래의 음악"은 조소의 의미로 쓰이는 말이었고, 니체가 그 말을 사용했다는 것은 1867년 여름 무렵만 해도 그가 아직 바그너에게서 별 감동을 받지 못했음을 보여 준다. 그러나 계속해서 관심은 가지고 있었다. 같은 해 말에 그는 〈발퀴레〉를 피아노 곡으로 편곡한 곡을 연주하면서 매우 "복합적인 감정"을 느꼈다고 말했다. 그리고 이때부터 1868년 10월 28일 사이에 그는 좀더 많은 시험을 해 보았던 것 같다. 왜냐하면 그는 그날 〈트리스탄과 이졸데〉와 〈뉘른베르크의 명가수〉의 전주곡을 들은 후에 바그너에 대한 자신의 태도가 완전히 바뀌었다고 공언했기 때문이다. 같은 날 그는 흥분 상태에서 로데에게 편지를 썼다.

이 음악에 관해서 냉정하고 비판적인 정신을 유지한다는 것은 불가능하다는 것을 알았네. 내 몸의 모든 조직과 모든 신경이 떨고 있네. 나는 〈뉘른베르크의 명가수〉의 전주곡을 들을 때 느꼈던 것과 같은 지속적인 황홀경을 지금껏 경험해 본 적이 없다네.

그는 완전히 빠져들었다. 그러나 그 황홀경을 경험한 지 열하루 만에 그 거장과 만나는 일이 없었더라면, 그는 오래지 않아 다시 침착함을 되찾으려고 노력했을 것이다. 이 무렵 바그너는 그의 삶에서 늘 끊이지 않았던 가정 불화 가운데서도 가장 떠들썩한 사건 하나를 겪고 있었다. (덧붙이자면, 어니스트 뉴먼이 쓴 바그너 전기는 그의 수많은 가정 불화 덕에 흥미진진한 읽을거리가 되고 두께도 상당해졌다.) 그래서 바그너는 사실상 라이프치히로 도망을 갔고, 그곳에서 누이인 오틸리에와 그녀의 남편인 헤르만 브로크하우스(쇼펜하우어의 저서를 출판한 사람의 후손)와 함께 머물고 있었다. 바그너는 자신이 라이프치히에 있다는 사실이 신문에 나면 은신처가 만천하에 공개되고 말 것이기에 철저히 신분을 감춘 채 지냈고, 오직 가까운 친구들만이 그를 만날 수 있었다. 그 친구들 가운데 한 명이 리츨 부인이었다. 그녀는 어느 날 저녁, 바그너가 피아노로 〈뉘른베르크의 명가수〉 가운데 "발터의 찬가"를 연주하는 자리에 있었다. 그녀는 바그너에게 남편의 제자들 가운데 열렬한 바그너 숭배자가 있는데, 그를 통해 이미 이 곡을 알고 있다고 말했다. 바그너는 기뻐하면서, 가능하다면 그 젊은이를 만나보고 싶다고 말했다. 그 결과 11월 6일 오후, 하숙방으로 돌아온 니체는 동료 에른스트 빈디쉬가 남긴, 다음과 같은 쪽지를 받게 된다. "리하르트 바그너를 만나고 싶으면 3시 45분에 카페 테아트르로 올 것." 빈디쉬는 받는 사람이 비밀을 엄수한다는 조건으로 브로크하우스 저택의 초대장을 전달하는 임무를 맡았던 것이다.

11월 9일에 니체는 몸이 아파서 집에 누워 있는 로데에게 한 통의 긴 편지를 보낸다. 우리가 니체와 바그너의 만남에 대해 알 수 있는 것은 이 편지를 통해서다. 니체와 빈디쉬는 7일 오후에 함께 갔으나 바그너는 (아마도 변장용으로) "거대한 모자를 쓰고" 나가고 없었으며, 그들은 이튿날인 일요일 저녁에 오라는 초대를 받았다. 많은 사람들이 모일 것으로 예상한 니체는 재단사를 찾아가서 그날 입을 야회복을 맞췄다. 그런데, 정작 일요일에 니체가 찾으러 가자 옷은 준비가 덜 됐으며, 45분쯤 후에나 될 거라고 했다. 잠시 후 다시 왔을 때도 마찬가지여서 그는 6시 30분이 되어서야 겨우 옷을 넘겨받을 수 있었다. 재단사의 조수는 옷과 함께 청구서를 내밀었고, 계산을 해야만 옷을 가져갈 수 있다고 했다. 니체에겐 그 만한 돈이 없었다. (아마도 그는 수중에 돈이 별로 없었을 것이다.) 하지만 그는 그 옷을 입어 보려고 했다. (정확히 말하면 새 옷이 몸에 맞나 보기 위해 입고 있던 옷을 벗은 것이었다.) 곧 싸움이 벌어졌고, 재단사가 이겼다. 재단사는 옷을 가지고 사라졌고 니체는 약속 시간에 늦을까 봐 걱정하면서, 또 자신의 낡은 옷이 그 자리에 어울리길 바라면서 쏟아지는 빗속을 내달렸다. 하지만 도착하고 보니 그 모임은 그리 규모가 크지 않았다. 브로크하우스 가족들과 니체, 빈디쉬 그리고 바그너뿐이었다. 니체가 소개됐고, 곧이어 바그너의 전기를 읽은 사람들에게는 너무도 낯익은 저녁 모임 장면이 펼쳐졌다. 저녁 내내 바그너는 몇몇 숭배자들에게 둘러싸인 채 모임을 주도했다.

저녁 식사를 전후해서 바그너는 〈뉘른베르크의 명가수〉의 모든 중요한 부분들을 피아노 연주로 들려줬네. 그것도 성악 부분을 전부 따라 부르면서.

그러고도 그는 점점 더 원기 왕성해졌지. 그는 놀랍도록 생기 있고 활기 찬 사람으로 엄청나게 말이 빠르고 재치가 넘쳐흘러서 이런 사적인 모임도 유쾌하게 만들었네. 휴식 시간에 나는 그와 함께 쇼펜하우어에 대해 긴 대화를 나눴네. 그는 쇼펜하우어에 대해 열렬한 애정을 가지고 말했으며, 자신에게 얼마나 큰 영향을 미쳤는지를 알려 줬네. 또 오직 그만이 음악의 본질을 이해하는 철학자라고 했다네. 그의 이런 말을 들으며 내가 얼마나 기쁨을 느꼈는지는 자네도 상상할 수 있을 거야. (…) 그 후 그는 자신이 지금 쓰고 있는 자서전 가운데 한 부분을 낭독했는데, 학창 시절에 라이프치히에서 겪은 재미있는 일화였네. 지금 생각해도 웃음이 나올 만큼 재미있는 이야기였네. (…) 저녁 모임이 끝나고 우리가 돌아가려고 할 때, 바그너는 내 손을 따뜻하게 잡으면서 함께 음악을 연주하고 철학에 대한 이야기도 나눌 겸 다시 방문해 달라고 정중하게 초대했다네.

음악에 대한 매료에 이젠 인간에 대한 매혹이 덧붙여졌다. 전자의 경우, 니체는 곧 거기에서 벗어나게 되지만 후자로부터는 결코 자유로워지지 않았다. 훗날 니체가 보인 "바그너에 대한 반항" – 이는 사실상 자기 자신으로의 복귀였다. –은 사랑하는 독재자에게 자신을 묶어 두던 끈을 끊어 버리려는 행위가 아니라 그러한 끈에 묶여 있음에도 불구하고 자신의 길을 가고자 한 결단이었다. 바그너는 니체보다 서른한 살이나 위였고(그는 거의 니체의 아버지 연배였으며 심리학자들은 이 점을 놓치지 않았다.), 자신의 것이 아닌 다른 누구의 눈으로 세상을 볼 수 없었다. 바그너에게 "친구"란 곧 추종자를 의미했고, 바그너의 척도로는 친구가 아니면 곧 적이었다. 바그너는 인류를 친구와 적으로 나눴던 것이다. 지금에서 보면, 수많은 오페라와 바이로이트(독일 남동부 바이에른 주의 도시로 바그너가 1872년에 정착하여 〈니벨룽의 반지〉를 초연하면서 유명해졌다. ‒ 옮긴이) 극장, 그리고 거기에서 열렸던 음악 축제와 더불어 그의 삶은 웅장했으며, 그는 출중한 인물들이 많았던 19세기에서조차 탁월한, 그야말로 우뚝 솟은 거인이었다. 그러나 동시대인의 시선으로 바라보면, 그가 이용하려고 했던 몇몇 사람들이 그에게 등을 돌렸으며, 때로는 결별한 뒤에도 여전히 자신들에게 악영향을 끼치고 있다며 그에게 저주를 퍼부었다는 것은 놀라운 일이 아니다. 이런 사람들의 제일 선두에 니체가 있었다. 니체는 바그너가 만났던 사람들 가운데 천재성과 야망이라는 면에서 그와 가장 비슷하고 지성에서는 그를 훨씬 능가하는 사람이었다. 따라서 〈뉘른베르크의 명가수〉의 일부분을 들으면서 보낸 일요일 저녁의 만남은, 『바그너의 경우』에서 보인 격렬한 비난과 『니체 대 바그너』에서 보인 저주로 끝나게 되는 비극의 시작이었다.

- 3 -

1869년 초에 바젤 대학의 고전문헌학 교수 자리에 공석이 생겼고, 리츨은 적합한 사람을 추천해 달라는 요청을 받는다. 그 자리에는 부속 고등학교에서 그리스어를 가르쳐야 한다는 조건이 붙어 있었다. 리츨은 니체를 추천했다. 1월 10일에 그는 니체에게 바젤 대학 교수직에 그를 추천하는 문제를 논의하고 있다고 알렸다. 2월 13일에 니체는 그 자리에 임명됐고, 3월 23일에는 시험 없이 라이프치히 대학의 박사 학위를 받았다. 《라인 문헌학지》에 게재됐던 그의 연구물을 근거로 수여된 것이다. 바젤 대학은 니체에게 스위스 국민이 되는 것을 고려해 보라고 요청했다. 왜냐하면 프로이센 국적을 가지고 있으면 언제 군 복무를 위해 소집될지 모르기 때문이다. 이 일을 위해서는 프로이센 당국에 병역 의무 면제 신청을 내는 것도 필요했다. 니체는 필요한 두 가지 신청을 다 했다. 그는 3월 말부터 바젤로 떠나는 4월 12일까지 나움부르크의 집에 머물렀다. 그는 17일부터 더는 프로이센 국민이 아니었다. 그러나 이후에 스위스 국민이 되기 위한 자격 요건을 충족시키지 못했기 때문에, 그는 남은 일생 동안 형식상으로는 무국적자였다. 그는 19일 아침 일찍 바젤에 도착했다.

1869년 초 몇 달 사이에 일어난, 이러한 사건들을 기점으로 니체의 젊은 시절은 마감된다. 그는 스물네 살에 문헌학자로서 이를 수 있는 가장 높은 곳까지 갔다. 일반적인 경우였다면 교수직을 얻기까지는 더 많은 시간이 걸렸을 것이다. 하지만 이제 그는 별다른 노력 없이 갑작스레 그 자리에 앉게 됐다. 그의 여동생과 어머니는 이것을 믿을 수 없는 행운으로 여겼으나, 니체 자신은 이것이 그에게 가장 좋은 것인지 확신할 수 없었다. 훗날 그는 "스물네 살에 대학 교수가 되어서는 안 된다"고 썼다. 분명 대부분의 사람들이 이 말에 동의할 것이다. 누구나 리츨이 니체의 재능에 감탄한 나머지 더 좋은 판단을 내리지 못한 것이라고 생각할 수밖에 없다. 왜냐하면 이 시기의 니체에게 필요했던 것은 더 많은 책임이 아니라 오히려 책임을 더는 것이었으며, 영역의 축소가 아니라 확대였기 때문이다. 무엇보다도 그에게는 자신의 심성을 위해서나 지성을 위해서 더 많은 경험이 필요했다. 그는 여섯 살 이후로 18년 동안 계속 학교 생활을 해 왔다. 그리고 이제 그는 10년을 더 학교에서 머물게 되었다. 그가 바젤 대학을 떠난 때는 1879년으로, 그의 나이 서른네 살이었다. 그는 나움부르크에서 소년 학교에 입학한 이후로 몇 달씩의 예외 기간을 제외하고는 학교라는 환경에서 벗어 난 적이 없었다. 철학자로서 그의 목표는 관습적인 사고와 학문적인 용 어를 벗어나 현실, 그의 표현을 따르자면 "사물들^{Dinge}"을 붙잡는 것이었 다. "우리와 사물들 사이에 책이 끼어들게 해서는 안 된다." 그러나 그 는 생의 초반 서른네 해를 책에 파묻혀 지냈고, 여러 학과들 가운데서 도 책이 가장 중심이 되는 문헌학 – 문헌학에서 다루는 유일한 "사물 들"은 다름 아닌 책이다. –을 공부하는 데 대부분의 시간을 보냈다. 그 가 가지고 있는 단 하나의 진정한 약점, 곧 "보통의" 남자와 여자가 실 제로 사는 방법에 대한 지식의 부족은 바로 이와 같은 상황에서 비롯한 것이다.

그가 바젤 대학의 자리를 받아들이게 된 데는 교수직에 따르는 급 료도 고려됐다. 엄밀히 말해 니체의 가족은 가난했다. 어머니의 주된 생 활비는 미망인 연금이었고, 국가 보조가 없었다면 니체는 교육받을 수 없었을 것이다. 그런 그에게 대학 교수로서 받게 될 봉급은 거절하기 어려운 것이었다.

재정적인 고려, 그렇게 빨리 "도달했다"는 데 대한 자랑스러움, 달 리 뾰족한 대안이 없다는 점 등이 궁극적으로 그가 바젤의 교수직을 거 절할 수 없었던 이유들이다. 그러나 그곳에 갈 때의 니체의 마음을 리 츨이 알았더라면 심기가 불편해졌을 것이다. 새로운 생활을 향해 출발 하기 전날, 니체는 문헌학에 대해 불만족스럽다는 정도가 아니라 명백 한 경멸을 표현했다. 그는 4월 11일에 게르스도르프에게 다음의 편지 를 보냈다.

시간이 됐네. 집에서 지내는 마지막 밤이 찾아왔고, 내일 아침이면 나는 멀 리 있는 더 넓은 세상으로, 새롭고 낯선 일자리로, 의무와 일이 있는 까다롭고 답답한 환경으로 출발해야만 하네. 다시 한 번 나는 안녕을 고하네. 자유롭고 구속 없는 황금 같은 시간들은 (…) 이제는 돌이킬 수 없는 과거가 됐고, 엄격한 여신과 같은 매일 매일의 의무가 지배하기 시작하네. (…) 이제 나는 나 자신이 속물이 되어야만 해! (…) 직위와 영예는 값을 치르지 않고는 얻을 수가 없네. 유일한 문제는 그 속박이 강철로 되어 있느냐, 실오라기 하나 정도냐 하는 것이지. 그리고 나에겐 필요하다면 그 결합을 끊을 수 있는 용기가 여전히 남아 있네. ["그는 지적 직업에 종사하는 전문가"가 되기엔 쇼펜하우어가 미친 영향이 너무도 컸다고 말한다.] 나의 학문에 이 새로운 피[쇼펜하우어 철학]가 스며들게 하는 것, 나의 청중들에게 고결한 사람의 이마에 새겨지는 저 쇼펜하우어적 진지함을 전파하는 것, 이것이 내가 하고 싶은 일이며, 내가 감히 희망하는 것일세. 나는 유능한 문헌학자들을 배출하는 엄한 선생 이상의 존재가 되고 싶다는 말일세.

니체는 타협해서는 안 된다고 생각했지만, 이 편지의 − 전체적으로 사뭇 과장된 − 어조는 바로 그 타협의 결과일 것이다. 문헌학은 그의 마음속에서 이미 끝나 있었다. 쇼펜하우어의 영향 속에서 그의 마음은 일개 교수 자리보다 훨씬 더 그의 독특한 본성을 만족시키고 실현시킬 수 있는 어떤 것으로, 아직 철학이라고 부를 수는 없지만, 그렇다고 다른 이름을 붙이기는 어려운 어떤 것으로 향하고 있었다.[16] 그는 상당한 야심을 품고 있었으며, 아직까지는 그 야심을 어떤 방향에서 실현해야 할지 모르지만 적어도 문헌학은 아닐 것이라고 생각하고 있었다. 따라서 바젤의 교수직을 수락한 것은 단순히 장래의 문헌학자들을 키워내는 선생 "이상의 존재"가 되고 싶다는 목표에 비추어 봤을 때 아주 정직한 결정이라고 할 수 없다. 어쨌든 사람들은 문헌학을 배우기 위해 그의 강의에 출석할 것이고, 그런 그들에게 문헌학 대신 쇼펜하우어의 철학을 가르쳐서는 안 되기 때문이다. 다행스럽게도 그는 문헌학 대신 쇼펜하우어를 전파한다는 계획을 실행하지 않았다. 일단 가르치기 시작하자, 그 자신도 꽤 놀랐겠지만, 자신이 뛰어난 선생이며 가르치는 것을 즐긴다는 것을 알게 되었기 때문이다.

II

Nietzsche
1869년~1879년

—

얼마나 적은 이성과 얼마나 많은 우연이 인간을 지배하는 지는 그들이 자신의 평생 직업이라고 부르는 것과 그 직업에 대한 그들의 명백한 부적합함 사이에서 매번 반복되는 불화를 보면 알 수 있다. 운이 좋은 경우들은 (…) 예외이다. 그리고 그런 경우조차도 이성이 만들어 내는 것은 아니다. 인간은 아직 선택할 능력이 없을 때, 곧 여러 직업들에 대해 모르며, 자기 자신에 대해서도 모를 때, 직업을 선택한다. (「우리 문헌학자들」)

—

야코프 부르크하르트

4

스물네 살의 대학 교수

위대한 사람은 자신이 가진 둘째 덕목과 관심사에는 무신경하다. (『즐거운 학문』 266절)

- 1 -

바젤은 전형적인 독일 도시로서, 독일 제국에 합병되는 것을 가까스로 모면한 곳이었다. 니체가 바젤 대학에 왔을 때 이 대학은 이미 4백 년이라는 역사를 가지고 있었다. 학교는 작았지만, 그 명성은 스위스뿐 아니라 국경 너머까지 자자했다. 그리고 젊은 나이의 니체를 채용한 것을 보면, 학교에서는 기꺼이 새로운 시도를 하려고 했던 것 같다.

바젤에 도착한 니체는 우선 임시 거처에 묵으면서 살 곳을 찾으러 다녔다. 두 달 후 그는 슈팔렌토어 근처에 있는 쉬첸그라벤 45번지의 큰 방 하나를 계약했다. 그리고 얼마 후 프란츠 오버베크가 바젤로 와서 한집에 살게 된다. 이들은 이때부터 5년 동안 거의 매일 오버베크의 방에서 저녁 식사를 함께 했다.

바젤에서 니체가 맡은 일은 그리 적은 양이 아니었다. 니체는 1869년 5월 10일에 리츨에게 보낸 편지에서 "지루해지지 않을 정도로" 충분히 일이 많다고 썼다.

주중에는 날마다 아침 7시에 강의를 합니다. 월요일에는 세미나를 지도하고, (⋯) 고등학교에서는 화요일과 금요일에 두 번, 수요일과 목요일에는 한 번씩 가르칩니다. 지금까지는 일이 즐겁습니다. 일곱 명의 학생이 강의를 듣는데, 그들은 내가 이곳에서의 생활에 만족해 하는 것 같아 보인다고 말합니다.

교수 취임 후 처음 몇 해 동안 했던 강의 주제들에는 그가 진정으로 관심을 두고 있는 분야가 나타나 있다. 5월 28일에 열린 취임 강연은 "호메로스와 고전문헌학"에 대한 것으로, 그 내용은 그해 말에 자비로 출판됐는데, 여기에는 그가 문헌학을 예술의 시녀로 간주했음이 분명히 나타나 있다. 그는 1869년에 아이스킬로스의 비극『코에포라이』와 그리스의 서정시에 대해 강의했다(별로 내키지는 않았지만, 학생들의 요구에 따라 라틴어 문법도 가르쳤다). 1870년에는 소포클레스의『오이디푸스 왕』과 헤시오도스에 대해, 그리고 1871년에는 플라톤의 대화편들, "문헌학 연구 입문", 그리고 라틴어 금석학에 대해 강의했다. 그가 역점을 둔 것은 그리스 문학으로서, 특히 시와 희곡이었다. 방해받지 않고 자신의 취향을 자유롭게 드러낼 수 있는 공개 강연에서는 "그리스 음악극"(1870년 1월 18일)이나 "소크라테스와 비극"(1870년 2월 1일)을 주제로 삼았다. 그리고 같은 해 말에 그는 「디오니소스적 세계관」을 집필했는데, 이것으로 강연을 하지는 않은 것 같다. 소크라테스에 대한 강연은 1871년에 자비로 출판했다. 이 세 주제는 모두『음악 정신으로부터의 비극의 탄생』을 위한 예비 연구에 해당한다. 이 시기에 이루어진 강연들 가운데 가장 긴 것은 "우리 교육기관의 미래에 대하여"라는 제목의 강연인데, 이 강연은 1872년 1월 16일과 2월 6일과 27일, 그리고 3월 5일과

23일에 열렸으며, 니체가 사망한 후에 여러 차례에 걸쳐 출판됐다. 그러나 니체 자신은 그것이 출판을 시도할 만큼 중요하다거나 자신의 생각을 대표한다고 보지는 않았다. (이상이 『비극의 탄생』과 네 편의 글로 구성된 『반시대적 고찰』을 제외하고 당시 몇 년 동안 했던 그의 모든 강의와 저술이다.)

바젤에서 교수 생활을 시작한 뒤, 니체는 자신이 학생들의 관심을 불러일으키고 그들을 가르치는 데 소질이 있다는 것을 알게 됐다. 20세기 초반에 카를 베르누이는 니체의 제자였던 몇몇 사람들을 만나 그에 대해 이야기를 나눈 일을 들려준다.[1] 물론 그 무렵엔 그들도 이미 나이가 지긋한 어른이었다. "니체에 대한 질문을 받자 그들은 한결같이, 교수라기보다는 고대 그리스의 에포로스^{éphoros}(옛 그리스 스파르타의 최고 행정관 – 옮긴이) 한 명이 시간을 뛰어넘어 그들에게 호메로스, 소포클레스, 플라톤 그리고 그들의 신들에 대해 이야기하고 있다는 느낌을 받았다고 말했다. 다시 말해 그들이 볼 때, 니체는 그 모든 것에 대해 너무나 명백하고 완전히 타당한 지식을 가지고 말하는 듯이 보였던 것이다." 니체는 학생들이 가능한 한 많이 읽기만 한다면, 그리스 저술가들의 문헌을 독일어 번역본으로 읽는 것도 대단히 만족스러워했다. 그는 그리스어나 문법을 가르치는 것에는 거의 관심이 없었다. (그는 학생들이 당연히 그리스어를 잘 안다고 생각했던 것이다.) 그래서 학생들이 고대 그리스 세계에 친숙해지도록 하는 데 더 힘을 쏟았다. 또 가끔씩 교과목과 직접적인 관계가 없는 것을 상세히 설명하느라 교과 과정을 벗어나곤 했다. 예컨대, 그는 갑자기 "한번 대답해 보게나. 철학자란 뭐지?" 하는 질문을 던지기도 했다. 그리고 답이 부적절하다 싶으면, 그 문제에 대해 즉석 강의를 하곤 했다. 수업 중에 일어난 다음과 같은 사건은 매우 유명하다. 니체는 학생들에게 여름 방학 동안 『일리아스』에 나오는 아킬레우스의 방패에 대한 묘사를 읽도록 권했다. 다음 학기에 그는 학생들 가운데 한 명에게 정말로 읽었는지를 물었다. 그 학생(이름은 알려지지 않았다.)은 읽지 않았으면서도 읽었다고 대답했다. 니체가 말했다. "좋아. 그러면 우리에게 아킬레우스의 방패에 대해 한번 묘사해 주게나." 곧바로 난처한 침묵이 이어졌고 니체는 이 침묵을 10여 분 – 그가 생각할 때 아킬레우스의 방패를 묘사하는 데 걸리는 시간 – 정도 지속시켰다. 그 사이에 그는 교실을 천천히 왔다 갔다 하면서, 매우 주의 깊게 듣고 있는 것처럼 보였다. 잠시 후 그는 말했다. "아주 잘했네. X군이 우리에게 아킬레우스의 방패를 설명해 주었으니, 이제 계속하도록 하지."

바젤에 있는 10년 동안 그는 멋쟁이라 불릴 정도로 옷차림에 신경을 많이 썼기 때문에, 그의 외모는 사람들의 입에 오르내렸다. 베르누이의 말에 따르면, 바젤에서 회색 토퍼topper(연미복을 입을 때 쓰는 높은 모자 – 옮긴이)를 쓰는 사람은 바덴 출신의 나이 지긋한 참사관을 제외하면 니체뿐이었다고 한다. 그는 중간보다 약간 작은 키에 탄탄한 체격이었으며, 윗입술을 근사하게 장식한 콧수염은 그의 젊음을 숨겨 주었다. (1867년에 찍은 사진을 보면, 그의 콧수염은 그때 이미 자리를 잡고 있다. 그 후 바젤에서 찍은 또 다른 사진을 보면 콧수염은 상당히 넓어지고 숱도 많아져서, 점차 1880년대의 저 특징적인 "니체의 콧수염"이 되어 가고 있었다. 1882년에 찍은 유명한 사진에 가장 잘 나와 있듯이 "니체의 콧수염"은 입을 거의 덮을 정도다. 1890년 무렵에 어머니와 찍은 사진에서는 콧수염이 적당한 경계를 넘어서 입을 지나 거의 턱까지 아치 모양으로 늘어져 있다.) 니체의 제자 가운데 한 사람인 루트비히 폰 셰플러는 1875년에 니체를 처음 만났을 때의 모습에 대해 이렇게 말한다.[2]

나는 교수님이 (…) 부르크하르트처럼 교실 안으로 돌진해 올 거라고는 기대하지 않았다. 나는 또한 작가에게서 나타나는 매력적인 기질이, 곧 한 개인으로서 그의 행실을 그대로 반영하고 있는 것은 아니라는 점을 잘 알고 있었다. 그럼에도 불구하고 니체 교수님이 들어왔을 때 보여 준 거동의 정중함, 심지어 겸손하기까지 한 모습에 매우 놀랐다. 게다가 그는 중키보다 작았다. (…) 그러나 반짝 거리는 안경과 풍성한 콧수염 때문에 그의 얼굴은 왜소한 사람까지도 아주 당당하게 보이도록 만드는 지적인 인상을 띠었다. 하지만 그는 자신이 만들어 내는 인상에 대해서는 전혀 무관심했다.

마지막에 덧붙인 셰플러의 관찰은 니체가 옷차림에 신경을 썼다(이 역시 셰플러의 지적이다.)는 것과는 잘 들어맞지 않는 것 같다. 하지만 1875년까지는 옷을 잘 입는 것이 의식적인 노력이라기보다는 아마도 하나의 습관이었을 것이다. 그리고 셰플러 역시 니체를 알던 다른 많은 사람들과 똑같은 말을 들려준다. 곧 "니체의 목소리를 들어 본 적이 없는 사람은 니체를 절반밖에 모른다"는 것이다.

니체는 함께 어울려야 할 사람들을 싫어할 각오를 하고 바젤에 왔다. 그는 1869년 5월 10일 리츨에게 쓴 편지에서 "바젤 사람들과 그들의 귀족적인 속물 근성에 대해 많은 것들을 쓰고 말할 수 있을 것입니다. 이곳은 당신의 공화주의를 치료할 수 있는 곳입니다."라고 말했다. 하지만 일단 정착하고 나자, 그는 속물들이든 아니든 상관없이 상류 부르주아들과 매우 즐겁게 어울렸다. 그는 그 작은 도시의 다소 폐쇄적이고 자족적인 사교계에서 인기 있는 젊은이였다.

니체가 바젤 대학의 교수로 임명됐을 때, 대학 당국은 그가 프로이센 국민으로서 군에 복무해야 하는 의무 때문에 교수직을 그만두는 일이 일어나지 않도록 스위스 시민권을 취득하라고 요청했다. 니체도 이 요구에 따르려고 했지만, 프랑스-프로이센 전쟁이 일어나자 1870년 8월에 주저 없이 이를 물리쳤다. 8월 8일에 그는 "군인이나 위생병으로 근무하기 위해" 학교를 잠시 떠나고 싶다고 요청했다. 그리고 11일에 "프로이센 군대에서 의료 봉사를 하기 위해서라면" 떠나도 좋다는 허락을 받았다. 니체는 8월 중순부터 에를랑엔, 뵈르트, 바이센부르크의 줄츠, 하게나우-비쉬바일러, 뤼네빌, 낭시 등지에서 위생병으로 복무했다. 그리고 에를랑엔으로 돌아와서 사흘 동안 밤낮으로 환자를 간호한 뒤, 9월 7일에 이질과 디프테리아로 쓰러지고 말았다. 이번에는 니체가 군 병원으로 이송됐고, 건강을 회복하기 위해 다시 나움부르크에 있는 집으로 보내졌다. 그리고 10월 말쯤에 바젤로 돌아왔다.

교수직을 수락할 당시 그는 학문적인 삶에 대한 불만으로 가득 차 있었지만, 이런 불만은 대학에서 첫 해를 보내는 동안 물밀듯이 밀려든 새로운 인상의 홍수 아래로 깊이 가라앉았다. 그러나 이제 이 불만이 다시 표면 위로 떠올랐다. 이는 분명 바그너의 영향 때문이었지만, 전쟁의 경험도 영향을 미쳤을 것이다. 니체는 로데에게 보낸 편지(니체는 라이프치히를 떠난 후에도 로데와 계속해서 친밀한 관계를 유지했다.)에서 대학 강의가 "멍에"라는 이야기를 자주 했으며, 1870년 말에는 일종의 세속 수도원을 설립하여 학문적인 삶에서 벗어나자고 제안했다. 12월 15일에 보낸 편지에 쓰여 있는 이 제안은 세부적인 사항에서는 막연하다. 하지만 바그너를 언급하는 것을 볼 때, 이 착상이 바그너에 대한 열광에서 비롯했다는 점은 분명하게 알 수 있다. "언젠가 우리는 이 멍에를 벗어 던지게 될 걸세. 나 자신은 이 문제에 대해 매우 확고하네." 또 그는 자신의 제안이 한낱 엉뚱한 행동이 아니라 "피할 수 없는 필연"이라고 덧붙인다. 그와 로데는 함께 책을 쓸 것이지만 생계를 꾸려 갈 방법은 논의하지 않았다. 그는 로데가 최근에 보낸 편지를 방금 다 읽었다고 하면서, 로데와 마찬가지로 자신 역시 "우리가 어느 날 강력한 행동을 취함으로써 지금과 같은 열렬한 동경에서 벗어나지 않는다면, 그것이야말로 수치일 것"이라고 느낀다고 말한다. 이 말은 바그너와 유사하다. 특히 "강력한 행동"이나 "열렬한 동경"과 같은 문구들은 모두 바그너의 특징적인 어휘들이다. 그리고 그의 전체적인 기획은, 바그너가 독자적으로 거둔 성과들이 그에게 충격을 가해, "위대한" 존재가 되겠다는 그의 야망을 다시 일깨웠음을 시사한다. 앞으로 살펴보겠지만, 1876년에 니체는 짧은 기간에 그가 말한 세속 수도원과 아주 닮은 어떤 것을 성취하게 된다.

그 사이에 니체는 다시 로데와 함께 지내길 몹시 바랐고, 로데에게 바젤에 올 수 있는 방법을 찾아보라고 졸랐다. 그 기회는 1871년 1월에 왔다. 바젤 대학의 철학 교수 자리가 비게 된 것이다. 니체는 그 자리에 지원했고, 대신 로데를 자신의 후임으로 문헌학 교수 자리에 추천했다. 니체는 로데를 교수 자리에 앉히는 데 열심인 나머지, 철학과 교수로 자신이 뽑힐 가능성을 과대평가했다. 니체는 철학과 관련한 정규 교육 과정을 밟은 적이 없었고 더욱이 그가 쇼펜하우어에 경도됐다는 사실은 ― 바그너를 옹호한다는 점과 마찬가지로 ― 전혀 도움이 되지 못했다. 결국 그는 로데를 교수 자리에 앉히지 못했고, 로데는 그때는 물론이고, 그 후에도 바젤에 오지 않았다.

그러나 둘 사이의 우정은 전혀 식지 않았다. 오히려 서로 떨어져 있는 것이 매력을 더해 주는 것 같았다. 여러 해 동안 니체는 로데를 속물적인 세상에 함께 맞서는 전우라고 여겼다. 물론 로데 말고도 계속해서 친하게 지내는 또 다른 어린 시절의 친구들이 있었다. 나움부르크 시절부터 우정을 쌓아 온 핀더와 크루크, 그리고 본과 라이프치히 시절의 동료인 도이센이 그들이다. 니체는 도이센에 대해 아버지나, 심지어는 학교 선생님 같은 태도를 취하곤 했다. 니체가 도이센에게 보낸 몇 통의 편지에는 그를 탐탁치 않게 보는 시각이 드러난다. 직접 말하고 있지는 않지만, 니체는 도이센의 지적 향상이 불만족스러운 수준이며, 그가 인생의 진로를 좀더 진지하게 고민해야 한다는 식의 인상을 충분히 드러내고 있다. 그러나 도이센이 훗날 성취한 것을 보면, 니체의 학창 시절 친구들 중 어느 누구에게도 뒤지지 않기 때문에, 도이센에 대한 니체의 판단을 그다지 존중할 수는 없다. 오히려 여기에는 다른 이들 위에 지적으로 군림하려는 그의 욕구가 아주 분명하게 나타나고 있다. 또 니체의 이러한 욕구는 하인리히 로문트와의 오랜 우정이 우스꽝스럽게 끝난 데서 더욱 분명하게 확인할 수 있다. 하인리히 로문트는 라이프치히 시절의 동료로서, 그 당시에는 바젤의 쉬첸그라벤 45번지에서 하숙을 하면서 가정교사로 일하고 있었다. 세속 수도원을 세우는 문제를 거론하는 편지에서 니체는 로문트를 가능성 있는 셋째 구성원으로 지목하는데, 이는 그의 능력을 높이 평가했다는 것을 의미한다. 그러나 얼마 후 로문트는 로마 가톨릭 교도가 되겠다고 선언한다. 니체는 몹시 당황했다. 그러나 그가 로문트의 처신에 반대하면서 내세운, 겉보기엔 철학적이라 할 수 있는(더 정확하게 말하면 사이비 철학적인) 근거들 속에 분명하게 나타나는 것은 탁월한 유아론자의 상처받은 자존심이다. 그도 그럴 것이, 로문트는 10년 동안 거의 날마다 니체의 영향을 받았음에도 불구하고, 니체가 보기에 생각이 있는 사람이라면 결코 할 수 없는 일을 하겠다고 나섰기 때문이었다. 가톨릭 교도로 태어난 것은 그렇다고 쳐도, 자신의 이야기를 10년 동안이나 들은 뒤에도 가톨릭 교도가 되겠다고 결심한 것은, 니체로서는 이해할 수도, 용서할 수도 없는 일이었다.

자신의 생각을 동년배들에게 강요하고 자신에게 동의하는 사람만을 친구라고 부르려는 욕구는, 물어볼 것도 없이 그의 천성이었다. 하지만 동시에 그는 자신이 지적으로 지배하지 않았던 연장자들에 대해 충심 어린 애정을 품을 줄도 알았다. 그 가운데 가장 중요한 사람은 물론 바그너다. 그러나 니체는 바젤에서 두 명의 새로운 인물을 만나게 되며, 이들을 향한 깊은 애정은 이후 평생 계속된다. 그 가운데 한 사람이 역사가 야코프 부르크하르트다. 부르크하르트는 1818년에 바젤에서 태어났다. 그의 가장 유명한 작품 『이탈리아 르네상스의 문화』는 마흔두 살이었던 1860년에 쓰였다. 그리고 니체가 그를 알게 된 1869년에는 그는 나름대로 완전히 자리를 잡은 상태였다. 그는 니체의 취임 강연에 참석했고, 니체는 그와 본격적인 친분을 맺고 싶어 했다. 하지만 부르크하르트는 어떤 형태의 친밀한 관계도 맺으려 하지 않았다. 니체와 부르트하르트가 서로에게 어떻게 대했는지를 잘 알 수 있었던 사람들, 곧 바젤에서 두 사람을 모두 알고 지내던 사람들 ─ 야코프 멜리, 오버베크, 페터 가스트 ─은 부르크하르트가 니체와 친밀한 관계를 맺을 생각이 전혀 없었으며, 니체를 정중함 이상으로 대한 적이 없었다는 점을 분명히 이야기하고 있다.[3] 부르크하르트가 니체에게 끼친 영향은 논란의 여지가 있지만, 어쨌든 사소한 것이었다. 마르틴은 부르크하르트와 니체가 "철학적인 면이나 인간적인 면에서 서로 대조되는 유형"의 사례라고 말한다.[4] 실제로 그들 사이에는 유사점보다 차이점이 더 두드러지며, 유사점도 대부분 쇼펜하우어라고 하는 공통의 원천에서 비롯한 것일 뿐이다. 부르크하르트는 특히 (정치사와 대립되는 의미에서의) 문화사를 연구했다. 그는 뿌리 깊은 염세주의적 성향을 가지고 있는 탓에 쇼펜하우어의 철학에 매료됐으며, 그가 헤겔의 역사철학을 짐짓 "우리의 오랜 친구인 진보"라며 경멸한 것은 니체의 지지를 얻었다. 역사 연구에 대한 부르크하르트의 전반적인 태도는 니체와 비슷하지만, 이 점에서 그가 젊은 니체에게 영향을 끼쳤다고 단정하기는 어렵다. 왜냐하면 그의 태도는 쇼펜하우어에서 비롯된 것이며, 니체 역시 쇼펜하우어를 이미 알고 있었을 것이기 때문이다. 니체는 자신의 글로 부르크하르트의 관심을 끌어 보려고 했고, 부르크하르트는 『인간적인 너무나 인간적인』에 대해 프랑스의 위대한 윤리주의자의 작품을 떠올리게 한다면서 호의적으로 평가했다. 또 뒤이어 나온 다른 작품들에 대해서도 많은 찬사를 보냈다. 그가 높이 평가한 것은 그 작품들에 나타난 냉철함과 독자성이었는데, 이는 『비극의 탄생』과 『반시대적 고찰』에 나타나는 열광적이고 몰입하는 분위기와는 사뭇 대조적인 것이었다. (바로 이런 변화 때문에 로데는 니체의 작품을 낯설게 느꼈다.) 그 후로 그는 니체를 무시했지만 니체는 계속해서 그를 숭배했다. 에리히 헬러는 부르크하르트가 격려의 말 한마디라도 듣고 싶어 했던 니체에게 아무런 응답도 하지 않은 것을 "거의 비인간적인 냉담함"이라고 말했다. 그리고 이를, 자신이 이루어 낸 섬세한 균형 상태를 깨뜨릴지도 모르는 사람들에게 괴테가 보였던 냉담함에 비교했다.[5] 그러나 부르크하르트가 이루어 낸 균형은 괴테의 것보다 훨씬 더 불안정한 것이어서, 그의 작품을 읽어 보면 그가 순전히 우울증을 떨쳐 버리려고 애쓰고 있다는 인상을 지울 수 없다. 또 부르크하르트의 철학적 염세주의는 일찍이 기독교 신앙을 잃어버린 것과 내성적인 기질이 결합해 생겨난 것으로 보인다. 반면에 쇼펜하우어는 잃어버릴 신앙이 애초에 없었고, 또 대단히 감각적인 성격의 사람이었기 때문에 천성적으로 부르크하르트보다 훨씬 덜한 염세주의자였다. 어쨌든 자신의 철학적 절망 상태를 극복할 수 있게 해 줄지도 모를 방안들을 니체가 제시했을 때, 부르크하르트는 이미 너무 나이가 들어서 자신의 성격이나 마음을 변화시키는 것이 불가능했다. 그리고 바로 이런 이유 때문에 그가 젊은 니체를 멀리했다는 것이 옳을 것이다.

니체가 바젤에 정착하고 몇 달이 지난 뒤에 프란츠 오버베크가 "비판 신학" 교수로 임용되어 예나에 도착했다. 1837년에 태어난 오버베크는 니체보다 일곱 살 위였지만 니체의 유일하게 변치 않는 친구가 된다. 니체에 대한 그의 우정은 기본적으로 순전히 개인적이고 천성에서 비롯한 것이었다. 물론 그는 한때 니체의 영향을 받아 지독한 바그너주의자가 되기도 했지만, 평생에 걸쳐 니체와는 상당한 견해 차이를 보였으며, 그의 성장 배경도 니체와는 너무나 달랐다. 그의 아버지는 영국에 귀화한 독일인 사업가였고, 어머니는 프랑스 사람이었다. 그는 상트페테르부르크에서 태어났으며, 독일에 와서 살게 된 것은 열한 살 무렵이었다. 그래서 그는 집에서는 영어, 프랑스어, 러시아어를 사용했고, 드레스덴에서 학교를 다녀야 했기 때문에 독일어도 배웠다. 오버베크는 친구를 사귀는 데 재주가 있었다. 1905년에 오버베크가 죽은 후, 엘리자베트 니체는 그가 말년에 니체 문서보관소 일에 협력하지 않은 것을 비난했다. 이에 대한 답변으로 바젤에 있는 오버베크의 옛 동료 한 사람이 그의 인품과 학자로서의 자질을 증명하는 글을 써서 자신이 기억하는 오버베크의 친구들에게 보냈다. 그 글은 스무 명 이상의 서명을 받아 출판됐는데, 서명한 사람들 대부분은 학계의 유명인사들이었으며, 그들이 소속된 대학만도 열두 곳에 달했다. 하지만 그의 삶에서 가장 친한 친구는 니체였다. 그는 쉬첸그라벤 45번지에 하숙을 정하면서 니체를 만났다. 오버베크가 니체와 나눈 우정에 대해 한 이야기를 보면 그와의 만남에 대한 감사의 표현으로 가득하다.[6] 그는 "우리의 우정에 는 그늘이라고는 전혀 없었다"고 썼다. 동시에 그는 니체에 대한 비판 도 서슴지 않았다. 더욱이 그는, 니체가 아직 제정신이어서 자신의 비판 을 이해할 수 있을 때까지는 그 비판을 니체에게 직접 말했음에 틀림없 다. 하지만 이 경우에도 비판이 "그늘"을 만들지는 않았다. 세월이 흐르 면서 오버베크는 철학적인 면에서는 니체와 점점 멀어져 갔으며, 니체 의 마지막 작품에 이르러서는 도저히 동의할 수 없게 되었다. 그렇지만 친구로서는 더욱 가까이 지냈고, 마지막 몇 년 동안에는 가스트를 제 외한다면 오버베크 부부만이 니체의 유일하고 진정한 친구였다.[7] 마침 내, 니체가 미쳐 버리고 오직 신만이 그가 하고 있는 일이 무엇인지 아 는 듯이 보였을 때, 니체를 아는 사람들 가운데 토리노로 달려간 사람 은 오버베크뿐이었다. 니체와 오버베크가 서로 알고 지낸 세월 동안 둘 사이에 심각한 언쟁이나 의견 차이는 없었던 것으로 보이는데, 이 점은 니체의 인생사에서 아주 특이한 일이다. 우리가 도달할 수 있는 결론 은, 니체의 전기에서 영웅 옆의 다소 평범한 인물일 뿐이던 오버베크가 사실은 사람을 다루는 데 일가견이 있었다는 것이다. 적어도 니체를 다 루는 데는 그랬다. 그는 앞으로도 계속 지속되길 바라는 우정을 지키려 면 언제 양보해야 하고 언제 그러지 말아야 되는지, 언제 말해야 하고 언제 입을 다물어야 하는지를 직감적으로 알고 있었다.

　오버베크가 바그너를 만난 상황이 니체가 바그너를 만난 상황과 매 우 비슷하다는 것은 기묘한 우연이다. 라이프치히에서 학교를 다니던 무렵에 오버베크는 이미 브로크하우스 가문과 친분이 있었기 때문에,

바그너가 브로크하우스 저택의 사교 모임에 새로 합류했을 때 그는 이미 그 모임의 일원이었다. 오버베크는 바그너에게서 강한 인상을 받지는 않았다. 그는 부모님에게 보낸 편지에서 바그너는 자신의 생각을 피력할 때 "장황한 어투로 비장하게" 말한다고 썼다.[8] 그러나 1870년대에는 니체의 영향을 받아 그의 의견도 바뀌었다. 1875년, 음악 축제를 위한 리허설이 진행되고 있는 바이로이트를 방문했을 때, 그는 이미 후원회[9]의 회원이었고, 바그너주의를 열렬히 선전하고 다녔다.

니체의 병이 본격적으로 드러나기 시작한 때는 1871년이다. 우리는 이미 니체가 본이나 라이프치히에서 어떻게 매독으로 추정되는 병에 걸리게 됐는지를 살펴봤다. 그리고 아마도 나쁜 시력 때문이었겠지만, 그가 일찍부터 두통에 시달려 왔다는 것도 알고 있다. 하지만 1870년 이전까지는 심각한 결과가 나타나진 않았다. 그러나 그해, 니체는 이질과 디프테리아에 걸린다. 이 때문에 군 복무를 그만두게 되었고, 체력도 몹시 약해져서 바젤로 돌아오자마자 주기적으로 일어나는 탈진에 시달리기 시작했다. 이 증세는 점점 심해져서 결국 그는 요양을 위해 학교에 휴직을 요청하게 된다. 1871년 2월 15일에 "건강을 회복하기 위해 겨울 학기가 끝날 때까지"라는 조건으로 병가가 받아들여졌다. 그는 그 즉시 누이의 친지들과 함께 루가노로 떠났다. 그리고 거기에서 4월 초까지 머물렀다. 그런데 니체는 그곳에서 쉬지는 않고 『비극의 탄생』을 집필하는 데 매달렸다. 당연한 결과겠지만, 여름이 될 때까지도 건강은 좋아지지 않았다. 니체는 여름을 베른 알프스에서 엘리자베트와 게르스도르프와 함께 보냈다. 그리고 10월에는 나움부르크로 간 다음 라이프치히를 방문해서 게르스도르프 그리고 로데와 함께 즐거운 시간을 보냈다. 거기에서 그는 바그너의 저서를 출판한 프리취를 소개받는데,

그가 『비극의 탄생』을 출판하게 된다. 니체는 그해 말에 바젤로 돌아왔다. 그는 다 나은 것처럼 보였지만, 그것은 불길한 휴식일 뿐이었다. 그 자신은 알아차릴 수 없었지만, 그의 건강은 이미 돌이킬 수 없이 악화돼 있었으며, 이후로는 영영 건강을 회복하지 못했다. 따라서 1871년 이후에 그가 보인 행동들을 이해하려면, 그가 무슨 일을 하고 있든 그 일과 더불어 매일 매일 병마와 전투를 치르고 있었다는 점을 염두에 두어야만 한다. 가장 자주 부닥치는 적은 편두통이었다. 그것은 밤새 괴롭히기도 했고, 어떤 때는 사흘 밤낮에 걸쳐 지속되기도 했다. 그럴 때면 니체는 아무것도 먹을 수 없었고, 설령 무언가를 먹었다고 해도 곧 토하고 말았다. 그렇게 한 번씩 시달리고 나면, 완전히 탈진해서 또 다른 병에 쉽게 걸리곤 했다. 하지만 그는 격렬하게 저항했다. 그는 매번 완전히 탈진한 것처럼 보였지만 몇 번이고 다시 회복했다. 그리고 마침내 자신의 경험을 다음과 같은 유명한 경구로 압축해서 표현했다. "내가 죽지 않고 견뎌 내는 것이 나를 더욱 강하게 만든다."(『우상의 황혼』 1장 8절) 이 말은 일반적으로 받아들이는 데는 문제가 있겠지만, 니체 자신의 경우에는 딱 맞아떨어진다고 하겠다.

5

바그너, 쇼펜하우어, 다윈 그리고 그리스인들

나에게 그들은 계단이었다. 나는 그들을 딛고 올라갔다. 나는 그들을 넘어서야만 했던 것이다. 그러나 그들은 내가 그들과 함께 머물고 싶어 한다고 생각했다. (『우상의 황혼』 1장 42절)

- 1 -

바젤로 온 니체는 형편이 되자 곧 트립셴에 있는 바그너를 방문한다. 니체가 처음 방문한 1869년 5월 15일에, 바그너는 한창 작업 중이었지만 점심식사에 그를 초대했다. 하지만 니체가 이에 응할 수 없었기에, 바그너는 이틀 후 성령 강림 월요일에 다시 찾아오라고 말했다. 이 만남은 상당히 성공적이어서 니체는 다시 한 번, 이번에는 22일에 열릴 바그너의 생일 축하연에 초대를 받았다. 그러나 학교 수업 때문에 축하연에 참석할 수 없었던 니체는 6월 5일에서 7일 사이의 주말을 이용하여 다시 트립셴을 방문한다. 이때부터 니체는 정기적으로 바그너를 방문했으며, 1869년 5월부터 바그너가 바이로이트로 떠난 1872년 4월 사이에 스물세 차례나 바그너의 가족과 함께 지냈다. 그는 1869년 크리스마스에 초대를 받았고, 1870년에도 그랬다. 특히 1870년 크리

리하르트 바그너

스마스에 그는 바그너가 코지마에게 보내는 크리스마스 선물이자 생일 선물(코지마의 생일은 12월 24일이었다.)인 〈지크프리트의 전설〉의 시연을 들은 몇 안 되는 청중 가운데 한 사람이었다. 니체는 1869년이 채 지나기 전에 바그너의 가족 – 양자라고 해도 무방할 정도였다. – 으로 받아들여졌다. 트립셴에는 그가 원하기만 하면 언제든 마음대로 사용할 수 있는 그의 방도 있었다. 그는 바그너의 아이들을 자주 돌보았고, 그 아이들은 니체를 큰형으로 대했다.

니체의 삶에서 바그너와의 관계가 차지하는 중요성은 헤아릴 수 없이 크다. 그 경험은 하나의 깨우침이었다. 니체는 인간의 본성 안에 여전히 존재하고 있는 위대함의 가능성에 눈을 뜨게 됐다. 그는 천재와 의지의 강인함이 의미하는 바를 배웠고, 자신이 생생한 느낌 없이 줄곧 사용했던 표현들의 참된 의미를 배웠다. 또 니체는 바그너에게서 다른 것들도 배웠다. 그렇다고 해서 바그너가 기꺼이 가르치려고 했던 것들만을 배운 것은 아니다. 그는 바그너를 통해 가장 진실한 사람일지라도 여전히 어리석다는 것, 소심함과 위대함이 하나의 영혼에 공존할 수 있다는 것, 사랑과 미움은 배타적인 감정이 아니라 동일한 감정의 대립적인 측면이라는 것도 배웠다. 지상에 출현한 가장 변덕스럽고 규정하기 힘든 사람 가운데 하나인 바그너를 가까이에서 관찰함으로써 니체는 심리학자가 되었다. 그리고 바그너의 거대한 예술 작품들이, 본질적으로는 그가 가지고 있는 거대한 욕구, 곧 타인에 대한 지배 욕구의 산물이라는 것을 알아차렸을 때, "힘에의 의지Wille zur Macht" 이론의 맹아가 된 결정적인 통찰을 얻었다.

루체른 호수가 내다보이는 독일과 스위스 국경 근처의 트립셴에 있는 바그너의 집은 크고 네모난 건물이었다(지금도 남아 있다). 바그너는

1866년 4월에 뮌헨에서 이곳으로 왔으며, 한 달 후에 한스 폰 뷜로의 아내인 코지마와 그녀의 세 딸이 찾아와 함께 살게 되는데, 그 가운데 한 명은 바그너의 딸이다. (바그너와 코지마는 1870년 10월에 결혼식을 올렸다. 니체는 결혼식의 증인이 되어 달라는 부탁을 받았지만, 그는 그 무렵 프로이센 군대에 입대해 프랑스에 있었다.) 트립셴에서 살던 6년 동안 바그너는 〈뉘른베르크의 명가수〉와 〈지크프리트〉를 완성했고, 〈신들의 황혼〉을 작곡했다. 트립셴에서 니체와 허물없는 친구가 됐을 무렵, 바그너의 역량은 정점에 이르러 있었다.

앞서 살펴보았듯이 니체는 라이프치히를 떠나기 전에도 이미 열광적인 바그너주의자였다. 따라서 과감히 추측해 보건대, 니체가 바젤의 교수직을 받아들인 것은 바젤과 루체른 사이의 거리가 – 80킬로미터 정도로 – 상당히 가까웠기 때문일 것이다. 어쨌든 니체는 지체하지 않고 바그너를 방문했다. 물론 [라이프치히에서 만났을 때] 니체를 초대한 사람은 바그너였지만, 그것은 그저 예의상 해 본 말일 수 있었다. 바그너가 라이프치히의 학생을 기억할 가능성은 희박했기 때문이다. 하지만 결과적으로 봤을 때, 니체는 라이프치히에서 강한 인상을 남겼던 것 같다. 바그너는 그를 기억했던 것이다. 그리고 니체와 사귈수록 더욱더 그를 좋아했다. 니체는 압도되었고, 얼마 지나지 않아 바그너에 대한 자신의 열광을 아무런 제약 없이 표출했다. 이 시기에 니체가 보낸 편지들을 읽어 보면, 그의 한없는 열광을 확인할 수 있다. (1869년 5월 22일에) 바그너에게 보낸 첫 편지에 니체는 "당신의 가장 충실하고 헌신적인 추종자이자 찬양자"라고 서명했다. 그리고 곧이어 그는 바그너를 "마이스터Meister"라고 부르기 시작했다. 그가 친구들에게 보낸 편지에는 바그너의 천재성에 대한 찬사와 자신이 누린 행운에 대한 기쁨이 넘친다. (8월

4일에) 니체는 게르스도르프에게 기쁨으로 가득 찬 편지를 쓴다.

나는 쇼펜하우어가 말한 "천재"의 이미지를 그대로 체현하는 사람을 발견했네. 더욱이 그는 그 놀랍도록 강렬한 철학[쇼펜하우어의 철학]에 푹 빠져 있네. 그는 바로 리하르트 바그너일세. 자네는 신문이나 음악 학자들의 저술에 나타나는 그에 대한 어떠한 판단도 신뢰해선 안 되네. 누구도 그를 알지 못하며 그를 판단할 수조차 없네. 왜냐하면 세상 사람들은 모두 그와는 다른 곳에 발을 딛고 서 있으며, 누구도 그의 분위기에서 편안함을 느끼지 못하기 때문이야. 그에게는 비타협적인 이상주의, 심오하면서도 감동적인 인간성, 삶에 대한 고귀한 진지함이 함께하기에, 그에게 가까이 갔을 때 나는 마치 신적인 것을 영접하는 것 같은 느낌이 들었네.

이처럼 격앙되고 일관성 없는 표현이 이와 유사한 수많은 감정을 토로하는 과정에서 특징적으로 나타나고 있다. 니체는 바그너의 계획을 더욱 발전시키는 것이 가장 중요한 일이라고 생각했으며, 자기 자신의 일은 부차적인 것으로 여기기 시작했다. 니체는 1870년에 바이로이트 기획에 참여하기 위해 바젤 대학에 2년 간의 휴직을 신청했다. 그리고 1872년에는 바그너를 돕기 위해 교수직을 완전히 포기할 생각도 했다. 그가 실제로 이렇게까지 희생하지 않은 것은 그 희생이 그다지 유용하지 않았기 때문이다.

니체는 이처럼 바그너를 위해서 자신의 시간과 정열을 기꺼이 바치려 했지만, 그가 "바그너주의"에 대해 보인 열광은 늘 애매했다. 니체는 사실상 그의 독일어 구사 능력을 오히려 쇠퇴시킨 바그너의 문체를 공공연히 옹호하기 시작했으며, 친구들에게 바그너가 쓴 글들을 읽어 보라고 닦달하면서 경악스러울 만큼 부조리한『국가와 종교』를 추천하기도 했다. 『국가와 종교』는 바그너가 자신을 후원하는 바이에른의 루트비히 왕을 교화하기 위해 쓴 작품인데, 니체는 이 작품이 "심오하다"고 말하면서, "이보다 더 기품 있고 철학적인 방식으로 헌사를 받은 왕은 없다"고 덧붙였다.[1] 그러나 니체는 바그너의 "철학"의 근간에 대해서는 결코 동의하지 않았다. 바그너가 철학자와 예언자로서 보여 준 태도에는 어떤 정당성도 없었다. 그의 두뇌는 극도로 활기찼으나 추론 능력은 미미했고, 자신이 전혀 모르는 문제에 대해서도 거만하게 말했으며, 쇼펜하우어와 포이어바흐에게서 절반 정도밖에 이해하지 못한 용어들을 빌려와 자신의 저작을 그럴듯하게 꾸미곤 했다. 니체가 이러한 태도 가운데 일부를 존경했다는 점은 사랑에 따르기 마련인 일시적인 맹목을 보여 주는 증거로 이해해야 한다. (1873년 4월에 바그너에게 보낸 편지에서, 자신이 "유명한 작가"인 다비트 프리드리히 슈트라우스와 논쟁을 벌이고 있으며, 이 논쟁을 통해 한 한심한 인간의 산문에 드러난 "가장 혐오스러운 종류의" 문체상의 결함들을 폭로할 생각이라고 말했을 때, 그는 무의식적인 모순의 극치를 보여 주고 있다. 바그너의 산문 문체는 그것의 불투명성이나 미로 같은 비틀림을 고려해 봤을 때 독일 문학에서 가장 "혐오스러운" 것이다.) 니체는 미학에 관한 바그너의 저술, 특히 1849년에서 51년 사이에 쓰인 다섯 편의 저작에서 자신이 사용할 수 있는 관념들을 발견하게 된다. 이 저작들 속에 담긴 주요 주장에 대한 간략한 설명은 니체가 거기에서 무엇을 얻었는지를 보여줄 것이다.[2] 『예술과 혁명』에서 『친구들에게 보내는 편지』로 이어지는 일련의 글들은 하나의 무리를 이루고 있으며, 〈로엔그린〉이 작곡된 이후부터 〈라인의 황금〉이 작곡되기 전까지의 시기에 쓰였다. 이 시기에 바그너는 5년 반 동안 거의 아무것도 작곡하지 못했지만, 오페라 안에서 음악과 대사와 극적 행위 사이의 관계 문제를 새로이 숙고했다. 다섯 개의 시론들은 논리적으로나 정서적으로 일관성을 유지하여, 전체적으로 강한 호소력을 띠고 있다. 『예술과 혁명』은 한 민족의 문화적 삶에 대한 최상의 표현이자 핵심적인 표현인 고대 그리스 연극의 모습을 그려 보는 것으로 시작한다. 그리고 『친구들에게 보내는 편지』는 연극을 이 같은 고귀한 지위로 다시 끌어올릴 하나의 새로운 모델을 "가까운 미래에" 독일에 선사하겠다는, 바그너 자신의 의도를 알리면서 끝을 맺는다.

『예술과 혁명』(1849년 6월)에서는 바그너 미학의 핵심적인 두 항목 가운데 하나, 즉 개별적인 예술들은 한때 고대 아테네의 비극이라는 단일한 예술 작품을 구성하는 일부분이었다는 주장이 제시된다. 바그너의 말에 따르면, 극^{Drama}이란 "생각할 수 있는 최고의 예술 형식"(33쪽)이다. 왜냐하면 진정한 완전성에 이른 극은 모든 예술의 통일체이기 때문이다. 극은 단 한 번, 아테네 비극에서 이러한 완전성을 이루었다. 그리고 이 최상의 예술 형식은 그것이 개별적인 구성 요소들로 해체됐을 때 사라졌다. 마침내 "온갖 예술 충동은 철학에 밀려 정체됐다. (…) 그리스 비극이 쇠락한 이후부터 우리 시대에 이르기까지의 2천 년은 예술이 아닌 철학에 속한다."(35쪽) 기독교 시대에 교회가 성사聖事의 일부로 만들었던 미美의 향유는 민족문화의 표현이 아니라, 기독교적 세계관 전체의 심층적인 모순이었다. 왜냐하면 미에 대한 숭배는 이교도적이기 때문이다.(40쪽) 『미래의 예술 작품』은 "인간이 자연에 맞서듯이 예술은 인간에 맞선다"는 주장으로 시작한다. 바그너의 말에 따르면 자연은 필연에 따라 움직이지만 인간은 변덕이나 이기주의에 따라 움직이며, 그렇기에 인간은 길을 헤맨다. "그렇지만 오류는 지식의 어머니

다. 그리고 오류에서 탄생한 지식의 역사가 바로 인류의 역사이다."(70
쪽) 예술에서, 이러한 개인의 이기주의는 고립된 개별적 예술들의 이기
주의에 반영된다. 하지만 진정으로 필연적인 예술은 자연이 생산한 예
술이다. 자연은 개인이 아니라 인간 집단을 통해 예술을 생산한다. 이것
이 바그너 미학의 둘째 핵심 항목이다. 다시 말해 진정한 예술가는 "민
족Volk"이다. 실제로 "민족"은 언어에서 국가에 이르기까지 인간의 온갖
발명품을 낳았다. 그러나 민족 최고의 발명품은, 모든 인간이 자기가 가
진 온 힘을 동원하여 자신을 표현하는 총체적인 예술 작품인 극이었다.
"민족"은 아직도 존재하지만, 뒤죽박죽 엉킨 개인들에 묻혀 버렸다. 따
라서 민족은 새로이 일깨워져 예술에게 "자연의 본능적인 법칙들"을
다시 부여하는 자신의 "복원 사명"을 깨달아야 한다.(81쪽) 미래의 예술
작품은 협동적 생산물일 것이다. 거기에서 건축가, 화가, 배우, 시인, 음
악가는 단일한 목적을 향해 협력하기 위해 자신들의 이기주의적인 개
체성을 버릴 것이다. 그러나 이때 민족은, 분명히 드러나진 않지만 신
비한 방식으로 이 예술 작품의 진정한 창조자 역할을 할 것이다. 『예술
과 기후』(1850년 2월)에서 바그너는, 자신에게 가해진 비판에 대해 북쪽
지방의 날씨는 "미적 감각에 대한 열광적인 도취"를 허용하지 않을 거
라고 답한다. 그 다음에 쓴 『오페라와 극』(1851년 1월)은 바그너의 다른
글들과는 달리 그의 놀라운 정신이 지닌 거의 무한한 다산성뿐 아니라,
그것이 지닌 한계와 완벽한 자기 중심성도 드러내고 있다. 4백 쪽에 달
하는 비비 꼬인 산문을 통해 바그너는 하나의 명제를 옹호하고자 애쓴
다. 이 명제는 객관적으로 봤을 때는 거의 명백한 오류지만, 바그너 자
신에게 적용했을 때는 진리라는 점에서 나름의 설득력을 가진다. 먼저
바그너는 다음과 같이 주장한다. "오페라라는 예술 장르의 오류는 표현

의 수단(음악)이 목적이 되고 표현의 목적(극)이 수단이 되었다는 데 있다."(17쪽) 그리고 계속해서 지금까지의 오페라 극은 불구가 된 예술 형식이었다는 것, 그렇지만 곧 선보일 〈니벨룽의 반지〉는 전체적으로나 세부적으로나 유일하게 정당한 극 작품 형식이라는 것을 보여 준다고 주장한다. 『친구들에게 보내는 편지』(1851년 8월)는 자신의 오페라와 이론 사이에 존재하는 명시적인 모순들을 설명하는 것으로부터 시작해서, 니체가 바그너에게 열중했을 무렵에 적지 않은 시간과 에너지를 쏟았던 바로 그 바이로이트 기획을 선언하는 것으로 끝을 맺는다. "나는 나의 신화[니벨룽의 반지]를 긴 전주곡을 필두로 하는 세 개의 완성된 극으로 제작할 작정이다. (…) 이 세 개의 극을 상연하는 데 있어, 나는 다음과 같은 계획을 고수할 것이다. 즉 가까운 시일 안에, 특별히 지정된 축제에서, 초저녁에 이 세 개의 극과 각각의 전주곡을 시작해 사흘 동안 계속 공연할 작정이다." (391쪽) 이 축제는 미래의 민족 예술 작품을 위한 하나의 모범이 될 것이다. 그러나 그것을 이루어 내는 방법의 문제는 미래와 그의 친구들의 사유에 남겨 놓고 있다.

바그너의 예술 이론이 니체에게 끼친 가장 일반적인 영향은 니체가 극에 관심을 가지게 되었다는 것이다. 그때까지 니체는 극에 특별한 흥미를 가지지 않았으며, 극이 특별한 가치를 가지고 있다고 생각하지도 않았다. 그리고 나중에도 그는 극을 폄하했다. 그러나 바그너주의자였을 동안에는 바그너의 시선을 통해 극을 이해했다. 아테네 비극에 대한 니체의 평가는 정확히 바그너의 평가였으며, 아테네 비극이 쇠퇴한 이유에 대한 그의 이론은 바그너의 말, 곧 "그리스 비극이 쇠락한 이후부터 우리 시대에 이르기까지의 2천 년은 예술이 아니라 철학에 속한다"는 말 속에 더할 나위 없이 잘 나타나 있다. 니체가 평생 품었던, 예술은 본질적으로 비기독교적이라는 생각도 『예술과 혁명』에서 명시적으로 천명된다. 그리고 쇼펜하우어의 철학에 고유한 것으로서 니체가 자신의 것으로 받아들인 이원성은 바그너의 미학에서도 나타나며, 『비극의 탄생』에서 나타나는 이원론은 분명 쇼펜하우어에게서 비롯하는 만큼이나 바그너에게서도 비롯한다. 늘 그렇듯이, 바그너는 여러 난제들을 가볍게 무시하면서 인간과 자연, 예술과 인간이라는 이분법을 받아들였고, 그의 영향을 받은 니체도 두 개의 자기 충족적인 원리를 동원하여 문제들을 해결하려고 시도했다. 『비극의 탄생』에 등장하는 아폴론과 디오니소스는 쇼펜하우어의 지성과 의지에 상응할 뿐 아니라 바그너가 선택한 예술과 자연에 더 밀접하게 상응한다. 바그너에 따르면 인간은 지성 때문에 자연으로부터 멀어져 잘못을 범하지만, "오류는 지식의 어머니이며, 오류에서 탄생한 지식의 역사가 곧 인류의 역사이다." 그러나 바그너는 계속되는 오류가 어떻게 종국에는 지식에 이를 수 있는지 결코 묻지 않는다. 그리고 바로 이 점을 문제 삼는 『인간적인 너무나 인간적인』의 첫째 절은 니체가 바그너의 영향에서 벗어났다는 사실을 가장 잘 보여 준다.

거의 모든 철학적인 문제들은 아직도 2천 년 전과 동일한 물음을 제기한다. 곧 어떻게 무언가가 그것의 대립자에서, 가령 합리성은 비합리성에서, 살아 있는 것은 죽은 것에서, 논리는 비논리에서, 사심 없는 관조는 탐욕스러운 의욕에서, 이타주의는 이기주의에서, 진리는 오류에서 발원하는가? 지금까지 형이상학적 철학은 하나가 다른 하나로부터 발원한다는 사실을 부정함으로써, 그리고 더 높은 가치가 부여된 사물을 위해서는 "물자체Ding an sich"의 핵과 본질에 그것의 기적적인 근원을 상정함으로써 이 난점을 극복해 왔다.

반면, 모든 철학적 방법들 중에서 가장 젊고, 더는 자연과학과 분리될 수 없는 역사철학은 개별적인 사례들을 관찰함으로써 (…) 어떠한 대립도 존재하지 않는다는 점과 (…) 이러한 반정립은 추론의 오류 때문에 발생했다는 점을 발견했다. 이러한 해석에 따르면, 엄밀히 말해 비이기주의적인 행위도, 완벽히 사심 없는 관조도 존재하지 않는다. 둘 다 승화일 뿐이다. 승화 속에서 원초적인 요소는 거의 사라져 버린 듯 보이며, 가장 근면한 관찰을 통해서만 원초적인 요소들은 드러날 수 있다.(『인간적인 너무나 인간적인』1절)

이 구절은 니체의 철학에 있어 하나의 분기점이다. 한쪽에는 그가 바그너와 쇼펜하우어로부터 물려받은 이원론이 있고, 다른 한쪽에는 니체 자신이 발전시킨 일원론이 있다.

니체는 한동안 바그너의 – 통합적 예술 작품 – 이론을 적어도 부분적으로 받아들였지만, "민족"이라는 바그너식 비법을 수용한 적은 결코 없었다. 민족이야말로 천재라고 극찬한 바그너의 견해는 심지어 바그너에게 처음 열광하던 1869년 무렵에도 니체에겐 아무런 영향을 미치지 않았다. 니체는 "호메로스와 고전문헌학"에 대해 강의하는 도중에 시詩가 민족의 대중들에 의해 생산된다는 생각에 일부러 경멸을 표하기도 했다. "대중은 천재의 월계관을 자기네들의 공허한 머리에 씌워 주는 것보다 더한 아첨을 받아 본 적이 없다. 왜냐하면 대중적인 시와 개인적인 시 사이에 대립이란 결코 존재하지 않기 때문이다." 『미래의 예술 작품』에서 바그너는 호메로스에 대해 이렇게 이야기한다.

진정한 민족 서사시는 단순히 암송된 시가 결코 아니다. 지금 우리에게 남겨진 호메로스의 노래들은 진정한 서사시Epos(초기의 원시적 구전 서사시 –

옮긴이)가 이미 사라져 버리고 오랜 세월이 지난 후에 비판적인 조사와 수집을 통해 나왔다. (…) 이러한 서사적 노래는 (…) 문학적 관심의 대상이 되기 전에 이미 민족 사이에 널리 퍼져 있었으며, 온몸으로 상연된 예술 작품으로서 목소리와 몸짓을 통해 전승되었다.

실제로 『일리아스』는 공동체 악극이었지만 음악은 이미 사라져 버렸고 남은 것은 "단지" 시에 불과하다. 하지만 니체가 호메로스에 대해 "우리는 민족의 시작詩作 정신에 관한 이론에서는 아무것도 얻을 수 없다. (…) 우리는 항상 시적인 개인으로 되돌아간다"고 말할 때, 그는 곧장 바그너의 이론에 반박하고 있는 것으로 보인다.

그렇지만 이론상의 일치나 불일치가 그렇게 중요한 것은 아니었다. 가장 중요한 것은 그들 사이의 인간적인 관계였다. 이와 관련해 니체가 한 말은 유명하다. "나는 나의 다른 모든 인간관계를 헐값에 처분해 버린다. 하지만 어떤 대가를 치르더라도 내 인생에서, 트립셴에서 보냈던 나날들, 서로 신뢰하고 환희에 넘쳤으며 숭고한 사건들로 가득 찼던 그 심오한 나날들을 버릴 수는 없다. 나는 다른 사람들이 바그너와 더불어 무엇을 경험했는지 알지 못한다. 그렇지만 우리의 하늘에는 구름 한점 없었다."(『이 사람을 보라』 2장 5절) 이제까지 사람들은 이 같은 이상적인 평가가 사실과 일치하지 않는다고 말해 왔다. 『이 사람을 보라』는 일반적으로 니체의 정신이 기능을 잃어버리기 직전에 마지막으로 거칠게 내뱉은 말로 치부되었으며, 그렇기 때문에 이 책에 등장하는 바그너에 대한 언급은 별반 가치 없는 것으로 여겼던 것이다. 그러나 『이 사람을 보라』에 등장하는 바그너에 관한 진술은 상당히 명쾌하며, 니체가 바그너와 함께한 트립셴 시절을 16년 뒤에 어떤 모습으로 기억하고 있는지를 알려준다. 그는 "우리의 하늘에는 구름 한 점 없었다"고 말한다. 그렇다고 해서 이 말을 글자 그대로 받아들여, 그들의 하늘에서 천둥소리 하나라도 발견했다고 해서 니체의 기억이 잘못됐다고 선언해서는 안 된다. 그가 회상하고 있는 것은 전체적인 상황이기 때문이다. 더욱이 그가 다른 사람보다 바그너나 그 주위의 사람들과 지내는 것이 더 행복했다고 말할 때, 우리에게는 그 말을 믿는 것 말고는 다른 선택이 없다. 니체에게 바그너는 "아버지 같은 사람"이었다는 것은 흔히 하는 이야기다. 물론 니체 목사가 20년 전에 포기할 수밖에 없던 역할을 떠맡는 데에 바그너가 특별히 적합한 이유가 있었다. 바그너나 니체 목사는 모두 1813년에 태어났으므로 니체 목사가 살아 있었다면 서로 동갑이었을 것이다. 또 바그너는 라이프치히에서 태어났으며, 작센 지방의 방언이 섞인 말투였는데, 가끔은 웃기기 위해서 그 방언을 과장하기도 했다. 따라서 바그너가 니체 목사처럼 보였다는 것은 사실이다.[3]

물론 니체는 바그너가 자신의 인생에서 아버지 역할을 했다는 점을 이해하고 있었을 수도 있다. 그러나 그는 어디에서도 바그너가 자신에게 미친 영향력을 그런 식으로 설명하려고 하지는 않았다. 대신 그는 다음과 같이 말한다.

모든 독일적인 것은 나의 가장 깊은 본능에서부터 낯설기 때문에, 독일인이 근처에 있다는 사실만으로도 나는 소화 장애를 일으킨다. 바그너와의 첫 만남은 내 인생에서 처음으로 깊은 숨을 쉴 수 있었던 시간이었다. 나는 그를 타국에서 온 존재로, 모든 "독일적 덕목들"에 대한 대립자이자 육화된 항의로서 느꼈고, 숭배했다. (…) 바그너는 혁명적이었다. 그는 독일인들로부터 벗어났다. (…) 독일인은 선량한 품성을 지녔지만, 바그너는 결코 선량한 품성을 지니지 않았다. (…) [니체는 우정의 종말을 설명할 때도 동일한 용어를 사용한다.] 나는 왜 바그너를 결코 용서하지 않는가? 그가 독일인들과 똑같아졌기 때문에, 그가 독일 제국적으로 되었기 때문이다. (『이 사람을 보라』 2장 5절)

니체는 말년에, 자기 나라 사람들이 대표하고 있는 인간 유형, 곧 중간 계층의 인간, 사유와 도덕에 있어서의 적당한 순응주의자, 그리고 비정신적인 인간을 가리키기 위해 "독일인"이라는 이름을 사용했다. 그리고 이런 의미에서 바그너는 결정적으로 "비非 독일인"이었다. 니체의 상상력을 자극한 것은 그들이 함께한 일상에서 그의 눈에 비친 바그너의 성격, 그의 낯설고도 반항적인 행동이었다. 바그너의 동시대인들은 그가 어떤 종류의 인간인지 잘 알고 있었다. 그는 철저한 보헤미안이었다. 〈탄호이저〉 이후에 작곡한 바그너의 오페라들은 정상적인 행위의 기준에 대해 노골적인 경멸을 감추지 않으며, 바그너적인 영웅은 모두 그러한 행위의 기준들을 모욕한다. (비교적 온건한 〈뉘른베르크의 명가수〉에서조차 중간 계층의 체면을 대표하는 자들은 조롱받고 있다.) 자신의 행동과 관련해서 바그너는, 괴테나 랭보의 추종자들의 여론을 무시한 채 자신의 도덕을 만들어 냈다. 그의 보헤미안적인 기질은 이국풍의 옷차림을 통해 시각적으로 표현됐다. 니체가 처음 트립셴에 초대받은 1869년 성령강림 월요일 아침에 바그너는 네덜란드 화가 같은 차림새(검은색 벨벳 외투, 무릎까지 오는 반바지, 비단 스타킹, 버클이 달린 신발, 그리고 렘브란트와 같은 베레모, 밝은 청색 스카프)를 갖추고 있었다. 수많은 예술 작품이 가득하고, 벽은 새틴으로 마감했으며, 향수 냄새가 가시지 않는, 과장되게 호사스러운 그의 집은 그의 오페라만큼이나 유명했으며, 평범한 사람들 사이에서는 조롱거리였다. 그의 이기주의는 일반적으로 정상적인 정신의 경계를 초월했다고 간주되었지만, 많은 선량한 사람들에게 그는 단순히 미친 사람으로 보였다. 또 바이로이트 기획은 현존하는 오페라 하우스에 만족할 수 없었던 한 과대망상증 환자의 계획이라고 치부되었다. 세상 사람들 눈에 바그너가 제정신이 아닌 인간으로 보였듯이, 그는 친한 벗들에게도 비정상적으로 보였다. 그들은 그가 얼마나 비정상적으로 까다로운지, 그리고 친구들에게 얼마나 많은 것들을 원하는지 알고 있었다. 그러나 바그너의 천재성은 그들의 눈에도 분명해 보였으므로, 그를 위해 봉사하는 것이 곧 자신들이 얻을 최고의 이익을 위해 봉사하는 것이라고 느꼈다. 이상과 같은 모습이 바로 니체를 매혹시키고 그 마음을 사로잡았던, 모든 "독일적인" 것에 대항한 "육화된 항의"이다. 그리고 그는 바그너가 퇴폐적이라고 결론내렸을 때조차도 그의 매력을 결코 부정하지는 않았다.

코지마에 관해 한마디 덧붙이자. 지금 우리가 다루고 있는 이 시기 동안, 그녀는 다른 모든 사람들을 배제한 채 오직 바그너에게만 헌신했다. 우리가 아는 한 그녀는 언제나 니체에게 친절했지만, 그에게 은인 행세를 하려는 경향도 있었다. 또 니체의 저작이 그녀나 바그너가 기대한 수준에 미치지 못했을 때, 즉 바그너와 다른 의견을 나타내거나 심지어 바그너와 아무 관련이 없는 내용일 때는 주저 없이 적대적인 논평을 했다. 그녀는 니체에게 바그너의 대의를 위해 일할 기회를 전혀 주지 않았으며,[4] 니체가 모임에 참석하는 것이 바그너에게 이롭다고 생각될 때만 그를 트립셴에 초대했다. 이 모든 것에도 불구하고, 그녀는 니체에게 깊은 인상을 남겼다. 그는 그녀에게 바치는 선물로 「씌어지지 않은 다섯 권의 책에 대한 다섯 개의 머리말」을 썼다. 그리고 말년의 니체의 몽상에서 그녀는 아리아드네로, 자신은 디오니소스로 나왔다(바그너는 테세우스였다). 또 정신이 붕괴된 뒤에 보낸 편지들 가운데는 "아리아드네, 당신을 사랑하오. 디오니소스로부터."라는 짧막한 편지도 있다. 나중에 그가 예나의 요양원에 머물고 있을 때, 그는 "나의 아내 코지마 바그너가 나를 여기로 데려왔다."라고 말한 것으로 기록되어 있다.

- 2 -

바그너에 대한 니체의 애착은 둘 다 쇼펜하우어에 애착을 느끼고 있다는 사실 때문에 더 강화되었다. 그리고 니체가 1876년 무렵 바그너와 결별했을 때, 쇼펜하우어와도 결별했다는 사실은 중요하다. 왜냐하면 쇼펜하우어의 "제자"라는 평판에도 불구하고 니체의 궁극적인 철학은 모든 점에서 쇼펜하우어의 철학과 대립하기 때문이다. 사실, 니체를 가장 매료시켰던 것은 쇼펜하우어의 성격이었으며, 둘의 성격은 매우 닮았다.

1890년에 쓴 쇼펜하우어 전기의 서두에서, 월레스 교수는 당시까지의 독일 철학과 영국 철학의 차이에 대해 다음과 같이 적절하게 언급하고 있다.

눈에 띄는 몇몇 예외를 제외하고, 영국에서는 (…) 철학적인 흐름의 원천이 대학에 있지 않았으며, 전문적인 요소는 전적으로 부차적인 것에 불과했다.

반대로 독일에서는 학문적인 지혜를 선택된 관료 집단인 대학 교수들에게 관리하게 했다. (…) 독일 철학이 자기만의 독특한 전문 용어를 사용한 반면, 영국 철학은 통상적인 문학 언어로 쓰였다. (…) 우리에게 쇼펜하우어는 독일 철학보다는 영국 철학을 생각나게 한다. (…) 그의 저작은 제도권 안에 있는 저작치고는, 필수적인 준비 사항인 방법적 훈련이 결여되어 있으며, 더군다나 규칙적이고 정확하고 평이하게 쓰는 능력도 결핍되어 있다. 그런데 이런 능력은 철학적인 열정이 아니라 학교 제도 때문에 모인 청중들의 소비 욕구에 적합하게 지혜를 배분하는 데 꼭 필요하다. (…) 쇼펜하우어는 그 자신도 철저하게 배운 적이 없던 체계적인 논리학과 윤리학 교사로는 어울리지 않았다. 그러나 그는 진정한 도락적 예술 감각과 문학적 소질을 갖추었고, 소박한 정신을 엄습하는 문제들에 관심을 기울였기 때문에, 그 자신처럼 기질이나 상황, 내적 갈등으로 인해 이 모든 불가지한 세계의 근거나 이유를 묻는 사람들을 자극하고, 그들에게 길을 알려주고, 심지어 그들을 매혹시킬 수 있었다.[5]

위의 글에서 쇼펜하우어의 자리에 니체의 이름을 넣는다고 해도 본래의 의미에서 크게 벗어나지는 않을 것이다. 쇼펜하우어와 마찬가지로 니체도 독일 철학자들이 흔히 작업하는 학제라는 틀의 바깥에서 작업한 진정한 철학자였다. 그리고 쇼펜하우어처럼, 니체도 아마 이런 이유로 자신이 인정받기 쉽지 않을 것이라는 점을 알아차렸을 것이다.

『의지와 표상으로서의 세계』는 1818년(판권에는 1819년으로 기록되어 있다.) 말에 브로크하우스의 라이프치히 사社에서 출판되었다. 쇼펜하우어는 1834년에 남은 부수가 얼마나 되는지를 물었는데, 그때 거의 남아 있는 것이 없다는 답을 들었다. 초판본의 대부분이 폐지로 팔렸기 때문이다. 실제로 이 책은 어떠한 관심도 불러일으키지 못했다. 그의 대작이 세상에 등장했을 때 쇼펜하우어의 나이는 갓 서른 살이었다. 그리고 1844년, 그가 쉰여섯 살이 되었을 때, 그는 브로크하우스를 설득해서 둘째 판본을 인쇄했다. 하지만 성공과 명성은 여전히 그와는 거리가 멀었다. 1851년에 가벼운 에세이 『소품과 부록』("토막들과 조각들"이라는 뜻을 일부러 현학적으로 표현한 제목이다.)을 출판한 뒤에야 그는 비로소 성공과 명성을 얻을 수 있었다. 그의 주요 저작보다 접근하기가 훨씬 쉬운 이 책은, 독자들에게 일급 저자이지 사상가인 사람이 그들 가운데 존재한다는 사실을 알려 주었다. 이 책의 성공은 『의지와 표상으로서의 세계』에 대한 관심을 불러일으켰다. 1856년에 라이프치히 철학회는 그의 철학에 담긴 주장과 비평에 상을 수여했다. 그는 이때부터 1860년에 죽을 때까지 명성을 누렸으나, 자신이 바랐던 방식으로 이름이 알려진 것이 아니어서, 마음이 몹시 상하여 낙담한 채 죽었다.

그는 죽고 나서야 비로소 자신이 갈망했던 방식대로 영향력을 행사했으며, 또 그런 방식으로 수용되었다. 앞서 보았듯이, 니체는 쇼펜하우어의 주요 저작을 처음 읽은 1866년까지는 그 책에 대해 제대로 알지 못했다. 그렇지만 그 책은 오래 전에 리하르트 바그너를 매혹시켰으며, 바그너가 세계적인 명성을 얻은 1860년대와 70년대에 쇼펜하우어는 바그너의 공공연한 지지에 힘입어 더 널리 알려지게 되었다. 게다가 니체와 같은 젊은이들이 쇼펜하우어의 마력에 사로잡힘으로써, 1870년대 중반의 독일에서 쇼펜하우어라는 이름은, 20세기 초에 영국에서 버나드 쇼가 얻었던 것과 같은 유명세를 얻었다. 그러나 그는 명성 속에서도 고독했다. 그의 가장 유명한 "제자"라고 불리는 바그너나 니체 모두 실제로는 제자라는 이름을 받을 자격이 없으며, 굳이 찾는다면 그의 진정한 계승자는 파울 도이센일 것이다. 쇼펜하우어를 말할 때는 그의 작업의 세 가지 서로 다른 측면들을 구별해야 한다. 곧 그의 철학, 그의 철학함, 그리고 동양 철학을 대중화시킨 사람으로서 그의 영향력이 그 것이다. 쇼펜하우어 자신이 『의지와 표상으로서의 세계』 초판의 서문에서 말했듯이, 그의 철학은 체계가 아니라, 더 발전시킬 수 없고 오직 가다듬을 수만 있는, "단일한 사유"였다. 그리고 쇼펜하우어 자신이 이 "단일한 사유"를 최후의 결론에 이르기까지 추구했기 때문에, 어떤 "제자"도 그에 동의하는 것 말고는 할 수 있는 일이 없었다. 이 단일한 사유의 "영향력"은 그 이후로 오랫동안 지속되었다. 그러나 만일 쇼펜하우어가 가지고 있는 것이 단지 이것뿐이라면, 그는 지금 철학사에 기재되어 있는 하나의 이름에 지나지 않을 것이다. 하지만 그에게는 그 이상의 것이 있었다. 그의 주저와 『소품과 부록』은 순수한 지혜와 독창적인 사유로 가득 차 있으며, 그 당시까지의 모든 독일 철학자들이 만들어 냈던 문체 가운데서 가장 매력적인 문체로 쓰여 있었다. 누구나 알고 있으며 여전히 읽고 있는 쇼펜하우어는 바로 이 쇼펜하우어다. 하지만 이 쇼펜하우어의 경우, 어조의 진정성이나 정신의 독립성이라는 점에서 그와 닮은꼴이라 할 수 있는 에머슨이나 칼라일과는 달리, "계승자"를 가질 수 없었다. 마지막으로 쇼펜하우어가 발전 가능한 분야의 선구자임을 증명하는 측면이 있으니, 그것은 그가 인도 철학의 개념들을 서구 사회에 대중화시켰다는 점이다. 그리고 바로 이 지점에서 도이센의 작업이 쇼펜하우어 사상의 풍요로운 결실이라 불릴 수 있다. 니체는 자신이 이용할 수 있는 것을 쇼펜하우어로부터 빌려 왔지만, 나머지는 내버려 두었다. 반면, 바그너 역시 니체와 마찬가지로 『의지와 표상으로서의 세계』에 압도되었으나 그에게는 그것을 비판할 능력이 없었기 때문에, 자신이 이해한 범위 안에서 그 책에 간단히 굴복해 버렸고, 그 결과 그 자신에 대한 이해마저도 손상을 입었다. 이와는 대조적으로 도이센은 쇼펜하우어가 지금까지 거의 알려지지 않았던 사유 세계의 위대한 가치를 보여 주고 있으며, 이 사유 세계로부터 도출되는 지혜가 쇼펜하우어의 철학으로부터 도출되는 지혜와 동일하다고 확신했다. 그리고 이에 고무되어 산스크리트어를 익히고 인도 철학의 정수를 연구했으며, 그것을 번역하고 서구 사회에 소개하는 데 자신의 재능을 바쳤다.

니체가 쇼펜하우어에 처음 열광했을 때, 그는 쇼펜하우어를 간략하게 줄여서 수용했으며, "의지를 부정하긴" 했으나, 그 정도는 바그너가 스스로 그렇게 하고 있다고 믿었던 수준에 불과했다. ("의지를 부정하라"는 쇼펜하우어 철학의 궁극적인 충고는 현실적으로 불가능하다는 것과 니체나 바그너 모두 그들이 진심으로 신뢰했던 이 도덕주의자가 요구하는 성스러운 금욕주의와는 거리가 멀었다는 것은 쇼펜하우어 철학에 대한 하나의 타당한 비판이다. 쇼펜하우어 자신도 유명한 미식가였는데, 니체는 『차라투스트라는 이렇게 말했다』 4부에서 쇼펜하우어를 등장시키면서 이 사실을 잊지 않았다.) 하지만 이것은 일시적인 것에 불과했으며, 니체의 철학에 거의 흔적을 남기지 않았다. 대신 니체가 간직했던 것은 진리를 추구함에 있어서 그 어떤 것 앞에서도 멈추지 않으며, "냉혹한 진리"를 두려워하지도 않고, 독일 철학자들 가운데서는 드물게 제대로 글을 쓸 줄 아는 한 철학자의 모습이다. 특히 마지막 것과 관련해서 말하자면, 쇼펜하우어가 가진 영향력의 대부분은 그가 말한 내용이 아니라 그의 말하는 방식에서 기인했다는 것을 잊지 말아야 한다. 사실, 세련된 문체야말로 어떻게 그처럼 낯설고 절망적인 쇼펜하우어의 교설이 그토록 많은 젊은이들의 정신을 지배할 수 있었는지, 더군다나 그 교설은 그들이 언제나 가치 있게 생각해 왔던 것들과 완전

히 대립함에도 불구하고, 어떻게 그럴 수 있었는지를 해명해 준다. 쇼펜
하우어는 그들에게 예술가처럼 직접적으로 호소했으며, 한순간의 번득
이는 영감 속에서 "세계, 인생, (…) 지옥과 천국"을 설명하고 해명하고
터득하게 했다. 니체는 기독교적 믿음과 종교에서 벗어난 후에 자신이
회의懷疑의 바다를 항해하고 있으며, 이 바다 한가운데서는 누구나 견고
한 대지를 다시 밟기를 갈망한다고 말했다. 쇼펜하우어는 그가 잠시 휴
식을 취했던 견고한 대지였다.

　　훗날 니체는 쇼펜하우어의 교설과 그가 실제로 살았던 방식 사이
의 현저한 불일치를 비웃지만, 그럼에도 철학자가 어떻게 완전한 고독
속에서 작업하면서도 결국에는 승리할 수 있는지에 관한 최초의 암시
를 준 "프랑크푸르트의 현인"에 대한 존경심은 결코 버리지 않았다. 그
러나 쇼펜하우어의 철학에 관해서는 결국 존경심을 버렸는데, 이 철학
이 완전히 허점투성이일 뿐만 아니라 서구인의 퇴폐를 보여 주는 중대
한 징후라고 생각했기 때문이다. 물론 니체는 의지가 모든 것에 우선한
다는 개념을 쇼펜하우어로부터 받아들였다. 그러나 힘에의 의지와 쇼
펜하우어의 의지는 "의지"라는 낱말 외에는 사실상 아무것도 공유하는
것이 없는, 아주 상이한 원리이다. 니체가 용어에 좀더 세심한 주의를
기울였다면, 아마도 다른 표현을 사용했을 것이다.

　　쇼펜하우어의 철학은 칸트를 출발점으로 삼았으며, 쇼펜하우어는
자신이야말로 칸트의 진정한 계승자라고 생각했다. 쇼펜하우어의 철학
은 칸트의 핵심적인 두 가지 결론, 곧 객관적 실재로서의 세계는 "현상"
의 세계에 불과하다는 것과 인간의 삶에서는 실천이성이 일차적이며
이론이성은 이차적이라는 것을 이어받고 있다. 칸트의 본체계numena와

현상계^{phenomena}, 즉 사물자체와 현상은 쇼펜하우어에게 와서 의지의 세계와 표상의 세계가 되었다. 칸트의 이론이성은 쇼펜하우어의 지성과 동일하고, 실천이성은 의지와 동일하다. 그리고 의지는 일차적이고, 지성은 이차적이다.

쇼펜하우어는 「충족이유율의 네 겹의 뿌리에 관하여」(1813년)라는 논문에서 논리적 인식, 윤리적 인식, 과학적 인식, 수학적 인식이라는 네 가지 유형의 인식을 언급하면서, 이것들을 가지고서는 표상들 사이를 연결하는 것 이상은 할 수 없다고 말했다. 그런데 이제, 『의지와 표상으로서의 세계』에서는 표상과 표상을 연결하는 인식이 아니라 표상을 직접적인 실재와 연결하는 또 다른 종류의 인식, 곧 자기 자신에 대한 인식에 대해 말한다. 그의 철학을 구성하는 "단일한 사유"는 다음과 같은 명제로 표현될 수 있다. "나의 육체와 나의 의지는 동일한 하나다." 물론 나는 객관적으로는 나 자신을, 다른 여타의 사물들을 인식할 때와 마찬가지로 시공간에 연장된 것, 곧 "현상"으로서 인식한다. 하지만 또 주관적으로는 나 자신을, 살아가고, 느끼고, 고통을 겪고, 욕망하는 자로서, 혹은 쇼펜하우어의 포괄적인 용어로 말하자면, 의지로서 인식한다. 이는 지성적인 지각과는 근본적으로 다른 지각 형식이다. 지성은 실재를 조각들로 나누며, 지성이 보는 것은 "현상들" 또는 "표상들"일 뿐이다. 그러나 자아에 대한 직접적인 인식은 이러한 종류의 지각이 아니다. 자신을 의지로서 인식함으로써, 나는 시공간의 바깥에서 삶의 내적 통일성을 느낀다. 지식의 본성은 사물들을 조각들로 나누고 고립시키는 것이기 때문에, 일상생활에서 우리는 우리 자신을 개별적이고 고립된 대상으로 본다. 그러나 모든 인식은 상대적이고, 따라서 다른 인식에 의존하고 있으며, 세계를 조각들로 나누는 것은 지성의 차원에서도 완벽하지 않다. 모든 사물들을 연결하는 기본적인 통일성이 존재하며, 이 기본적인 통일성은 위에서 말한 지식 형태[자기 자신에 대한 인식]를 통해 우리에게 지각된다. 곧 우리는 우리의 물리적인 육체와 비물질적인 의지 사이의 동일성을 지각하며, 이 동일성의 원리가 물질적이거나 비물질적인 모든 사물들의 통일성에 접근하는 실마리가 된다. 쇼펜하우어는 지성과 의지의 절대적인 대립을 아주 강하게 주장하면서, 의지가 지닌 속성들은 단순한 삶 충동에, 그리고 의식을 포함한 그 외의 모든 성질들은 지성에 귀속시킨다. 그가 이렇게 할 수밖에 없었던 까닭은 그가 전개한 논변의 다음 단계에서 명백해진다. 만일 우리가, 육체가 우리 의지의 외적 형식이라는 것을 이해할 수 있다면, 다른 모든 대상들도 내적인 의지의 외적 형식이라는 것을 이해할 것이다. 우리가 우리의 참된 존재라고 느끼는 의지는 또한 모든 사물들의 참된 존재이기도 하다. 더욱이 시간, 공간, 분할은 현상적 세계만의 특성이기 때문에, 의지의 본체적 세계는 하나이며 분할할 수 없음에 틀림없다.

쇼펜하우어가 바라본 세계는 이원적 세계이다. 외적으로는 사건, 대상, 시간, 공간, 원인과 결과, 현상, "표상"의 세계가 있고, 내적으로는 시간과 공간, 원인과 결과가 없는 침묵의 세계, 본체의 세계, 사물자체, 하나이면서 모든 곳에 존재하는 "의지"의 세계가 있다. 의지는 생명의 일차적인 힘이고 우주를 운행시키며, 문자 그대로 "세계가 돌아가게 한다." 왜냐하면 쇼펜하우어는 의지를 중력과 같은 물리적 힘, 동물의 본능들, 식물계의 맹목적 충동들과 동일시하기 때문이다. 지성은 의지의 "도구"로서 진화해 왔으며, 따라서 의지에 비해 이차적이다. 그러나 지성을 발전시키는 독특한 기질을 가진 개체들은 의지의 지배에서 벗어난 지성을 얻을 수 있다. 의지로부터 완전히 해방된 지성을 쇼펜하우어는 "천재"라고 부른다.

쇼펜하우어 철학의 핵심은, 개별적 의지는 악이며 부정되어야 한다는 윤리적 판단이다. 그 이유는 다음과 같다. 개체는 말 그대로 신체화된 의지이다. 단일한 본체적 세계는 현상적 세계에서는 각각이 생명의 원초적인 힘의 육화인, 다수의 분리된 "의지들"로 쪼개진다. 그런데 의지의 한 조각으로서의 개체는 가능한 한 오래 존재하려고 한다. 이와 다른 방식으로 존재하는 것은 불가능한데, 왜냐하면 의지란 본질적으로 삶에 대한 욕망, 즉 살고자 하는 의지이기 때문이다. 그 결과 개체는 모든 사물들과 모든 사람들을 자신과의 관계 속에서 바라볼 수밖에 없으며, 결국에는 마치 자신의 이익을 위해 존재하는 것처럼 사물들과 사람들을 이용한다. 그렇지만 모든 사물들과 모든 사람들도 그와 똑같은 방식으로 느끼기 때문에 결과는 보편적인 갈등이다. 갈등은 불행을 양산하며, 의지가 있는 곳에는 어디에나 고통이 있다. 의지의 본성은 노력하는 것이며, 이러한 노력은 언제나 투쟁을 양산하고, 불행은 언제나 행복을 능가할 것이다. 가능한 유일한 선^善은 소극적인 방식의 개선밖에 없다. 행복은 결코 적극적인 것일 수 없으며, 다만 고통의 감소일 뿐이다. 삶이란 치유할 수 없을 정도로 비참하며, 이런 사태를 깨닫는 자가 할 수 있는 일은 "부정^{否定}"이다. 곧 그는 "의지를 부정하며", 모든 노력을 포기하고, 욕망의 굴레에서 벗어나, 오직 삶에서 해방되기만을 기다리는 수행자나 성자가 된다. 죽음 – 쇼펜하우어에게 죽음은 완전한 소멸을 의미한다. – 만이 유일하게 실제적인 선이다. 따라서 죽음 이전에 가능한 좋은 삶이란 천재의 한 유형인 성자의 삶이다. 그에게는 "오로지 인식만이 남고 의지는 사라진다." 이것이 쇼펜하우어의 "염세주의" – 삶이란 치유할 수 없을 정도로 악하다는 것 –이며, 이 지점에서 그의 철학은 다른 철학들과 구별된다.

니체의 성숙한 시기의 철학과 쇼펜하우어 철학의 가장 큰 차이는 니체 철학이 형이상학적이지 않고 유물론적이라는 점, 그리고 니체의 힘에의 의지는 쇼펜하우어의 삶에 대한 의지처럼 형이상학적 요청이 아니라 관찰된 자료에서 귀납된 것이라는 점이다. 앞서, 니체가 어떤 방식으로 쇼펜하우어에 대한 열광과 랑에의 『유물론의 역사』에 대한 감탄을 화해시켰는지 보았다. 그리고 열광이 식었을 때 니체는 랑에로부터 직접적인 영향을 받았다고 보는 것이 당연할 정도로 랑에와 아주 유사한 입장을 채택했다는 사실도 확인했다. 랑에도 쇼펜하우어처럼 칸트의 추종자였으나 쇼펜하우어와는 결정적인 차이가 있다. 랑에에 따르면 궁극적 실재는 칸트가 주장한 대로 알 수 없는 것일 뿐만 아니라, 바로 그 궁극적 실재라는 관념 자체도 우리가 사유하는 방식의 한 결과이다. 다시 말해, 사물자체라는 개념도 현상적 세계의 일부이다. 쇼펜하우어의 용어로 말하면, 의지도 표상들 가운데 하나에 불과하다는 것이다. 궁극적 실재라는 관념조차 현상의 지평에 속하기에 궁극적 실재에 대해서는 어떠한 유의미한 것도 말해질 수 없으며, 철학자는 오로지 물질적 세계, 즉 우리가 알고 있는 유일한 세계인 현상의 세계에만 관심을 가져야 한다고 랑에는 말한다. 물론 니체는 때때로 랑에의 이런 주장을 잊어버린 채 힘에의 의지나 영원 회귀가 궁극적 실재에 대한 기술인 것처럼 쓰기도 하지만, 그의 진정한 입장은 의심의 여지가 없다. 즉 두 사람의 입장은 랑에가 정의한 바대로 유물론적 사유이며, 이는 "너머", "실재 세계", 사물자체에 대해 니체가 통상적으로 보여 주는 태도에서 분명하게 드러난다. 우리 자신과 관련되는 한, 이러한 것들은 존재하지 않는다고 그는 다양한 방식으로 반복해서 말한다. 니체의 "이런 태도"를 보여주는 가장 유명한 정식은 "신은 죽었다."이다. 니체는 이 표현 안에 모든 신의 대리물, 다른 세계, 궁극적 실재, 사물자체, 본체적 차원 그리고 삶에 대한 의지 등 인간의 "형이상학적 요구" 전체와 그것의 산물들, 다시 말해 이제까지 "신"이라는 이름 아래 포함되었거나 포함될 수 있을 모든 것들을 담고자 했다.

이러한 철학적 차이 말고도 니체와 쇼펜하우어 사이에는 더 중요한 두 가지 차이점이 존재한다. 첫째는 기질적인 것이다. 쇼펜하우어의 세계관은, 삶은 고통이라는 인식에 기초하고 있는데, 이는 기질에서 비롯된 결론이다. 그것은 입증되지도 않으며, 입증될 수도 없는 결론이다. 쇼펜하우어는 단지 그것이 옳다고 느낄 뿐이며, 이러한 느낌을 독자들에게 전달하기 위해 수사학적인 노력을 기울인다. 그러나 독자들이 행복이란 단지 고통의 개선일 뿐이라는 사실을 느끼지 못한 채 삶을 계속 즐긴다면, 쇼펜하우어가 할 수 있는 일이란 아무것도 없다. 다시 말해, "쇼펜하우어주의자"가 되기 위해서는 우선 염세주의자가 되어야만 한다. 니체의 본성에 강한 염세주의적 기질이 존재했다는 것은 사실이다. 그리고 이런 기질 때문에 그는 처음에 쇼펜하우어에게 이끌렸다. 하지만 염세주의적 기질은 그에게 결정적인 요소가 아니었으며, 따라서 그에게 삶에 대한 염세주의는 궁극적으로 불가능했다. 어떤 면에서 그는 염세주의의 대상을 삶에서 인간으로 옮겼으며, 그리하여 삶의 본질에 관한 기본적인 낙관주의와 인류에 관한 염세주의를 화해시킬 수 있었다. 그는 삶의 많은 것들이 고통이라는 사실을 부정하지는 않았지만, 고통이란 행복을 구입하기 위한 동전 같은 것이며, 고통 없이 행복을 욕망한다는 것은 불가능한 요구라는 점을 고려했다. 둘째 차이는, 쇼펜하우어는 그의 철학의 어떤 단계를 결정적으로 불안정하게 만든 이원론으로부터 벗어날 수 없었던 반면, 이 이원론을 자신의 초기 철학에 받아들였던 니체는 나중에 이를 논리적으로 더 만족스러운 일원론 안에 포함시킬 수 있었다는 데 있다. 쇼펜하우어의 이원론적 경향은 의지와 표상의 이분법 속에서 처음 나타나며, 의지와 지성의 절대적인 대립에 대한 주장 속에서 아주 강하게 강조된다. 이에 상응하는 초기 니체의 이원론은 『비극의 탄생』에 등장하는 아폴론과 디오니소스의 이중성이다. 발터 카우프만이 "아폴론은 어디로부터 나왔는가?"라고 물었을 때,[6] 이 물음은 또한 쇼펜하우어에 대한 이의 제기이기도 하다. 지성은 어디로부터 나왔는가? 쇼펜하우어는 지성이 의지의 도구로서, 의지로부터 나왔다고 대답한다. 그러나 지성이 어떻게 의지로부터 나왔는지, 혹은 만일 지성이 의지로부터 나왔다면 왜 지성은 의지의 절대적인 대립항인지에 대해 쇼펜하우어가 설득력 있게 설명하지 못한다는 사실은 그의 철학의 형이상학적 성격을 가장 직접적으로 보여 준다. (이에 대해서는 다음과 같이 답할 수 있다. 만약 의지가 하나이며, 모든 곳에, 그리고 모든 사물 속에 똑같이 존재한다면, 그것은 그러해야만 한다. 왜냐하면 의지에게 의지 자신이 아닌 다른 어떤 속성을 허락하는 것은, 곧 감각이 없는 사물에게 그것에 명백하게 없는 속성을 허락하는 것을 의미할 것이기 때문이다. 이것이 의식조차도 의지가 아니라 지성의 속성이어야만 하는 이유이다.) 이러한 이중성의 강력한 힘은 마지막에 가서야, 다시 말해 성자가 의지를 극복하고 "오직 인식만이 남게 될 때, 즉 의지가 사라질 때"에 가서야 느껴진다. 그러나 지금까지의 쇼펜하우어의 논리를 놓고 볼 때 어떻게 이것이 가능한지에 대해 쇼펜하우어는 결코 명료하게 해명하려 하지 않았다. 문제는 최초의 이중성이 처치 곤란한 골칫거리로 드러났다는 점이다. 지성은 그 자신이 의지를 가지고 있지 않는 한 의지를 극복할 수 없으며, 의지는 지성을 절대적으로 부정했던 유일한 것이다. 반대로 만약 지성이 의지를 극복한다면, 그것은 그 자신이 의지의 한 측면이어야 한다. 곧 의지의 의식적 측면일 것이다. 그러나 이런 식의 해결은, 의지는 전적으로 악이고, "부정"(곧 극복)되어야 하며, 성자에 의해 극복된다는 쇼펜하우어의 주장에 의해 제지된다. 쇼펜하우어 철학의 마지막 단계는 사람들이 자신의 책을 읽고 그렇게 해야만 되겠다고 느끼길 바라는 것에 대한 진술에 불과하다. 쇼펜하우어가 바란 것은 성자가 의지의 부정을 욕망하는 것이다. 그러나 이 욕망이 그 자체로 의지가 아니라면 도대체 그것이 무엇인지 쇼펜하우어는 말할 수 없다. 그는 의지를 형이상학적으로 최고의 것으로 만든 다음, 그것을 완전히 악이라고 말함으로써 모든 의지로부터 "선함"을 빼앗았다. 결과적으로 의지는 "부정"될 수 없으며, 악은 극복되거나 심지어는 축소될 수조차 없다. 그리고 이와 같은 상황은 쇼펜하우어 자신의 유명 상표인 염세주의보다 훨씬 더 강한 염세주의를 정당화한다.

마지막으로, 쇼펜하우어 철학을 관통하고 있는 실수의 원천과 근원은 그가 궁극적인 실재를 제멋대로 다루는 방식에 있다. 『의지와 표상으로서의 세계』에서 그는 마치 종교적인 호교론자護敎論者들이 신에 대해 말하는 것과 같은 낯익은 방식으로 의지에 대해, 그리고 존재의 궁극적 실재에 대해 말하고 있다. 그러나 나는 유한한 정신이 "궁극적 실재"의 본성을 이해할 수 있을 것이라는 점, 혹은 궁극적 실재에 관하여 유의미한 어떤 것이 말해질 수 있을 것이라는 점은 증명할 수 없다고 생각한다. 단 한 번의 도약으로 자신이 존재의 가장 내적인 핵심에 도달했다고 생각했을 때, 쇼펜하우어는 존재의 핵심까지의 거리에 대해 중대한 판단 착오를 범했다. 일반적으로 "교만하다"고 여겨지는 니체는 이 점에서는 겸손한 영혼의 소유자였다. 힘에의 의지나 영원 회귀는 궁극적 실재를 기술하는 것을 목적으로 하지 않는다. 궁극적 실재는 알려질 수 없다고 간주되며, 따라서 무시된다. 바로 이 지점에서 쇼펜하우어와 니체의 차이는 가장 극단적으로 커진다.

라이프치히와 바젤 시절에, 니체는 많은 시간을 바그너의 예술 이론과 쇼펜하우어의 철학에 몰두하면서 보냈다. 그러나 그것들은 니체의 철학이 성숙하는 데는 전혀 기여하지 않았다. (쇼펜하우어가 보여 준 철학자로서의 모범과 바그너의 독특한 성격이 그에게 미친 영향은 별개의 문제다.) 바그너의 예술 이론이나 쇼펜하우어의 철학은 모두 엄격하게 말해 특이한 예외에 불과한 데 반해, 니체의 사상은 서구 철학의 주류에 속하며, 현대인이 겪는 "곤경"의 핵심적인 문제들과 관련되어 있다. 바그너와 쇼펜하우어는 19세기에 속하지만, 니체는 오늘날 모든 사유하는 사람들의 관심사를 미리 예견했다는 점에서 20세기의 선구자이다. 니체의 철학은 인간사의 어떤 위기를 전제하고 있는데, 쇼펜하우어나 바그너에게서는 이에 대한 어떤 암시도 찾아볼 수 없다. 따라서 그의 철학의 기원을 발견하기 위해서는 바그너와 쇼펜하우어로부터 방향을 돌려, 이 시기에 그의 마음을 사로잡았던 세 개의 다른 현상들로 향해야만 한다. 곧 그리스의 철학, 기독교에 대한 믿음의 쇠퇴, 그리고 자연선택설에 근거한 다윈의 진화론에 의해 제기된 문제가 그것이다.

철학에 큰 기여를 한 모든 사상가들은 처음에 자신 말고는 누구도 파악하고 설명할 수 없다고 생각되는 하나의 새로운 상황과 마주친다. 칸트가 이에 대한 전형적인 예가 될 것이다. 그는 영국 철학, 특히 데이비드 흄이, 세계를 설명 불가능한 것으로 만들었으며, 세계를 설명하려는 이전까지의 모든 시도가 딛고 있는 토대를 파괴했다는 사실, 그러나 그것은 쉽게 논박될 수 없다는 사실을 깨달음으로써 "독단의 잠에서 깨어났다." 쉽게 말해서, 칸트가 보기에 영국 철학이 내린 결론들은 참이기는 하나 용납할 수는 없는 것이었다. 칸트에게 흄은 피할 수 없는 위험을 의미했다. 칸트는 이러한 위험과 대결할 수밖에 없었고, 이러한 위험을 설명하면서도 그것에 의해서 파괴되지는 않는 새로운 세계상을 만들어야만 했다. 칸트의 철학은 영국의 허무주의에 대한 응답이었다. 니체의 철학도 이와 마찬가지였다. 그리고 이번에 마주친 적수는 진화론에 승리를 안겨 준 찰스 다윈이었다. 여기에서 다윈이 진화론을 최초로 고안한 사람이 아니라는 사실을 강조할 필요는 없을 것이다. 하지만, 다윈 이전에 진화론이란 인간 종의 발생을 설명하는 여러 이론들 가운데 하나에 불과했으나, 다윈 이후로 진화론은 입증된 이론으로 보였다는 사실은 강조할 필요가 있다. 다윈 때문에 발생한 철학적 위기는 본질적으로 진화론이 불러일으킨 위기였는데, 이는 다윈이 자연선택설을 통해 진화가 실제로 일어날 수 있었던 메커니즘이 존재한다는 점을 보여 준 이후에야 비로소 급박한 "문제"가 되었다. 니체는 다윈의 가설에 담긴 근본적인 함의, 다시 말해 인류가 우발과 우연을 통해 순전히 자연주의적 방식으로 진화했다는 것을 받아들였다. 그 전까지는 진화에 목적이 있는 것처럼 보였지만, 다윈은 고차적인 동물들과 인간이 전적으로 개체들 안에서 우연한 변이를 거쳐 진화할 수 있었다는 점을 보여 주었다. 또 니체가 보기에 자연선택은 본질적으로 어떤 형이상학적 함의도 없는 진화였다. 다윈은 단순하지만 근본적인 발견이 등장하기 전에는, 세계가, 방향을 설정하는 모종의 힘이 정해 놓은 특정한 진로를 따르고 있는 것처럼 보인다는 점을 부정하기 어려웠다. 그러나 다윈의 발견 이후, 방향을 설정하는 힘을 상정할 필요성은 사라졌고, 질서처럼 보였던 것은 임의적인 변화로 설명될 수 있었다. 니체는 『즐거운 학문』에서 "세계의 총체적인 본성은 (⋯) 영원한 카오스다."(109절)라고 썼다. 그의 철학의 기본이 되는 이와 같은 사상은 다윈에 대한 해석에서 직접적으로 도출되었다.

다윈주의는 니체가 젊은 시절에 구상하고 있었던 실재에 대한 관점을 완성시켰다. 처음에 니체는 계시 종교에 대한 믿음을 상실했고, 그 결과 실재의 의미는 수수께끼가 되었다. 그는 실재를 설명하기 위해 쇼펜하우어에게 의지했지만, 동시에 쇼펜하우어에 대한 해독제인 랑에도 흡입했다. 형이상학적 세계가 인간에게 드러난 적은 없었다. 그렇다면 쇼펜하우어에게는 드러났는가? 그렇지 않다. 그 세계는 드러날 수 없기 때문이다. 정신에 떠오르는 모든 것은 "관념"이다. 결과적으로 사물자체도 관념이고, 의지도 관념이며, 형이상학적 세계 전체도 관념이다. 니체는 랑에의 이러한 태도를 받아들였다. 현상계가 유일한 세계이며, 아무리 애를 써도 인간은 초감각적인 실재와 "접촉할" 수 없다. 진화라는 현상은 우리가 살고 있는 이 세계에 외적인 힘이 작용하고 있음을 암시하는 것 같았지만, 바로 이 지점에서 다윈은 관찰한 현상을 해명하는 데 방향을 설정하는 힘 따위를 가정할 필요가 없다는 점을 보여 주었다.

그 결과는 중대했다. 신은, 설령 실존한다 하더라도, 알 수가 없다. 신은 기껏해야 인간들의 정신에 있는 관념에 불과하다. 현상계에 존재하는 어떤 것도 "바깥"으로부터는 올 수가 없다. 따라서 우주가 파악될 수 있는 것이라면, 그것은 내적인 원리에 따라 파악돼야 한다. 그리고 그 파악될 수 있는 것 중 일부를 다윈이 해명했다. 인간의 "신적인" 속성들은 실제로는 동물들로부터 전수된 것이다. 인간은 어떠한 "너머의 것"과도 접촉하지 않으며, 다른 어떤 피조물들과도 결코 다르지 않다. 그전까지는 신이 우주의 의미였듯이 인간은 지구의 의미였다. 그러나 이제, 지금까지 이해되어온 것과 같은 신이나 인간은 더는 존재하지 않는다. 따라서 우주와 지구에는 의미가 없다. 다윈이 인류의 은인이라며 환영하는 자들은 의미가 증발되었다는 사실이 함축하는 바를 이해하지 못했던 것 같다. 그러나 니체는 진화가 올바른 세계상을 제시하기는 했지만, 그것은 파멸을 초래하는 세계상이라고 생각했다. 니체의 철학은 다윈주의를 참작하면서도 결코 다윈주의 때문에 붕괴되지 않는 새로운 세계상을 만들어 내려는 시도였다.

고대 그리스에 대한 니체의 지식이나 교감은 심오했다. 그와 관련해 가장 널리 알려진 사실은 그가 그리스인을 아름다운 아이들의 민족이라고 생각한 빙켈만이나 괴테의 시각을 거부하고, 그리스인들을 잔혹하고 야만적이며 전쟁을 좋아하는 민족, 그리고 자기네들의 충동을 다스리고 교정함으로써 독특한 가치를 지닌 문화를 창조한 민족으로 보았다는 점이다. 그는 이전까지 기원전 5세기의 영광(펠로폰네소스 전쟁의 승리 - 옮긴이)을 준비하는 야만적인 단계로만 간주되었던 기원전

6세기의 고대 그리스 세계에 대한 특별한 감식안을 보여 주었다. 니체는 설령 독창적인 사상가가 되지 않았더라도 이 시기에 대한 그의 설명만으로도 여전히 기억됐을 것이다. 기원전 6세기의 그리스에 대한 그의 의견은 매우 특기할 만한 것이므로, 우리는 그것이 그의 철학과 모종의 관계를 갖는지의 여부를 살펴봐야 한다. 그리고 이 점은 그가 어떤 점에서 자기가 살고 있는 시대를 소크라테스 이전 철학자들이 살았던 시대와 유사하다고 생각했는지를 이해할 때 분명해질 것이다.[7] 니체는 자기 시대가 처한 상황을 "허무주의적"이라고 특징지었다. 가치와 의미는 더는 통하지 않으며, 철학은 플라톤 이전부터 지금까지 한번도 겪어 보지 못했던 방식으로, 하나의 불가해한 우주와 대면하고 있다. 플라톤 이후의 모든 철학은, 지금은 더는 타당하지 않은 가정들에 근거해 있었다. 그러므로 아무 전제 없이 자신의 문제와 대면한 철학자들을 발견하기 위해서는 헤라클레이토스, 피타고라스, 소크라테스로 되돌아가야 한다.

니체는 그리스인들에게서 자신이 처한 딜레마의 본질뿐 아니라 그러한 딜레마를 해결하는 열쇠도 발견했다. 그는 이미 힘에의 의지 이론을 정식화하기 오래전에 고대 그리스 문화를 이끈 충동이 경쟁, 투쟁 그리고 능가하고자 하는 노력이었다는 것을 발견했다. 특히 니체는 고대의 삶의 모습과 관련해 당시에 널리 받아들여지고 있던 서술에 만족하지 못했기 때문에, 스스로 좀더 진실에 가까운 고대인의 삶의 형태를 파악하기 위해 자신의 해박한 고전문헌학 지식을 활용했다. 그는 진실로 이것이 고전문헌학이 해야 할 일이라고 여겼다. 니체는 「호메로스와 고전문헌학」에서, "완전히 과학적이며 예술적인 운동"인 문헌학은 "남부 지역에 대한 튜턴족(튜턴Teuton은 게르만 민족의 일파로 엘베 강 북쪽에 살던 부족이며, 지금은 독일인, 네덜란드인, 스칸디나비아인 등 북유럽에 사는 민족을 일컫는다. 튜턴은 독일인을 뜻하는 '도이취Deutsch'의 어원이 되는 말이기도 하다. ― 옮긴이)의 욕망이 화려하게 만개한 것과 같은 이상적인 고대와 실제 고대 사이의 간극을 메우는 데 (…) 힘을 쏟는다"고 말한다. 니체가 바라본 고대 세계에서 "낮은 단계"의 정서들은 "고차적인" 정서들과 복잡하게 얽혀 있다. 1872년에 저술한 「씌어지지 않은 다섯 권의 책에 대한 다섯 개의 머리말」가운데 하나인 「호메로스의 경쟁」에서 그는 이렇게 적고 있다.

> 누군가 인간성에 대해 말할 때, 그 배후에는 인간적인 것이란, 인류를 동물과 분리시키고 구별짓는 어떤 것이라는 생각이 깔려 있다. 그렇지만 실제로는 어떠한 분리도 존재하지 않는다. 즉 "자연적" 성질들과 특별히 "인간적"이라고 불리는 성질들은 서로 복잡하게 뒤엉켜 있다. 인간은 자신의 가장 고차적이고 고귀한 힘들에 있어서 완전히 자연적이며, 자신 안에 자연의 섬뜩한 이중적 성격을 간직하고 있다. 실제로, 무시무시하며 비인간적이라고 생각되는 능력들은 충동, 행위, 행동 속에 들어 있는 모든 인간적인 것이 자랄 수 있는 단 하나의 비옥한 토양일 것이다. 따라서 고대 민족 가운데 가장 인간적인 민족인 그리스인들은 자신 안에 잔혹한 기질과 파괴에서 원초적인 기쁨을 느끼는 기질을 간직하고 있다.

그리스인들은 잔혹하고 야만적이며 약탈을 일삼았다. 그럼에도 그들은 고대 민족 중 가장 인간적인 민족이 되었으며, 철학과 과학, 비극을 발명한 민족이 되었고, 최초이자 가장 세련된 유럽 민족이 되었다. 어떻게 이러한 고대 그리스 세계가 생성될 수 있었을까? 니체는 「호메로스의 경쟁」에서 헤시오도스의 『노동과 나날』의 첫머리에 주목한다. 그는 이 부분을 가장 주목할 만한 "그리스적 사유들 가운데 하나이며, 그리스 윤리학의 입구에 들어선 신출내기들이 마음속 깊이 새길 가치가 있는" 구절이라고 말한다.

세상에는 두 명의 에리스 여신이 있다. 만약 우리가 합리적이라면, 우리는 한 명의 에리스를 비난하는 만큼 다른 에리스를 찬양하길 원할 것이다. 이 두 여신은 매우 다른 성향을 지니고 있기 때문이다. 첫째 에리스, 곧 잔혹한 에리스는 사악한 전쟁과 불화를 양산한다. 죽어야 하는 인간들은 결코 그녀를 좋아하지 않는다. 그러나 필연성의 굴레에 매여 있는 우리는, 죽지 않는 신의 명령에 따라 이 견디기 힘든 에리스에게 경의를 표한다. 연장자인 그녀는 어두운 밤을 낳는다. 하지만 최고의 통치자인 제우스는 훨씬 좋은 또 다른 에리스를 대지에, 그리고 인간들에게 보낸다. 그녀는 심지어 기술이 없는 사람조차도 일하게끔 만든다. 재산이 없는 자가 부유한 사람을 보면, 그 부자가 했던 것처럼 서둘러 씨를 뿌리고 작물을 심으며 자신의 집을 돌본다. 이웃은 부귀를 좇는 다른 이웃과 경쟁한다. 이 에리스는 사람에게 이롭다. 도공도 도공을 시샘하며, 목수도 목수를 시샘한다. 가난뱅이는 가난뱅이를 시기하며, 시인은 시인을 시기한다.

니체는 이 구절에 대해 다음과 같이 논평한다.

고대 그리스인들은 악의와 시기를 우리와는 다르게 생각하였으며, 헤시오도스처럼 판단하였다. 그는 먼저, 서로 대립하는 사람들을 파멸의 전쟁으로 이끄는 에리스를 악이라고 지칭하였으며, 그 다음엔 질투, 악의, 시기를 가지고 사람들로 하여금 전쟁이 아닌 경쟁을 하도록 부추기는 또 다른 에리스를 선이라고 찬양하였다.

그리고 같은 글에서 그는, 그리스인들은 "모든 타고난 재능은 경쟁을 통해 발전해야 한다"는 생각을 가지고 있었다고 말한다.

니체는 이미 "투쟁은 영혼의 영속적인 자양분이다."라고 선언했으며, 이런 관점에서 "투쟁은 만물의 아버지"라고 말한 철학자를 해석했다. 니체가 생각하기에 에페소스의 "어두운" 현자이자 "영원한 생성"의 예언자인 헤라클레이토스는 그리스 영혼의 본성에 대한 가장 심오한 통찰을 자신의 가르침을 통해 구체적으로 보여 주었다. 니체는 「그리스 비극 시대의 철학」에서 대단히 열광적인 어조로 헤라클레이토스에 대해 말한다. 그의 말에 따르면 헤라클레이토스는 현실을 대립된 것들 사이의 투쟁으로 보았다.

[이 개념은] 헬레니즘의 가장 순수한 원천에서 나온 것으로, (⋯) 세계 – 원리로 탈바꿈한 헤시오도스의 선한 에리스다. 이는 고대 그리스의 체육관과 도장, 예술적인 경기, 정치 집단들과 도시 국가들의 투쟁에서 생겨나 가장 일반적인 원리로 변모된 (⋯) 경쟁이라는 관념으로서, 우주라는 기관은 이 경쟁이라는 원리에 의해 조절된다. [더 나아가, 헤라클레이토스는] 영원하며 유일한 생성, 끊임없이 일하고 생성하지만 결코 존재하지는 않는 모든 실재의 총체적인 불안정성[을 가르쳤다. 이것은] 무섭고 당혹스런 느낌이 들게 한다. (⋯) 이러한 느낌을 그것의 반대물로, 즉 숭고한 느낌과 행복한 놀라움으로 변모시키기 위해서는 놀라운 강인함이 필요했다.(5절)

니체가 보여 주듯이 헤라클라이토스의 철학은 니체 자신의 최종적인 철학과 매우 흡사하다. 그래서 훗날 니체는 헤라클레이토스가 영원 회귀 자체를 가르쳤더라면 더 좋았을 거라고 생각하기까지 한다.

아주 초기의 철학자들[소크라테스 이전 철학자들]이 아무리 매혹적이라 하더라도 그들에 대해 매우 막연한 윤곽 이상의 어떤 것을 그려 볼 수 있다는 생각은 경계해야 한다. (그러나 니체는 이를 경계하지 않았다.) 그들은 거대해 보이지만, 그것은 그들을 덮고 있는 안개의 효과일 수 있다. 아마도 헤라클레이토스는 쇼펜하우어처럼 성미가 까다롭고 괴팍한 늙은이였을 것이다. 그러나 니체는 헤라클레이토스를 위해 영웅적인 고대 현자의 상像, 곧 "긍지에 차 있으며 외로운, 진리의 발견자"라는 상을 만들어 냈으며,[8] 사람들에게 철학을 한다는 것이 힘들고 고독한 소명이라는 사실을 보여 주고 싶을 때마다 이 상을 되살렸다. 알프스 산의 험한 바위에 기댄 채 군건히 홀로 서 있는 헤라클레이토스 - 로서의 - 니체는 『인간적인 너무나 인간적인』의 마지막 절에 나오는 "방랑자"(638절), 「방랑자와 그의 그림자」의 프롤로그와 에필로그에 나오는 "방랑자", 『즐거운 학문』 380절에 나오는 "방랑자"는 바로 니체-헤라클레이토스이다. 헤라클레이토스의 불의 학설을 얼핏 봐도 알 수 있듯이, "이 사람을 보라"라고 불리는 다음의 시에 담긴 자화상 역시 마찬가지다.

그렇다! 나는 안다. 내가 어디로부터 튀어나왔는지를!
불꽃처럼 탐욕스럽게 나는 내 자신을
불사르고 소모하는구나.
내가 붙잡는 것이 모두 빛이 되고,

내가 남겨둔 것이 모두 재가 되니,

확실히 나는 불꽃이로다. (『즐거운 학문』 서곡 62절)

"우리 교육기관의 미래에 대하여"라는 제목으로 1872년에 열린 일련의 강의에서는 지극히 반-소크라테스적인 대화를 이끌어 가는 한 철학자가 등장하는데, 이 인물은 은둔자로서의 니체가 미래에 보일 모습이자 동시에 근대적으로 각색한 헤라클레이토스이다. 그 철학자는 자신의 역할에 대해 다음과 같이 말한다.

(…) 당신은 대중으로부터 적대적으로 고립된 채 고독한 삶을 살고 싶은가? (…) 한 사람의 철학자로 살 수 있기 위해 내가 길고도 확고한 투쟁을 거친 후에야 비로소 획득했던 것을 당신은 단번에 얻을 수 있으리라 생각하는가? 당신은 고독이 당신에게 복수하리라는 두려움을 느끼지 않는가? 문화의 은둔자로서 살도록 노력하라. 모든 사람들을 위해 살려면 자신만의 넘쳐나는 부를 가지고 있어야만 한다! ("우리 교육기관의 미래에 대하여" - 첫째 번 강의)

헤라클레이토스와 같은 자세를 취하고 있는 니체의 자화상 가운데 가장 규모가 큰 것은 차라투스트라라는 인물이다. 이 인물은 긍지에 차 있으며 고독하게 진리를 발견하는 자로서, 그의 모델인 헤라클레이토스보다 더 고독하며, 심지어 더 수수께끼 같다.

그렇지만 니체라는 인물 안에는 다른 측면도 있다. 그것은 끈기 있는 연구자이자, 사소하면서 개별적인 문제들을 검토하고 실재를 세부 사항에서부터 이해하려는 "과학적" 철학자의 모습이다. 니체가 철학을 하나의 "실험^{Versuch}"이라고 부르고, 실험법을 하나의 철학적 방법으로 채택할 때 나타나는 것은 바로 그런 측면이다.

> 나는 나로 하여금 "한번 실험해 보자."라고 대꾸하게 만드는 모든 종류의 회의적인 제안을 좋아한다. 그러나 나는 실험법이 통용되지 않는 어떤 사물이나 문제에 관한 이야기는 더 듣고 싶지 않다. (『즐거운 학문』 51절)

그는 자신의 이러한 측면을 소크라테스와 동일시했다. 니체가 소크라테스를 존경했고 그를 자신의 모델로 삼았다는 주장에 대한 고전적인 전거는 카우프만의 책 13장에 있으며, 이를 읽는 것은 독자의 몫이다. 조리 있고, 논리적이며, 완곡하게 비꼬고, 상대방을 조롱하는 동시에 자기 자신도 조롱하는 소크라테스 식의 어조는 니체의 작품 안에, 단지 차라투스트라만을 아는 사람이 생각하는 것보다 훨씬 더 자주 등장한다. 더구나, 니체에게는 (거의 허구적인 인물인 헤라클레이토스보다 훨씬 더 사실적이며 생생한 인물인) 소크라테스 자체가 일생 동안 몰두한 하나의 "문제"였다. "소크라테스라는 문제"(『우상의 황혼』 2장)는 이성 자체의 문제였으며, 니체는 추론 능력인 이성이 의심적은 능력이라고 생각했기 때문에, 소크라테스를 숭배하는 동시에 그를 "퇴폐적"이라고 부를 수 있었다. 『비극의 탄생』 1886년 판에 서문으로 덧붙인 「자기 비판의 시도」에서 니체는 이 책의 "임무"는 "탐구라는 문제 자체를 (…) 다루는 것"이었다고 말한다.(『비극의 탄생』 서문 2절)

> (…) 삶의 한 징후로서 보았을 때, 모든 탐구의 의미는 무엇인가? 모든 탐구

의 끝 – 혹은 더 나쁘게, 모든 탐구의 시작 – 은 무엇인가? 탐구의 정신은 고작해야 염세주의에 직면했을 때 생기는 공포와 그것으로부터의 도주에 불과한가? 진리에 대항하여 자신을 방어하는 교묘한 술책인가? 도덕적으로 말하면, 비겁함이나 거짓말과 유사한 어떤 것인가? 비도덕적으로 말하면, 한 조각의 교활함인가? (『비극의 탄생』 서문 1절)

이처럼 철학 자체에 찍히는 의문 부호는 니체에게는 "부조리할 정도로 이성적"인 소크라테스라는 인물로 인격화되어 나타난다. 소크라테스는 자신이 살던 시대의 본능들에 맞서 싸워야 했는데, "본능들에 맞서 싸워야만 한다는 명제가 곧 퇴폐décadence에 대한 적절한 정식화이다. 왜냐하면 삶이 상승하는 동안에는, 행복과 본능은 하나이기 때문이다."(『우상의 황혼』 2장 11절) 하지만 모든 철학자들은 당대의 본능에 맞서 싸운다.

철학자가 자기 자신에게 최초이자 최후로 요구하는 것은 무엇인가? 자신 안에 있는 자신의 시대를 극복하는 것이다. (…) 나 역시 바그너만큼이나 이 시대의 자식이다. 즉 퇴폐한 자ᵃ décadent이다. 나는 단지 그것을 파악했고, 그것에 저항했을 뿐이다. (『바그너의 경우』 서문)

니체는 "자신의 시대를 극복"해야만 했다. 그리고 퇴폐한 시대의 본능에 맞서 싸우는 것 역시 마찬가지로 퇴폐일 뿐이다. 정확히 말해 철학이란, 삶에 대해 스스로 의문을 던지는 것이며, 그러한 한에서 철학은 퇴폐의 징후다. 니체는 건강한 삶이란, 기쁨에 찬 삶이며, 고통과 괴로움이 기쁨을 능가하는 곳에서 삶은 병든다고, 곧 퇴폐한다고 말한다. 기뻠에 찬 삶에는 어떠한 설명도 필요하지 않다. 그것은 그 자체로 정당화된다. 오직 괴로움이 우세한 곳에서만 "설명"이 필요하며, 사람들은 설명(곧 철학)이 제시된 곳에서 삶이 비참하게 굴러가는 이유를 추론할 것이다.

그렇다면 바그너나 쇼펜하우어가 아니라 다윈과 그리스인들이 니체 철학의 출발점이라고 할 수 있다. 그런데도 그의 초기 저작들이 잘못된 출발을 보이는 이유는, 그가 다윈이 제기한 문제나 고대 그리스인들이 남긴 징표들을 바그너의 미학이나 쇼펜하우어의 형이상학적 견지에서 해석하고자 했기 때문이다. 그는 바그너의 미학이나 쇼펜하우어의 형이상학을 떨쳐 버리기 전까지는 자신의 고유한 영역으로 진입하지 못했다.

- 4 -

그리스 문화에 대한 연구로 시작해서 바그너의 오페라를 지지하는 것으로 끝나는 니체의 첫 책 『비극의 탄생』은 바그너 – 쇼펜하우어적인 견해가 지배하고 있다. 이 책은 모두 스물다섯 개의 절로 이루어져 있으며, 16절에서 방향 전환이 일어나고, 후반부는 이미 완성된 테제를 반복한다는 인상을 준다. 『음악 정신으로부터의 비극의 탄생』은 1872년 1월에 출간됐다. 니체는 그보다 2년쯤 전에 바젤에서 "그리스의 악극"과 "소크라테스와 비극"을 주제로 강연을 했다. 이 두 강연은 바그너나 그의 예술적 목표와는 아무런 관련이 없다. 1870년 7월에 니체는 로데와 함께 트립셴을 방문했고, 거기에서 동료들에게 "그리스의 악극"의 강의록을 읽어 주었다. 뉴먼의 글에 따르면, "바그너는 (그의) 강연에 대해 '약간의 의심'을 품고 있었고, 이를 '명료하고 면밀한' 용어로 젊은 교수에게 표현했다." 바그너의 이러한 "의심"은 당시의 니체로 하여금 그리스 문화에 대한 자신의 사유 방향을 염려하도록 만들기에 충분했다. 얼마 후 니체는 "비극적 관념의 기원"이라고 이름 붙인 책의 초안을 제시함으로써 더 좋은 인상을 주게 된다. 그는 이 초안을 1870년 크리스마스에 코지마에게 선물로 주었다. "코지마는 초안을 받고 기뻐했지만, 특이하게도 일기에는 '리하르트의 생각이 이 영역으로도 뻗어 나갈 수 있다는 사실 때문에 특히 즐거웠다'고 적었다. 늘 그랬듯이, 그녀는 이 젊은 교수의 그리스에 대한 학식이 바그너에게 유용한 경우를 제외하고는 그의 존재 이유를 이해할 수 없었다."[9]

『비극의 탄생』의 본격적인 작업은 틀림없이 1871년 초에 시작되었을 것이다. 니체는 2월 15일에 대학 당국으로부터 병가를 얻어 엘리자베트와 함께 루가노로 간다. 엘리자베트의 말에 따르면 니체는 그곳에서 쉬지도 않고 이 새 책을 저술했다. 2월에 쓴 서문에 책에 대한 구상이 기술되어 있는 것으로 보아 책에 대한 구상은 아무리 늦게 잡아도 2월 말쯤에는 확실하게 가닥이 잡혔음에 분명하다. 그는 이 서문 – 바그너에게 헌사됐으며, 1872년에 출판됐을 때는 한층 짧아진 서문으로 대체되는 –에서 이 책이 바그너가 아니라 그리스 문화와 그것이 1870년대의 독일에서 가지는 의미에 대해 다루고자 한다는 것을 분명하게 밝혔다. 책의 제목은 "그리스인의 명랑성"이라고 붙일 예정이었으며, 바그너의 악극에 대한 그 어떤 논의도 포함하고 있지 않았다.

4월 초에 니체는 루가노를 떠나 바젤로 돌아갔고 도중에 트립셴에 들러, 4월 3일부터 8일까지 머물렀다. "그리스인의 명랑성"을 이미 완성했거나 거의 완성해서, 바그너의 가족에게 읽어 주기 위해 그것을 가지고 갔다는 가정은 타당해 보인다. 이 한 주 동안 무슨 일이 있었는지를 추측만 할 수 있을 뿐이지만, 바그너가 니체에게 그 책을 수정하라고 설득했을 것이라는 결론을 내릴 수밖에 없을 것 같다. 니체는 바젤로 돌아온 후 곧바로 책을 수정하는 작업에 착수했다. 그리고 26일에 책의 앞부분 원고를 출판업자 프리취에게 보내면서, 이 책의 "실제적인 목적"은 바그너를 그리스 비극과의 관계를 통해 해명하는 것이라고 말했다. 또 책의 제목은 "음악과 비극"으로 바꾸었다. 10월에 니체는 로데, 게르스도르프와 함께 라이프치히에 머물렀고, 그 무렵에 『비극의 탄생』의 완성 원고를 프리취에게 건넸다. 짤막한 분량의 "리하르트 바그너에게 부치는 서문"의 날짜는 "1871년 말"로 되어 있다.

이제, 책의 무게 중심은 바그너의 악극이 고대 비극의 부활이라는 주장으로 옮겨 갔다. 다른 증거가 없다면 이것 하나만으로도 니체가 바그너의 영향력에 얼마나 압도되었는지를 보여 주기에 충분할 것이다. 이 시기에 그가 쓴 편지들에는 마지못해, 또는 더 좋은 생각이 있는데도 불구하고 저작을 수정했다는 암시는 전혀 나타나지 않는다. 바그너가 그에게 무언가를 이야기했고, 그는 이제 사물을 다른 시각에서 보고 있다. 그리고 이것이 전부다. 니체는 자신 안에서 무슨 변화가 일어나고 있든 당분간 그것을 혼자만 간직했다. 대신, 공적인 행동에서는 바그너의 대의를 위해서라면 무엇이든 마다하지 않고 기꺼이 했다. 한편, 바그너로 말할 것 같으면 그는 자신이 실제로 행동했던 방식과 다르게 행동할 수 없는 인간이었다. 바그너가 아주 사소한 일에도 생각 없이 신문에 글을 기고했다고 말하는 것은 진상을 축소하는 것이다. 그는 "자신의 이름을 알려라."라고 하는 홍보 전문가가 갖춰야 할 기본적인 공리를 정확히 이해하고 있었으며, 오늘날과 같이 본격적인 광고의 시대가 도래하기 전까지는 전례가 없던 독특한 방식으로 독일 언론에 자신의 이름을 유포시켰다. 지금까지 사람들은 바그너가 자신의 수많은 출판물 때문에 이익이 아닌 손해를 봤으며, 그의 평판이 떨어진 가장 큰 원인은 그 자신이었고, 또한 그가 공적인 논쟁에 참여하길 좋아하는 성향을 억제했다면 그의 삶이 그렇게 힘난하지는 않았을 거라고 말해 왔다. 내가 보기에 이런 견해는 상당히 의심스럽다. 왜냐하면 바그너는 자신의 평판이 나빠지거나 일이 잘못되어 가는 경우를 결코 걱정하지 않았기 때문이다. 바그너만큼 자신의 "좋은 평판"에 무관심한 사람도 없었다. 그는 좋은 평판을 바라지 않았다. 그가 원한 것은 권력과 명성이었다. 그리고 진정으로 권력과 명성을 갈망했기 때문에 그것들을 획득했다. 후세 사람들은 바그너가 말년에 겪은 갖가지 소동이 그의 오페라들 때문에 생겼다고 착각하지만, 실상 바그너 자신은 오페라와 소동을 서로 무관하게 만들어 냈다. 설령 그가 구두 수선공이었다고 해도, 그는 자신을 구두의 역사에서 가장 많이 회자되는 구두 수선공으로 만들었을 것이다. 따라서 바그너가 『비극의 탄생』에 관심을 기울인 이유를 설명하기 위해 그 책이 바그너의 대의를 진척시키는 데 알맞은 것이었는지를 물을 필요는 없다. 니체의 책은 바그너 자신을 널리 알리는 기관지 역할을 할 것이고, 그것으로 충분했다.

이 책이 대중들에게 불러일으킨 결과는 예상할 수 있는 것이었다. 확신에 찬 바그너주의자들은 이 책을 경이롭다고 생각했고, 초판은 곧 바닥이 났다. 그러나 니체와 같은 직업을 가진 사람들에게는 선전을 위해 학문적 기준들을 거의 다 내팽개친 책으로만 보였다. 바로 리츨의 견해가 이러했다. 니체는 1871년 12월 말에 신간의 견본을 그에게 보냈다. 리츨은 31일에 쓴 일기에 "지적인 방탕" 정도로 번역될 수 있는 "geistreiche Schwiemelei"라고 논평했다. 니체는 한 달 가량을 기다린 뒤 이듬해 1월 30일에 그에게 편지를 보내, 그의 소견을 듣지 못한 것에 대한 섭섭함을 표현했다. 리츨은 2월 14일에 답장을 보냈다. 편지는 정중했지만, 거기에 담긴 견해는 확고했다. 그는 이 책이 학술적이지 않고 아마추어적이며, 따라서 젊은 학생들로 하여금 정밀한 지식을 폄하하게 할 수 있다는 이유를 들어 이 책을 반박했다. 이와 같은 비판은 전문적인 문헌학자에게 가할 수 있는 가장 심한 비판이었으며, 또한 매우 정당한 것이기도 했다. 하지만 그의 어조는 비판의 날카로움을 많이 누그러뜨렸다. 그래서 니체는 로데에게 그 편지를 보여주면서, "리츨 선생님은 나에 대한 우정 어린 관용은 하나도 잃지 않았다."라고 말했다.

이 책에 대한 공개적인 반박은 6월 1일에 울리히 폰 빌라모비츠-묄렌도르프가 「미래의 문헌학!」이라는 글을 발표함으로써 처음으로 제기되었다. 포르타에서 니체와 같은 시기에 공부했던 문헌학자인 빌라모비츠는 『비극의 탄생』을 바그너주의자들의 목적을 위해 문헌학을 경솔하게 왜곡한 책이라고 간주했으며, 이 책의 저자는 사실에 대해 철저하게 오류를 범하고 있고 전체적으로 무능력하다고 비난했다. 빌라모비츠의 이러한 공격에 대해 로데는 10월에 "한 문헌학자가 리하르트 바그너에게 보내는 공개 서한"이라고 불리는 「문헌학 이후」를 발표함으로써 반박했다. 로데는 빌라모비츠를 "한없이 어리석고, 한없는 거짓으로 가득 찬 자"라고 비난했으며, 그는 니체가 하는 말을 전혀 이해하지 못했다고 주장했다. 니체는 로데에게 「문헌학 이후」를 쓰는 데 필요한 자료들을 제공했으며, 10월 25일에는 그에게 편지를 보내 자기가 로데의 다른 동료들과 함께 "레싱처럼"이라는 팸플릿을 찾아냈다고 말했다. 그러나 이것이 어리석은 빌라모비츠의 거짓으로 가득 찬 머리에 퍼부은 공격의 전부는 아니었다. 《주간 음악》 11월 호에는 마이스터[바그너]가 직접 작성한 "바젤 대학교의 고전문헌학 교수 프리드리히 니체에게 보내는 공개 서한"이 실렸다. 분명 바그너는 좋은 뜻에서 그랬을 것이다. 그러나 뉴먼이 "제멋대로인 아마추어의 허세"일 뿐이라고 올바로 혹평한 바 있는, 바그너의 니체를 옹호하는 글은 다른 어떤 공격보다 니체에게 더 심한 상처를 입혔음에 분명하다.[10] 1873년 초에 빌라모비츠는 니체보다는 로데를 겨냥한 「미래의 문헌학! 제2부」를 가지고 논쟁에 다시 참여했다. 논쟁은 이미 코미디로 전락했다. 빌라모비츠의 첫 기고문은 니체나 그의 책을 비난하는 데만 집중했고 이에 대해 로데 역시 똑같은 방식으로 응수했다. 바그너는 끊임없이 오만한 욕설을 사용했으며, 빌라모비츠를 "싸움질하는 무식꾼"이라고 불렀다. 그리고 빌라모비츠는 적에 대한 공격을 한층 강화하면서 다시 전선으로 복귀했다. 만년에 이르러 로데와 빌라모비츠는 둘 다 젊은 시절의 이 에피소드를 비웃었다. 더욱이 그들의 맹공은 상대방에게 어느 것 하나 제대로 된 적중타를 날리지 못했다. 차라리 리츨의 친절한 편지가 훨씬 더 정확한 치명타를 날렸다고 할 수 있다.

이 모든 것들이 니체에게 무엇을 의미했는지는 1872년 11월 중순에 바그너에게 보내는 편지에서 드러난다.

저는 정말이지 최근에 일어난 오만 가지 일에 대해 낙담할 이유가 없습니다. 왜냐하면 저는 진실로 용기와 희망을 북돋아 주는 우정이라는 태양계 안에서 살고 있기 때문입니다. 그렇지만 지금 저를 매우 당혹스럽게 만드는 한 가지 문제가 있습니다. 겨울 학기가 시작되었지만, 저의 강의를 듣는 학생이 단 한 명도 없습니다! 우리의 문헌학자들은 출석하지 않았습니다! (…) 이 사실은 아주 쉽게 설명할 수 있습니다. 저는 갑자기 저의 동료들 사이에서 좋지 않은 평가를 얻게 되었고, 그 때문에 우리의 작은 대학은 고통을 받고 있습니다! (…) 지난 학기까지는 문헌학자들의 수가 꾸준히 증가하는 추세였습니다. 그런데 지금은 그들 모두가 갑자기 사라져 버린 것 같습니다!

1872년에서 1873년 사이의 겨울 학기 동안, 니체는 단 하나의 강좌만을 열었으며, 그것도 두 명의 비문헌학자들을 대상으로 한 것이었다. 아마 부분적으로는 그가 바그너를 지지한 탓이겠지만, 그가 저지른 진정으로 심각한 잘못은 다른 데 있었다. 그는 사람들이 그의 전문 분야라고 생각하는 주제를 완전히 비전문가 같은 방식으로 다뤘던 것이다. 물론 지금 사람들은 그가 고대 비극을 연구함으로써 자신의 마음속에서 막연하게 떠돌아다니던 철학적 관념들을 명확하게 하려고 했다는 것을 알 수 있다. 그러나 니체와 같은 시대를 살았던 사람들은 자신들의 눈앞에 명시적으로 나타나는 것만을 볼 수 있었다. 곧 니체가 어떤 문제를 철저하게 비전문적인 방식으로 연구했다는 사실만을 볼 수 있었던 것이다. 하지만 설령 사용 가능한 모든 학문적 자료들을 사용했다 하더라도 니체가 매달렸던 문제를 해결하는 데는 충분하지 못했을 것이다.

니체의 초기 철학은, 출간을 포기했거나 출간하기엔 너무 부족하다고 생각한 저술들을 빼면 『비극의 탄생』과 『반시대적 고찰』로 이루어진다. 그의 탐구 영역은 "문화"였으며, 목표는 "철학자들, 예술가들, 성자들"의 발전을 가장 잘 촉진시킬 문화가 무엇인지를 발견하는 것이었다.

『비극의 탄생』의 가치는 이 저작에 니체의 철학 전반과의 연결을 가능하게 하는 중요한 개념이 담겨 있다는 것이다. 창조는 경쟁의 산물이며, 창조적 힘이란 곧 제어되고 방향이 수정된 정념이라는 가설이 바로 그것이다. 그렇지만 이 가설이 의지와 표상, 자연과 인간이라는 – 이 책에서는 디오니소스와 아폴론이라고 지칭된 – 이원성에 의존하고 있다는 점은 그 가치를 떨어뜨린다. 니체는 이 이원성이 지닌 형이상학적 성격을 아직 충분히 깨닫지 못한 것으로 보인다. 이 책은 혼동을 보이는 하나의 잘못된 비교와 함께 시작한다.

> 일단 생명의 발생이 (…) 성性의 이원성에 의존하는 것과 같이 예술의 진화도 아폴론과 디오니소스의 이원성에 의존한다는 점을 직접적으로 이해하게 되면 (…) 미학의 상당 부분을 파악하게 될 것이다. (『비극의 탄생』 1절)

성의 이원성은 아폴론과 디오니소스의 이원성과 동일한 의미의 이원성이 아니다. 남성과 여성은 동일한 충동의 대립적인 측면인데 반해, 아폴론과 디오니소스는 대립적인 충동으로 상정된 것이다. 니체는 아폴론과 디오니소스를 현상으로 생각하지 않고, 현상에서 분리되어 있는 "원리들"로 생각했다. 따라서 아폴론과 디오니소스는 오직 은유로만 묘사할 수 있었다. 꿈과 도취의 관계는 아폴론적인 것과 디오니소스적인 것의 관계와 동일하다.

> 모든 것을 창조하는 능력을 가진 신 아폴론은 동시에 예언하는 신이다. (…) 아폴론은 개별화의 원리를 나타내는 영광스러운 신의 이미지라고 말할 수

있을 것이다. 그의 몸짓과 모습으로부터 "가상"이 주는 모든 즐거움과 지혜가 그것의 아름다움과 더불어 우리에게 말을 건다. (…) 디오니소스적인 환희는 모든 원시 민족들과 종족들이 자신들의 찬가에서 말하고 있는 마취 음료를 통해, 혹은 (…) 봄의 힘찬 접근을 통해 일어난다. (…) [인간은] 자신이 신이라고 느끼며, 꿈에서 보았던 신들과 똑같은 황홀경과 고양에 이른다. 이제 인간은 더는 예술가가 아니며, 하나의 예술 작품이 되었다. 자연의 모든 예술적인 능력은 (…) 이러한 광란에서 명백하게 드러난다. (『비극의 탄생』 1절)

예술가는 꿈이나 도취상태를 "모방"하며, 어떤 특이한 순간에는 두 가지를 한번에 "모방"한다.

이러한 자연의 직접적인 창조적 조건들과 관련해서, 모든 예술가는 그가 아폴론적인 꿈-예술가든 디오니소스적인 도취된-예술가든, 또는 (그리스 비극이 보여 주듯이) 최종적으로는 꿈-예술가인 동시에 도취된-예술가든 "모방하는 자"이다. (『비극의 탄생』 2절)

아폴론적인 예술은 가면의 예술이다. 실재의 얼굴을 견딜 수 없는 예술가는 실재를 "가상"으로 가린다. 올림푸스 신전도 여기에 포함된다.

아폴론 속에서 구체화된 충동이 올림푸스 세계 전체를 탄생시켰다. (…) 올림푸스 신들의 사회가 그토록 휘황찬란하게 생겨나도록 만든 거대한 욕구는 무엇이었단 말인가? (…) 그리스인은 존재의 공포와 끔찍함을 느꼈고, 알았다. 따라서 살아남기 위해서는 존재 앞에 올림푸스 신들이라는 화려한 꿈-이미지를 세워야 했다. (…) 예술 속에서 "천진난만함"을 발견할 때마다 우리는 아폴론적인 문화가 끼친 가장 강력한 영향을 인지해야 한다. 아폴론 적인 문화는 언제나 맨 처음엔 거인족들의 제국을 전복하고, 그 다음엔 괴 물들을 죽이며, 강력하고 즐거운 가상들을 가지고 실재의 심연에 대한 끔 찍한 통찰과 고통에 대한 강렬한 감수성을 정복해야 했다. (…) 호메로스의 "천진난만함"은 아폴론적인 가상의 완벽한 승리로서만 이해될 수 있다.(『비 극의 탄생』 3절)

이 부분에 나타난 사유는 쇼펜하우어와 같으며, 그 대담성은 바그 너와 같다. 그러나 특별히 니체만의 것이라고 할 수 있는 것은 전쟁 용 어이다. "거인족들의 제국을 전복하고, 괴물들을 죽이며 (…) 고통을 (…) 정복한다." 평화처럼 보이는 것, 그리고 가장 성공적인 경우에는 실 제로 평화인 것, 그것은 모두 갈등의 결과이자 승리의 결과다. 그리고 이런 견해는 니체적이다. 그렇지만 이것 역시 혼동을 야기하는 이원론 에 여전히 물들어 있다. 디오니소스는 그리스인이 너무나 고통스러워 차마 처다볼 수 없었던 실재의 한 이름인 것처럼 보인다. 그렇지만 오 직 하나의 "실재"만이 있을 수 있고, 따라서 이 실재를 극복한 아폴론 역시 그것의 일부분이어야 한다. 그럼에도 아폴론은 실재에 대립하여 그것을 지배한다. 이는 여전히 의지와 표상으로서의 세계이다.

비극의 등장과 몰락에 관한 니체의 이론은 그 핵심에 있어서 다음 과 같은 몇 개의 짧은 인용문으로 환원할 수 있다.

극이란, 디오니소스적인 통찰과 힘을 아폴론적으로 구체화한 것이다. (『비 극의 탄생』 8절)

가장 오래된 형태의 그리스 비극은 오직 디오니소스의 고통만을 묘사했으며, 또 그 시기에는 디오니소스만이 유일한 영웅이었다는 것은 의문의 여지가 없는 전통이다. 그러나 에우리피데스 시대에 이르러서도 디오니소스는 계속해서 비극적 영웅이었으며, 그리스 무대의 모든 유명한 인물들은 (⋯) 단지 디오니소스라는 본래적 영웅의 가면들에 불과하다는 점도 마찬가지로 확실하게 주장될 수 있을 것이다. (『비극의 탄생』 10절)

아이스킬로스나 소포클레스의 위대함은 그들이 디오니소스를 아폴론적인 형식으로 구현했다는 데 있다. 그러나 그들의 작품은 에우리피데스에 의해 파괴됐다.

그리스 비극은 (⋯) 해결할 수 없는 갈등 때문에 자살했다. [에우리피데스는] 논객으로서가 아니라, 비극에 관한 전통적인 개념에 반대해 자신의 개념을 정립한 극시인으로서 [아이스킬로스나 소포클레스와 맞서 싸웠다.] (『비극의 탄생』 11절)

비극에서 본래적이자 가장 강력한 디오니소스적 요소를 제거하고, 비극을 비-디오니소스적인 예술과 관습과 철학에 기반해 새로이 구축하는 것, 이것이 (⋯) 에우리피데스의 목표다. (⋯) 에우리피데스는 어떤 의미에서는 다만 가면이었을 뿐이다. 에우리피데스를 통해 말하는 신은 디오니소스도 아폴론도 아니며, 소크라테스라고 명명된 매우 새로운 악령이었다. 디오니소스적인 것과 소크라테스적인 것, 이것이 새로운 반정립이며, 그리스 비극이라는 예술 작품은 이들 사이의 갈등으로 인해 소멸했다. (『비극의 탄생』 12절)
"미학적 소크라테스주의"의 "최상의 법칙"은 "아름답다고 말해지는 것은 이성적이기도 해야 한다"는 것인데, 이는 "인식만이 덕을 만든다."라는 소크라테스의 격언과 짝을 이룬다. (『비극의 탄생』 12절)

디오니소스는 통제되지 않은, 폭발적인 창조적 힘이다. 그리고 아폴론은 그것을 지배하는 힘이다. 그렇다면 소크라테스는 누구인가? 니체는 그에 대해 이렇게 말한다.

소크라테스는 독특한 종류의 탈신비주의자라고 불려야 한다. 신비주의자에게는 본능적인 것이 과도하게 발달되어 있듯이, 그에게는 논리적인 것이 과잉 수태를 통해 과도하게 발달되었다. (『비극의 탄생』 13절)

[소크라테스는] 이론적인 인간의 유형이다. (…) 그는 (…) 학문적 본능이 이끄는 대로 살 뿐 아니라 그것에 의해 죽을 수도 있었던(이것이 훨씬 어렵다.) 최초의 사람으로 보인다. 따라서 인식과 이성에 의해 죽음의 공포로부터 벗어난, 죽어 가는 소크라테스의 모습은 학문의 입구 위에 걸린 표장表裝이 되어 우리에게, 존재를 이해할 수 있는 것으로 만들고 이를 통해 존재를 정당화한다는, 학문의 임무를 상기시킨다. [소크라테스는] 이른바 세계사적인 (…) 전환점이다. (『비극의 탄생』 15절)

소크라테스를 충동하는 것은 아폴론도, 디오니소스도 아닌 새로운 것, 곧 논리이다. 그리고 이때부터 줄곧 소크라테스적인 낙관주의는 디오니소스적인 염세주의에 맞서 왔으며, 철학은 예술의 지위를 강탈한다.
니체는 『비극의 탄생』을 철학 저술로 여겼으며, 그것을 그 전까지 문헌학, 고전 연구, 철학적 성찰의 영역에서 생산했던 상당한 양의 저술과 구별하여 자신의 "첫 책"이라고 불렀다. 이러한 맥락에서 볼 때, 아폴론이 디오니소스를 제어함으로써 비극이 탄생했다는 그의 직관을 현대의 학문적 지식이 확증했다고 말하는 것은 어불성설인 것 같다. 이 책을 읽으면 누구나 이 책이 엉뚱하고 비학문적이라고 비판했던 당시의 비판가들의 입장에 동의할 수밖에 없게 될 것이다. 니체는 「자기 비판의 시도」에서 사실상 이 책을 부정했다. 그럼에도 이 책이 보여 준 수많은 통찰들은 완벽히 타당하며, 시대를 앞질러 갔다. 이러한 사실에는 하나의 교훈이 있다. 철학에서는 결과가 올바르다고 해서 잘못이 정당화되는 것은 아니다. 이유가 곧 철학이다. 그리고 만약 결론이 그 이유로부터 도출되지 않는다면, 그러한 결론이 도출될 수도 있는 또 다른이유들이 있을 수 있다는 점은 전혀 중요하지 않다. 니체는 어떻게 비극이 디오니소스의 의식儀式으로부터 발원하는지를 보여 주려고 했으나, 실패했다. 아폴론의 기원이 해명되지 않았기 때문에 아폴론-디오니소스의 이원성은 유지될 수 없었던 것이다. 물론 나중에는 디오니소스를 힘에의 의지로, 아폴론을 디오니소스의 승화로 생각(하고, 따라서 창조적인 힘 전체, 즉 디오니소스-더하기-아폴론을 가리키기 위해 디오니소스라는 이름을 사용)하게 되지만, 『비극의 탄생』에서는 그와 같은 결론에 미처 이르지 못했다. 그러므로 프랜시스 콘퍼드가 말했듯이 이 책은 "심오한 상상적 통찰로 이루어져 있으며, 그럼으로써 한 세대의 학술적 탐구로 하여금 그 뒤를 따라가면서 고군분투하게 만들었다"[11]고 하는 것이 맞을 수는 있겠지만, 『비극의 탄생』에 대해 그와 같은 판단 자체를 내릴 수 있기 위해서는 먼저 학술적 탐구가 "고군분투"했어야 한다는 점이 더 중요하다.

코지마 바그너

6

바그너와의 결별

바그너는 다만 내가 앓았던 병들 가운데 하나였다. 이 병에 감사하고 싶지 않은 것은 아니다. (…) 철학자는 바그너 없이 지낼 수 없다. (…) 나는 다음과 같이 말한 어느 철학자를 이해할 것 같다. "바그너는 근대성을 집약한다. 우선은 바그너주의자가 되는 것 외에는 어쩔 도리가 없다."

(『바그너의 경우』 서문)

- 1 -

쿠르트 힐데브란트는 니체의 정신병 병력을 요약하면서 그가 1873년에서 1880년 사이에 "근본적으로 심리적 갈등에서 연유한 신경증의 시기를 거쳤으며", 1879년에 최악의 상태에 이르렀다고 결론 내렸다.[1] 이미 이 시기의 초반에 니체의 내적 삶은 신경증을 양산할 수 있는 거의 완벽한 기제를 갖추고 있었다. 바그너에게서 독립하고자 하는 열망과 그에게 복종하고자 하는 감정 사이의 점증하는 긴장, 니체의 마음을 사로잡고 있는 "자유 사상"과 튜턴적이고 신화적인 "바이로이트 이념" 사이의 갈등, 가장 가까운 친구들의 결혼과 함께 찾아온 감정적인 좌절, 늘 그를 따라다니면서 칩거하게 만들고, 우유부단함의 "핑

『비극의 탄생』의 초판본 속표지

계"가 되었던 안 좋은 건강 등이 그것이다. 그리고 그의 이런 내적인 갈등은 1876년 바이로이트 축제 기간에 바이로이트를 떠났다가 다시 돌아갔을 때 최고조에 이르게 된다. 훗날 니체는 "퇴폐주의자"[바그너]에 대해 자신[니체]을 해치길 원하는 자라고 말하는데, 우리는 이 말 속에서 "신경증 환자"로서의 니체의 모습을 읽어 내야만 한다. 니체가 1870년대 중반 무렵에 신경증 환자가 되어 가고 있었다는 사실을 보여 주는 징표는, 그가 지성적으로는 포기해야 함을 알고 있었던 것에 정서적으로 완전히 끌리고 있었다는 점이다. 이런 까닭에 그가 바그너와 바이로이트에 대해 품고 있던 사적인 견해와 출간된 책에서 개진한 공적인 견해는 서로 분열되었다. 니체는, 바그너가 트립셴에 은거한 고독한 예술가였을 때는 드러나지 않았던 "이데올로기적" 측면이 바이로이트로 간 후 점차 전면에 모습을 드러내기 시작했다는 사실, 그리고 자신은 조만간 이 이데올로기와 단절해야만 한다는 사실을 머리로는 알 수 있었다. 하지만 작업을 하고 있는 바그너를 볼 때, 그의 목소리와 음악을 들을 때, 그의 가족이나 공동 제작자들과 만날 때, 바그너가 그의 신발 끈을 묶을 자격조차 없는 사람들에게 공격당한다는 이야기를 들을 때, 그와 그의 사명에 대한 니체의 오랜 사랑은 거역할 수 없는 힘으로 되살아났다. 이런 순간에는 바그너를 떠난다는 것이 생각조차 할수 없는 일로 보였다. 그러나 떠나야 한다는 생각은 계속되었다. 니체는 바그너에 대한 의심을 노트에 털어놓았지만, 그렇게 한다고 의심이 사라지지는 않았다. 왜냐하면 그의 전체적인 사유 방식이 변하고 있었기 때문이다. 아니, 그보다는 바그너를 만나기 전과 유사한 상태로 돌아가고 있었다고 말하는 것이 더 정확할 것이다. 물론 친구들에게 보내는 편지는 여전히 바그너의 대의에 대한 열광으로 가득 차 있었으며, 이는

제6장   155

꾸밈이 아니었다. 그는 여전히 바그너주의자이길 원했다. 첫 축제가 가까워질수록, 그의 정신 상태는 더욱 나빠졌으며, 병을 앓는 일도 더 잦아졌다. 1875년 여름에 니체는 겉보기에는 친구들과 마찬가지로 바이로이트에서 진행될 오케스트라 총연습에 참석하길 원하는 것 같았다. 그러나 오버베크, 로데, 게르스도르프가 바이로이트에 있을 때, 그는 위가 아프다는 이유로 검은 삼림지대(슈바르츠발트)의 작은 휴양지인 슈타이나바트에 있었다. 이 시기의 니체에 대해 우리가 알고 있는 모든 것을 고려해 볼 때, 하필 그 순간 그를 바이로이트에서 멀리 떨어진 슈타이나바트로 떠나게 한 위장 장애가 사실은 심인성 질환이었다는 점은 틀림없다. 오랫동안 계속된 바그너에 대한 우유부단한 태도, 진심으로 찬성하지도 반대하지도 못하는 그의 마음이 바로 축제의 순간에 가장 선명하게 표출된 것이다.

니체는 1872년 4월 25일에 트립셴을 마지막으로 방문해 거기에서 27일까지 머물렀다. 바그너는 이미 22일에 바이로이트로 떠났으며, 코지마는 그의 책과 편지, 원고를 바쁘게 꾸리던 중이었다. 니체는 그곳에 머물면서 그녀를 도와주었다. 프랑코니아의 경우에 그랬던 것과 마찬가지로, 바그너가 (비교적) 먼 곳으로 떠난 것은 니체가 그로부터 해방되는 기나긴 과정의 시작을 의미했다. 설령 니체가 마음속 깊은 곳에서부터 바그너와 결별한 것이 아니라 할지라도, 멀리 떨어져 있게 되었다는 사실 자체가 그들의 유대를 약화시켰을 것이다.

축제 극장의 초석을 세우는 기념식은 바그너의 생일인 5월 22일에 열릴 예정이었다. 니체는 18일에 바이로이트에 도착해, 22일에는 바그너와 함께 마차를 타고 도시 외곽의 언덕에 있는 극장 부지로 갔다. 비가 많이 내렸고, 행사는 가능한 한 짧게 치러졌다. 바그너가 돌을 내리쳤으며, 공동 제작자들과 가수들이 그 뒤를 이었다. 뉴먼의 말에 따르면, 바그너는 "죽은 듯이 창백한" 얼굴로 마차에 다시 올랐다. 분명 그에게는 감동적인, 어쩌면 위압적이기조차 한 순간이었을 것이다. 니체는 「바이로이트의 리하르트 바그너」에서, 돌아가는 동안 내내 자신 안에 침잠한 채 침묵을 지키며 앉아 있는 바그너의 모습을 묘사했다. 나머지 행사는 예전의 오페라 하우스에서 열렸다. 저녁에 바그너는 베토벤의 9번 교향곡을 지휘했고, 니체도 그곳에 참석했다. 로데와 게르스도르프도 바이로이트에 와 있었다. 니체는 그곳에서 말비다 폰 마이젠부크를 만나는데, 그녀는 바그너의 좋은 친구였듯 니체에게도 좋은 친구가 된다.

니체는 그해 11월에 바그너 부부를 다시 만나게 된다. 그 사이에는 엘리자베트가 처음으로 바젤에 찾아와 오랫동안 머물다 갔다. 그녀는 6월 1일에 도착해서 9월 말에 떠났다. 당시 그녀는 스물여섯 살의 가냘프고 새침한 숙녀였으며, 아직 미혼이었고, 한 해의 대부분을 어머니와 함께 나움부르크에서 보내고 있었다. 11월 10일에 바그너와 코지마는 〈니벨룽의 반지〉에 출현할 가수들을 물색하기 위해 독일의 오페라 하우스들을 순회하기 시작했다. 그들은 22일에서 25일까지 슈트라스부르크(스트라스부르)에 머물렀는데, 니체는 그곳에서 이들과 합류해 이틀 동안 함께 지냈다.[2] 이때 나눴던 어떤 이야기가 실마리가 되어, 그들은 니체가 크리스마스와 새해를 바이로이트에서 보낼 것이라고 기대하게 됐다. 그러나 니체는 이것을 기억하지 못했거나, 아니면 고의로 가지 않았다. 대신 그는 크리스마스를 나움부르크에서 보냈으며, 크루크와 만나서 예전처럼 음악을 만들었다. 1872년 연말을 바이로이트에서 보냈던 게르스도르프가 이듬해 1월에 바젤로 니체를 찾아왔으나, 바그너의 조악한 책들에 그가 등장한다는 사실에 대해서는 말하지 않았다. 이 소식은 2월이 되어서야, 지난해 크리스마스에 코지마에게 헌정한 「씌어지지 않은 다섯 권의 책에 대한 다섯 개의 머리말」에 대한 그녀의 감사 편지를 통해 그의 귀에 들어가게 된다. 그는 같은 달 24일에 게르스도르프에게 보낸 편지에서 이 일에 대해 이야기하는데, 그 내용이 상당히 흥미롭다. 편지에 따르면, 게르스도르프가 떠난 뒤 그는 다시 병을 앓았으며, 바젤에서 열린 사흘 동안의 슈로베티데 축제가 지나치게 그의 신경을 자극한 탓에 루체른 호수 근방의 게르자우로 "달아나야만" 했다. 그리고 거기에서 그는 바그너가 지난 연말 일로 그에게 매우 화가 났었다는 사실을 내비치는 편지를 바그너와 코지마로부터 받았다.

내가 얼마나 자주 마이스터를 화나게 하는지는 아무도 모를 것이네. 이런 일이 벌어질 때마다 나는 깜짝 놀라네. 게다가 나는 무엇 때문에 그렇게 됐는지도 이해할 수 없네. (…) 이렇게 반복해서 화나게 만든 것에 대해 자네는 어떻게 생각하는지 말해 주게.[3] 나는 모든 본질적인 면에서 바그너에게 나보다 더 충실하거나 진정으로 헌신할 수 있는 누군가가 있다고는 상상할 수 없네. 만약 누군가가 그럴 수 있다는 생각이 든다면, 나는 아마 그에게 더욱 더 충실하고 헌신할 걸세. 그렇지만 작고 지엽적인 문제들에 있어서, 그리고 "건강상"의 이유로, 빈번한 개인적 교제를 자제하는 문제에 있어서, 나는 약간의 자유를 가지고 있어야만 하네. 하지만 이것도 알고 보면 그에게 한층 더 높은 의미에서 충실하기 위해서 그러는 거라네. (…) 이번에는 내가 그의 기분을 그처럼 심하게 상하게 만들었다고는 생각하지 않네. 나는 이런 경험들로 내가 전보다 더 불안해지지 않을까 두렵네.

이 편지에는 바그너에 대한 내적인 저항이 매우 강하게 나타나고 있지만, 동시에 그런 저항을 인정하지 않으려는 마음도 강하게 드러나 있다. 그는 바그너의 과민함을 원망하지만 사태의 책임은 자신에게 있다고 생각했다. 그는 자신의 자유를 지켜야 했지만, 그것은 오직 바그너에게 더 잘 봉사하기 위해서일 뿐이다. 이는 결코 오래 지속될 수 없는 상황이었다. 결국에는 독립에 대한 생각 자체를 포기하거나 바그너를 포기해야만 할 것이다.

그러나 1873년에 들어 니체는 두 개의 사건으로, 잠시이기는 하지만 바그너와 이전보다 더 긴밀한 관계를 맺게 된다. 니체와 로데는 4월 7일부터 12일까지 바이로이트에 머물렀는데, 바그너는 그들에게 바이로이트 계획이 맞닥뜨린 어려움을 털어놓았다. 더 많은 돈을 조달하지 않으면, 기획 전체가 완전히 물거품이 될 위험에 처한 것이다. 니체는 마이스터의 분노와 좌절을 마음에 간직한 채 바젤로 돌아왔다. 그리고 곧바로 『반시대적 고찰』의 1편 「다비트 슈트라우스, 고백자이자 저술가」에서 자신의 가장 위대한 아들이 쓰러지는데도 쳐다보고만 있는 비열한 독일 민족에게 울분을 터뜨리기 시작했다. 봄과 여름이 지나는 동안 바이로이트의 재정 상황은 더욱 악화되었으며, 8월쯤에는 공개적인 자금 모집을 제안할 정도의 상황에 처하게 됐다. 바그너는 니체가 성명서를 써야 한다고 제안했다. 향후 계획을 논의하기 위한 후원회 모임이 10월 말에 열릴 예정이었고, 성명서는 그때 제출하여 검토하기로 했다. 니체는 10월 셋째 주에 성명서 「독일인들에게 고함」의 초안을 작성하여, 31일에 열린 모임에 가지고 갔다. 한편 바그너는 후원회 대표자들이 축제가 열릴 언덕을 시찰하면서 극장이 세워지고 있는 모습을 보면 상당히 고무되리라고 생각했다. 하지만 그는 바이로이트에서 자신도 어찌할 수 없는 한 가지 문제를 고려하지 못했다. 10월 30일과 11월 1일에는 날씨가 맑았으나, 10월 31일엔 비가 내렸다. 시찰단은 발목까지 빠지는 진흙탕 속을 돌아다녔으며, 쏟아지는 빗줄기 사이로 건축 중인 극장의 모습을 간신히 볼 수 있었을 뿐이었다. 니체는 바그너의 대의를 위해 또 다른 희생을 치러야만 했다. 이번에 그는 폭우 속에 짓밟힌 새로 산 모자와 같은 신세가 되었다. 도시의 회관으로 돌아온 후원회 대표자들은 「독일인들에게 고함」을 듣고 찬사를 보냈으나, 채택하지는 않았다. 며칠 후 드레스덴 출신의 아돌프 슈테른이 쓴 좀더 겸허한 어조의 호소문이 채택됐고, 니체의 글은 보류되었다. 그러나 결국 니체의 성명서는 발표되지 않았다. 왜냐하면 글이 거의 훈계하고 힐난하는 투인 데다, 호소라기보다는 협박으로 읽혔기 때문이다. 니체는 호소문의 목적이 돈을 내는 데 호의적이지 않는 사람들을 설득하는 것이라는 점을 망각했던 것 같다. (그렇다고 해서 슈테른의 노력이 성공한 것도 아니다. 호소는 참담하게 실패하고 말았다.)

1873년 여름 몇 달 동안, 니체의 삶은 늘 그래 왔던 대로 흘러갔다. 6월 초에는 엘리자베트가 바젤로 와서 10월 21일까지 머물렀고, 그는 7월 중순부터 8월 중순까지 게르스도르프와 함께 그라우뷘덴에서 한 달 동안의 휴가를 보냈다. 그리고 10월 초에는 로데가 찾아왔다. 더 중요한 일은 그의 학생들이 돌아오고 있었다는 것이다. 1872년 여름 학기에 니체는 "플라톤 이전의 철학자들"에 대한 일련의 강의를 했는데, 이 강의가 1873년 여름에 다시 시작됐을 때는 학생 아홉 명과 학생이 아닌 청강생 두 명이 참석했다. 이 청강생 가운데 한 사람은 게르스도르프였으며, 나머지 한 사람은 파울 레였다.

레는 철학적 문제들에 대한 심리학적 접근의 개척자였고, 그런 점에서 니체에게 막대한 영향을 끼쳤다. 이런 이유로 1878년에 『인간적인 너무나 인간적인』이 출간됐을 당시, 이 책의 어조나 견해에 낙담한 니체의 친구들은 그 책임을 레에게 돌렸다. 그리고 니체는 자신의 새로운 견해를 "레알리즘Réealism"이라고 불렀다. 사실 레는, 니체가 자신이 몸담고 있던 사유 세계에 대해 아직 막연한 불만족을 품고 있을 때 그의 삶에 나타났으며, 그런 이유에서 레는 니체의 불만족에 대한 가장 효과적인 촉매제로 작용할 수 있었다. 1873년 당시 레는 스물세 살이었고, 니체보다 지적으로 훨씬 더 조숙했다. 그는 그 전에 법학을 공부했으나 프랑스-프로이센 전쟁 때문에 중단해야 했다. 그리고 전쟁이 끝난 후에는 철학을 공부하기 위해 법학 공부를 그만두었다. 레가 니체와 처음 만나던 무렵 그를 사로잡고 있던 생각들은 1875년에 출간된 짧은 책 『심리학적 관찰들』에서 처음 실험적으로 표현됐고, 1877년 작품 『도덕 감정의 기원』에서 더욱 충실하게 설명된다. 이 책은 소렌토에서 니체와 함께 머물던 1876년에서 1877년 사이에 쓰였다. 이때는 니체가 『인간적인 너무나 인간적인』을 저술하던 시기이며, 더욱이 니체가 소장하고 있는 레의 책에는 레가 직접 쓴 다음과 같은 헌사가 담겨 있다. "이 책의 아버지에게 깊은 감사를 드리며, 이 책의 어머니로부터." 그렇지만 우선권은 틀림없이 레에게 있었다. 그리고 그의 주저 『도덕 감정의 기원』이라는 제목을 "니체적"이라고 보는 것은 잘못된 관점이다. 사실은 니체가 레를 본보기 삼아 자신의 여러 저작에서 그의 책과 유사한 제목들을 붙인 것이다. (예를 들어, 『인간적인 너무나 인간적인』의 2장 "도덕 감정의 역사에 대해"나 『선악의 저편』의 5장 "도덕적 자연사에 대해"가 그렇다.) 레는 "종교 경험"이 실재한다는 것을 깨닫고 "주관주의"라는 개념을 통해 종교 경험을 해명하고자 한 무신론자였다. 그는 신에 대한 믿음이란 신이 객관적으로 존재하는지의 여부와 상관없이 설명될 수 있는 주관적 현상이라고 생각했다. 그의 주장에 따르면, 종교 경험은 주어진 사실이 아니라 하나의 "해석"이며, 이 해석의 기원은 인간의 일반적 본성에 대한 조사를 통해, 즉 심리학을 통해 밝혀질 수 있다. 니체가 특히 중요하게 생각했던 것은 도덕성에 관한 레의 연구였다. 레에 따르면, 도덕성은 관습이지 "본성"이 아니며, 고유한 의미에서의 도덕감이라는 것은 존재하지 않고, 선과 악은 단지 규약에 불과하다. 니체가 레에게 강한 인상을 받은 것은, 그의 표현을 따르자면 레의 "차가움"이었다. 니체가 "차가움"이라는 표현을 통해 말하고자 했던 것은 사상가로서 레의 독립성과 명석함이었다. 그리고 이 무렵의 니체에게는 바로 이 "차가움"이 부족했다. 레가 이후에 선보인 철학은 우리의 관심을 끌지 못한다. 그의 "주관주의"는 가장 극단적인 상태에 이른 피히테를 떠올리게 할 정도로 거의 완전한 유아론으로 발전했는데, 버트런드 러셀이 피히테를 두고 말했던 것과 마찬가지로 일종의 정신이상을 수반하고 있는 것으로 보일 정도였다. 그의 정신은 세계가 "무의미하다"는 통찰에 이른 뒤에, 오히려 그로 인해 무력해졌던 것 같다. 다시 말해 이 통찰은 그의 철학의 시작이었을 뿐만 아니라 끝이기도 했던 것이다. 레에게 존재의 무의미는 절망의 원천이었다. 반대로, 니체에게 존재의 무의미는 자유의 근거가 되었다. "만약 신들이 존재한다면, 과연 무엇이 창조될 수 있겠는가?"라고 차라투스트라는 외친다.(『차라투스트라는 이렇게 말했다』 2부 2장) 레는 이와 같은 경지에 결코 도달하지 못했다.

1874년은 니체와 바그너의 관계에 결정적인 영향을 미친 해였다.

그해 1월로 기록된 니체의 노트에는 한 인간으로서, 그리고 예술가로서의 바그너에 대한 비판적인 논평이 가득했으며, 2월에 출간된 『반시대적 고찰』의 2편 「삶에 있어서 역사의 유용함과 불리함」은 바그너의 관심사와는 거리가 먼 문제들을 다루고 있다.

1874년 2월에, 바이로이트의 재정 상태는 루트비히 왕이 보조금을 내놓음으로써 일시적으로 해결되었고, 계획을 조금 수정한 뒤, 1876년 여름에 첫 축제를 개최하기로 확실하게 결정되었다. 그 사이, 바그너는 〈신들의 황혼〉을 완성하는 일에 착수했다. 그래서 니체가 아마도 개인적으로는 마지막이 될 방문을 했을 때, 그는 〈신들의 황혼〉 3막을 작곡하느라 정신이 없었다. 이 만남은 불쾌한 것이었으며, 이때 니체가 보인 행동은 이 무렵 바그너를 향한 그의 감정이 확실히 양면적이었음을 증명한다. 봄과 여름에 니체는 『반시대적 고찰』의 3편 「교육자로서의 쇼펜하우어」를 저술했다. 그리고 그는 자신의 작품이, 단지 바그너에 대한 보충 설명이 아니라 그 자체로, 그리고 그것만으로도 더 중요하다는 생각을 품게 되었다. 이런 생각은 7월 4일에 게르스도르프에게 보낸 편지에서 드러난다. 여전히 바그너에 대한 충성심을 지녔던 게르스도르프는 니체가 바그너에게 냉담해지고 있음을 알아차렸던 것 같다. 니체는 편지에서 이를 부정하지만, 몇 줄 아래에서 이에 대해 변명하는 것을 보면, 사실상 그러한 사실을 인정하고 있는 것이나 다름없다. 그는 이제 짤막한 편지에서조차, 일관된 태도를 유지하지 못한다.

친애하는 친구여, 자네는 어떻게 내가 위협 때문에 어쩔 수 없이 바이로이트를 방문했다는 이상한 생각을 품게 되었는가? 혹자는 내가 자유 의지로는 그곳에 가고 싶어 하지 않았다고 생각할지도 모르지만, 나는 바이로이트에 있는 그 사람을 작년에 두 번, 그리고 그 전 해에도 두 번이나 만났네. 더욱이 바젤에서 그곳까지 그 먼 거리를 무릅쓰고 말이네. (…) 물론, 우리 둘 다 바그너가 의심을 잘한다는 것을 알고 있네. 그렇지만 나는 이러한 의심을 더 심하게 자극하는 것이 결코 좋다고는 생각하지 않네. 마지막으로, 나는 이런 불완전한 건강 상태에서는 완수하기가 쉽지 않은, 나 자신을 위한 의무를 가지고 있음을 기억해 주게. 실제로 누구도 나에게 어떤 것을 하라고 강요할 수는 없네.

그리고 한 달 뒤에 니체는 바이로이트로 떠나 바그너의 새 집인 반프리트(바그너는 자신의 집을 "환상의 집"이라는 뜻의 반프리트^Wahnfried라고 불렀다. 이 집은 루트비히 왕이 제공해 주었고, 바그너는 이 집에서 여생을 보냈을 뿐 아니라 이 집 앞마당에 자신의 묘지를 미리 준비해 놓고, 죽은 뒤에 그 자리에 묻혔다. – 옮긴이)에서 그의 가족과 함께 8월 15일까지 머물렀다. 그는 왜 갔을까? 위에 인용한 편지에서, 니체는 "그들[바그너의 가족]의 집과 생활은 뒤죽박죽인 상태라서 지금은 방문하기에 적절치 않을 것이네."라고 말하면서 게르스도르프에게 반프리트를 방문하지 말라고 충고했다. 바그너 가족은 4월 28일에 반프리트로 이사했다. 그리고 한달 남짓 지났지만, 바그너는 전보다 더 바빠졌다. 〈니벨룽의 반지〉의 마지막 막을 관현악으로 편곡하는 일은 이전에 바그너가 맡았던 비슷한 작업들 가운데 가장 규모가 큰 것이었고, 이 때문에라도 불필요한 간섭은 피해야만 했다. (〈신들의 황혼〉은 11월 21일에 마무리 됐고, 이로써 〈니벨룽의 반지〉가 완성됐다.) 게다가 그는 이미 4부작 악극의 앞부분들을 시연하기 시작했고, 8월 한 달 내내 이 일에 몰두했다. (피아니스트 카를 클린트보르트가 그를 돕기 위해 반프리트에 머물고 있었다.) 니체의 방문은 예기치 않은 일이었으며, 그다지 환영받지도 못했고 실제로 방해가 되었다. 니체 자신도 그럴 것이라는 점을 분명히 깨달았을 것이다. 혹시 그는 바그너를 화나게 할 요량으로 방문했던 것일까? 만일 그렇다면, 성공한 셈이다.

바이로이트에 오기 전, 6월 8일과 9일에 니체는 바젤에서 브람스가 개최한 두 개의 연주회에 참석했다. 그는 브람스의 음악에는 별반 매력을 느끼지 못했다. 하지만 당시 니체의 노트를 살펴보면, 바그너에 반대하는 이유들 가운데 하나로, 그가 당대의 또 한 명의 위대한 독일 작곡가의 자질을 제대로 알아보지 못했다는 점을 들고 있음을 알 수 있다. 바그너가 한 인간으로서의 브람스를 싫어하고, 작곡가로서의 브람스에게도 호의적이지 않다는 것, 그리고 브람스에 대한 경멸은 바그너주의자들 사이에서는 교리나 마찬가지라는 것은 공공연한 사실이었다. 그러므로 니체가 브람스의 〈승리의 찬가〉의 피아노 악보를 반프리트로 가지고 가서 음악실의 피아노 위에 놓아 둔 행동은 고의적이었음에 분명하다. 니체는 악보의 몇 소절을 연주했고, 누군가 악보를 치우면 다시 제자리에 갖다 놓았다. 그것은 붉은색 장정을 한 커다란 악보였는데, 바그너가 음악실에 들어올 때마다 혐오스러운 이름이 새겨진 그 악보가 놓여 있었다. 결국 바그너는 이 모든 상황을 니체가 계획적으로 도발한 것이라고 생각하면서 얼굴을 붉히며 노발대발했고, 니체는 (엘리자베트의 표현을 따르자면) 얼음장처럼 싸늘하고 고요한 얼굴로 이에 맞섰다. 이 부분에서만큼은 엘리자베트가 진실을 말하고 있다고 볼 수 있다. 바그너는 자제심이 부족하기로 유명했지만, 대신 매번 지나치게 격렬하게 흥분하는 탓에 재빨리 수그러들었다. 반면 니체는 모든 것을 휩쓸어 버리는 청천벽력을 일으키기에는 지나치게 내성적이었다. 따라서 바그너는 고함을 지르면서 격노했을 것이고, 니체는 침묵을 지키고 있었을 것이라고 말하는 것은 두 사람의 천성에 상당히 잘 들어맞는다. 그렇다고 해서 니체가 그런 것에 전혀 개의치 않았다는 것은 아니다. 그는 바그너처럼 실제나 상상의 공격에 곧바로 대응하는 것이 아니라, 그것을 가슴 깊이 묻어 둔 채 수년 동안 잊지 않았다. 따라서 그가 1888년에 바그너에 반대하는 저작을 썼을 때, 그의 마음속에는 여전히 1874년의 장면이 또렷하게 자리 잡고 있었다고 볼 수도 있을 것이다.

브람스의 악보와 관련한 니체의 행동은 바그너를 도발하기 위한 고의적인 (그리고 성공을 거둔) 시도임에 틀림없다. 그것의 작은 반란이었다. 그는 8월 15일에 오버베크와 함께 반프리트를 떠난 후, 1876년 7월까지, 거의 2년 가까이 바그너를 만나지 않았다. 그 사이, 그의 내적 갈등은 더욱 첨예해졌고, 건강도 더욱 악화됐다. 그는 나움부르크에서 크리스마스를 보낸 뒤, 이듬해인 1875년 1월 2일에 말비다 폰 마이젠부크에게 다음과 같은 편지를 보낸다.

한 해의 첫 날인 어제, 저는 미래를 들여다보았고, 전율에 휩싸였습니다. 산다는 것은 무시무시하고 위험합니다. 저는 참되고 훌륭하게 죽은 모든 사람들이 부럽습니다.

1875년 6월에 니체는 게르스도르프에게 편지를 보내, 주치의가 여름 총연습을 보러 바이로이트로 가려는 계획을 포기하라고 충고할 정도로 자신의 상태가 계속 안 좋았다는 사실을 알린다. "두통이 아주 심하네. 며칠 동안 계속되다가 하루 이틀 간격을 두고 다시 찾아온다네. 게다가 구토가 한번 시작되면 몇 시간이나 계속돼서 아무것도 먹지 못하네." 그는 자기가 불참할 거라는 소식을 바그너 가족에게 전해 달라고 부탁한다. "바그너는 성을 내겠지. 나 역시 상황이 이렇게 돼서 화가 나네." 앞에서 이미 말했듯이, 그는 바이로이트로 가는 대신 슈타이나바트로 갔다. 그곳에서 그가 로데나 게르스도르프, 그리고 그 밖의 친구들에게 보낸 편지는 당시 그의 마음 상태가 어떠했는지를 이해할 수 있게 해 준다. 이 편지들은 위중한 환자가 쓴 편지가 아니다. 더욱이 이른 아침에, 여느 환자들이라면 너무 차갑게 여길 물로 목욕을 한다거나 아침식사 전에 두 시간 가량 산책을 한다는 등의 내용은 편지의 주인이 극장에 앉아 있기도 버거울 정도로 아프지는 않았음을 암시한다. 실제로 니체는 슈타이나바트에 도착하자마자 상태가 훨씬 좋아졌다고 느끼기 시작했고, 바젤로 돌아간 후에는 곧바로 예전의 건강 상태를 회복했다. 바젤에서는, 한동안 그곳에 머물며 오빠와 자신을 위해 가정을 꾸미기로 마음먹은 엘리자베트와 함께 지냈다. 그리고 이 때문에 그는 상당히 흡족한 가정 생활을 맛보았다.

1875년에 일어난 또 다른 두 사건, 즉 레가 『심리학적 관찰들』을 출간한 것과 페터 가스트가 바젤에 도착한 것도 니체와 바그너가 멀어지게 되는 데 한몫했다. (가스트의 실제 이름은 하인리히 쾨젤리츠다. 그는 본격적으로 작곡가 활동을 시작하면서 예명을 사용했으며, 지금은 그 이름으로 더 많이 알려져 있다.) 가스트는 그 전 해인 1874년 12월에, 훗날 니체 저작을 출판하게 될 켐니츠의 출판업자인 에른스트 슈마이츠너의 사무실에서 오버베크를 만난 후, 바젤에 공부하러 가야겠다고 결심하게 되었다. 그에게 있어 니체와의 만남은 인생의 전환점이었다. 그는 니체의 학생에서 니체의 "사도使徒"가 되었다. 그의 헌신은, 흔히 알려진 것처럼 (혹은 니체의 생각처럼) 그렇게 극단적이진 않았지만, 두 사람의 나이가 비슷하다는 점을 생각한다면 다소 부자연스럽게 보일 만큼 충분히 열성적이었다. 가스트는 그의 우상보다 단지 일곱 살 젊을 뿐이었다. 가스트는 1876년 여름에 이미 니체의 비서로 활동하고 있었고, 1879년에는, 솔직히 말해, 니체를 사랑하게 됐다. 그가 1879년에서 1881년 사이에 니체에 대해 품었던 감정은 그의 오스트리아인 여자친구에게 보낸 일련의 편지들을 통해 알 수 있다.[4] 1879년 9월 12일에 보낸 편지에는 니체가 죽을 고비를 겪고 있다는 소식을 지금 막 들었다는 내용이 적혀 있다. 이 소식을 들은 그는 "눈물을 흘리며 흐느꼈다." "저는 어느 누구도, 심지어 아버지조차도 그를 사랑하는 것만큼 사랑하지 않았습니다. (…) 저의 가장 큰 의무는 그와 함께 죽는 것이라고 생각합니다. 이런 느낌을 어떻게 말로 표현해야 할지 모르겠습니다." 그리고 1880년의 대부분을 니체의 곁에 머물면서 그를 간호했다. 이때 가스트가 보인 호의는 니체가 절망적일 정도로 아팠다는 것만이 변명이 될 수 있을 정도로 심하게 남용됐다. 까다로운 환자 때문에 그의 인내심은 몇 번이고 바닥이 났으며, 그때마다 그는 매번 자신을 나무랐다. 3월 15일에 보낸 편지에서 그는 이렇게 썼다. "당신도 아시다시피 저는 니체를 위해서는 무엇이든 할 수 있습니다. 그토록 탁월한 사람이 아무런 도움도 받지 못한 채 버림받도록 내버려 둘 수 없기 때문입니다." 10월 무렵에 니체는 조금씩 건강을 회복했다. 그리고 자신이 가스트에게 심하게 굴었음을 깨달았던 것 같다. 니체는 가스트에게 편지를 보내 그의 시간을 너무 많이 빼앗아서 미안하다고 말했다. 가스트는 이를 오스트리아인 친구에게 그대로 전하면서, 다음과 같이 덧붙인다. "도덕적인 면에서 저는 니체보다 한참 뒤떨어집니다. 저는 그가 하는 말 하나하나에서 이 사실을

깨닫습니다. 모든 것이 위대한 영혼에서 나옵니다."(10월 22일자 편지)
가스트는 니체가 비범한 사람이며, 귀찮은 것과는 별개로 그에게 정말
로 도움이 필요하다는 것을 알았기 때문에, 실제로든 비유적인 의미에
서든 언제나 그의 곁에 있었다. 훗날 일어난 니체 숭배의 역사에서 봤
을 때, 가스트는 최초의 사도, 즉 몇 안 되는 니체의 사도들 가운데 최초
의 사도 역할을 한 셈이었다. 그리고 최초의 사도로서의 그의 역할에는
분명 비난받을 여지가 있다. 그가 니체의 철학을 거의 이해하지 못했다
는 점이나, 현명한 사람이라면 억제하려 했을 니체의 성향들을 오히려
부추겼다는 점은 누구도 부인할 수 없을 것이다. 그러나 니체가 다른
어떤 사람에게서도 기대할 수 없었던 따뜻한 격려를 가스트로부터 받
았다는 사실을 고려해야 한다. 창조적인 작가는 비판을 필요로 하지만,
자신을 믿어 줌으로써 스스로 더욱 확신할 수 있도록 만들어 줄 누군가
도 필요로 한다. 가스트는 니체를 믿어 주었고, 니체 연구자가 봤을 때
이 점이 가스트의 덕목이라고 할 수 있다.

니체는 나움부르크에서 1875년 크리스마스를 보낼 때, 처음으로
몸이 전체적으로 쇠약해지는 것을 느꼈다. 한동안 그의 기력은 극도로
약해졌다. 그후 조금씩 회복의 기미가 보였지만 바젤에서의 일은 잠시
중단해야만 했다. 그는 건강을 되찾을 목적으로 1876년 3월에 게르스
도르프와 함께 제노바 호수로 가서 한 달 동안 머물렀고, 그 후 4월 초
에 제노바로 갔다. 그 무렵 그는 원기를 충분히 회복하여 관광을 다니
는가 하면, 마틸데 트람페다흐에게 청혼을 하기도 했다.
니체가 삶의 대부분의 기간에 아내를 찾고 있었다는 사실은, 그에
관해 널리 알려진 견해와 일치하지는 않더라도 진실이다. 결혼의 가능

성을 의논하는 그의 편지들과 그가 했다고 알려진 두 번의 청혼은, 결혼할 생각이 없다고 한 편지들과 똑같은 비중으로 받아들여야 한다. 특히 두 번의 청혼이 모두 여인을 만나자마자 곧바로 이루어진 것을 보면, 그는 그 여인들을 만나기 전부터 아내를 구해야겠다는 생각을 품고 있었음에 틀림없다. 이 무렵 결혼은 니체의 친구들 사이의 주된 관심사였다. 핀더와 크루크는 모두 1874년에 결혼했고, 니체는 그해 크리스마스 기간에 이 부부들을 나움부르크에서 만났다. 오버베크는 1875년에 약혼하고, 1876년에 결혼했으며, 로데는 1876년에 약혼하고, 1877년에 결혼했다. 게르스도르프 역시 1877년에 결혼했다. 니체만 결혼을 하지 않았기 때문에, 그의 마음속에 결혼에 저항하는 무언가가 있었다고 가정할 수밖에 없지만, 그렇다고 해서 니체가 처음부터, 또는 원칙적으로 결혼에 반대했다고 생각해서는 안 된다. 그는 분명 1882년에 루 살로메와 결혼하길 원했고, 엘리자베트에게 보내는 편지에서는 "손쉬운" 결혼의 가능성에 대해 자주 이야기했다. 한편, 그가 마틸데 트람페다흐와 결혼하고자 한 것이 정말로 진심이었는지는 약간 의문스럽다. 그는 4월 6일에 제노바에 도착해서 젊은 지휘자 후고 폰 젱어를 만나게 되는데, 그가 니체에게 마틸데를 소개시켜 줬다. 그녀는 젱어와 아직 약혼하지는 않았지만 "언약"은 한 사이였다. 그녀는 스물한 살이었으며, 유달리 예뻤고 자신감에 넘쳤다. 아마도 그녀는 니체가 기대했던 것보다 훨씬 더 친절하고 상냥하게 그를 대했던 것 같고, 니체는 분명 그녀의 태도를 오해했다. 11일에 그들은 시詩에 대해, 그리고 삶의 더 고차원적인 것들에 대해 논하면서 진지한 저녁 한때를 보냈고, 그는 숙소로 돌아온 후 그녀에게 청혼을 하는 짤막한 편지를 썼다. 그리고 자신은 이튿날 아침에 바젤로 돌아가야 하기 때문에, 편지는 젱어가 전해 줄 것이라고 덧붙였다. 그는 전령을 잘못 선택한 것이지만, 이는 니체가 젱어와 마틸데의 관계를 몰랐을 거라는 점을 보여 준다. (니체는 훗날 파울 레를 통해 루 살로메에게 청혼할 때도 이와 유사한 실수를 범했다. 레 역시 이미 그녀와 모종의 협약을 맺은 상태였기 때문이다. 그러나 이때에는 자신이 직접 나서서 다시 한 번 청혼했다.) 마틸데는 바젤에 있는 니체에게 편지를 보내 청혼을 거절했다. 나중에 그녀는 젱어와 결혼했다. 그녀는 니체를 한 번도 장래의 남편감으로 생각한 적이 없었다. 그리고 우리가 아는 한 니체를 다시 만나지도 않았다. 청혼을 거절하는 그녀의 편지는 한 편의 잘 쓴 작품이었을 것이다. 그 편지를 읽은 니체가 그녀에게 청혼한 것을 사과해야겠다고 느꼈을 정도였으니까 말이다. 4월 15일에 쓴 답장에서 그는 그녀의 거절을 순순히 따르는 태도를 보인다.

> 당신은 저를 용서해 줄 정도로 친절하시군요. 당신이 보낸 편지의 어조에서 그걸 느꼈습니다. 저는 그러한 친절을 받을 자격이 없는데도 말입니다. (…) 저에게 남은 소망은 단 한 가지입니다. 당신이 혹시 제 이름을 읽게 되거나 저를 다시 보게 되더라도, 제가 당신을 매우 놀라게 했던 것을 기억하지 말길 바랄 뿐입니다. 어쨌든 제가 저의 나쁜 행실을 바로잡고자 한다는 점을 믿어 주시기 바랍니다.

이 편지에서는 약간의 안도감이 흐르고 있다. 니체는 자신의 갑작스러운 청혼을 후회했던 것일까? 그래서 그 청혼이 받아들여지지 않자 기뻐하고 있는 것일까? 아무래도 그런 것처럼 보인다. 같은 달 11일에서 15일 사이에 변한 사랑은 사랑이라고 보기 어렵기 때문이다.

니체의 내면적 갈등은 제1회 바이로이트 축제 때 최고조에 올랐다.

이전에 있었던 일들을 염두에 둔다면, 그의 행동을 어렵지 않게 이해할 수 있을 것이다. 본격적인 축제는 8월 13일에 시작되며, 〈니벨룽의 반지〉 전체를 세 차례에 걸쳐 공연할 예정이었다. 니체는 둘째 총연습이 끝날 무렵인 7월 23일에 도착했다. 그는 그곳에 가지 말았어야 할 정도로 몸이 쇠약해 있었지만 이번에는 참석하지 않을 수 없었다. 그가 도착한 날 저녁에는 〈신들의 황혼〉의 제1막 총연습이 진행됐다. 그는 그 자리에 참석했지만, 두통 때문에 도중에 자리를 떠나야만 했다. 이튿날에 그는 제2막의 총연습을, 26일에는 제3막의 총연습을 참관했다. 셋째 번 전체 총연습은 29일부터 시작됐다. 그날 니체는 〈라인의 황금〉을 관람했다. 그리고 31일에는 〈발퀴레〉를 보았는데, 눈이 너무 안 좋아져서 공연을 제대로 볼 수가 없었다. 이튿날 아침 그는 엘리자베트에게 더 버틸 수 없어 떠난다는 편지를 썼다. 8월 2일이나 3일쯤에 그는 보헤미아 삼림지대 근처의 클링엔브룬이라는 휴양지로 갔다. 그리고 거기에서 그 무렵 바이로이트에 있던 누이동생에게 편지를 썼다.

나는 내가 거기에서 버틸 수 없다는 사실을 아주 분명하게 알고 있단다. 미리 깨달았어야만 했는데! 내가 최근 몇 해 동안 얼마나 조심스럽게 살아야만 했는지를 기억해 보렴. 그곳에 잠깐 머물렀을 뿐인데도 완전히 지쳐 버려서 회복하기가 상당히 어려울 것 같구나.

니체는 클링엔브룬에서 열흘 정도 머물렀고, 두통이 계속됐음에도 대부분의 시간을 글을 쓰며 보냈다. 이때 쓴 글이 『인간적인 너무나 인간적인』의 일부가 된다. (2년 뒤 그가 마틸데 마이어에게 보낸 편지에 따르면, 그는 이때 책 전체 – 최종판의 제1권에 해당된다. –의 3분의 1에 대한 윤곽을 잡왔다.) 이 열흘 동안 그는 차츰 건강을 회복했고, 엘리자베트가 바이로이트로 다시 돌아오라고 하자 곧 그렇게 했다. 8월 12일에 도착한 그는 13일부터 17일까지 〈니벨룽의 반지〉의 첫 공연을 관람했다. (15일에는 공연이 없었다.) 둘째 공연은 20일과 23일 사이에 열렸으나, 그는 자신의 표를 다른 사람에게 주고는 참석하지 않았다. 그리고 셋째 번이자 마지막 공연이 시작된 날인 27일에 바젤로 돌아갔다. 바그너와의 친밀한 관계를 생각해 봤을 때, 그러면 축제 기간 내내 중심을 차지할 수도 있었을 것이다. 그러나 그는 그 어떤 것도 즐기지 않은 채 주변에 머무는 쪽을 택했다. 원하기만 했다면 반프리트에 머물 수 있었는데도 말비다의 집에 머물렀고, 마치 바그너와 직접 만나는 것을 꺼리기라도 하듯이 그를 피해 다녔다. 니체가 떠났다는 것을 눈치 챈 사람은 거의 없었으며, 그나마도 그가 떠난 것을 반기는 분위기였다. 그의 시무룩하고 언짢은 표정은 유쾌해 하고 만족스러워 하는 전체 분위기와 전혀 맞지 않았던 것이다.

니체가 겪은 "바이로이트"는 이런 것이었다. 그는 몹시 낙담했고, 자신의 안 좋은 건강을 저주했다. 그러나 몇 년 후, 자신이 그렇게 행동한 것은 갑작스럽게 그 축제의 본성을 깨달았기 때문이라고 말한다.

그 당시 어떤 통찰이 나의 행로를 스쳐 지났는지 조금이라도 아는 사람은, 내가 어느 날 바이로이트에서 눈을 떴을 때 어떤 기분이었을지 추측할 수 있을 것이다. (…) 나는 도대체 어디에 있는가? 내가 알아볼 수 있는 것은 아무것도 없었다. 나는 바그너도 알아보지 못했다. 아무리 기억을 뒤져 보아도 그것은 헛수고에 지나지 않았다. 트립셴, 저 멀리 축복 받은 이들이 살고 있는 섬. 그와 비슷한 그림자조차 [바이로이트에서는] 찾을 수 없었다. [바이로이트 극장의] 초석을 놓았던 비길 데 없이 위대했던 나날들, 섬세한 일을 다룰 수 있는 손을 가졌던 소수의 선구자들. 나는 결코 이와 비슷한 그림자조차 찾을 수 없었다. 도대체 무슨 일이 일어났던 것일까? 바그너가 독일어로 번역되고 말았다! 바그너주의자들이 바그너의 주인이 되고 말았다! (…) 정말이지 소름끼치는 무리들! (…) 단 한 사람도 불구가 아닌 자가 없다. 심지어 반유대주의자가 아닌 자가 없다. 가엾은 바그너! 그는 도대체 어디로 들어갔는가? 돼지 무리에 들어가는 것이 그에게는 더 나을 것을! 독일인들 한가운데로 떨어지다니! (『이 사람을 보라』, 「인간적인 너무나 인간적인」 2절)

그리고 이와 똑같은 분위기로 쓰인 구절들이 많이 있다. 『이 사람을 보라』에 나오는 다른 수많은 구절들과 마찬가지로 위의 구절 역시 매우 거칠며 과장되어 있다. 하지만 그렇다고 해서 진실이 아닌 것은 아니다. 독일 민족주의자이자 반유대주의자로서의 바그너의 "이데올로기적"인 측면(니체는 심지어 『바그너의 경우』를 썼던 1888년에도 이것이 그의 본모습은 아니라고 생각하고 싶어 했다.)이 바이로이트에서 더는 무시해 버리기 어려울 정도로 전면에 등장한 것이다. "바이로이트"는 위대한 예술가인 바그너였을 뿐 아니라 또한 튜턴족의 비법秘法 전수자로서의 바그너이기도 했다. 중요한 것은 『인간적인 너무나 인간적인』의 저자인 "새로운" 니체가, 1876년의 축제가 본격적으로 시작되기 전부터 이미 존재하고 있었다는 사실을 아는 것이다. 축제는 니체가 바그너와 지적으로 결별하는 기회를 제공한 것일 뿐, 그 원인은 아니었다. (이런 점에서, 『이 사람을 보라』는 사태를 오해하게 만든다.) 니체는 이미 자신의 내적 갈등으로 인해, 말하자면 반으로 쪼개진 상태였다. 정서적으로는 바그너와 함께했지만, 지적으로는 그를 거부하고 있었던 것이다. (1876년 7월 둘째 주에 출간되긴 했지만 주로 1875년에 저술된) 『반시대적 고찰』의 넷째 편, 「바이로이트의 리하르트 바그너」는 분열을 치유하려는 최후의 노력이었고, 그 자체로는 성공적이었다. 바그너가 이 책에서보다 더 호의적으로 묘사된 적은 없었다. 하지만 이 책이 출간되고 한 달이 채 지나지 않아 니체는 『인간적인 너무나 인간적인』을 쓰기 시작했다. 이 책은 명백히 반바그너주의자적인 책이며, 바그너 자신도 이를 알아보았다.

이 시기의 니체를 이해하기 위해서는, 니체의 동시대인이나 니체 본인도 알지 못했던 심인성 질환이라는 개념을 고려해야 한다. 위장 장애, 안구 통증, 구토, 주기적인 두통 같은 증상들은 그가 가지고 있던 정신적인 문제가 전반적으로 악화됨으로써 발생한 것임에 틀림없다.

- 2 -

네 편의 글로 구성된 『반시대적 고찰』은 일반적으로 다윈 이후의 세계에서, 그 가운데서도 특히 독일 제국에서 나타난 문화의 본성에 관한 니체의 생각을 담고 있다. 어조는 발랄하고 공격적이며, 비타협적이다. 적敵은 『반시대적 고찰』의 첫째 편, 「다비트 슈트라우스, 고백자이자 저술가」에서 매우 세세하게 그려지고 있다. 다비트 슈트라우스는 "문화적 속물"이다. 그는 실제로 문화가 무엇인지를 전혀 모르면서도, 이를 인정하고 싶어 하지 않는다. 그는 새로운 제국에서 열심히 일하고 있다.

최근에 일어난 프랑스와의 전쟁이 독일에 남긴 모든 나쁜 결과들 가운데 가장 나쁜 것은 그 싸움에서 독일 문화 역시 승리했다는, (…) 널리 퍼진, 그리고 보편적이기까지 한 오류다. (…) 이러한 망상은 (…) 우리의 승리를 완전한 패배로, 즉 "독일제국"을 위해 독일 정신[영혼]이 패배하는 상황, 심지어 소멸되는 상황으로 바꿔 버릴 수 있다. (『반시대적 고찰』 1편 1절)

니체는 문화를 정의하면서, 근대 독일인에게는 문화가 존재하지 않는다고 말한다.

문화란 무엇보다도, 한 민족의 삶의 모든 표현물에 드러난 예술적 양식의 통일이다. 그러나 많은 양의 지식이나 학식은 문화를 이루는 데 필수적인 수단이 아니며, 문화를 드러내는 징표도 아니다. 그것은 필요하다면 언제든 문화와 정반대되는 것, 즉 양식의 결여나 모든 양식의 무질서한 뒤범벅을 의미하는 야만과도 아주 잘 어울릴 수 있다. 그런데 오늘날의 독일인들은 모든 양식의 무질서한 뒤범벅 속에서 살고 있다. (『반시대적 고찰』 1편 1절)

이 무렵 출간된 다비트 슈트라우스의 『옛 신앙과 새 신앙』은 독일 사회에서 큰 성공을 거두었고, 이미 "고전"으로 간주되고 있었다. 그리고 이 책은 "문화적 속물"이 문화적인 문제들에 대해서는 바보에 불과하다는 사실을 보여 주는 증거였다.

『옛 신앙과 새 신앙』에는 슈트라우스의 견해가 집약되어 있다. 그는 계시 종교에 대한 믿음을 거부하고, 세속적이며 합리적인 문화에 희망을 건다. 이에 대한 니체의 반박은, 니체의 "무신론"을 이해하는 데, 그리고 그가 왜 "19세기 합리주의자"로 불릴 수 없는지를 이해하는 데 중요하다. 19세기 합리주의자들은 계시 종교를 받아들일 수 없다는 통찰에 이르렀지만, 이로부터 발생하는 결과들에 대해서는 둔감하다는 특징이 있다. 또 그들의 어조에는 조증燥症의 쾌활함이 특징적으로 나타난다. 그 모습은 마치 풀려난 죄수들 같다. 슈트라우스가 그 전형적인 인물인데, 자신이 살고 있는 세계가 돌아가는 방식에 대한 그의 쾌활한 자신감이나 흔쾌한 찬동은 오늘날 진부하게 들린다. 니체가 슈트라우스에게 반대한 이유는 그가 찬동한 그 세계가 싫기 때문이 아니라, 합리주의적 관점이 야기한 도덕적·논리적 문제들을 그가 제대로 직시하지 않았기 때문이다. 조지 엘리엇을 직접 겨냥한 1888년의 한 아포리즘에서, 니체는 틀에 박힌 합리주의자의 입장에 반대하는 자신의 기본적인 논변을 말년의 여느 글들처럼 간결하게 정식화했다.

> 그들은 기독교 신을 제거했다. 그러고는 이제 기독교 도덕에 더욱 확고하게 매달려야만 한다고 느낀다. 이것이 영국식 일관성이다. (…) 우리는 사정이 다르다. 누군가가 기독교 신앙을 포기한다면, 그것으로 그 사람은 기독교 도덕에 대한 권리를 박탈당한다. (…) 기독교는 하나의 체계이며, 사물에 대한 일관되고 전체적인 관점이다. 그러므로 누군가 기독교에서 신에 대한 믿음이라는 근본 개념 하나를 빼낸다면, 그로 인해 전체가 조각난다. (…) 기독교 도덕은 명령이다. 그것의 기원은 초월적이다. (…) 기독교 도덕은 신이 진리일 때만 진리다. 기독교 도덕은 신에 대한 믿음과 함께 성립하거나 몰락한다. 설령 영국인들이 정말로 자기들은 무엇이 선이고 악인지를 저절로, "직관적으로" 알고 있다고 생각한다 하더라도 (…) 이 자체는 단지 기독교적인 가치 평가의 지배에서 비롯된 결과일 뿐이다. (『우상의 황혼』 9장 5절)

니체는 실제로 신에 대한 믿음을 포기했다. 니체가 슈트라우스를 경멸한 이유는, 설령 그 자신은 진실했다 하더라도 실제로는 신에 대한 믿음을 포기한 척만 했기 때문이다. 슈트라우스는 실제로 신을 믿지 않기 때문에 "신의 죽음"으로 번민하지 않는다. 그는 자기가 하고 있는 일이 무엇인지를 모르기 때문에 아무런 영혼의 고뇌 없이 기독교를 포기하고, 다윈을 인류의 은인으로 환영할 수 있다.

그는 감탄스러울 만치 솔직하게 자기는 더는 기독교인이 아니라고 공언한다. 그렇지만 그는 누구의 마음의 평화도 깨뜨리길 원하지 않는다. (…) 그는 노골적으로 흡족해 하면서 스스로 원숭이 계통학자들의 털이 무성한 외투를 걸친다. 그러고는 다윈을 인류의 가장 위대한 은인 중 한 명으로 칭송한다. 그러나 그의 윤리가 "우리는 세계를 어떻게 파악하고 있는가?"라는 물음과는 전혀 무관하게 구성되어 있다는 점을 알면 우리는 당황하게 된다. 그는 여기에서 자신의 타고난 용기를 보여 줄 기회를 잡았어야 했다. (…) 그는 만인의 만인에 대한 투쟁과 강한 자의 특권이라는 개념으로부터 삶을 위한 도덕적 지침을 대담하게 도출해 냈어야 했다. (『반시대적 고찰』 1편 7절)

슈트라우스는 만인의 만인에 대한 투쟁의 세계를 받아들였지만, 그러한 세계에서 어떻게 인간만의 고유한 특성들이 생겨날 수 있었는지, 혹은 다윈 이후의 세계에서 윤리가 어떻게 가능한지를 설명하지 못했다.

슈트라우스는 어떤 개념도 인간을 더 훌륭하게, 더 도덕적으로 만들 수 없다는 사실, 도덕을 설교하는 일은 쉽지만 도덕의 근거를 찾는 일은 어렵다는 사실을 아직 배우지 못했다. 그의 과제는 현실에 존재하고 있는 인간의 선함, 동정심, 사랑과 자기 희생이라는 현상을 다윈적인 전제들로부터 도출하고, 설명하는 것이어야 했다. (『반시대적 고찰』 1편 7절)

따라서 슈트라우스와 같은 유형의 합리주의자와 니체는 선명하게 구별된다. 슈트라우스는 종교의 교의가 더는 설득력이 없음을 깨달았고, 진화 가설이 참이라는 사실이 다윈에 의해 이미 증명됐다고 생각했지만, 그 어떤 것도 바뀌지 않았다는 듯이 생각하고 행동했다. 그러나 니체는 이와 동일한 결론에 도달했을 때, 모든 것이 변했다는 사실, 우주가 더는 어떠한 유의미한 실재성도 가지지 않는다는 사실을 이해했다. 니체는 슈트라우스에 대한 공격이라는 우회적인 방식을 통해 슈트라우스가 회피했던 과제, 곧 다윈 이후에 "우리는 세계를 어떻게 파악하고 있는가?"라는 물음에 답하는 과제를 자기 자신에게 부여했다. 그는 『반시대적 고찰』의 2편 「삶에 있어서 역사의 유용함과 불리함」에서 지난 시대와 비교했을 때 자기 시대의 가장 두드러지는 특징이라 할 수 있는, 역사의식을 고찰함으로써 이 질문에 간접적으로 접근한다. 우선 니체는 과거에 대한 지식이 인간에게는 짐이라고 본다.(『반시대적 고찰』 2편 1절) 행복은 과거에 대한 무지에 의해 증폭될 수 있다. 어쨌든 과거에 대한 망각은 행복과 행위의 필수 조건이다.(『반시대적 고찰』 2편 1절) 하지만 사람들은 한 번에 몇몇 순간들만을 망각할 수 있을 뿐이다. 곧 사람들은 동물처럼 완전히 "비역사적"일 수는 없는 것이다. 따라서 사람들은 과거를 "극복하고", "초역사적으로" 사유하는 것을 배워야만 한다.

> (…) 역사적인 인간들은 역사가 진행됨에 따라 존재의 의미가 점차 분명해질 것이라고 믿는다. (…) 초역사적인 인간들은 (…) 이 진행에서 어떠한 구원도 발견하지 못한다. 오히려 그들에게 세계는 완전하며, 매 순간 이미 자신의 끝에 도달해 있다. (『반시대적 고찰』 2편 1절)

인류는 아직 젊으며, 따라서 "인간 본성"을 고정된 것이라고 생각하는 것은 오류라고 니체는 말한다. 그러나 이 시대가 앓고 있는 역사의식의 과잉의 배후에는 인간 본성이 고정된 것이라는 가정이 놓여 있다. 그리고 이러한 가정의 배후에는 기독교 시대의 유물과 헤겔의 영향이 놓여 있다.

(…) 인간이라는 종은 억세고 끈질기며, 몇천 년, 아니 몇십만 년의 시간도 그[인간이라는 종]의 진보를 관찰하기에는 충분치 못하다. (…) 도대체 무슨 근거로 2천 년이라는 기간(인생을 60년으로 계산하면, 34세대의 기간)의 처음을 인류의 "젊음", 그리고 그 끝을 인류의 "늙음"이라고 말할 수 있는가? 인류가 이미 쇠락해 가고 있다는, 우리를 무력화시키는 이 믿음에는 중세로부터 물려받은 기독교 신학적 관념의 오해가 숨어 있지 않은가? 곧 세상의 종말이 다가오고 있으며, 우리는 두려움에 떨면서 최후의 심판을 기다리고 있다는 관념이 숨어 있지는 않은가? (…) 점점 커 가고 있는, 역사적 심판에 대한 욕구는 저 관념이 옷만 새로 갈아입은 것과 같지는 않은가? (『반시대적 고찰』 2편 8절)

어쨌든 자신이 [역사에] 뒤늦게 등장한 자에 불과하다는 믿음은 우리를 무력하고 의기소침하게 만든다. 그러나 어느 날 이러한 믿음이 이 뒤늦게 온 자를 이전에 일어났던 모든 사건들의 참된 의미와 목적으로 대담하게 전도시켜 신격화할 때, 그 생각은 끔찍하고 파괴적인 것으로 나타남에 틀림없다. (…) 이러한 관점에 의해 독일인들은 "세계사적 과정"이라는 것에 대해 말하고, 자기들이 살고 있는 시대를 이 세계사적 과정의 필연적인 결과로 정당화하는 데 익숙해졌다. [이는] 아직까지 지속되고 있는 [헤겔 철학의] 거

대한 영향력[의 결과이다.] (『반시대적 고찰』 2편 8절)

헤겔은 근대인으로 하여금 "자신의 삶의 방식을 (…) '세계사적 과정으로의 자신의 인격의 완전한 귀의歸依'"라고 부르게 만들었으며, 자신을 "세계사적 과정의 최종 목표"라고 생각하게 만들었다. 이러한 헤겔의 영향에 이제는 다윈의 영향이 덧붙여진다.

(…) 이제 인류의 역사는 동물과 식물의 역사의 연장일 뿐이다. 가장 깊은 심해에서도 역사적 보편주의자는 하찮은 생명체로서의 자신을 흔적을 계속 찾아낸다. (…) 그는 세계사적 과정이라는 피라미드의 상층에 뽐내며 서 있다. (『반시대적 고찰』 2편 9절)

"잘난 척하는 19세기 유럽인들아, 너희들은 미쳐 날뛰고 있구나!" 이렇게 니체는 탄식한다. "너희들의 지식은 자연을 완성하지 못하며, 다만 너희들 자신의 본성을 파괴할 뿐이다."(『반시대적 고찰』 2편 9절) 이 외침은 다윈이 실제로는 자신들을 무가치한 존재로 격하시켰음에도 그를 구세주라고 열렬히 환영하는 자들을 곧바로 겨냥하고 있다. 그들이 공유하는 헤겔과 다윈은 가까운 미래에 모든 가치들의 허무주의적인 붕괴를 야기할 것이다.

무제한적인 생성에 관한 가르침, 모든 개념들, 유형들, 종들의 가변성에 관한 가르침, 인간과 동물 사이에는 근본적인 차이가 없다는 가르침, 진리이긴 하나 치명적인 이 가르침들이 요즘 일상적으로 열리고 있는 열광적인 설교를 통해 한 세대 동안 민족에게 던져진다면, (…) 개인주의적인 체계들,

형제가 아닌 자들에 대한 탐욕스런 착취를 위한 동맹들, 그리고 이와 유사한 창조물들이 미래에 등장한다고 해도 놀랄 일이 아닐 것이다. (『반시대적 고찰』 2편 9절)

그는 다가오는 이 허무주의에 맞서 "초역사적인" 이념을 설정한다.

[고결한 인간은] 언제나 사실들의 맹목적인 힘과 현실의 폭정에 맞서며, 저 역사적 흐름의 법칙이 아닌 법칙들에 자신을 복종시킨다. 그는 자기 실존의 가장 비근하고 어리석은 현실인 자신의 정념과 싸움으로써, 또는 정직을 자신의 의무로 삼음으로써, 언제나 역사라는 조류를 거슬러 헤엄친다. (『반시대적 고찰』 2편 8절)

머지않아 현명하게도 사람들이 세계사적 과정의 모든 구축물, 심지어는 인간 역사의 모든 구축물들을 멀리할 시기가 도래할 것이다. 대중이 아닌 개인들, 생성의 격한 흐름을 가로지르는 다리를 놓는 개인들을 목도할 시기가 도래할 것이다. 이러한 개인들은 어떤 종류의 [역사] 과정도 진척시키지 않으며, 서로 동시적으로 살아간다. (…) 그들은 언젠가 쇼펜하우어가 말했던 천재들의 공화국을 이루고 산다. (…) 아니, 인류의 목표는 그 종말에 있지 않고, 다만 인류의 최고의 전형들 속에 있다. (『반시대적 고찰』 2편 9절)

니체의 생각에 따르면, 이러한 개인을 만들어 내는 것은 다름 아닌 문화이다. 그리고 그리스인들은 살아 있는 문화를 창조하는 방법을 보여주는 좋은 실례이다.

델포이의 신은 너희에게 (…) 신탁을 고한다. "너 자신을 알라." (…) 수세기 동안 그리스인들은 오늘날 우리가 맞닥뜨리고 있는 것과 유사한 위험, 즉 과거의 것과 이국적인 것에 압도될 위험, "역사"에 의해 소멸될 위험에 직면했다. (…) 그들의 문화는 오랫동안 (…) 이국적이고, 셈족적이고, 바빌론적이며, 리디아적이고, 이집트적인 형상들과 개념들의 혼돈 상태였으며, 그들의 종교는 동방의 여러 신들의 전쟁터였다. (…) 그리스인들은 델포이의 가르침에 따라 자기 자신을, 다시 말해 자신의 진정한 욕구를 재발견함으로써 (…) 점차 혼돈 상태를 조직하는 법을 배웠다. 그렇게 하여 그들은 (…) 곧 너무 많은 동방 전체의 유산을 떠안은 상속자이자 그 아류이길 그만두었다. (…) 이것은 우리들 각자에게는 하나의 우화이다. 우리들 각자는 자신의 진정한 욕구들을 재발견함으로써 자신 안에서 혼돈 상태를 조직해 내야 한다. (…) 그렇게 함으로써 우리들 각자는 그리스적인 문화 개념을 발견하게 될 것이다. (…) 새로워지고 개선된 자연Physis으로서의 문화라는 개념. (『반시대적 고찰』 2편 10절)

"혼돈 상태를 조직한다"는 것은 디오니소스에 대한 아폴론의 승리를 표현하는 또 다른 방식이다. 그러나 이것은 여전히 하나의 비유일 뿐이며, 그런 한에서 별 도움이 되지 않는 개념이다. 즉 니체는 이 말이 실제로 함축하고 있는 내용에 대해서 말할 수 없었다. 즉 니체는 이 말이 실제로 함축하고 있는 내용에 대해서 말할 수 없었다. 그러나 역사 문제를 다루는 「삶에 있어서 역사의 유용함과 불리함」에는 이미 그의 성숙기 철학의 주요 개념들이 제각기 독립적으로 등장하고 있다. 우선 "혼돈 상태를 조직한다"는 것은 힘에의 의지가 처음 등장하는 『차라투스트라는 이렇게 말했다』의 "자기 극복에 대하여"라는 장으로 이어진다. 그리고 "인류의 목표는 그 종말에 있지 않고, 오로지 그것의 최고의 전형들에 있다"라는 관념은 자신 안에서 혼돈 상태를 조직한 자, 곧 초인으로 이어진다. 또 초역사적인 인간에 대한 전망은 영원 회귀로 이어진다. 니체는 "진리이긴 하나 치명적인 것"이라는, 그의 전형적인 문제의식에 대해 이전보다 더 날카롭게 맞선다. 다원주의는 진리이긴 하나, 재난을 의미한다. 실재는 "생성"이지 결코 존재가 아니라는 가르침 역시 진리이긴 하나, 마찬가지로 재난을 의미한다. 두 측면 가운데 어떤 것도 부정될 수 없다. 궁극적으로 이 양자는 극복될 것이다.

『반시대적 고찰』의 셋째 편 「교육자로서의 쇼펜하우어」는 인류의 "최고의 전형들"이 곧 인류의 의미라는 견해, 그리고 개개인은 "자신의 진정한 욕구를 재발견함"으로써 "새로워지고 개선된 자연으로서의 (…) 그리스적인 문화개념"을 깨닫게 될 것이라는 견해에서 출발한다.

> 대중에 속하기를 원치 않는 사람은 오로지 자기 자신의 나태함을 없애기만 하면 된다. 그리고 "너 자신이 되어라! 지금 네가 하고 있는 것, 생각하는 것, 원하는 것은 모두 너 자신이 아니다!"라고 외치는 자신의 양심을 따르기만 하면 된다. (『반시대적 고찰』 3편 1절)

> 그렇지만 어떻게 우리는 우리 자신을 다시 발견할 수 있는가? 어떻게 인간이 자기 자신을 알 수 있는가? (…) 젊은 영혼은 다음과 같은 물음을 던지면서 삶을 되돌아보아야 한다. 지금까지 너는 무엇을 진정으로 사랑했는가? 무엇이 너의 영혼을 높이 끌어올렸는가? 무엇이 너의 영혼을 지배했으며, 또 축복했는가? 그리고 그것들을 (…) 네 앞에 세워 놓아라. 그러면 그것들은 너에게 (…) 너의 진정한 자아의 근본 법칙을 보여 줄 것이다. (…) 왜냐

하면 너의 진정한 본질은 네 안에 깊이 묻혀 있는 것이 아니라 (…) 네 위로 측량할 수 없이 높은 곳에 있기 때문이다. 자신을 발견하는 (…) 다른 수단들도 있겠지만, (…) 자신의 교육자에 대해 생각하는 것보다 더 좋은 수단을 나는 알지 못한다.(『반시대적 고찰』 3편 1절)

이어서 니체는 자신의 "교육자" 쇼펜하우어에 대해 이야기한다. 그런데 쇼펜하우어의 철학에 관해서는 거의 한마디도 언급하지 않는다는 점은 매우 의미심장하다. 대신 쇼펜하우어의 정신과 삶의 독립성, 그의 지적인 용기를 강조하고 있다.

내가 한 철학자로부터 무언가를 얻는 것은 오로지 그가 내게 하나의 모범이 될 때에 한해서이다. (…) 그러나 이 모범은 단지 책이 아니라 그가 보여 주는 삶을 통해 제시되어야 한다. (…) 칸트는 대학을 고집했고, 대학의 규율에 복종했다. (…) 따라서 칸트가 보인 모범으로부터 무엇보다도 대학 교수와 강단의 철학이 양산된 것은 당연한 일이다. (『반시대적 고찰』 3편 3절)

강력한 사회, 정부, 종교, 여론이 있는 곳, 간단히 말해 폭정이 있는 모든 곳에서 고독한 철학자는 미움을 샀다. 왜냐하면 철학은 인간에게 어떠한 폭정도 침입할 수 없는 피난처를 제공하기 때문이다. (『반시대적 고찰』 3편 3절)

니체는 붕괴와 폭정의 시기가 다가오고 있음을 확신했다. 그리고 이러한 붕괴와 폭정의 시기에는 쇼펜하우어와 같은 유형의 철학자가 "인간의 상像"을 보존할 것이다.

한 세기 동안 우리는 완전히 근본적인 동요에 대비해 왔다. (…) 우리 시대가 한창 위험에 처했을 때 (…) 누가 인간성을 지키고 옹호할 것인가? 인간이 (…) 동물 또는 심지어 자동인형의 수준으로 떨어졌을 때 누가 인간의 상을 세울 것인가? (『반시대적 고찰』 3편 4절)

니체는 근대에 고안된 세 가지의 "인간상"이 있다고 말하면서, 각각에 루소, 괴테, 쇼펜하우어의 이름을 붙였다. 루소적인 인간은 본질적으로 혁명적이며, 괴테적인 인간은 관조적이다. 쇼펜하우어적인 인간은 "진실하다는 것에 수반되는 고통을 기꺼이 받아들이는" 인간이다. (『반시대적 고찰』 3편 4절)

(…) 쇼펜하우어의 방식대로 살려는 사람은 (…) 파우스트보다는 메피스토펠레스처럼 보일 것이다. (…) 부정될 수 있는 모든 것은 또한 부정될 만한 것이기도 하다. 그리고 진실하다는 것은 어떤 식으로도 부정될 수 없는 것을 믿는다는 것을 의미한다. (…) 분명코, 그는 자신의 용기를 발휘하여 자신이 지상에서 누리는 행복을 파괴할 것이다. 그는 자신이 사랑하는 사람들에게, 그리고 자신을 만들어 낸 제도들에 적대적인 태도를 취해야 할 것이다. 그는 사람들이나 사물들이 고통받을 때, 자신도 함께 고통스러울지라도, 인정을 베풀지 말아야 한다. 그는 오해받을 것이며, 그가 혐오하는 권력의 동맹자로 오랫동안 간주될 것이다. (…) 그는 다음과 같은 일련의 이상한 질문을 내뱉으면서 존재의 심연 속으로 내려가야 할 것이다. 나는 왜 사는가? 나는 삶으로부터 어떤 가르침을 배워야 하는가? 어떻게 나는 지금의 내가 되었으며, 왜 나는 지금의 나 때문에 고통을 겪는가? (…) 자신의 삶이란 그저 민족, 또는 국가, 또는 학문의 발전 과정에 있는 한순간일 뿐이라고 여기

는 자는 (⋯) 존재한다는 것이 주는 가르침을 이해하지 못한 것이다.(『반시대적 고찰』 3편 4절)

"존재한다는 것이 주는 가르침"이란, 위대한 개인들만이 어떤 의미를 가진다는 것이다. 그리고 위대한 개인이란 동물을 넘어선 자, 인간을 넘어선 자, 혹은 니체가 훗날 사용한 용어를 따르자면, "초인"이다.

삶을 하나의 쾌락으로서 추구하는 한, 그는 아직도 동물의 지평 너머를 보지 못하고 있는 것이다. 왜냐하면 그는 그저 동물이 맹목적인 충동을 통해 추구하는 것을 좀더 의식적인 상태에서 추구하고 있을 뿐이기 때문이다. 그런데 우리는 바로 이런 상태로 인생의 대부분을 보낸다. (⋯) 그러나 우리가 이런 사실을 깨닫는 순간들이 있다. (⋯) 그때 우리는 보게 된다. 모든 자연과 더불어 우리 자신이, 우리 위에 높이 있는 어떤 것을 향해 몰려가듯이 인간을 향해 몰려가고 있는 모습을. (『반시대적 고찰』 3편 5절)

우리를 끌어올리는 자, 그들은 누구인가? 그들은 진실한 인간들, 더는 동물이 아닌 인간들, 철학자들, 예술가들, 성자들이다. 자연은 결코 비약을 하지 않지만, 그들을 창조할 때 (⋯) 단 한번 비약을 한다. (『반시대적 고찰』 3편 5절)

인류는 개개의 위대한 인간들을 낳는 일에 끊임없이 종사해야 한다. 이것만이 인류의 과업이다. (⋯) 왜냐하면 문제는 다음과 같기 때문이다. 어떻게 당신의 삶, 개별적인 삶이 가장 높은 가치와 가장 깊은 의미를 가질 수 있을까? (⋯) 오로지 가장 드물고, 가장 가치 있는 인류의 전형들에게 보탬이 되도록 사는 것을 통해서만. (『반시대적 고찰』 3편 6절)

문화의 영역 안에 존재하는 자는 누구나 이렇게 행동하며, 다음과 같이 말한다. 나는 내 위에 나보다 더 높고, 더 인간적인 어떤 것을 본다. 내가 그것을 손에 넣도록 도와 달라. 내가 나와 똑같은 이유에서 괴로워하는 모든 사람을 돕듯이. 그것을 통해 마침내 앎, 사랑, 직관, 힘에서 자신이 완전하고 무한하다고 느끼는 자, 사물의 판관이자 가치를 평가하는 자로서 그의 전 존재가 자연과 결합되어 있는 자가 생겨나도록. (『반시대적 고찰』 3편 6절)

『반시대적 고찰』의 넷째 편 「바이로이트의 리하르트 바그너」의 대부분은 현재 논의가 이루어지고 있는 단계에서는, 그 내용보다는 전기적인 관점에서 더 큰 흥미를 끈다. 곧 니체가 쓴 글 자체가 아니라 그가 제1회 바이로이트 축제에 맞춰 1875년에 바그너에 대해 글을 썼고, 1876년에 출간했다는 사실이 흥미로운 것이다. 이 글의 어조는 거리낌 없는 찬사 일색이다. 그리고 니체는 『이 사람을 보라』에서 이 글과 쇼펜하우어에 대한 글이 실제로는 자기 자신에 관해 쓴 것이라고 "해명"한다. 그는 "「바이로이트의 리하르트 바그너」라는 글은 나의 미래에 대한 것이었다"라고 말한다.(『이 사람을 보라』, 「반시대적 고찰」 3절) 그러고 나서 다시,

젊은 날 내가 바그너의 음악에서 들었던 것은 바그너와는 아무런 상관이 없었다. (…) 나의 글 「바이로이트의 리하르트 바그너」가 (…) 이를 입증한다. 온갖 결정적인 심리학적 구절들은 모두 나에 대해서만 말하고 있다. 바그너라는 이름이 적혀 있는 모든 곳에 내 이름이나 "차라투스트라"를 집어넣어도 될 것이다. (…) 바그너 자신도 이러한 사실을 알고 있었다. 다시 말해 그는 이 글 속에서 자기 모습을 알아볼 수 없었다. (『이 사람을 보라』, 「비극의

이 주장은 받아들이기 어렵다. 그리고 바그너가 이 글 속에서 자기를 알아보지 못했다는 진술은 사실이 아니다. 니체는 1876년 7월에 이 글을 바그너에게 보냈고, 바그너와 코지마 모두 매우 기뻐했다. (바그너는 이 글을 루트비히 왕에게 보냈는데, 그도 마찬가지였다.) 바그너는 즉시 니체에게 편지를 썼다. "친구! 자네의 책은 경이롭네! 도대체 자네는 어떻게 나를 그토록 속속들이 잘 아는가?" 어쨌든, 바그너를 연구하는 사람이라면 이 글에서 그려지고 있는 인물이 바그너가 아니라 니체라는 주장을 믿기보다는 오히려 이 글에 나타나고 있는, 바그너 개인에 대한 니체의 통찰력에 더 감탄할 것이다.

니체 철학의 전개를 고려해 봤을 때, 이 글에는 그의 초기 저작과 『인간적인 너무나 인간적인』을 연결하는 매우 중요한 요소가 포함되어 있다. 그 요소란 다름 아닌 바그너의 창조적 에너지를 그의 힘을 향한 욕망과 관련시킨 것이다. 「삶에 있어서 역사의 유용함과 불리함」에서 니체는 "혼돈 상태의 조직화"라고 부른 과정을 통해 그리스인들이 통합적이고 살아 있는 문화를 만들어 냈다고 말하면서, 이 과정이 개별적인 인물 안에서도 작동할 것이라고 암시했다. 이때 개인은 자신 안에 서로 충돌하는 충동과 감정을 가진 일종의 국가와 같다고 볼 수 있다. 니체의 철학 전체를 살펴봤을 때, 우리는 여기에서 니체가 국가나 개인을 지배하는 원리인 힘을 향한 욕망이라는 개념에 이미 가까이 다가갔지만, 이 개념은 아폴론-디오니소스 이원론 때문에 여전히 모호한 상태에 있었다는 사실을 알 수 있다. 「바이로이트의 리하르트 바그너」에 와서 니체는 자신의 관점을 변경한다. 그는 바그너를 면밀히 관찰했으며, 바그너의 발전을 심리학적으로 설명할 수 있었다. 바그너 덕분에 니체는 예술적인 창조력으로 변형된 힘을 향한 욕망을, 막연하거나 반쯤 은유적인 현상이 아니라 실제적인 사건으로 보게 되었다.

> 그의 삶을 지배한 관념, 곧 극장을 통해 비할 데 없이 큰 영향력을 (…) 행사할 수 있을 것이라는 관념이 그를 처음 사로잡았을 때, 그의 전 존재는 격렬한 흥분 속에 빠지게 됐다. (…) 이 관념은, 처음에는 (…) 그가 가진 불명료한 개인적 의지로 표현되어 나타났다. 그리고 이 의지는 명예와 권력을 한없이 탐했다. 영향력, 비할 데 없이 큰 영향력(어떤 영향력? 누구에 대한 영향력?), 이것이 이때부터 줄곧 그의 머리와 가슴을 사로잡았던 물음이며 탐구였다. 그는 지금까지의 그 어떤 예술가와도 달리, 정복하고 지배하길 원했고, 그의 본능이 불명료한 상태에서 갈망했던 폭군적인 전능함을 가능한 한 단번에 획득하길 원했다. (『반시대적 고찰』 4편 8절)

그 결과, 바그너는 극장의 천재가 되었고, 자신의 말이 곧 법으로 통하는 작은 세계를 창조하기 전까지 결코 멈추지 않았다.

니체는 이 같은 바그너의 예술의 기원에 문제가 있다고는 결코 주장하지 않았다. 왜냐하면 바그너는 힘에 대한 갈망을 순수하게 관념적인 경로를 통해 분출했기 때문이다. 바그너가 정치나 군대를 통해 권력을 추구했다면, 19세기의 역사는 매우 달라졌을 것이다. 바그너는 제2의 나폴레옹이 될 소질을 가지고 있었다. 그리고 바로 이 점이 심리학자 니체에게는 중요한 가치를 가지는 것이었다.

7

대학을 떠나다

나의 생명력이 가장 약했을 때, 나는 염세주의자이길 포기했다. **자기 회복의 본능이 궁핍과 의기소침의 철학을** 금한 것이다. (『이 사람을 보라』 1장 2절)

- 1 -

1876년 가을 무렵, 바그너와의 결별은 사실상 돌이킬 수 없는 일이 되었다. 니체와 바그너는 그해 11월에 소렌토에서 한 번 더 만난 것을 끝으로 더 만나지 않았다. 8월 27일에 니체는 당시 친밀한 우정을 나누던 파울 레와 함께 바이로이트를 떠났다. (레가 유대인이었기 때문에 그들 사이의 우정은 반프리트에서 니체가 비난을 받는 이유가 되었다.) 그는 건강 상태가 좋지 않아 곧장 업무에 복귀할 수 없었다. 그래서 병가를 신청했고, 10월 15일에 대학 당국은 1년 동안의 휴직을 허락했다. 니체는 이를 미리 예상하고 10월 1일에 레와 함께 보^Vaud 주州에 있는 작은 온천 휴양지 베^Bex로 떠나 그곳에서 10월 20일까지 머물렀다. 이 시기에 니체의 건강은 악화되었다가 회복되기를 주기적으로 반복했는데, 이런 상황은 이후 평생 계속됐다. 베^Bex에서 떠날 무렵 젊은 소설가 알베르트

말비다 폰 마이젠부크

브레너가 합류했다. 세 사람은 20일에 제노바로 떠났고, 그 다음에는 배를 타고 나폴리로 갔다. 나폴리에서 그들은 말비다를 만났는데, 그녀는 소렌토 교외에 빌려 놓은 별장 루비나치로 그들을 데려갔다. 거기에서 세 사람은 이듬해 봄까지 머물렀다.

모험을 좋아하는 말비다의 삶은 그녀의 책 『한 이상주의자의 회상』에 소개되어 있다. 니체가 바이로이트에서 그녀를 만났던 1872년 무렵에, 그녀는 독일어권의 젊은 작가들과 예술가들의 대모 역할을 하고 있었다. 그녀는 대규모 사교 모임을 주재했으며, 이 모임에 참석한 사람들 대부분은 그녀로부터 여러모로 도움을 받았다. 따라서 이 세 명의 젊은 이들[1]에게 겨우내 작업하고 휴식할 자리를 내준 것은 그녀의 성격에 어울리는 일이었다. 별장은 소렌토에서 도보로 15분 정도 떨어진 해안가에 있었는데, 나폴리와 베수비오 산에 이르는 바다가 훤히 보이는 곳이었다. 브레너는 가족에게 보내는 편지에서 "우리는 공원, 별장, 정원이 딸린 집들만 있는 주거지에서 (…) 지내요. 마을 전체가 마치 수도원 같죠."라고 썼다.[2] 훗날 니체도 작가이자 화가인 라인하르트 폰 자이틀리츠에게 다음과 같은 편지를 보냈다. "우리는 같은 집에서 살았고, 더욱이 모든 수준 높은 관심사를 가졌네. 마치 자유로운 영혼들이 함께 기거하는 수도원 같았다네." 그가 예전에 로데와 이야기했던 "세속 수도원"이 잠시나마 현실이 된 것이다.

그곳에서 레와 브레너는 이듬해 4월 중순까지, 그리고 니체는 5월까지 머물렀다. 세 사람은 모두 자신의 책을 저술했다. 니체는 가끔 브레너에게 글을 받아 적게 했다. 나이가 제일 어렸던 브레너는 점심시간에는 날짜를 일러 주고, 아침에는 가장 먼저 일어나는 등 해야 할 "의무"가 많았다. 온화한 겨울 날씨 덕분에 니체의 건강은 조금씩 호전되었지만, 그의 몸 상태는 대체로 좋지 않았다.

공교롭게도 바그너와 그의 가족도 이탈리아에 머물고 있었는데, 그들은 첫 축제가 끝난 뒤 9월 14일에 기나긴 휴가를 떠났고, 10월 5일에 소렌토에 도착해서 11월 7일까지 머물렀다. 바그너와 니체는 여러 번 만났다. 그리고 트립셴에 있던 시절처럼 긴 이야기를 나누었다. 주로 바그너가 말하고 니체는 들었다. 겉보기에 그들 사이가 좋아진 듯했다. 그러나 속내를 들여다보면, 니체는 한때 자신의 우상이었던 사람이 풍기는 인상 때문에 슬픔에 잠겨 있었다. 이 무렵 그가 쓴 편지들에는 바그너가 늙었으며, 이제 자신의 방식을 바꿀 수 없을 것이라는 이야기가 여러 차례 실려 있다. 그러나 이것은 단순히 나이 문제만은 아니었다. 바그너는 니체와 처음 만났을 때보다 겨우 일곱 살 더 많은 예순세 살이었다. 그렇지만 바그너는 정신적으로 늙었고, 그의 정신은 생각할 수 있는 모든 문제들로 꽉 차 있었다. 그는 이제 막 자신의 최후의 대작, 〈파르지팔〉에 몰두하던 차였다. 뉴먼의 말대로, 이 오페라에서 "노망"의 흔적은 발견되지 않는다. "바그너는 다른 작품에서는 한번도 이처럼 가혹하리만큼 비판적인 사유를 보여 준 적이 없었다. 그는 (…) 다른 사람은 물론 자기 자신조차도 꿈꾸지 못했던 음악 세계를 창조하는 데 몰두했다."[3] 그렇지만, 예를 들어 베르디의 〈팔스타프〉가 젊은 사람의 작품이라는 것이 분명하듯이, 〈파르지팔〉은 나이든 사람의 작품임이 분명하다. 고통과 연민에 대한 강조, 행동과 변화에서 체념으로의 전환, 극히 완만한 진행, 프로스페로(셰익스피어의 마지막 작품 『템페스트』에 등장하는 주인공 – 옮긴이)를 연상시키는 주인공 구르네만츠의 수다스러움 등은, 스스로 마지막 작품을 만들고 있다는 것을 의식하면서 그것을 유언이자 유서로 여기고 있는 한 사람의 모습을 여실히 드러내고 있다.

〈파르지팔〉은 기독교적인 어휘와 장식에도 불구하고 진정으로 쇼펜하우어적인 바그너의 작품이다. 바그너가 이 작품에 대해 이야기하는 것을 들으면서, 니체는 자신들이 얼마나 멀리 떨어져 있는지를 절실히 깨달았음이 분명하다.

4월 10일에 레와 브레너가 떠난 뒤, 니체와 말비다는 니체의 장래에 대해 심각하게 고민했음에 분명하다. 니체가 바젤을 떠나야 한다는 것과 아내를 얻어야 한다는 두 가지 점에서 당시 그들의 의사는 확고했던 것 같다. 니체는 이미 엘리자베트에게 아내를 구하는 문제에 대해 이야기하거나 편지를 보냈다. 그리고 4월 25일에 그는 다시 편지를 썼다.

자, 마이젠부크 부인의 생각에 우리가 당장 해야 할 일, 그리고 너의 도움이 반드시 필요한 일은 이렇다. 부인과 나는, 내가 결국에는 바젤 대학에서의 생활을 포기해야 한다고 확신하고 있어. 내가 그곳에 계속 머문다면, 틀림없이 나의 더 중요한 기획들을 모두 포기해야 할 테고, 건강에도 치명적일 거야. 물론 나는 올겨울을 바젤에서 보내야 해. 하지만 또 다른 계획이 이루어진다면, 그러니까 나에게 어울리면서도 돈이 많은 여성, 마이젠부크 부인의 말대로라면 "선량하지만 부자인" 여성과 결혼하기만 한다면, 1878년 부활절에는 이 생활에 종지부를 찍을 생각이야. (…) 이번 여름에 스위스에서 이 계획을 밀어붙여서 바젤에는 결혼한 상태로 돌아갈 작정이야. 이미 많은 사람들을 스위스로 초청했어. 그중에는 베를린에서 온 엘리제 뷜로, 하노버에서 온 엘스베트 브란데스처럼 매우 낯선 이름들도 있지. 지적인 능력을 보자면, 나탈리에 헤르첸이 제일 조건이 좋지.[4] 제노바의 쾨케르트 양에 대한 너의 칭찬은 매우 인상적이었다! (…) 그렇지만 그녀의 수입이 얼마나 되

는지는 아직 모르지.[5]

모든 계획이 확정된 것처럼 보이지만 실행된 것은 아무것도 없었다. 니체는 (1877년) 가을에 바젤로 돌아갈 예정이었다. 그리고 그 사이에 한동안 스위스에 머물면서 말비다를 통해 여러 젊은 여성들을 만나고, 그 가운데 한 사람을 아내로 삼기 위해 그들을 주의 깊게 관찰할 생각이었다(이것은 아마도 말비다가 제안했을 것이다). 그러나 그가 실제로 그렇게 했다는 증거는 없다. 오히려 대략 여섯 달 정도 이탈리아와 스위스를 여행한 뒤인 7월 1일에 말비다에게 보낸 편지에서, 그는 자기 앞에 여전히 그 "즐거운 의무"가 기다리고 있다고 말한다. 바젤에 대한 심경도 변했다.

저는 바젤로 돌아가서 예전부터 해 오던 일을 다시 시작하기로 마음먹었습니다. 스스로 쓸모없다는 느낌이 드는 것을 참을 수 없는데, 바젤 사람들은 제가 쓸모 있는 사람이라고 느끼게 해 줍니다. 저를 병들게 만든 것은 바로 사유와 저술들입니다. 제가 순수하게 학문에 매진하던 학자였을 때는 건강했습니다. 그렇지만 신경을 파괴하는 음악과 형이상학적인 철학[곧 바그너와 쇼펜하우어]을 접하고서는 저와 아무런 관련이 없는 수천 가지 일들을 걱정하기 시작했습니다. 그래서 저는 다시 한 번 선생이 되려고 합니다. 그것을 견딜 수 없다면, 일하는 도중에 죽겠습니다.

그러나 이는 일시적인 기분일 뿐이었다. 8월에 그는 오버베크에게 좀더 현실적인 내용의 편지를 보냈다. "내가 지금 분명하게 알 수 있는 것 하나는, 내게는 학술적인 삶이 결국 불가능하리라는 것이네."

이러한 이야기는 곧 사실로 증명됐다. 9월 1일에 그는 바젤에서 엘리자베트와 함께 지낼 집을 다시 구했고, 가스트가 "비서이자 친구"로서 이들과 함께 살게 되었다. 니체는 대학에서의 생활을 다시 시작했다. 그렇지만 그해가 끝날 무렵에는 고등학교 교사직을 포기하고 대학 강의만을 해야 했다. 1878년 6월 중순에 엘리자베트는 나움부르크로 돌아갔고, 니체는 변두리에 있는 집을 빌렸는데 그 집에서 출근하려면 한참을 걸어야 했고, 그러면 자신의 몸이 건강해질 거라고 생각했다. 1878년에서 1879년 사이의 겨울 학기 동안 그의 건강은 다소 회복된 것처럼 보였다. 그러나 부활절 즈음이 되자 제노바에서 "치료"를 받아야겠다고 생각하게 된다. 그러나 이 치료는 실패했고, 그는 전보다 더 나빠진 상태로 바젤에 돌아왔다. 이제 그는 10년 가까이 건강을 소홀히 한 것에 대한 대가를 치러야 했다. 사실, 병의 근본적인 원인을 치료할 수는 없다 해도 그를 무력하게 만드는 여러 증상들은 세심한 노력을 기울이면 치유할 수 있었다. 그렇지만 니체는 이것을 언제나 소홀히 했다. 그는 쉬는 대신 일을 했다. 병이 조금씩 호전될 때마다 더욱 조심스럽게 행동하기는커녕 매번 다 나은 듯이 행동했다. 또한 자신의 생체 시간의 회복 능력이 자연스레 작동하게끔 놔두지 않고 약물을 삼켰다. 게다가 그는 자신이 산책과 수영을 좋아했기 때문에 그것이 건강에 좋다고 믿어 버렸다. 간단히 말해 그는 병을 악화시키기에 좋은 것들을 다 한 셈이었다. 1879년 4월, 마침내 병이 그를 정복했다. 그는 몇 주 동안 내내 쇠약해 있었으며, 가장 고통스러운 두통이 반복해서 그를 괴롭혔다. 그의 눈은 통증 때문에 아무것도 볼 수 없을 정도였고, 허약한 위장은 음식을 제대로 소화하지 못했다. 몹시 당황한 오버베크는 엘리자베트에게 전보를 보내 니체에게 당장 도움이 필요하다고 전했다. 바젤에 도착한 그녀는 고통과 탈진으로 반쯤 죽어 있는 니체를 발견했다.

5월 2일에 니체는 대학의 직무에서 영원히 벗어나게 해 달라고 요청한다. 그는 교직을 그만두고, 6월 14일에 연금을 받고 퇴직했다. 그리고 엘리자베트와 함께 바젤을 떠났다. 그들은 먼저 베른 근처의 휴양지인 브렘가르텐 성城에 들렀으며, 이어 취리히에 살고 있는 오버베크의 장모를 방문했다. 니체는 이곳에 머물면서 다음 할 일을 결정할 수 있을 정도로 건강을 회복했다.

- 2 -

1878년 1월 3일에 바그너는 당시에 막 출판된 〈파르지팔〉의 대본 한 권을 니체에게 보냈다. 뒤이어 5월에는 니체가 『인간적인 너무나 인간적인』을 출간했고, 역시 바그너에게 한 권을 보냈다. 두 사람은 이제 동떨어진 세계에 살고 있었다. 6월 11일에 니체는 자이틀리츠에게 다음과 같은 편지를 썼다.

그[바그너]의 시도와 나의 시도는 정반대 방향으로 가고 있네. 이 때문에 나는 상당히 고통스럽네. 하지만 진리를 위해서라면 어떠한 희생도 감수할 각오를 해야겠지. 그의 예술과 목적들에 반反하는 나의 모든 것을 단지 알기만 해도, 그는 아마 나를 가장 사악한 적들 가운데 하나라고 여길 걸세. 하지만 잘 알다시피 나는 [그의 적이] 아니네.

니체는 5월 31일에 페터 가스트에게 『인간적인 너무나 인간적인』

은 "바이로이트에서는 일종의 금서가 되었으며, 이 위대한 추방은 책의 저자에게도 적용되는 것 같다"고 말했다. 그러나 바그너는 이 책에 대해 분노하기보다는 오히려 슬퍼했다. 바그너는 5월 24일에 오버베크에게 다음과 같은 편지를 보냈다.

> 자네의 편지에서 우리의 오랜 친구 니체가 이제는 남들로부터 거리를 두고 있다는 인상을 받았네. 확실히 몇 가지 매우 놀라운 변화가 그에게 일어난 걸세. 그렇지만 그가 지난 몇 년 동안 겪은 정신적 발작을 보았던 사람이라면, 오랫동안 우려됐던 그에게 닥친 파국이 어느 정도는 예상된 일이라고 말할 걸세. 나는 그의 책을 읽지 않는 (…) 친절을 베풀었네. 내가 가장 바라는 것은, 언젠가 그가 이 점에 대해 내게 고마움을 표하는 것이네.

10월 19일에 바그너는 오버베크에게 다시 편지를 보내 니체의 안부를 물었다. 이 편지에서 그는 니체를, 정신은 망가졌지만 실낱같은 회복 가능성이 있는 친애하는 친구라고 불렀다. 그 사이, 《바이로이터 블래터》 8월호에는 『인간적인 너무나 인간적인』을 점잖게 공격하는 글이 바그너의 이름으로 실렸다.[6]

니체는 위에서 말한, 5월 31일에 가스트에게 보낸 편지에서, 『인간적인 너무나 인간적인』을 출간한 이후 "많은 친구들, 지인들과의 관계에서 생긴 기이한 소원함"에 대해 이야기했다. (이는 분명 바그너가 언급한 니체의 "거리 두기"를 반대편에서 바라본 것이다.) 로데 역시 이처럼 소원해진 친구들 가운데 하나인데, 그는 이 새 책이 싫다는 것을 매우 솔직하게 밝혔다. 그는 오버베크에게 편지를 보내 "아무 입장이나 마음 내키는 대로 택하는" 니체의 능력에 화가 난다고 말했다. 또 "세상을 특정한 관점에서 바라보게 하는 어떠한 강제로부터도 자유롭다는 것이 우리에게는 하나의 결함처럼 보이는데도, 니체는 그것을 자랑하고 있다"고 말했다. 많은 바그너주의자들과, 특히 코지마는 니체의 책을 스승에 대한 믿을 수 없는 배신으로 여겼다.

물론, 이러한 반응들은 대부분 낯섦의 결과라고 단순하게 설명될 수 있다. 그리고 바그너의 편지는 니체의 몇몇 책이 정신이상의 징후를 보이고 있다는, 이후에 제기되는 주장의 바탕이 되는 유용한 수단이 되었다. 바그너가 『인간적인 너무나 인간적인』을 정신이상의 징후가 드러나는 책이라고 생각했다면, 그보다 못한 사람들이 『즐거운 학문』이나 『선악의 저편』을 그와 같이 생각한다는 것도 놀랄 일은 아니다. 그러나 로데의 반박은 자기 나름의 근거가 있으며, 바그너와는 달리 그가 그 책을 나름대로 진지하게 읽었다는 사실을 보여 준다. (스스로 그 책을 읽지 않았다는 바그너의 진술은 중요하지 않다. 그는 틀림없이 그 책을 대충 읽어 보았거나 다른 누군가로부터 그 책의 내용에 대해 들었을 것이다.) 로데가 반대한 것은, 당시 니체가 가지고 있었던 덕목, 즉 여러 가지 관점을 실험해 보는 변증법적인 솜씨였다. 이것은 로데에게는 순전히 변덕스러운 것으로 보였다. 그는 그것이 하나의 철학적 방법을 구성한다는 것을 이해할 수 없었다. 왜냐하면 그러한 사실은 그 결과물들이 나온 후에야 비로소 분명해졌기 때문이다.

III

Nietzsche
1879년~1889년

—

사람들은 아포리즘이라는 형식을 받아들이는 데 어려움을 느낀다. 이것은 그들이 이 형식을 충분히 진지하게 취급하지 않는다는 사실에서 비롯된다. 완전히 압축되어 주조된 아포리즘은 단순히 읽기만 해서는 "해독"되지 않는다. 오히려 사람들은 처음부터 그것에 대한 해석을 시작해야만 한다. 그리고 그러기 위해서는 해석의 기술을 갖추어야 한다. (『도덕의 계보』 서문 8절)

—

에르빈 로데

8

삶의 전환점

그것은 전쟁이다. 그러나 거기엔 화약도 없고, 연기도 나지 않으며, 전투 태세도 없고, 비장함도 없고, 뒤틀린 사지도 없다. 이러한 것들은 모두 여전히 "이상주의"일 것이다. 오류들이 하나씩 찬 얼음 위에 놓인다. 이상은 반박되지 않는다. 이상은 얼어 죽는다. 예컨대 "천재"가 얼어 죽고, 다음 구석에서는 "성자"가 얼어 죽고, 큰 고드름 아래서는 "영웅"이 얼어 죽는다. 마침내 "믿음"이, 이른바 "확신"이 얼어 죽는다. "동정심"도 상당히 싸늘해진다. 거의 모든 곳에서 "사물자체"가 얼어 죽는다. (『이 사람을 보라』, 「인간적인 너무나 인간적인」 1절)

- 1 -

1879년 부활절에 니체의 건강은 급격하게 나빠졌고, 이 때문에 그의 인생은 전환점을 맞이하게 됐다. 그 후로 그는 정상적인 사회생활을 할 수 없었으며, 날마다, 주마다, 계절마다 되풀이되는 일상에서 물러나 홀로 지내야만 했다. 그는 언제나 자신에게 어떤 특별한 사명이 부여됐다는 생각을 하고 있었으며, 이런 생각과 상충할 수 있는 책임이나 의무들을 피하려고 애써 왔다. 그러나 이제 이 문제는 그의 손을 떠났으며, 그는 원하든 원하지 않든 홀로 떨어져 있게 되었다. 지금에 와서 분명해진 사실은, 그의 본성이 이런 고립을 필요로 했다는 점이다. 그는 본질적으로 혼자인 사람이었다. 그의 고립을 안타까워했던 사람들은 다음과 같이 자문해야 했다. 그가 정말로 고독을 싫어했다면, 왜 혼자 있기를 그만두지 않았는가? 니체는 어디든 자신이 원하는 곳에서 살 수 있었다. 그러나 그는 실제로 어디에도 정착하지 않았다. 그나마 오래 살았다고 할 만한 곳은 오버엥가딘에 있는 질스마리아라는 마을의 촌장의 집에 딸린 작은 방이었다. 그는 그곳에서 몇 번의 겨울을 보냈다. 그 외에는 제노바, 니스, 베네치아, 토리노에 체류하거나, 그 지역들 사이 어딘가를 여행하거나, 스위스나 독일에서 지냈다. 그는 호텔 방과 하숙방에서 살았으며, 재산이라고는 입은 옷과 원고들, 그리고 이것들을 담은 커다란 여행용 가방이 전부였다. 그는 1882년에 루 살로메를 만나기 전까지는 신붓감을 계속 찾고 있었지만, 이 젊은 여인을 향한 구혼이 실패로 끝나자 자신이 독신으로 살 운명임을 확신하게 됐다. 그는 때때로 자신의 처지에 낙담했음이 분명하다. 특히 다른 사람들이 결혼을 해서 가족으로부터 만족을 느낄 거라는 생각이 떠오를 때면 더욱 그랬을 것이다. 한 예로 로데가 1884년 2월에 새로 태어난 아기의 사진을 보냈을 때, 그는 이 사진을 보고 자기 연민에 휩싸여 다음과 같은 답장을 보냈다.

어쩌된 일인지 나도 모르겠네. 하지만 자네가 최근에 보낸 편지를 읽었을 때, 특히 아이의 사진을 보았을 때, 마치 자네가 내 손을 꼭 쥔 채 슬픈 눈으로 나를 바라보는 것만 같았다네. (…) 마치 이렇게 말하는 것 같았지. "우리가 어떻게 이처럼 아무런 공통점도 없이, 마치 다른 세계에 사는 것처럼 되어 버렸을까! 그리고 언젠가는 (…).” 그런데 이보게. 내가 사랑하는 사람들이 모두 그렇다네. 모든 것은 끝났네. 과거, 관대함. 사람들은 여전히 나를 만나고, 침묵을 깨기 위해 말을 하네. (…) 하지만 그들의 눈을 보면 진실을 알수 있네. 그 눈은 나에게 이렇게 말하지(내겐 아주 잘 들리네!). “친애하는 니체여, 이제 자네는 완전히 혼자로군!” 이건 정말로 맞는 말이네. (…) 이보게, 친구. 내 인생은 얼마나 외롭고 적막한가! 외롭고 또 외롭네! “자식들”도 없고 말이네! (1884년 2월 22일에 쓴 편지)

이로부터 3년 반이 지난 후, 니체는 로데에게 『도덕의 계보』를 보내면서 다음과 같이 푸념했다. “나는 이제 마흔세 살이네. 그렇지만 어릴 때와 마찬가지로 지금도 혼자로군.” (1887년 11월 11일에 쓴 편지)

그러나 이런 유의 감정의 분출은, 그의 외로움이 원하기만 한다면 언제든 벗어날 수 있는 종류의 것이라는 사실을 보여 주는 것 같다. 앞에서 나는 그가 어디에도 정착하지 못한 것은 아마도 아버지의 죽음 때문일 것이라고 말했다. 이에 덧붙여 이제는 그가 감정뿐 아니라 지적으로도 고독을 원했다고 말하고 싶다. 내가 보기에, 이런 사실은 그의 작품들에 나타나는 사유와 글쓰기 방식에서 확인된다. 그 방식은 본질적으로 자기 자신에게 말하기이다. 그는 대부분의 작품을 걸으면서 구상했으며, 또 생각나는 대로 수첩에 곧바로 기록하곤 했다. 따라서 그가 그런 구상들을 격앙된 몸짓을 하며 큰소리로 말했다고 한들 놀라운 일은 아닐 것이다. 이런 정황은 그의 작품 전반에 녹아들어 있다. 내 생각에, 사상이 성숙해 가던 무렵의 니체는 다음과 같은 모습이었을 것이다. 그의 마음은 여러 가지 생각들로 꽉 차 있으며, 또 넘쳐난다. 그는 편지에서 여러 차례 말했듯이 자신을 놀라게 하고 즐겁게 하는 그 생각들을 표현해 낼 방법을 끊임없이 찾는다. 낮이면 하루 종일 산책하고, 밤이면 탁자 위에 엎드린 채 앉아서 늘 자기 자신에게 무언가를 말한다. 그는 자신의 유일한 친구인 자신을 사랑한다. 다른 누구와도 그만큼 즐거운 대화를 나눌 수 없기 때문이다. 가끔씩 그는 자신과 충돌하기도 한다. 하지만 대화에 충돌이 없다면, 그것이 무슨 대화이겠는가? 그는 논쟁을 하고, 화를 내고, 자신을 비웃기도 한다. 혼자서 처지를 바꿔 가며 주장을 펼치고 반박한다. 그는 자신이 자유 사상가들 가운데 가장 자유롭다고 선언한 뒤에 자유 사상은 단지 파괴적인 것일 뿐이라고 쏘아붙인다. 점차 하나의 철학이 모습을 드러낸다. 바로 그의 철학이다. 그것은 어느 누구에게도 유용하지 않으며 어느 누구도 그것에 관심조차 기울이지 않는다. 하지만 그는 자신에게 이렇게 말한다. 언젠가 인류는 눈을 뜰 것이고, 새로운 세계가 발견되었음을 알게 될 것이다(이런 이유로 그는 그렇게 자주 콜럼버스의 도시[제노바]에 머무른다). 이런 생각을 하면서, 그는 자기 말을 이해하는 사람이 자신밖에 없다는 것에 대해 스스로 위로한다. 그러나 그러는 동안에도 그는 계속해서 말을 한다. 그의 말투에는 친밀함이 묻어나며, 생각하는 것과 말하는 것이야말로 가장 즐거운 오락거리라는 평범한 생각이 담겨 있다. 때때로 훈계조가 되기도 하고(주로 『차라투스트라는 이렇게 말했다』에서 그렇다.), 여러 서문들과 『이 사람을 보라』에 등장하는 자화자찬은 건전한 상식과 취향의 한계를 넘어서지만, 전체적으로 격앙된 대화 형식이 주를 이루고 있다.

이 시기부터는 니체의 작품들이 곧 그의 전기가 된다. 물론 일반적으로 모든 전문 작가들의 경우도 작품이 곧 전기지만, 니체는 다음과 같은 이유에서 특히 더 그렇다고 할 수 있다. 곧 니체는 삶의 대부분을,

일종의 비유적인 의미에서 (또는, 내 생각으로는 가끔씩 실제로도) 혼잣말을 하며 보냈고, 그의 작품은 그가 했던 말을 예술적으로 다듬어 재생산한 것이기 때문이다. 게다가 출판되지 않은 수많은 노트와 메모들은 불필요한 것들을 다듬고 추리고 삭제하거나, 또는 충분히 사고되지 않았다고 생각되는 것들을 따로 빼 두는 그의 작업 광경을 보여 준다.

오버베크의 장모가 베푼 정성스러운 간호 덕에 니체는 1879년 6월 하순 무렵에는 자신의 병약한 상태에 더 적합한 곳을 찾아 취리히를 떠날 수 있을 정도로 기운을 차렸다. 그는 오버엥가딘으로 가기로 결정했고, 그곳에 도착하자마자 자신에게 꼭 필요한 맑은 공기와 고독, 그리고 웅장한 풍경을 찾았음을 알게 되었다. 그는 24일에 엘리자베트에게 보낸 편지에서 "마치 약속의 땅에 온 느낌"이라고 말했다. 그는 생모리츠 St. Moritz에 머물렀고, 그곳에서 건강을 회복할 방법을 생각하기 시작했다. 오랫동안 요양하기에 적합한 곳은 나움부르크였는데, 그곳은 그가 바젤을 떠난 뒤 유일하게 고향이라 부를 수 있는 곳이었다. 그리고 사실 그곳은 다가오는 가을과 겨울을 보내기로 이미 정해 놓은 곳이었다. 또 그는 앞으로 어떤 식으로 살아갈 것인지에 대해 생각하고 있었다. 그는 7월 21일에 어머니에게 다음과 같은 편지를 보냈다.

어머니는 제가 단순하고 자연스러운 삶을 좋아한다는 걸 알고 계시지요. (…) 그리고 그것이 제 건강을 위하는 유일한 방법이라는 것도요. 머리를 긴장시키지 않으면서 시간이 많이 걸리고 다소 힘도 드는 진짜 노동이야말로 제가 필요로 하는 것입니다. 아버지도 언젠가 제가 정원사가 될 거라고 하셨잖아요? 저는 물론 그 일을 해 본 적이 없지만, 바보는 아니니까 어머니께서 제게 가르쳐 주시면 할 수 있을 겁니다.

나움부르크로 돌아가 "정원을 가꾼다"는 것은 고통스러웠던 그해 여름의 몇 달을 보내는 데 더없이 유쾌한 계획으로 보였음에 틀림없다. 그는 여름 내내 반복적인 편두통과 탈진에 시달렸으며(1879년 한 해 동안만 118일이나 심한 발작을 겪었다.), 환자용 식사만을 해야 했고, 계속되는 눈의 통증에 시달렸다. 그러나 그는 "머리를 긴장시키지" 않는 어떤 종류의 삶도 결코 오랫동안 유지하지 못했다. 그는 병세가 가장 심하던 때를 빼고는 봄과 여름 내내 『인간적인 너무나 인간적인』을 완성하는 일에 매달렸다. 첫째 부록인 「다양한 의견과 격언들」은 1879년 2월에 이미 출간됐고, 둘째이자 마지막 부록인 「방랑자와 그의 그림자」는 9월 첫째 주에 완성되어 1880년에 출간됐다.

이 무렵, 니체에게 있어 글쓰기는 자신이 통제할 수 없는 하나의 충동이었다는 점이 분명하다. 아니, 1876년 여름에 긴 아포리즘이라는 형식을 발견한 후로는 분명히 그러했을 것이다. 이 형식은 마치 손에 꼭 맞는 장갑처럼 그의 사상과 문체에 꼭 들어맞는 것이었다. 하지만 이 형식이 얼마나 독특한 것인지, 그리고 니체가 이 형식에 얼마나 광적으로 몰두했는지는 충분히 주목받지 못한 것 같다. 니체가 아니었다면, 수많은 단편들을 가지고서 지속적인 가치를 지니는 하나의 철학을 구성하는 작업은 불가능한 일로 보였을 것이다. 분명히 그에게는 선택의 여지가 없었다. 그가 이 형식을 취하자마자 그의 사상과 문체에 일어난 변형은 이것이 그에게 얼마나 적합한 형식인지를 증명해 준다.

(니체의 작품에서 보통 "아포리즘"이라고 불리는 것은, 짧게는 한 문장에서 길

게는 몇 쪽에 걸친 짤막한 소론에 이르기까지 다양한 길이를 가진 구절들이다. 니체가 사용하는 의미에서의 아포리즘으로 이루어진 다음과 같은 작품들, 즉 『인간적인 너무나 인간적인』, 「다양한 의견과 격언들」, 「방랑자와 그의 그림자」, 『아침놀』, 『즐거운 학문』, 『선악의 저편』 등에는 2,650개의 아포리즘이 담겨 있다. 『차라투스트라는 이렇게 말했다』, 『도덕의 계보』, 『바그너의 경우』, 『안티크리스트』, 『이 사람을 보라』에서는 글이 좀더 연속적이지만, 아포리즘 형식의 표현들이 불쑥불쑥 끼어든다. 이런 점에서(다른 측면에서도 그렇지만) 니체의 원숙기 작품의 축소판인 『우상의 황혼』에는 짧은 아포리즘들로 구성된 장(1장)과 긴 아포리즘들로 이루어진 장(9장)이 있다. 그리고 니체가 죽은 뒤에 편집된 『힘에의 의지』는 매우 다양한 길이로 된 1,067개의 아포리즘을 담고 있다. 여기에 유고에 있는 것들까지 고려하면, 아포리즘의 수는 엄청나게 많아진다.)

병마는 니체의 작업을 막을 수 없었다. 오히려 병은 그로 하여금 작업을 하도록 더욱 부추겼을 것이다. 왜냐하면 글을 쓴다는 것은, 그의 용어로 말하자면, 일종의 "자기 극복"이기 때문이다. 그가 생모리츠에서 9월 11일에 가스트에게 보낸 편지에는 이런 상황이 암시되어 있다. 그는 이 편지와 함께 「방랑자와 그의 그림자」의 원고를 보냈으며, 가스트는 이 원고를 인쇄업자에게 넘기기 위해 정서를 했다.

내 인생의 서른다섯 번째 해의 끝머리에 와 있네. 이 시기는, 1500년 동안 "인생의 중간 지점"으로 불려 왔네. 단테는 바로 이 시기에 환영을 보았고, 자신의 시 첫머리에서 이에 대해 이야기했네. (『신곡』의 첫머리에서 단테는 로마의 시인 베르길리우스를 만난다. 베르길리우스는 단테를 지옥과 연옥으로 안내한다. ─ 옮긴이) 하지만 인생의 중간 지점에 있는 나는, 언제라도 나를 데려갈 수 있는 "죽음에 둘러싸여" 있네. (…) 그 정도로 나는 스스로를 노인처럼 느끼네. 그리고 나는 내 인생의 작품[곧 『인간적인 너무나 인간적인』과 두 개의 부록]을 완성했다는 점에서 역시 노인과 같네. (…) 견디기 힘든 고통이 계속되고 있지만, 그것이 아직 내 정신까지 정복하지는 못했다네. 때때로 나는 인생의 그 어느 때보다도 쾌활하고 호의적인 기분을 느끼는 것 같네. (…) 최근에 쓴 이 원고를 쭉 읽어 보게나, 친구여. 그리고 그 어떤 고통이나 우울의 흔적이 발견되는지 한번 자문해 보게. 아무것도 발견할 수 없을 거라고 생각하네. 그리고 이것이야말로 나의 이런 견해들의 배후에 강함이 놓여 있음을 보여 주는 표시라고 생각하네. 나를 싫어하는 사람들은 그 배후에서 약함이나 피로를 찾아내려고 하지만 말일세.

니체가 이 작품을 썼을 당시의 고통스러운 상황은 이 작품의 강박적인 성격을 보여 주는 충분한 증거이다. 그는 가스트가 정서한 「방랑자와 그의 그림자」의 원고를 받은 후 10월 5일에 나움부르크에서 그에게 다음과 같은 편지를 보냈다.

생모리츠에서 자네에게 보냈던 그 원고는 아주 비싸게 팔렸네. 할 수만 있다면 누구도 그 작품을 쓰려고 하지 않을 정도의 가격이지. 나는 그 원고를 읽을 때마다 종종 몸서리를 친다네. (…) 언짢은 기억들이 떠올라서네. (…) 자네가 정서한 원고를 읽었지만, 내가 쓴 말을 이해하기 힘들다는 것을 알게 됐네. 내 머리는 너무 지쳐 있네.

니체는 9월에 엘리자베트와 함께 생모리츠를 떠나 쿠어^{Chur} 에 잠깐 들른 후 나움부르크로 돌아왔다. 그리고 거기에서 이듬해 2월까지 지냈다. 「방랑자와 그의 그림자」를 끝냈을 때 그는 이제 "생각을 좀 쉬어야겠다"고 결심했다.(9월 11일에 가스트에게 보낸 편지) 그리고 앞에서 인용한, 나움부르크에서 가스트에게 보낸 편지에서는 다음과 같이 말한다.

아무 생각도 안 하고 지낸다는 계획에 내가 얼마나 충실한지 자네는 믿지 못할 걸세. 더욱이 내게는 그래야 할 충분한 이유가 있다네. "사유 뒤에는 악마가 있기" 때문이지. 격렬한 통증의 발작 말일세.

어쩌면 니체는 정말로 쉬었을 수도 있다. 그러나 그런 휴식이 오래 지속됐을 리는 없다. 왜냐하면 1881년에 『아침놀』의 575개 절들이 출판 준비를 마쳤으며, 더욱이 이것은 훨씬 더 방대한 분량의 원고에서 골라 낸 것들이기 때문이다. 따라서 몸이 조금이라도 나아지는 날이면 곧장 펜을 들었다고 봐도 무방할 것이다.

-2-

『인간적인 너무나 인간적인』의 3절은 니체의 탐구 방법이 달라졌음을 선언한다.

보잘것없는 진리들에 대한 존중. 엄격한 방법을 통해 발견된 작고 보잘것없는 진리들을, 형이상학적이고 예술적인 시대와 사람들에게서 생겨난 즐겁고 매혹적인 오류들보다 더 높게 평가하는 것은 고급 문화의 특징이다.

『인간적인 너무나 인간적인』과 두 편의 부록에서 수행된 다양한 탐구들의 바탕에 놓여 있는 문제의 본질은 10절에서 나타난다.

> 종교와 예술과 도덕의 기원이 (…) 형이상학적 개념을 개입시키지 않고서도 완벽히 이해할 수 있게 설명된다면, "사물자체"와 "현상"에 관한 순전히 이론적인 문제에 쏠린 우리의 관심은 곧바로 사라진다. 왜냐하면 우리는 (…) 종교, 예술, 도덕을 통해 "세계 자체의 본질"과 관계를 맺는 것이 아니기 때문이다. 우리의 "관념"의 영역에 머물러 있으며, 어떤 "어렴풋한 앎"도 우리를 이 영역 너머로 데려가지는 못한다.

문제의 본질에 대한 깨달음은 니체와 인류 전체가 직면한 "과제"에 대한 깨달음으로 이어진다.

> 신이 세계의 운명을 지배한다는 믿음이 사라져 버린 뒤부터 (…) 인류는 스스로 지구 전체를 아우르는 보편적인 목표를 세워야만 한다. (…) 인류가 세계에 대한 이러한 의식적인 지배로 인해 파멸하지 않으려면, 무엇보다도 먼저 지금까지의 모든 지식을 능가하는, 문화의 조건들에 대한 지식을 발견해야만 한다. 이때 이 지식은 보편적인 목표를 위한 학문적 척도의 기능을 할 것이다. 바로 여기에, 다가오는 세기의 위대한 정신들이 직면할 거대한 과제가 놓여 있다. (『인간적인 너무나 인간적인』 25절)

이러한 문제와 과제에는 어떻게 접근해야 하는가? 니체는 『인간적인 너무나 인간적인』이 수행하고 있는 것은 "인간적인 너무나 인간적인 것에 대한 숙고, 또는 학문적으로 표현하자면, 심리학적 관찰"(『인간적인 너무나 인간적인』35절)이라고 말한다. 그는 자신이 생각하는 심리학이 무엇인지, 그리고 왜 심리학적 탐구가 세계를 비형이상학적 관점에서 설명하는 데 유용한지를 다음과 같이 설명한다.

심리학은 이른바 도덕 감정의 기원과 역사를 탐구하는 학문이다. 파울 레는 그의 책『도덕 감정의 기원』에서 다음과 같이 말했다. "도덕적 인간이 육체적 인간보다 지성적(형이상학적) 세계에 더 가까이 있는 것은 아니다." 역사적 지식이라는 망치질로 버려진 이 명제는 아마도 조만간 인간의 "형이상학적 욕구"의 뿌리를 찍는 도끼로 쓰일 것이다. 이것이 저주가 아닌 축복이 될지, 누가 말할 수 있겠는가? 어떤 경우든 이 명제는 가장 중대한 결과들을 가져올 것이다. 유익하면서도 끔찍한 이 명제는 모든 위대한 인식들이 갖게 마련인 야누스의 얼굴로 세계를 바라보고 있다.(『인간적인 너무나 인간적인』37절)

인류는 자신이 가진 "도덕 감정"에 자부심을 느낀다. 왜냐하면 도덕 감정은 "높은 세계"가 낮은 세계에 영향력을 행사하고 있음을 가장 확실하게 보여 주기 때문이다. 옳고 그름에 대한 우리의 관념이 신에게서 온 것이 아니라면, 대체 어디에서 왔겠는가? 그러나 (이 책 5장에 인용되어 있는)『인간적인 너무나 인간적인』1절에서 니체는 "좋은" 성질이란 "나쁜" 성질이 승화된 것에 다름 아니라고 주장했다. 그가 계속 탐구해 나간 "나쁜" 성질은 힘을 향한 욕망이다. 그는 다음과 같이 묻는다. 어떤 좋은 성질이 힘을 향한 욕망의 승화로 설명될 수 있는가? 이런 식의 접근은 그리스에 대한 그의 지식에서 비롯했다.

그리스의 예술가들, 예를 들어 비극 작가들은 우승을 하기 위해 시를 지었
다. 그들의 모든 예술은 경쟁과 분리해서는 생각할 수 없다. 헤시오도스의
선한 에리스, 즉 공명심이 그들의 천재성에 날개를 달아 주었다.(『인간적인
너무나 인간적인』 170절)

[그리스 철학자들은] 그들 자신과 그들의 "진리"를 굳건히 확신했다. 그리고
이러한 확신을 가지고 그들의 이웃들과 선배들을 모두 굴복시켰다. 그들
은 모두 폭력적이고 호전적인 폭군이었다. (…) 모든 그리스인들이 되고 싶
어 했던 그런 폭군이었다. (…) 입법자가 된다는 것은 폭정의 승화된 형태이
다.(『인간적인 너무나 인간적인』 261절)

또 바그너의 심리에 대한 지식에서도 비롯했다.

영향력, 비할 데 없이 큰 영향력(어떤 영향력? 누구에 대한 영향력?). 이것이
이때부터 줄곧 그[바그너]의 머리와 가슴을 사로잡았던 물음이며, 탐구였다.
(『반시대적 고찰』 4편 8절)

이제, 힘에 대한 니체의 생각 가운데 어떤 것이 새로운 것이고, 어떤
것이 토머스 홉스의 말을 반복한 것에 불과한지를 가려 보자. 홉스는
이렇게 말했다. "나는 힘을 향한 영구적이고 지칠 줄 모르는 욕망, 죽기
전에는 끝나지 않을 이 욕망을 인류 전체의 일반적인 경향으로 본다."
힘에 대한 갈망은 인간에게 자연스러운 것이라는 점, 또는 그러한 갈
망은 힘을 적당히 획득하면 만족되곤 한다는 점에는 의문의 여지가 없
다. 그러나 이런 명백한 사실은, 비록 그 명백함 때문에 니체의 철학을

설득력 있는 것으로 만드는 데 일정한 도움이 됐음에도 불구하고, 니체 자신과는 별 관계가 없다. 니체의 흥미를 끈 것은 겉으로는 힘을 향한 욕망과 아무런 관계가 없는 행위들과 감정들이, 사실은 그러한 욕망에 의해 촉발됐을 가능성이었다. 홉스에게 힘이란 정치적 힘을 의미하여, 이 힘은 궁극적으로는 야만적인 힘으로 환원될 수 있다. 그러나 니체에게 힘이란, 직접적인 만족이 거부되면 간접적인 방법으로라도 만족시키려고 애쓰는 심리적인 욕구를 의미한다. 이러한 개념은 디킨스의 작품에 나오는 유라이어 힙이라는 인물 속에서 형상화된 개념과 유사하다.

> 아버지는 겸손한 덕에 교회 머슴이 되셨지요. "유라이어야, 겸손해야 한다." 아버지는 제게 말씀하십니다. "그러면 잘될 거다. 그건 너나 나나 학교에서 귀가 따갑도록 들어 온 말이고, 나는 그 말이 가장 기억에 남는구나. 겸손해라. 그러면 잘 될 거다." 그래서 저는 정말로 무례하게 행동하지 않았습죠. (…) 지금 이 순간, 저는 정말로 겸손하답니다. 코퍼필드 나으리. 하지만, 이제는 힘도 조금 가지고 있습지요.

여기에서 유라이어는 의식적인 위선자로 그려진다. 그러나 디킨스는 모든 겸손이 다 꾸며 낸 것이라고 생각지는 않는다. 니체 역시 모든 겸손이 의식적으로 연출된 위선이라고 주장하지 않는다. 그러나 겉으로 보이는 유라이어의 겸손이 실제로는 작은 힘을 얻기 위한 방책이라는 생각, 즉 겉보기와는 사정이 정반대라는 생각은 니체의 다음과 같은 아포리즘의 배후에 놓여 있는 생각과 동일하다.

> 개정한 「루가의 복음서」 18장 14절. 자신을 낮추는 사람은 높아지기를 원한

다.(『인간적인 너무나 인간적인』 87절) [「루가의 복음서」에는 "자신을 낮추는 사람은 높아질 것이다."라고 되어 있다.]

『인간적인 너무나 인간적인』에서 니체는, 인간적 성질이 힘을 향한 욕망에서 기원한다는 것에 관한 일반적인 명제들을 제시하지 않는다. 대신 그는 자신의 새로운 방법을 충실히 따르면서 개별적인 사례들만을 조사했다. 감사하는 마음은 복수심의 정제된 형태이다.(『인간적인 너무나 인간적인』 44절) 약하고 고통받는 자들은 동정심을 불러일으키려고 한다. 왜냐하면 동정심은 그들에게 "나는 약하지만 적어도 한 가지 형태의 힘, 즉 상대방에게 괴로움을 주는 힘은 가지고 있다"는 생각이 들게 하기 때문이다.(『인간적인 너무나 인간적인』 50절) 그가 다비트 슈트라우스에게 말했던 대로 "실제로 존재하는" 좋은 성질들 가운데 하나인 정의는 거의 동등한 힘을 가진 권력자들 간의 합의로 이해될 수 있을 것이다.(『인간적인 너무나 인간적인』 92절) 호의적인 조언을 하는 사람들은 조언 받는 사람에게 힘을 행사하려는 목적에서 그렇게 한다.(『인간적인 너무나 인간적인』 299절) 누군가를 괴롭히는 것은, 그 피해자에 대한 힘을 공개적으로 드러내는 것이다.(『인간적인 너무나 인간적인』 329절) 진리가 비진리보다 더 선호되는 이유는, 사유의 영역에서 "힘과 명성은 오류나 거짓말에 근거해서는 유지되기 어렵기 때문"이다.(「다양한 의견들과 격언들」 26절)

그러나 힘의 문제에는 또 다른 측면이 있다. 앞에서 니체는, 개인은 일종의 국가이며, 교양 있는 개인이란 그리스인들이 국가적인 차원에서 했던 방식대로 자기 안의 "혼돈"에 질서를 부여하는 자라고 말했다. 그런데 자기 안의 혼돈에 질서를 부여하기 위해서는 자기 자신에게 힘을 행사하는 것이 필요하다. 이런 까닭에 니체는 자기 통제가 힘-충동의 한 측면일지도 모른다고 생각하게 된다.

금욕주의의 여러 형태들은 자기 자신에 대한 저항의 가장 승화된 표현이다. 어떤 사람들은 권력을 행사하고 지배욕을 실현하고픈 강렬한 욕구를 느낀다. 그런데 다른 대상이 없거나, 또는 다른 방향에서의 노력이 언제나 실패했기 때문에, 그들은 결국 자기 본성의 어떤 부분을 학대하자는 생각에 이르게 된다.(『인간적인 너무나 인간적인』 137절)

(…) 성자는 자기 자신에 대해 저항한다. 그 저항은 지배욕과 밀접하게 관련되어 있으며, 가장 고독한 자에게도 힘의 느낌을 준다.(『인간적인 너무나 인간적인』 142절)

훗날 니체는 이 "자기 자신에 대한 저항"을 힘을 향한 욕망의 가장 중요한 측면으로 보게 된다.

도덕, 다시 말해 이런 행동은 선하고, 저런 행동은 악하다는 식의 판단인 도덕 역시 힘-관계라는 점에서 시험적으로 설명된다.

선과 악의 이중의 전사前史. 선과 악이라는 개념은 이중의 전사를 갖고 있다. 첫째, 지배하는 종족과 계급의 영혼에서 진행되는 전사가 있다. 여기에서는 선은 선으로, 악은 악으로 되갚아 줄 수 있는 힘을 가지고 있는 자, 그리고 실제로 되갚아 주는 자, 그래서 감사할 줄 알고 복수할 줄 아는 자가 선하다고 불린다. 힘이 없고, 되갚아 주지 못하는 자는 나쁘다고 간주된다. 선한 자는 "선한 자들"에 속한다. 이들은 공통의 감정을 갖고 있는 집단인데, 왜냐하면 거기에 속한 모든 개인들은 되갚아 준다는 개념으로 서로 결합되어 있기 때문이다. 나쁜 자는 "나쁜 자들"에 속한다. 그들은 정복당한 떼거지들, 힘없는 자들이며 공통의 감정 따위는 가지고 있지 않다. 선한 자들은 하나의 계급이고, 나쁜 자들은 그저 무리들일 뿐이다. 오랫동안 선함과 나쁨은 고귀함과 비천함, 주인과 노예의 동일한 의미였다. 한편, 사람들은 적을 나쁘다고 보지 않는다. 왜냐하면 그들에게는 되갚아 줄 능력이 있기 때문이다. 호메로스에게, 트로이 사람과 그리스 사람은 양쪽 모두 선하다. 나쁜 자로 간주되는 것은 우리에게 해를 입히는 자가 아니라 경멸을 받을 만한 자다. (…) 둘째, 정복된 힘없는 자들의 영혼에서 진행되는 또 하나의 전사가 있다. 여기에서는 자신 외의 다른 모든 사람들은 그가 고귀한 자든 비천한 자든, 무자비하고, 잔인하며, 교활하고, 착취를 일삼는 적으로 간주된다. 악은 인간을 특징짓는 표현이며, 심지어 상상의 존재들, 예컨대 신까지도 특징짓는다. (…) 호의, 친절, 동정의 표시는 (…) 정제된 사악함으로 받아들여진다.(『인간적인 너무나 인간적인』 45절)

이 이론은, 선은 승화된 악이며 본질적으로 악과 연관되어 있다는, 뒤이어 개진되는 생각과 완전히 합치하지는 않지만, 조화를 이룬다.

모든 선한 동기들은 (…) 아무리 고상한 이름을 갖다 붙인다 해도 사실은 독이 들어 있다고 생각되는 동기들과 한 뿌리에서 자란 것이다. 선한 행위와 악한 행위는 전혀 다른 행위가 아니다. 그 둘 사이에는 기껏해야 정도의 차이만이 있을 뿐이다. 선한 행위는 승화된 악한 행위이다. 그리고 악한 행위는 조잡해지고 거칠어진 선한 행위이다. 개인이 가진 유일한 욕망은 자기를 만끽하는 것이며, 이것은 모든 상황 속에서 (자기를 만끽하는 것을 상실하는 것에 대한 두려움과 함께) (…) 나타난다. 즉 우쭐대거나, 복수심에 차거나, 충동적이거나, 사악하거나, 교활한 행동들 속에서든, 아니면 희생하거나 동정하거나 인식하는 행위 속에서든. (…) 많은 행위들은 그것이 오직 어리석은 행위일 때 악하다고 불린다. 왜냐하면 그 행위를 선택한 지성의 정도가 매우 낮기 때문이다. 실제로 지금까지의 모든 행위들은 어떤 점에서는 어리석다. 왜냐하면 현재 인류가 도달할 수 있는 최고의 지성도 틀림없이 언젠가는 추월될 것이기 때문이다. 그리고 그때, 우리가 살고 있는 현시대를 되돌아보면 우리의 모든 행위는 편협하고 분별없는 것으로 보일 것이다. 마치 원시인들의 행위와 판단이 우리에게 그렇게 보이는 것과 마찬가지다.(『인간적인 너무나 인간적인』 107절)

문화의 키클롭스. 한때 빙하가 있었던 깊게 패인 자리들을 바라볼 때, 우리는 이곳에 나무와 풀이 무성하고 시냇물이 흐르는 계곡이 펼쳐질 날이 오는 것은 불가능하다고 생각한다. 인류의 역사도 이와 마찬가지다. 가장 사나운 힘들이 길을 낸다. 그 힘들은 대체로 파괴적이다. 그러나 그러한 파괴는 훗날 더 온화한 문명이 집을 짓는 데 꼭 필요한 일이었다. 악이라고 불리는 무시무시한 활력은 인간성을 위한 키클롭스 같은 건축가요, 도로 건설자이다. (『인간적인 너무나 인간적인』 246절)

도덕적으로 행동한다는 것은 특정한 규범에 따르는 것을 말한다. 즉 도덕은 관습이다.

도덕적이고 윤리적이며 인륜적이라는 것은 오랫동안 확립되어 온 법이나 전통에 복종한다는 것을 의미한다. 기꺼이 복종하든 마지못해 복종하든, 그것은 중요한 문제가 아니다. 복종한다는 사실만으로도 충분하다. 오랫동안 물려받아 마치 천성인 것처럼 쉽게, 그리고 기꺼이 관습에 따라 행동하는 자는 "선하다"고 불린다. (…) 악하다는 것은 곧 "관습에 매이지 않는"(비관습적인) 것이고, 나쁜 관습을 행하는 것이며, 전통이 아무리 합리적이든 어리석든 상관없이 그것에 대항해 싸우는 것이다.(『인간적인 너무나 인간적인』 96절)

관습은 본질적으로 공동체에 이로운 것이다.

관습의 기원은 다음의 두 가지 관념, 곧 "공동체는 개인보다 더 가치 있다"는 관념과 "지속적인 이익이 일시적인 이익보다 더 선호되어야 한다"는 관념에서 찾을 수 있다. 그리고 여기에서 다음과 같은 결론이 나온다. 공동체에게 지속적으로 이익을 주는 것이 개인의 이익보다 무조건 우선시되어야 한다. (「다양한 의견과 격언들」 89절)

도덕은 관습이기 때문에, 양심은 어렸을 때부터 우리에게 부과된 명령들이다.

우리의 양심은 어렸을 때 우리가 존경했거나 무서워했던 사람들이 아무 이유도 알려 주지 않은 채 규칙적으로 우리에게 요구했던 것들로 이루어져 있다. (「방랑자와 그의 그림자」 52절)

니체가 양심을 설명하는 방식은 나중에 프로이트가 "초자아"를 통해 양심을 설명하는 것과 거의 유사하다.

『인간적인 너무나 인간적인』의 본질적인 목적은 형이상학적 관념에 의거하지 않은 채 실재를 설명하는 것이며, 이를 통해 "문화의 조건들"에 대한 지식을 얻는 것이다. 이 책에서 사용한 방법은 "실험주의"이다. 이 방법은 전체적으로 "더 높은 성질들"(초현세적인 기원이 가정되어야 하는 성질들)을 "더 낮은" 성질들(사람과 동물이 공유하는 성질들)의 변형물로 이해함으로써, 그것을 제거하는 경향을 띠고 있다. 그리고 이 책에 등장하는 힘을 향한 욕망은 가장 크게 발전할 여지를 보이는 개념이다. 이런 점들을 모두 고려했을 때,『인간적인 너무나 인간적인』은 매우 독특하면서도 쉽게 이해할 수 있는 니체 철학의 진정한 첫 단계라 할 수 있다.

1871년에 찍은 니체와 친구들 사진.
왼쪽이 에르빈 로데, 가운데가 카를 폰 게르스도르프, 오른쪽이 니체

9

홀로 떠돌며

우리는 대지를 떠나 출항했다! 우리는 건너온 다리를 태워 버렸다. 게다가 우리 뒤에 남아 있는 대지까지 불살라 버렸다! 자, 작은 배여. 너는 조심하여라. 대양이 너를 도처에서 둘러싸고 있다. 사실, 대양은 언제나 사납게 울부짖지만은 않는다. 때로 그것은 마치 비단과 황금처럼, 그리고 부드럽고 기분 좋은 꿈처럼 펼쳐져 있기도 하다. 그러나 너도 언젠가는 깨닫게 될 것이다. 대양이 무한하다는 것을. 그리고 무한하다는 것보다 더 끔찍한 것은 없다는 것을. (…) 오호라, 마치 대지에 더 많은 자유가 있기라도 하는 양 대지를 향한 향수병이 너를 사로잡는다면! 그러나 더는 어떠한 "대지"도 존재하지 않는다. (『즐거운 학문』 124절)

- 1 -

"나의 존재는 끔찍한 짐입니다." 1880년 1월에 니체는 프랑크푸르트에 있는 주치의 오토 아이저에게 이렇게 썼다. "너무 고통스러워 거의 자포자기 상태입니다. 그나마 지적·도덕적 영역에서 가장 유용한 여러 시도와 실험들을 하고 있지 않았다면, 벌써 오래전에 제 존재를 내던져 버리고 말았을 겁니다. 앎을 추구하는 데 따르는 기쁨이 너무도 지극하여, 저는 이 모든 고통과 절망을 극복할 수 있습니다. 전체적으로 저는 그 어느 때보다 훨씬 행복합니다. 그러나 아직! 통증은 계속됩니다. 하루의 대부분을 뱃멀미와 비슷한 메스꺼움을 느끼며 보내는가 하면, 또 말하기도 힘든 반 마비 상태와 격심한 발작이 번갈아 찾아옵니다. (가장 최근에 발작이 일어났을 때는 사흘 밤낮을 토했는데, 정말로 죽고 싶을 지경이었습니다)."

나움부르크에서 석 달을 지내는 동안에도 건강이 전혀 나아지지 않았기 때문에 그는 남부 지방으로 갈 생각을 하게 되었다. 그곳은 늘 날씨가 쾌청하여 깨어 있는 시간의 대부분을 산책을 하며 보낼 수 있기 때문이다. 그는 여전히 근육을 움직이는 신체 활동이 치료에 효과가 있을 것이라는 신념을 가지고 있었던 것이다. 그러나 이 계획에는 한 가지 문제가 있었는데, 병을 앓는 동안에는 간병인이 필요하다는 것이었다. 간병인으로 당시 베네치아에 살고 있던 페터 가스트를 떠올린 사람은 1월에 나움부르크를 방문했던 파울 레였을 것이다. 가스트가 니체에게 남다르게 헌신했다는 것은 바젤에 있던 친구들 사이에서는 잘 알려진 사실이었기 때문에, 레는 당연히 충실한 가스트가 적격자라고 생각했음이 분명하다. 그리하여 1월 26일에 가스트는 레로부터 2백 마르크가 들어 있는 뜻밖의 우편물을 받게 된다. 우편물 안에는 돈의 용도를 설명하는 레의 편지가 첨부되어 있었다. 편지에는, 니체는 남부로 가고 있으며, 리바에 머물 예정이라는 설명과 함께 분명 당신은 니체와 동행하길 원할 테니 이 돈으로 기차 삯과 여비를 하라는 이야기 등이 담겨 있었다. 가스트는 이 독단적인 제안에 당혹스러워했다. 왜냐하면 그는 당시 작곡가로서 인정받기 위해 고군분투하고 있었고, 1880년에서 1881년 사이에는 여러 편의 작곡 계획(그 가운데 몇 개는 니체와 함께 고안한 것이다.)에 몰두하고 있었기 때문이다. 또 그는 친구들이 매번 자신을 니체의 "비서이자 친구"로만 생각한다는 것에도 화가 났다.[1] 그러나 늘 그랬듯이 니체에 대한 그의 사랑은 그보다 가치가 덜한 감정을 극복하게 만들었고, 마침내 그는 레의 제안에 동의했다.

그러나 임무를 시작하라는 소식을 듣기까지 가스트는 좀더 기다려야만 했다. 2월 4일에 니체의 어머니 프란치스카는 아들이 악천후 때문에 아직 떠나지 못하고 있다는 편지를 보냈다. 그 후 2월 19일에는 니체로부터 이미 리바에 도착했다는 편지를 받았다. 2월 23일에 가스트는 진눈깨비가 몰아치는 와중에 리바에 도착했다. 니체는 이튿날 아침 5시 반에 가스트의 방에 와서, 만약 오늘 조금이라도 걷고자 한다면(니체 자신이 좀 걷고 싶었다.), 갈수록 진눈깨비가 더 많이 몰아칠 것 같으니 차라리 지금 출발하는 편이 좋겠다고 말한다. 가스트는 오스트리아인 친구에게 이날부터 3월 13일까지 리바에서 머무는 동안 자신이 한 일을 "사마리아인의 고된 봉사"라고 표현했다. 3월 13일에 니체와 가스트는 베네치아에 있는 가스트의 집으로 향했다. 그는 니체가 끊임없이 뭔가를 요구해 댈 것이라고 예상했고, 예상은 그대로 맞아떨어졌다. 3월 15일에, 그는 서둘러 다음과 같이 쓴다.

저는 지금 카페에서 이 편지 몇 줄을 쓰고 있습니다. 니체에게서 잠깐 도망쳐 나온 겁니다. 어제는 편지를 전혀 쓸 수 없었습니다. 집에 도착하자마자 곯아떨어졌다가 오늘 아침에 곧장 달려 나왔으니까요. 당신은 헌신이라는 것이 어떤 건지 이해하지 못할 겁니다. (…) 니체의 존재 자체가 저에게 그것을 요구합니다.

3월 말 무렵에는 미누티라는 이탈리아인 친구가 이들과 합류했는데, 그도 곧 앓아누워 버렸다. 가스트는 4월 8일에 쓴 편지에서 불만을 터뜨렸다.

제가 어제 편지를 쓰지 않은 건 순전히 시간이 절대적으로 부족해서입니다. 하루 종일 두 환자가 불평하는 소릴 듣고 있자니 신물이 납니다. 이 개 같은 생활을 더는 참을 수 없을 때, 베네치아를 떠날 겁니다. (…) 그리고 죽은 자가 죽은 자를 묻는 것처럼, 병든 자는 병든 자가 돌보도록 내버려 둘 겁니다. 이러다가는 머지않아 제가 병들고 말 겁니다.

그러나 가스트는 떠나지 않았다. 더욱이 작곡가로서 자신의 작업을 전혀 하지 못하는 것에도 개의치 않았다. 5월 11일에 그는 다음과 같이 썼다.

여기는 비가 거의 쉬지 않고 내립니다. 하늘에 낀 구름 하나하나에 민감하게 반응하는 니체가 어떻게 지내고 있을지 한번 상상해 보십시오.

그러나 9월 24일에 쓴 편지에서는 하루에 대여섯 시간씩 니체에게 책을 읽어 주거나 말을 걸면서 보내야 했던 일에 대해 이렇게 말한다.

그 당시 제가 무엇을 견뎌 냈는지 당신은 모를 겁니다. (…) 밤마다 자리에 누워 잠을 청하려고 애쓰면서 낮 동안에 무슨 일이 있었는지를 생각하다가, 제 자신을 위해서는 아무것도 못하면서 남을 위해서만 모든 것을 바치고 있다는 생각이 들 때면 격분에 사로잡혀 온몸을 비틀었고, 니체에게는 죽음과 천벌이 내리기를 빌었습니다. 그 무렵처럼 최악의·기분을 느꼈던 시기는 없었습니다. (…) 그러다가 아침 네다섯 시에 가까스로 잠이 들면, 니체는 아홉 시나 열 시쯤에 제게 와서 자기를 위해 쇼팽을 연주해 줄 수 있겠냐고 말했답니다.

6월 29일에 니체가 마리엔바트 행 기차에 오르는 것을 보면서 가스트는 틀림없이 안도의 한숨을 내쉬었을 것이다. 니체의 총명한 정신과 지적인 열정에 경탄하는 것과, 그 정신과 열정을 담고 있는 고통에 빠진 몸을 떠맡는 것은 전혀 다른 문제였다. 니체도 자신이 가스트를 얼마나 성가시게 했는지를 깨닫고는 마리엔바트(체코의 마리안스케라즈네의 독일식 지명. 온천 휴양 도시로 유명하다. – 옮긴이)에서 그에게 사과하는 내용이 담긴 편지를 보냈다. 그리고 언덕과 숲에 둘러싸여 지내는 덕에 자신은 더는 예전의 자기가 아니며, "도덕이라는 광산을 열심히 파는" 작업에 다시 몰두하고 있다고 말했다.(7월 18일에 쓴 편지) 그러나 그가 그토록 원하는 쾌청한 날씨는 여전히 그를 비껴가고 있었다. 그는 8월 20일에 가스트에게 다음과 같은 편지를 썼다.

나는 아직 마리엔바트에 있네. (…) 7월 24일부터는 날마다 비가 내리고 있네. 어떤 날은 하루 종일 내렸지. 비를 뿌리는 하늘, 습한 공기. 그러나 숲 속에서의 산책은 좋네.

같은 편지에서 그는 바그너와의 결별이 아직도 자신에게 얼마나 큰 영향을 미치고 있는지를 드러낸다.

만약 내가 누구와도 공감하지 못하고 살아가야 한다면, 그리고 내가 최근에 잃어버린 바그너와의 공감대를 상쇄할 수 있는 것이 전혀 존재하지 않는다면, 나는 끔찍하게 고통스러울 걸세. 그에 대한 꿈을 얼마나 자주 꾸는지. 꿈에서는 항상 예전의 친밀한 상태로 돌아가 있네. 그 무렵 우리 사이에는 어떤 독설도 없었고, 오직 생기 있고 용기를 북돋우는 이야기들만 있었지. 아마도 나는 다른 누구보다 그와 함께 있을 때 가장 많이 웃었을 걸세. 하지만 이제는 그 모든 것이 다 끝났네. 그리고 많은 일들 가운데 그를 반대하면서까지 정의의 편에 서 있다는 사실이 무슨 소용이 있겠는가! 마치 그러한 사실이 잃어버린 공감의 기억을 모두 지워 줄 수 있기라고 하다는 듯이 말일세! (…) 애정을 희생한 채 정의의 편에 있기를 원한다는 것이 너무나 어리석어 보이네.

그의 기억이 부정확하다는 말을 할 필요는 없을 것이다. 『이 사람을 보라』에서 그랬던 것처럼 여기에서도 그는 전체적인 인상을 떠올리고 있는 것이며, 그의 회상 속에서 바그너와의 다툼은 그리 중요해 보이지 않는다.

9월 초에 그는 나움부르크로 돌아가서 다섯 주 동안 머물다가 10월 8일에 다시 한 번 이탈리아의 햇빛을 찾아 떠났다. 이번에는 스위스의 마기오레 호수 근방에 있는 스트레자로 갔으며, 도중에 바젤에 들러 오버베크와 즐거운 재회를 하기도 했다. 그러나 스트레자에서 그의 건강은 오히려 더 나빠져서, 고작 몇 주만을 머문 후 겨울을 보내기 위해 제노바로 떠난다. 건강 상태는 악화되었지만, 그는 병마와 싸우며 살아가는 법을 배우고 있었다. 11월에 그는 오버베크에게 다음과 같은 편지를 보낸다.

지금 나는 다락방-고독이라는 이상을 실현하는 데 모든 노력을 기울이고 있네. 나는 다락방-고독 속에서만 내 본성이 원하는 필수적이면서도 단순한 모든 요구들을 합당하게 대접할 수 있네(나는 이 요구들을 너무도 많은 고통을 겪으면서 깨달았지). 그리고 나는 아마도 성공할 수 있을걸세! 매일같이 두통과 우스꽝스러울 정도로 잡다한 온갖 증상에 맞서 싸우는 데 너무 많은 신경을 뺏기는 바람에 나는 점점 옹졸해질 위험에 처해 있네. 그러나 이 전투는 도리어 내가 가지고 있는 매우 폭넓고 야심만만한 성향들에 대한 평형추가 되고 있네. 더욱이 이러한 성향들은 지금의 나에게 엄청난 영향력을 발휘하고 있어서, 그런 평형추가 없다면 나는 아마 바보가 되어 버리고 말 거네. 나는 심한 발작을 겪은 뒤에 회복되었지만, 이틀 동안 아무것도 하지 못하던 상태에서 벗어나자마자 어리석게도 곧장 엄청난 문제들을 다시 뒤쫓고 있네. (…) 부디 내가 지금과 같은 고립 상태를 지속할 수 있도록 도와주게. (…) 나는 오랫동안, 알아듣지도 못하는 말을 사용하는 도시에서, 아는 사람들 없이 살아야 하네. 나는 그래야만 하네. 다시 말하지만 나를 걱정하지 말게! 나는 수백 년을 아무것도 아닌 것처럼 여기면서 살아가고, 시대나 신문에 어떤 주의도 기울이지 않은 채 나의 생각만을 따르고 있네.

제노바에서 보낸 "다락방 – 고독" 시기는 비참했다. 1880년에서 1881년으로 넘어가는 겨울은 매우 추웠지만, 니체에게는 난방이라는 호사를 부릴 돈이 없었다. 그는 2월 22일에 오버베크에게 쓴 편지에서 "가끔 나의 사지가 얼어붙는다"고 말했다. 봄이 되자 그는 가스트와 다시 가까워졌고, 레코아로에서 4월 말부터 5월 말까지 한 달 동안 함께 지낸다. 그리고 가스트가 떠난 후에도 6월 중순까지 그곳에 머물다가 생모리츠로 돌아왔다. 6월 23일에 오버베크는 오버엥가딘에 있는 새로운 휴양지 질스마리아에서 날아 온 니체의 편지를 받았다. "나의 본성에 이 고원지대보다 더 알맞은 곳은 달리 없네." 실제로 니체는 말년에는 알프스 산맥 고지대의 한 마을인 질스마리아에 완전히 정착하게 된다. 그는 마을 촌장의 집에서 머물렀고, 식사는 호텔에서 했다. 주위가 온통 산과 숲으로 둘러싸인 곳에서의 고독은 도시의 다락방-고독보다 훨씬 더 쾌적했다. 물론 모든 일이 그렇게 완벽하게 돌아가는 것만은 아니었다.

여기에서조차 나는 많은 것을 참아 내야 하네. 올해 여름은 여느 때보다 유난히 덥고 사람을 온통 흥분시키고 있네. 이것은 내게 해롭다네.

그러나 질스마리아는 전체적으로 만족스러웠다. 여기서 우리는 니체의 목적이 고독을 피하는 것이 아니라, 그것을 추구하는 것이라는 점에 다시 한 번 주목해야 한다. 마을 주민들은 순박한 농민들이어서 그들에게 그는 그저 한 사람의 오래 머무는 여행객일 뿐이었고, 그는 본질적으로 모든 면에서 완벽하게 혼자였다.

그는 이처럼 2년 동안을 줄곧 떠돌아 다녔고, 건강은 전혀 나아지지 않았다. 1880년대의 미흡한 의학 기술에 부분적으로 책임이 있음은 의심할 여지가 없을 것이다. 그러나 그의 건강이 회복되지 않은 더 큰 원인이 무엇이었는지는 6월 중순에 질스마리아에서 어머니에게 보낸 편지를 보면 분명하게 알 수 있다. 니체의 병이 계속되자 어머니는 불안

속에서 끊임없이 걱정했으며, 그가 자신의 몸을 잘 돌보지 않는다고 나무랐던 것 같다. 니체는 그렇지 않다는 편지를 보내 어머니를 안심시키려고 노력했다. 그러나 그가 실제로 얼마나 아픈지를 아는 상태에서 이 편지를 읽어 보면, 그의 항변은 안심시키는 것과는 전혀 관계가 없다. 그는 이렇게 썼다.

"우울증"이라는 단어가 특별히 적용되지 않을 사람은 있을 수 없습니다. 제 인생의 과업과 거기에서 생기는 끝없는 요구들을 조금이라도 꿰뚫어 보는 사람은 저를 가장 행복한 사람은 아니더라도, 최소한 가장 용기 있는 사람이라고 생각합니다. 저에게는 제 건강보다 염려해야 할 더 중대한 문제들이 많으며, 저는 그것들을 끌어안을 준비도 되어 있습니다. 저의 겉모습은 누가 뭐라 해도 최고의 상태입니다. 저는 될 수 있는 한 많이 걷고, 그래서 근육이 거의 군인같이 되었습니다. 위장과 복부도 아주 정상적입니다. 제 신경 조직은, 그것이 수행해야 하는 엄청난 활동을 생각해 봤을 때 눈부시며, 매우 예민하면서도 아주 강해 저 스스로도 놀랍니다. (…) 저의 머리에 대해서는, 무엇이 잘못되었는지 진단하기가 매우 어렵습니다만. 진단하는 데 필요한 과학적 자료에 관한 한 제가 다른 어떤 의사보다도 낫다고 자부합니다. 실제로 어머니가 새로운 치료법을 제안하시거나 심지어는 제가 "병에 아무런 주의도 기울이지 않고 있다"고 말씀하실 때면, 과학적 인간으로서의 제 자존심은 상처를 받는다는 것을 아십니까? 이 문제에 대해서만큼은 저를 조금만 더 믿어 주십시오! 제가 저 자신을 치료한 것은 고작 2년밖에 되지 않습니다. 그리고 제가 지금까지 실수한 것이 있다면 그것은 모두 다른 사람들이 강요하는 조언을 거부하지 못하고 시험해 봤기 때문에 생긴 것입니다. (…) 어쨌든, 분별 있는 의사들은 모두 제 병이 오랜 시간이 지나야만 치료될 것이라고 분명하게 말했습니다. 그리고 무엇보다도 저는 제가 지금까지 받아 왔던 그 모든 잘못된 치료법들 때문에 생긴 해로운 후유증에서 벗어나야만 합니다. (…) 이제부터는 제가 직접 제 몸을 살피는 의사가 될 생각입니다. 사람들은 제가 뛰어난 의사라고 말하게 될 겁니다. (…) 제가 건강을 회복하는 일과 저의 위대한 과업을 진척시키는 일을 어떻게 결합시키는지 이해하는 사람이라면 누구나 저에게 적지 않은 경의를 표할 것입니다. 저는 상당히 용감하면서도 극도로 합리적인 태도를 가지고 살아가고 있습니다. 또 해박한 의학적 지식, 그리고 끊임없는 관찰과 연구는 저를 든든하게 뒷받침하고 있습니다.

이것은 바젤에 머물던 당시에 했던 이야기와 똑같다. 곧 작업의 방해를 의미하는 어떤 형태의 치료도 "잘못된" 것이다. 그는 오직 작업에 의해서만 치료될 수 있다. 따라서 그를 치료할 수 있는 사람은 그 자신뿐이다. 왜냐하면 오직 그만이 그가 어떻게 작업해야 하는지를 알기 때문이다. 그가 "의학적 지식"을 가지고 있다고 한 말은 진지하게 받아들이기 힘들다. 왜냐하면 그는 스스로 자신에게 의학적 지식이 없고, 최상급 "근육"에는 주의가 필요하며, 또 신경 조직은 자신의 질병에 대해 행한 모든 "관찰과 연구"가 사실상 부적절했음을 드러내는 증거에 다름 아니라는 것을 분명히 알고 있었을 것이기 때문이다. 결국 니체가 1872년 무렵부터 계속해서 병을 앓았던 근본적인 이유가 무엇인지 따져 본다면, 그가 의사의 조언을 조금도 귀담아들으려 하지 않았다는 점을 들 수 있을 것이다. 그렇다면 그는 왜 그렇게 했는가? 내 생각에 그는 처음부터 자신이 치유될 수 없다고 확신하고 있었고, 자신이 쓰고 싶은 모든 것을 채 쓰기도 전에 죽게 될까 봐 두려워했던 것 같다. 앞서 언급했듯이 그의 작업에 나타나는 강박적인 특성은 분명 이러한 두려움에 기초하고 있을 것이다.

　그는 10월 1일까지 질스마리아에 머물렀다. 그리고 겨울을 보내기 위해 제노바로 돌아갔다. 제노바가 아무리 불편하다 한들 알프스의 겨울보다는 나았을 것이다. 다시 찾은 제노바에서 그는 이듬해 3월 말까지 머물렀다. 이 기간에 그는 작품 활동에 몰두했고, 그 결과물은 훗날 『즐거운 학문』에 포함된다. 이전 작품들에 비해 두드러지는 이 작품의 문체상의 독자성과 생기발랄함이, 그가 당시까지도 지배적이던 바그너에 대한 "반정립"이자 문체상의 평형추를 발견한 것과 때를 같이해 나타났다는 것은 우연이 아닌 것처럼 보인다. 그는 11월에 비제의 〈카르멘〉을 처음 보았고, 다음 달에 다시 관람했다. 그리고 12월 5일에 가스트에게 다음과 같은 편지를 썼다.

　나는 〈카르멘〉을 두 번째 보고 오는 길이네. 최상의 이야기라는 인상을 받았네. 나에게 이 작품은 스페인으로의 여행이나 마찬가지네. 남국의 향취가 가장 잘 풍기는 작품이야! 비웃지 말게, 친구. "취향"에 관한 한 나는 쉽사리, 그리고 그렇게 완전히 속지 않는다네. (…) 나는 정말로 아팠지만, 이제 〈카르멘〉을 통해 치료되었네.

　한편, 가스트는 이 편지를 받기에 앞서 니체에게 편지를 보내 바그너의 활동에 대한 몇 가지 소식을 전한 바 있다. 니체는 그 부분과 관련해 위의 편지에서 다음과 같이 단언한다. "가끔씩(왜 그럴까?) 바그너에 대한 일반적이고도 정확한 소식을 듣는 것은 내겐 거의 필수 사항이네.

더욱이 그것을 자네에게서 듣는다면 가장 좋겠지!" 〈파르지팔〉이 시연될 제2회 바이로이트 축제가 이미 계획되고 있었다. 그러나 세상 사람들과 마찬가지로 그도 바그너의 이 마지막 오페라를 직접 보지 않았다.[2] 그러나 그 대본은 다 읽었고, 훗날 그의 작품 속에서 〈파르지팔〉과 〈카르멘〉이라는 대립항은 자주 활용되는 하나의 상징적 의미를 띠게 된다.

그는 이미 1882년에 열릴 축제에 참석하지 않기로 마음먹은 상태였으나 엘리자베트가 참석하는 것은 중요하게 생각했다. 이는 분명히 바그너가 무엇을 하고 있는지 궁금했기 때문일 것이다. 1882년 2월 10일에 니체는 엘리자베트에게 편지를 써서 축제의 입장권을 구하는 방법을 알려준다. 또 이 편지에서 자신의 건강에 대해서도 말하는데, 이를 보면 그의 삶이 얼마나 피폐해졌는지를 알 수 있다. 당시 파울 레가 그를 찾아왔으나, 그는 레를 반길 수 있는 상태가 아니었다.

첫날에는 몸이 매우 좋았단다. 하지만 이튿날은 가지고 있던 강장제를 모두 들이키고 나서야 겨우 버텼지. 사흘째가 되어서는 완전히 탈진하여 오후에는 한 번 기절을 했고, 그날 밤에는 발작이 일어났단다. 나흘째에는 온종일 침대에서 보냈고, 닷새가 되어서는 간신히 일어났지만 오후엔 다시 드러누웠고, 엿새 이후로는 계속 두통이 가시질 않고 기운이 전혀 없었어.

1880년에서 1882년 사이에 완성된 작품은 『아침놀』과 『즐거운 학문』이다. 『아침놀』의 원고는 1881년 초에 가스트에게 넘겨 정서한 뒤 6월에 출판했다. 『즐거운 학문』은 대부분 1881년에서 1882년으로 넘어가는 겨울에 쓰였다. 그리고 1882년 7월 2일에 니체는 루 살로메에게 다음과 같은 편지를 보낸다. "어제, 원고의 마지막 부분을 완성했습니다. 이와 함께 지난 6년(1876년~1882년) 동안의 작업, 곧 나의 완전한 '자유 사상'이 제 모습을 갖췄습니다!"

『비극의 탄생』의 저자로서, 그리고 슈트라우스에 대한 논쟁가로서, 그는 잠깐 동안의 명성을 맛보았다. 그러나『인간적인 너무나 인간적인』,『아침놀』, 그리고『즐거운 학문』의 저자로서는 전혀 주목을 받지 못했고, 이름도 알려지지 않았다. 이 걸작들은 그와 가까운 동료들 말고는 세상 누구의 관심도 얻지 못했다. 이와 같은 현상은 지금에 와서도 완전히 설명되지 않는다. 단순히 "문학 작품"으로 본다 해도『아침놀』은 1881년에 출간된 서적들 가운데 가장 주목할 만한 것이었으며, 1882년에 발표된『즐거운 학문』은 독일어권에서 출간된 서적들 가운데 단연 탁월한 것이었다.『아침놀』의 언어는 그 간결함과 명료함에 있어서 현대 독일어가 다다를 수 있는 가능성의 진수를 보여 주었으며, 『즐거운 학문』은 다시는 넘볼 수 없는 독일어 문체의 기교를 과시했다. 이 저작들 속에서 니체뿐 아니라 독일어 자체도 하나의 새로운 목소리를 발견해 냈다. 그럼에도 불구하고 수년 전 다비트 슈트라우스의 평범한 작품이 "고전"임을 알아차리고 열광했던 언어 감별의 마술사들이 괴테 이후 독일 산문에서 가장 뛰어난 장인의 출현을 알아보지 못한 이유는 하나의 수수께끼다. 결국 니체의 지나친 자화자찬은 이와 같이 다른 사람들에게 전혀 인정받지 못한 데서 비롯한 것일 수 있다. 한편, 이 무렵 그의 작품 속에서는 해가 갈수록 더 강렬해지는 모종의 흥분이 나타나고 있었다. 그는 1881년 8월 14일에 질스마리아에서 가스트에게 다음과 같은 편지를 썼다.

일찍이 본 적 없는 사상이 나의 지평에서 떠올랐네. [여기서 말하고 있는 것은 영원 회귀 사상으로서, 이것은 같은 달 초순에 그의 뇌리에 떠올랐다.] 나는 확실히 몇 년은 더 살아야만 할 걸세! (…) 이 강렬한 느낌은 나를 떨게 만들고, 또 웃게도 만드네. 나는 두세 차례나 눈에서 불꽃이 튄다는 웃기는 이유로 방을 떠나지 못했네. (…) 그 전날, 산책할 때마다 너무나 많은 눈물이 솟구쳤다네. 그건 슬퍼서 흘린 눈물이 아니라 환희의 눈물이었지. 나는 새로운 전망으로 가득 차 울면서 노래를 불렀고, 아무 말이나 지껄였지. (…) 내가 나 자신으로부터 힘을 끌어낼 수 없다면, 그래서 다른 사람들의 박수갈채와 용기와 위로를 기다려야만 한다면, 나는 도대체 어디에 있는 것이며 또 무엇이란 말인가? 분명 내 삶에도 힘을 실어 주는 굳센 말과 동의를 표하는 박수가 청량제 중의 청량제로 작용했을 법한 순간들이 있었네(이를테면 1878년). 그런데 바로 그 순간 모두가 나를 갑자기 떠나갔지. (…) 이제 나는 더는 그것들을 바라지 않네. 그리고 최근에 받은 편지들을 생각할 때면 어떤 당혹스러운 놀라움을 느낀다네. 그것은 모두 너무나 무의미하네. (…) 사람들이 내게 하는 말이 사려 깊고 호의로 충만해 있다 해도 아득하고 아득하며 아득할 뿐.

-2-

"이 책과 더불어 나는 도덕에 대한 전쟁을 개시한다." 니체는 『이 사람을 보라』의 「아침놀」 1장에서 이렇게 썼다. 그러나 이 책의 어조는 이 선언이 암시하는 것만큼 공격적이지 않다. 사실 이 책은 다른 어느 책보다 차분한 어조로 명석하게 쓰여 있으며, 낯설고 과도한 측면들도 더는 보이지 않는다.『인간적인 너무나 인간적인』과 두 개의 부록들은 채 완성되지 않은 생각들로 가득 차 있어서, 독립적인 하나의 작품이라기보다는 모음집처럼 보인다. 그러나『아침놀』을 쓸 무렵에 니체는 어떤 구체적인 결론에 이를 것처럼 보였던 이 무수한 생각더미들로부터 이미 벗어나 있었다. 당시 그를 사로잡고 있었던 것은 도덕이 힘을 향한 욕망과 불복종에 대한 두려움에서 발전되어 나왔다는 관념이었다. 그리고『아침놀』의 대부분을 이러한 관점에서 도덕을 검토하는 데 할애했다.

"도덕 문제"에 관해 니체가 맞닥뜨린 첫 번째 곤란함은 지금까지 그것이 전혀 문제로 여겨지지 않았다는 사실이다. 그는 1886년에 발표된『아침놀』제2판의 서문에서 이전의 모든 철학이 실패한 이유를 여기에서 찾고 있다.

플라톤 이래로 유럽의 모든 철학 건축가들의 작업은 왜 허사가 되었을까? (…) 이에 대한 올바른 답변은 아마도 다음과 같을 것이다. 모든 철학자들이 도덕에 유혹되어 [그들의 철학적] 건물을 지었기 때문이다. (…) 그들은 겉으로는 확실성과 "진리"를 추구했지만 실제로는 "존엄한 도덕적 건축물"을 지향했다. (『아침놀』서문 3절)

흔히 도덕은 "주어진" 어떤 것이며, 확실한 세계의 일부분으로서 존재한다고 간주된다. 그러나 사실은 그렇지 않다.

인간은 모든 사물에 성별을 부여하면서, 자신이 그저 유희를 하고 있는 것이 아니라 깊은 통찰을 획득했다고 생각했다. (…) 이와 똑같은 방식으로 인간은 모든 사물을 도덕과 연관시켰으며, 세계를 온통 윤리적인 의미로 채색했다. 이러한 행위가, 오늘날 태양의 성별이 여성이나 남성이라는 믿음이 가지고 있는 정도의 가치만을 갖게 될 날이 언젠가는 올 것이다. (『아침놀』3절)

인류는 자신이 도덕을 가지고 있다는 것에 자부심을 느끼며, 동물 세계에는 도덕이 없다고 생각한다. 도덕은 인류의 신성한 기원을 가장 확실하게 보장하는 것 중 하나이다. 그러나 동물 세계도 상황을 이런 식으로 보는 것은 아니다.

우리는 동물을 도덕적 존재라고 여기지 않는다. 하지만 동물은 우리를 도덕적 존재로 여길 거라고 생각하는가? 만약 동물이 말을 할 수 있다면, 아마 이렇게 말할 것이다. "인간성이란 우리 동물들에게는 없는 하나의 선입견에 지나지 않는다." (『아침놀』333절)

그러나 만약 도덕을 관습이라고 본다면, 동물도 분명 도덕을 가지고 있다. 그리고 그것은 인간이 가진 도덕성과 다를 바가 없다.

동물과 도덕. 예의 바른 사회에서는 다음과 같은 규율들을 지켜야 한다. 우스꽝스러운 행동, 무례한 태도, 제멋대로인 태도를 신중하게 피하기. 자신의 가장 강렬한 욕망뿐 아니라 자신의 장점들도 억압하기. 자기 길들이기, 자기 비판하기, 서열에 복종하기. 이 모든 것들은 사회적 도덕으로서, 심지어 동물 세계 한복판에서도 조야한 형태로 발견될 것이다. 그리고 우리는 오직 이 차원에서만 이 모든 우호적인 예방책들의 목적이 무엇인가를 이해할 수 있다. 동물은 자신을 쫓는 사냥꾼을 피하려고 하며, 먹잇감을 쫓을 때는 유리한 위치를 차지하고 싶어 한다. 이런 이유 때문에 동물은 자신을 제어하고 자신의 형태를 바꾸는 법을 배운다. 그 결과, 예를 들어 많은 동물들이 자신의 색깔을 주변 환경의 색깔에 맞춘다. (…) 이와 같이, 개인은 자신을 "인간"이라는 보편 개념이나 사회 속에 숨기며, 군주, 계급, 당파, 그리고 자신이 처한 시대와 장소의 의견에 맞춰 나간다. 또한 행복한 것처럼, 또는 고마워하고 있는 것처럼, 힘을 가지고 있는 것처럼, 매혹된 것처럼 보이기 위해 사용하는 온갖 미묘한 수단들은 동물 세계에서도 쉽게 그 대응물들을 찾아볼 수 있다. (…) 현명함, 절제, 용기, 정의, 간단히 말해 우리가 소크라테스적 미덕이라 부르는 모든 것들의 기원은 모두 동물적인 것이다. 즉 우리에게 먹이를 찾고 적들을 피하는 법을 가르치는 충동의 결과인 것이다. (…)도덕적이라는 현상 전체를 동물적이라고 말하는 것은 부적절한 것이 아니다. (『아침놀』 26절)

이것은 "형이상학적인" 성질들을 비-형이상학적인 방법으로 설명하려는, 그 무렵 니체에게 하나의 본능이 된 시도일 뿐만 아니라 거의 "다윈주의"라고도 할 수 있다. 인간은 동물에서 진화되어 왔다. 그리고 인간의 도덕 역시 그러하다. 왜냐하면 도덕적 기원은 두려움과 힘을 향한 욕망인데, 인간은 이 두려움과 힘을 향한 욕망을 동물 세계 전체와 공유하고 있기 때문이다.

도덕의 기원이 다음과 같은 혐오스러울 정도로 시시한 추론에서 발견될 수 있지 않을까? 즉 "나에게 해를 주는 것은 (그 자체로 해로운) 악이다. 나에게 이득을 주는 것은 (그 자체로 이롭고 유익한) 선이다?" 오, 수치스러운 기원이여!(『아침놀』 102절)

일반적으로 이해되고 있는 의미에서의 도덕이라는 것은 존재하지 않는다.

> 만약 타인과 타인의 이익을 위해서만 수행되는 행동들만이 도덕이라면, 이 세상에는 어떠한 도덕적 행동도 존재하지 않을 것이다! (『아침놀』 148절)

> 나는 연금술을 부인하는 것처럼 도덕을 부인한다. 말하자면 나는 그것들이 깔고 있는 전제를 부인한다. 그러나 나는 그 전제를 확신하고 거기에 따라 행동한 연금술사들이 있었다는 사실을 부인하지는 않는다. 나는 비도덕 역시 부인한다. 다시 말해 수많은 사람들이 그들 자신을 비도덕적이라고 느낀다는 사실을 부인하는 것이 아니라, 그렇게 느껴야 할 진정한 이유가 존재한다는 사실을 부인한다는 것이다. 물론 내가 바보가 아닌 한 비도덕적이라고 부르는 많은 행위들을 금지하거나 저지해야 하며, 도덕적이라 부르는 많은 행위들을 행하고 권장해야 한다는 사실을 부인하는 것이 아님은 말할 필요조차 없다. 그러나 나는 지금까지와는 전혀 다른 이유에서 전자는 금지하고 후자는 권장해야 한다고 생각한다. (『아침놀』 103절)

도덕은 관습이 됨으로써 정착한다. 그리고 그것이 바로 문명화의 기원이다. "문명화의 첫째 원칙은 (…) 어떤 관습도 아예 없는 것보다 낫다는 것이다."(『아침놀』 16절) 니체는 사람들이 관습에 따라 행동하는 두 가지 근본적인 이유를 제시한다. 하나는 두려움이고, 또 하나는 힘을 향한 욕망이다. 그리고 『아침놀』에서 그는 이 두 가지 이유에 관해 수많은 실험을 수행한다. "모든 행위의 근원에는 모종의 가치 평가가 놓여 있다. 모든 가치 평가는 자생적이거나 차용한 것이다. 그중에서도 차용한 것이 훨씬 많다. 왜 우리는 그것들을 차용하는가? 두려움 때문이다."
(『아침놀』 104절) 이리하여 그는 인간이 일찍이 다른 사람이나 동물들의
행동에 나타나는 의미를 이해할 필요가 있었기 때문에 공감共感("함께 느
끼기")의 능력을 발달시켰다고 말한다.

> (…) 인간, 그 민감하고 연약한 본성 때문에 모든 피조물 가운데 가장 겁많
> 은 자인 인간은 자신의 두려움 때문에 공감과, 다른 사람(그리고 동물)의 감
> 정을 재빨리 이해하는 법을 배웠다. 그는 수천 년 동안 모든 낯선 것들과 살
> 아 있는 것들 안에서 하나의 위협을 보았다. 그리하여 인간은 그것들을 보
> 는 순간, 곧바로 그것의 여러 특징들과 태도를 모방했으며, 이러한 특징들
> 과 태도의 배후에 있는 일종의 악의에 대해 추론했다. (…) 기쁨, 유쾌한 놀
> 라움, 우스꽝스럽다는 느낌은 공감이 최근에 낳은 자손이며, 두려움의 나이
> 어린 자매이다. (『아침놀』 142절)

이와 유사하게, 그는 흔히 도덕적 행위의 결과라고 이해되는 안전
이라는 것이 바로 도덕적 행위의 목적이라고 생각한다.

> 나는 "도덕적 행동이란 타인에 대한 동정에 의해 촉발되는 행동이다."라는
> 오늘날 유행하는 도덕적 근본 원칙의 이면에서, 지적인 가면 뒤에 숨어 있
> 는 두려움이라는 사회적 본능을 본다. 이 본능은 무엇보다도 삶이 지금까지
> 가지고 있었던 모든 위험 요소들을 제거하기를 원하며, 모든 사람들이 이 일
> 에 전력을 다하기를 원한다. 따라서 이러한 공공의 안전과 사회의 안정감에
> 이바지하는 행위들에만 오직 "선하다"라는 술어가 부여될 것이다! (『아침
> 놀』 174절)

니체는 두려움과 관습을 직접적으로 연결시키고 있는 다음의 아포리즘에서 "비도덕적" 인간에 대한 정의를 내린다. 이 정의는 니체가 자기 자신을 "비도덕자"라고 말하는 이유를 설명해 준다. 그는 "근본 원칙-도덕이란 관습에 대한 복종일 뿐이다(따라서 도덕이란, 관습에 대한 복종 이상의 것이 아니다)."라고 말한 뒤, 다음과 같이 계속한다.

자유로운 인간이 비도덕적인 이유는 그가 모든 면에서 전통이 아니라 자기 자신에게만 의존하기로 결심하기 때문이다. 원시 상태의 모든 인류에게 "악하다"는 것은 "개인적이다," "자유롭다," "자의적이다," "유별나다," "예견되지 않는다," "예측할 수 없다" 등과 같은 의미를 가졌다. (…) 전통이란 무엇인가? 그것은 무언가 유용한 것을 명령하기 때문이 아니라 단지 명령하기 때문에 사람들이 복종하는, 더 고차원적인 권위이다. (…) 처음에는 모든 것이 관습이었다. 그래서 관습을 뛰어넘고자 하는 자는 그 자신이 법칙을 부여하는 사람, 주술사, 반신半神이 되어야 했다. 말하자면 그는 관습을 만들어야 했다. (…) 소크라테스의 발자취를 따라, 개개인에게 자신의 이득을 위한 수단으로서, 그리고 행복에 도달하기 위한 개인적인 열쇠로서 극기와 절제의 도덕을 권하는 도덕주의자들은 예외다. (…) 그들은 비도덕적 존재로서 자신을 공동체에서 분리시켰으며, 따라서 가장 심오한 의미에서 악하다. 그러므로 덕성 높은 고대 로마인들에게 "자기 자신의 구원을 가장 먼저 생각하는" 모든 기독교인들은 악하게 보였다. (『아침놀』 9절)

그러므로 도덕이라는 영역에서의 "진보"란, 처음에는 악하다고 생각된 사람들에 의해서 만들어진 변화들을 의미한다.

(…) 역사는 거의 예외 없이 (…) 훗날 선한 자라고 불리게 된 악한 자들을 다룬다!(『아침놀』 20절)

도덕이라는 개념에는 끊임없는 지각 운동이 일어나고 있다. 이것은 성공한 범죄들이 가져온 결과이다(이러한 범죄들로는, 예를 들면 도덕 사상에서 일어난 모든 혁신들이 포함된다). (『아침놀』 98절)

니체는 "'노동'에 대한 찬미 속에서, 나는 개인에 대한 두려움을 본다. 기본적으로 인간은 노동이야말로 가장 뛰어난 경찰관이라고 믿고 있다."(『아침놀』 98절)라고 말한다. 개인은 집단 – 그것이 원시 부족이든 현대 국가든 – 의 대립항이며, 결과적으로 비도덕(말하자면 관습에 대한 불복종)이 발생하는 유일한 원천이기 때문에, 관습이 신성하다고 믿는 자들은 개인을 두려워한다.

나중에 니체는 『아침놀』에 나타나는, [도덕을 생산하는] 긍정적인 힘으로서의 두려움이라는 개념을 포기하고, 그것을 힘을 향한 욕망의 부정적 측면으로 간주한다. 곧 두려움을 무력함의 느낌, 다른 사람이나 사물의 힘에 지배되는 느낌과 동일시한다. 하지만 이미 『아침놀』에서조차도, 힘은 그것이 가진 많은 긍정적인 효과 때문에 두려움보다 훨씬 더 생산적인 탐구 영역으로 나타나기 시작한다. 그는 홉스의 말을 되풀이한다. "필요도 욕망도 아닌, 바로 힘을 향한 사랑이 인류의 악령이다."(『아침놀』 262절) 그리고 힘을 향한 사랑의 측면에서 도덕의 기원에 관한 수많은 주장들을 내놓는다. 예를 들어,

우리는 어떤 점에서 가장 섬세한가. 수천 년 동안 사람들은 사물들(자연, 도구,

각종 소유물)에 생명과 영혼이 있으며, 인간을 해칠 수 있는 힘이 있다고 믿어 왔다. 이 때문에 (…) 무력함의 느낌은 (…) 인간들 사이에서 필요 이상으로 커졌다. (…) 그러나 무력함의 느낌과 두려움이 너무나 강했기 때문에 (…) 힘에 대한 감각은 극도로 섬세해져서, 이 점에 관한 한 인간은 가장 정밀한 저울과도 겨룰 수 있을 정도다. 힘에 대한 감각은 인간이 지닌 가장 강한 본능이 되었다. 이 감각을 만들어 내기 위해 발견된 수단들이 문화의 역사를 구성한다. (『아침놀』 23절)

오, 얼마나 많은 불필요한 잔혹 행위와 생체 실험이 죄를 창조해 낸 저 종교들, 그리고 그 종교들을 통해 자신의 힘을 최고로 향유하고자 했던 저 사람들에게서 비롯했던가! (『아침놀』 53절)

권리와 의무의 자연사自然史에 대하여. 우리의 의무, 그것은 우리에 대한 타인의 권리이다. (…) 나의 권리, 그것은 타인들이 내게 넘겨주었을 뿐 아니라, 내가 계속 가지고 있기를 바라는 내 힘의 일부이다. (…) 권리란 곧 힘이 인정되고 보증된 정도를 말한다. (…) 타인들이 가지고 있는 권리, 그것은 그들의 권력감(그들이 느끼는 힘의 느낌 - 옮긴이)을 위해 우리의 권력감(우리가 느끼는 힘의 느낌 - 옮긴이)의 일부를 양보한 것이다. (『아침놀』 112절)

탁월해지려고 애쓰는 것은 곧 자신의 이웃을 지배하려고 애쓰는 것이다. 설령 그것이 매우 간접적이거나 그저 느낀 것, 또는 몽상한 것에 불과할지라도. (『아침놀』 113절)

전쟁이 실패한 것으로 드러날 때면 사람들은 언제나 누구에게 "책임이 있는가"를 묻는다. (…) 실패한 경우에는 언제나 죄를 따진다. (…) 왜냐하면 실패한 뒤에는 언제나 의기소침해지며, 이에 대해 본능적으로 사용하는 치료책이 바로 힘의 느낌을 새로이 자극하는 것이다. 그리고 이러한 사실은 "유죄"를 선고하는 데서 찾아볼 수 있다. 이때 유죄를 선고받은 사람은 타인의 죄를 뒤집어쓰는 자가 아니다. 그는 약한 자, 굴욕을 당한 자, 의기소침한 자에 대한 희생물일 뿐이다. 그들은 자신들에게 아직 어느 정도 힘이 남아 있다는 것을 어떤 식으로든 증명하고 싶어 한다. 또 자기 자신을 단죄하는 것은 패배한 후에 자신이 강하다는 느낌을 되찾으려는 수단일 수 있다. (『아침놀』140절)

아무리 많은 이익과 허영심이 (…) 위대한 정치에 개입되어 있을지라도, 정치를 전진시키는 가장 강력한 물결은 힘의 느낌에 대한 요구이다. (…) 인간은 힘의 느낌을 느낄 때 자신을 선하다고 느끼고, 그렇게 부른다. 동시에 힘의 표출 대상인 상대방은 그를 악하다고 느끼고, 그렇게 부른다! (『아침놀』189절)

"세상의 수수께끼를 해결하는 자"가 되겠다는 무한한 야망이 사상가의 꿈을 가득 채웠다. (…) 이와 같이 철학은 정신을 전제적으로 지배하기 위한 일종의 기고만장한 투쟁이다. (『아침놀』547절)

영혼의 야전 진료소. 가장 강력한 치료책은 무엇인가? 승리이다. (『아침놀』571절)

바로 위의 인용문은 힘의 느낌과 행복 사이의 연관 관계를 확립하고 있다. 그리고 니체는 이 연관 관계가 점차 중요해짐을 알게 된다. "행복의 첫째 효과는 힘의 느낌이다."(『아침놀』356절) 더 나아가 그는 다음과 같이 말한다.

세상에는 두 종류의 행복(힘의 느낌과 복종의 느낌)이 있다. (『아침놀』60절)

(…) 행복, 가장 생생한 힘의 느낌이라고 생각되는 행복은 아마도 미신에 사로잡힌 금욕주의자의 영혼 속에서 가장 클 것이다. (『아침놀』113절)

힘에의 의지 이론이 발전하는 데 훨씬 더 중요한 역할을 하는 것은 힘을 자기 지배의 수단으로 보는 다음과 같은 구절이다.

우리는 힘 앞에서 여전히 무릎을 꿇는다. (…) 그러나 존경의 크기가 고정되어 있다면, 오직 힘 안에 들어 있는 이성의 크기만이 결정적인 영향을 미칠 수 있다. 그러므로 우리는 힘조차도 자신보다 더 높은 어떤 것에 의해 얼마나 극복되어 그것의 수단과 도구로 쓰이고 있는지를 측정해야만 한다! (…) 가장 아름다운 것은 여전히 어둠 속에서만 나타나고 있으며, 결코 태어나지 않은 채 영구한 밤 속에 가라앉아 있을 것이다. 나는 지금 작품을 위해서가 아니라 하나의 작품으로서의 자신을 위해 힘의 놀이를 이용하는 천재를 말하고 있다. 다시 말해 자신을 통제하고, 자신의 상상을 정화하며, 쇄도하는 과제와 착상들에 질서를 부여하고 그것을 선택하기 위하여 힘을 이용하는 천재에 대해. (『아침놀』548절)

이 대목은 아주 명쾌하지는 않다. 더욱이 니체는 아직도 힘이 "더 높은 어떤 것에 의해 극복"되는 것에 대해 말하고 있다. 그에게는 이미 그런 식의 표현을 사용할 권리가 없는데도 말이다. 그러나 그는 힘-충동이 가진 위와 같은 측면에 대한 이해를 통해 훗날 인간의 의미라는 문제에 대한 하나의 해결책을 제시할 수 있었다.

예전에 사람들은 자신의 신성한 기원을 지적함으로써 인간이 위대하다는 것을 느끼고자 했다. 그러나 이것은 이제 금지된 길이 되었다. 왜냐하면 그 길의 문턱에 원숭이가 서 있기 때문이다. (…) 이제 인간은 정반대 방향에서 찾기 시작한다. 인간이 가고 있는 그 길은 인간의 위대함을 밝히고 신과의 혈연적 유대를 증명해 줄 것이다. 그러나 아쉽다. 이것 역시 소용이 없다. 이 길의 끝에는 마지막 인간의 무덤이 있을 뿐이다. (…) 아무리 높이 발전하다고 한들 (…) 인간이 더 고차원적인 종족으로 변화하는 것은, 마치 개미나 집게벌레가 "지상의 삶"을 마쳤을 때 신과의 혈연적 유대 관계를 획득하거나 영원에 도달하는 것만큼이나 불가능한 일이다. 생성은 자신의 뒤로 과거를 끌어당긴다. (『아침놀』 49절)

- 3 -

흔히 『즐거운 학문』은, 니체가 이성과 논리를 여전히 신뢰했던 "소크라테스적" 시기의 정점에 놓여 있는 작품으로 평가된다. 따라서 사람들은 『차라투스트라는 이렇게 말했다』를 기점으로 그가 모종의 변화를 겪었다고 추정한다. 악을 칭송하고 권장하며, 의도적으로 모든 판단의 규범들을 뒤엎어 버리는 등 비이성적으로 되었다는 것이다. 한마디로 사람들은 그가 미쳤다고 생각한다. 그러나 이러한 관점은 더는 정당화되지 않는다. 『차라투스트라는 이렇게 말했다』와 뒤이은 작품들에서 나타난 긍정적인 언설들은 『인간적인 너무나 인간적인』과 『아침놀』 그리고 『즐거운 학문』에서 시도한 비판적 실험의 결과물이며, 그러한 저작들과 모순되는 것이 아니다. 게다가 "소크라테스적" 시기의 책들은 그 문체가 서로 동일하지도 않다. 『인간적인 너무나 인간적인』에서조차도 냉철하고 간결한 양식이 종종 열정적인 말투로 바뀌는데, 이것은 『차라투스트라는 이렇게 말했다』의 어조를 예고한다. 『아침놀』에서는 전체적으로, 더 따뜻하고 활달한 문체를 사용하고 있으며, 『즐거운 학문』에서는 『인간적인 너무나 인간적인』의 꾸밈없고 "과학적"인 엄밀함에서부터 『차라투스트라는 이렇게 말했다』의 고양되고 격정적인 설교에 이르기까지 매우 다양한 표현 방식을 성취해 낸다. 『즐거운 학문』 초판의 마지막 절은 『차라투스트라는 이렇게 말했다』의 시작 부분과 거의 동일하며, 영원 회귀를 처음으로 언급한 아포리즘(『즐거운 학문』 341절)의 언어는 『차라투스트라는 이렇게 말했다』에 나오는 대응 구절(『차라투스트라는 이렇게 말했다』 3부 2장 2절)의 언어와 매우 비슷하다. 『차라투스트라는 이렇게 말했다』의 문체나 사상, 그 어떤 것도 니체의 저작에 나타난 일시적인 변덕이 아니다.

『즐거운 학문』에서는 이전 저작들에서 시도한 실험들이 계속되지만, 한편으로는 니체의 최종적인 개념들, 즉 힘에의 의지, 초인, 영원 회귀가 모두 초기의 형태로 그 모습을 드러내고 있다. 게다가 이 모든 실험의 궁극적인 근거인 형이상학적 세계의 소멸이 니체의 마음속에서 확신을 얻게 된다. 인류가 맞닥뜨린 새로운 세계는 "미친 사람"이라는 우화에서 주목할 만한 형태로 표현되어 있다.

당신은 환한 오전에 손전등을 켜고 저잣거리로 달려 나와서 "나는 신을 찾고 있소! 나는 신을 찾고 있소!"라고 계속해서 외치는 미친 사람의 이야기를 들어본 적이 있는가? 거기에 있던 사람들은 대부분 신을 믿지 않았기에 그는 큰 웃음거리가 됐다. 그를 잃어버렸나 보지? 누군가가 말했다. 그가 아이처럼 길을 잃어버렸나? 또 다른 누군가가 말했다. 아니면 숨어 버렸나? 그가 우리를 무서워하나? 배를 타고 항해를 떠났나? 다른 나라로 가 버렸나? 그들은 이렇게 소리치며 웃어댔다. 미친 사람은 그들 한가운데로 뛰어들어 꿰뚫듯이 그들을 노려보았다. "신이 어디로 갔냐고?" 그가 소리쳤다. "내가 당신들에게 말해 주겠다. 우리가 그를 죽였다. 당신과 내가. 우리는 모두 그를 죽인 살해자다. 그런데 우리가 어떻게 그런 짓을 했을까? 우리는 어떻게 바닷물을 다 마셔 버릴 수 있었을까? 누가 우리에게 수평선 전체를 지워 버릴 해면을 주었을까? 우리가 태양으로부터 지구를 풀어버렸을 때, 대체 우리는 무슨 짓을 한 것일까? 지구는 지금 어디로 가고 있는가? 우리는 지금 어디로 가고 있는가? 모든 태양으로부터 멀어져 가고 있는가? 우리는 영원히 추락하고 있는 것이 아닐까? 뒤로, 옆으로, 앞으로, 모든 방향으로? 아니, 도대체 위나 아래가 남아 있기는 한 것인가? 우리는 무한한 무無를 통과하듯 정처 없이 헤매고 있지 않는가? 우리는 텅 빈 공간에서 호흡 곤란을 느끼는 것은 아닌가? 점점 추워지고 있지는 않은가? 점점 더 많은 밤이 계속해서 다가오고 있지 않는가? 아침에도 손전등을 켜야만 하지 않을까? 신을 묻을 무덤을 파는 자들의 소리를 아직 듣지 못했는가? 신이 썩어 가는 냄새를 아직 맡지 못했는가? 신도 부패한다. 신은 죽었다. 신은 죽은 채 있다. 그리고 우리가 그를 죽였다. 살해자 중에 살해자인 우리는 어떻게 자신을 위로할 수 있겠는가? 세상이 소유했던 모든 것 가운데서 가장 신성하고 막강한 것이 이제 우리의 칼 아래서 피를 흘리며 죽어갔다. 누가 우리를 적신 이 핏자국을 닦아 줄 것인가? 어떤 물로 우리를 정화시킬 수 있을 것인가? 어떤 속죄의 축제, 어떤 신성한 놀이를 고안해 내야 하는가? [신을 죽인] 이 행위는 우리가 감당하기엔 너무 위대한 것이 아닌가? 그것을 감당하기 위해서는 우리 자신이 신이 되어야 하지 않을까? 여태껏 이보다 더 위대한 행위는 없었다. 그리고 우리 뒤에 누가 태어나든 그는 이 행위로 지금까지의 모든 역사보다 더 고귀한 역사의 일부분에 속하게 될 것이다." 여기까지 말한 뒤에, 미친 사람은 입을 다물고 사람들을 바라봤다. 그리고 그들 역시 침묵한 채, 놀라움에 가득 찬 눈으로 그를 쳐다보았다. 마침내 그는 손전등을 땅에 내던졌고, 손전등이 부서지면서 불이 꺼졌다. "나는 너무 일찍 왔구나." 그는 말했다. "나의 시대는 아직 도래하지 않았다. 이 엄청나게 거대한 사건은 아직도 진행되고 있으며, 여전히 퍼져 나가고 있는 중이다. 그것은 아직 인간의 귀에 도착하지 않았다. 번개와 천둥은 시간을 필요로 한다. 별빛도 시간을 필요로 한다. 행위도 그 행위가 행해진 뒤에 사람들에게 보이고 들리기까지는 시간을 필요로 한다. [신을 죽인] 이 행위는 가장 멀리 있는 별들보다도 훨씬 더 사람들에게서 멀리 있다. 그들이 직접 그 일을 저질렀는데도 말이다." 같은 날 이 미친 사람은 여러 교회에 들어가 〈신을 위한 영원 진혼곡〉을 불렀다는 이야기가 전해졌다. 사람들이 그를 교회 밖으로 끌어내 침묵하게 할 때마다 그는 이렇게 응수했다고 한다. "지금 이 교회들이 신의 무덤이나 묘지가 아니라면 무엇이란 말인가?" (『즐거운 학문』152절)

"신은 죽었다." 그러나 이 사실은 아직 인식되거나 받아들여지지 않았다. 사람들은 오직 신이 아직도 존재하는 경우에만 적합하다고 할 수 있을 방식으로 세계에 대해 사고하고 있다.

> 사람들은 부처가 죽은 후에도 수세기 동안 그의 그림자를 동굴에서 보여주
> 었다. 거대하고 무시무시한 그림자를. 신은 죽었다. 그러나 인간이 지금의
> 상태에서 변하지 않는다면, 아마도 신의 그림자가 떠도는 동굴들은 수천 년
> 동안 계속해서 존재할 것이다. 우리는 그의 그림자 역시 정복해야만 한다.
> (『즐거운 학문』 108절)

이 "그림자"의 본성은 이어지는 절에서 윤곽이 제시된다. 그것은 기
계적이고(여기에서 "기계적"이라는 말은 하나의 목표를 향해 움직인다는 것을 의
미한다. – 옮긴이) 인간적인 속성을 "자연"에 전이시키고, "자연" 자체를
질서와 목적의 왕국으로 생각하는 것이다.

> 자연 안에 법칙이 있다는 말을 경계하자. 오직 필요만이 있을 뿐이다. 명령
> 하는 자도 없으며, 복종하는 자도 없고, 위반하는 자도 없다. (『즐거운 학문』
> 109절)

그는 외친다. "언제쯤에나 우리는 신성으로부터 완전히 자유로운
자연을 가질 수 있을 것인가?"

형이상학적 기원이나 초자연적인 구속력을 빼앗긴 도덕은 결코 "영
속적인 가치"를 가질 수 없으며, 단지 그것을 만들고 그것에 따라 사는
사람들이 느꼈던 "필요"의 결과일 뿐이다. 그러므로 사실상 도덕들은
있지만 도덕성 그 자체는 없다.

우리는 도덕과 마주칠 때마다 거기에서 인간의 충동과 행동의 서열화와 가치 평가를 발견한다. 이러한 가치 평가와 서열화는 언제나 공동체와 무리가 욕구하는 것들을 표현하고 있다. (⋯) 도덕이라는 것을 통해 개인은 무리의 한 기능으로 존재하게 되며, 오직 기능으로서의 자신만을 가치 있게 여기게 된다. 하나의 공동체를 유지하기 위한 조건들은 다른 공동체를 유지하기 위한 조건들과 매우 다르기 때문에, 수많은 종류의 도덕들이 존재해 왔다. (『즐거운 학문』 116절)

결과적으로, 현대의 도덕은 하나의 특정한 도덕이 일반적인 도덕을 구성한다고 여겨질 때 발생하는 자기 모순으로 가득 차 있다.

한 인간이 가지고 있는 덕목들은, 그것이 그 사람 자신에게 가져다주는 결과가 아니라 우리 자신과 사회에 가져다줄 것이라고 생각되는 결과의 관점에서 선하다고 평가된다. (⋯) 만약 그렇지 않다면, 그 덕목들은 (⋯) 소유자에게 있어 그를 강력하게 지배하는 충동들과 마찬가지로 가장 해롭다는 점이 분명히 드러났을 것이다. (⋯) 만약 당신이 하나의 덕목, 단순히 덕목을 향한 어렴풋한 충동 정도가 아니라 진짜로 완벽한 하나의 덕목을 지니고 있다면, 당신은 그것의 희생물이다! 그러나 바로 이 때문에 당신의 이웃들은 당신의 덕목을 칭송한다! (⋯) "이웃"이 당신의 이타심을 칭송하는 것은 자신들이 그 이타심으로 이득을 얻기 때문이다. (⋯) 여기서, 오늘날 가장 존경받고 있는 저 도덕에 존재하는 근본적인 모순이 나타난다. 곧 이 도덕을 촉발시키는 동기는 그것의 원리와 상반된다! (『즐거운 학문』 21절)

니체가 생각하기에, 기독교적 도덕과 믿음의 "자기 극복"이란 지금까지 도덕적이라고 불렸던 것이 자신의 기준에 의하면 전혀 도덕적이지 않다는 것에 대한 인식이다.

> 우리는 무엇이 기독교의 신을 누르고 승리를 쟁취했는지 분명하게 보고 있다. 기독교적 도덕 그 자체, 더욱더 엄격하게 적용된 진실성이라는 개념, 학문적 양심으로, 곧 어떤 희생도 각오하는 지적인 결벽으로 해석되고 승화된 기독교적 양심의 치밀한 고백. (『즐거운 학문』 357절)

이러한 기독교적 도덕 자체가 니체가 대항하고자 하는 허무주의로 귀결될 것이라는 사실은 "진실하지만 죽은 것이나 다름없는 자"들이 당면한 새로운 국면이다. 니체는 다가올 세대가 직면할 "무시무시한 양자택일"에 대해서 말한다.

> (…) 네가 가지고 있는 경의敬意를 버리던지, 아니면 너 자신을 버리든지! 후자는 허무주의일 것이다. 그러나 전자 또한 허무주의가 아닐까? 이것이 우리의 물음표이다. (『즐거운 학문』 346절)

그는 힘에의 의지 이론을 명확하게 정립한 뒤에야 비로소 이 질문에 과감하게 답할 수 있게 된다.

모든 도덕이 상대적인 가치만을 가지고 있듯이, 선과 악도 절대적인 의미가 아니라 상대적인 의미에서 구별됨에 틀림없다. 그러므로 악한 행위를 악하다고 거부할 정당한 근거란 존재하지 않는다. 반대로, 악한 행위들은 선한 행위만큼이나 가치가 있다. 왜냐하면 선한 행위란 악한 행위에서 진화해 나온 것이기 때문이다.

가장 강력하고도 사악한 정신들이 지금까지 인류를 극도로 발전시켜 왔다. 모든 질서 잡힌 사회는 열정을 가라앉혀 잠들게 하는데 반해, 그 정신들은 잠들어 있는 열정을 계속해서 불러일으켰다. 그 정신들은 비교와 모순의 감각, 새로운 것, 위험한 것, 시도되지 않은 것에 대한 환희의 감각을 계속 일깨웠다. 그 정신들은 인류로 하여금 의견과 의견을, 모범과 모범을 비교하도록 강요했다. 일반적으로, 이런 일은 무력을 사용함으로써, 경계를 무너뜨림으로써, 신앙심을 깨뜨림으로써 일어났다. 그러나 새로운 종교와 도덕을 통해서도 일어났다! (…) 새로운 것은 (…) 어떤 경우에도 악한 것이다. (…) 오직 오래된 것만이 선한 것이다! 모든 시대의 선한 인간들은 오래된 관념들을 파고들어 거기에서 자양분을 얻는 자들, 다시 말해 정신을 쟁기질하는 농부들이다. 그러나 모든 토양은 결국 고갈되어 버리니, 악을 쟁기질하는 날은 다시 되돌아와야 한다. (…) 악한 충동은 선한 충동만큼이나 유용하며 필수적이도 종족 보존에 기여한다. 다만 그 기능만이 다를 뿐이다. (『즐거운 학문』 4절)

여기서 다시 한 번, 문화의 역동적인 힘으로서의 갈등이라는 개념이 등장한다. 갈등은 "악"이지만, 갈등 없이는 문화도 없다.

가장 뛰어나고 생산적인 자들의 삶을 살펴보라. 그리고 나무가 하늘 높이 거침없이 뻗어 나가려고 할 때, 악천후나 폭풍우에 흔들리지 않을 수 있는지 자문해 보라. 부당함이나 외부로부터의 저항, 또는 일종의 증오, 시기, 고집, 불신, 혹독함, 탐욕 그리고 폭력이 오히려 덕이 크게 성장하는 데 반드시 필요한 유리한 환경에 속하는지 아닌지를 자문해 보라. (『즐거운 학문』 19절)

헤시오도스의 "좋은 에리스", 곧 시기심과 탐욕과 적의의 충동들은 여전히 문화를 지배하는 여신이다. 니체는 이미 『인간적인 너무나 인간적인』에서 "좋은" 에리스란 "나쁜" 에리스가 승화된 것이라고 설명했다. 그리고 이러한 생각은 『즐거운 학문』에서도 그의 마음을 사로잡고 있다.

> 악한 충동의 세련된 모습 때문에 약한 시력이 더 악한 충동을 그 모습 그대로 알아차릴 수 없는 지점에서, 인류는 선한 것의 영역을 수립한다. (『즐거운 학문』 53절)

그러나 그는 하나의 실제 사건으로서의 승화에 대해서는 설명하지 못한다. 이것을 설명하려면 힘에의 의지 이론이 나타나야만 했다.

그는 힘에의 의지 이론을 향해 전진해 가고 있었다. "힘의 감각에 대한 이론에 관하여"라고 불리는 아포리즘에서, 그는 좋은 행동과 나쁜 행동은 모두 힘-충동에서 나온다고 말한다.

> 좋은 행동을 하면서, 또는 나쁜 행동을 하면서 사람은 남에게 자신의 힘을 행사한다. (…) 우리의 힘을 느끼게 할 필요가 있는 사람들에게는 나쁘게 행동함으로써, (…) 어떤 의미에서 우리에게 의존하고 있는 사람들에게는 좋게 행동함으로써, (…) 우리는 우리에게 의존하는 사람들의 힘을 증가시키고 싶어 한다. 왜냐하면 그렇게 함으로써 우리 자신의 힘이 증가하기 때문이다. (…) 우리가 좋은 행동을 하면서 희생하는지, 아니면 나쁜 행동을 하면서 희생하는지는 우리가 하는 행동의 궁극적인 가치를 변화시키지 않는다. 마치 우리가, 순교자가 교회를 위해 그렇게 하듯이 목숨을 내걸어도, 그것은 힘

을 향한 우리의 갈망에 바치는 희생이다. (…) "나는 진리를 가지고 있다"고 느끼는 사람, 그는 이 느낌을 유지하기 위해서라면 아무리 많은 소유물인들 버리지 않겠는가! "높은 곳에" 있기 위하여, 다시 말해 진리를 가지지 못한 자들 위에 있기 위해 무엇인들 던져버리지 않겠는가! (『즐거운 학문』 13절)

이른바 비이기적인 열정인 사랑 역시, 자신이 사랑하는 사람에게 최대한의 힘을 행사하고자 하는 욕망에서 나온 것이다.

우리의 이웃에 대한 사랑, 그것은 새로운 소유에 대한 충동이 아닌가? (…) 우리가 자신에 대해 느끼는 기쁨은, 새로운 어떤 것을 끊임없이 우리 자신으로 바꾸는 것을 통해 유지되려 한다. 이것이 소유의 의미이다. (…) 우리는 고통받고 있는 사람을 보면, 그를 소유하기에 적합한 기회를 잡게 된 사실에 기뻐한다. 예를 들어 호의적이며 동정심이 많은 사람이 그러하다. 그리고 그 역시 자신 안에서 일어나는 새로운 소유물을 향한 욕망을 "사랑"이라고 부른다. (…) 그러나 성적인 사랑은 소유를 향한 충동으로서의 자신의 모습을 매우 분명하게 드러낸다. 사랑을 하는 사람은 자신이 원하는 사람에 대한 무조건적인 독점적 소유를 원한다. 그는 상대방의 육체뿐 아니라 영혼에 대해서도 무조건적인 힘을 갖길 원한다. 그는 상대방이 자신만을 사랑하길 원하며, 상대방의 정신 속에서 가장 고귀하고 가장 갈망받는 존재가 되어, 상대방을 지배하기를 원한다. (…) 우리는 이 같은 성적인 사랑의 난폭한 탐욕과 불공정함이 모든 시대에 걸쳐 그토록 찬양되고 신성화되었다는 사실에 놀랄 것이다. 그리고 이러한 성적인 사랑이 바로 이기주의의 가장 거침없는 표현임에도 불구하고, 이런 사랑에서 이기주의의 반대로서의 사랑이라는 개념이 유래했다는 사실에 놀라게 될 것이다. (『즐거운 학문』 14절)

포기, 곧 금욕주의는 이제 힘을 향한 욕망에서 비롯된 것이 된다.

> 포기하는 사람들은 무엇을 하는가? 그는 좀더 높은 세계에 도달하려고 애쓴다. 그는 모든 긍정하는 자들보다 더 멀리, 더 높이, 더 오래 날고자 한다. 그는 자신의 이러한 비행에 방해가 될지 모를 많은 것들을 던져 버리는데, 그 가운데 어떤 것들은 그에게 가치 있는 것들이며, 기쁨을 주는 것들이다. 그러나 그는 높이 오르고자 하는 욕망을 위해 그것들을 희생해 버린다. (『즐거운 학문』 27절)

『즐거운 학문』에서는 초인과 영원 회귀 사상 또한 예비적인 수준이지만 처음으로 선을 보인다. 초인에 대한 전체적인 그림은 아직 모호하지만, 몇몇 특징은 선명하게 부각되어 있다. 말하자면 니체는 힘-충동을 구현하고 있으며 그것을 어떤 식으로든 창조적인 힘으로 사용하는 "인간상像"을 향해 차근차근 나아가고 있는 중이다. 아래에 인용된 다소 낯선 아포리즘에서 그는 "신의 죽음"과 인간의 "고양"을 직접적으로 연결한다.

> 어느 호수가 있다. 이 호수는 흘러가기를 거부하면서, 예전에 자신이 흘러갔던 길목에 둑을 세웠다. 그때부터 이 호수는 점점 더 높이 올라가게 되었다. (…) 아마도 인간은 그가 더는 신에게 흘러 들어가지 않을 바로 그 시점부터 점점 더 높이 올라가게 될 것이다. (『즐거운 학문』 285절)

일종의 억제를 통한 고양, 즉 자기 자신에게 힘을 발휘함으로써 고양되는 것. 당시 니체의 생각은 이런 방향으로 나아가고 있었다.

인간의 성격에 "고유한 형식을 부여하는 것"은 위대하고 보기 드문 예술이다! 이를 실행하는 자는, 강함과 약함 속에서 자신의 본성이 나타내는 모든 것을 개관한 다음, 그 모든 것들이 예술과 이성으로 나타날 때까지, 그래서 약함조차도 눈을 즐겁게 할 때까지 하나의 예술적인 계획에 따라 그것들을 주조해 나간다. 여기에서 많은 양의 이차 본성이 덧붙여지고, 본래적 본성의 일부는 제거된다. (…) 그와 같은 강제 속에서, 다시 말해 자신만의 법칙에 따라 억제하고 완성해 가는 것에서 가장 미묘한 즐거움을 느끼는 것은 지배욕에 불타는 강력한 본성들일 것이다. (『즐거운 학문』 290절)

위의 글을 읽으면 그가 여전히 「우리 교육기관의 미래에 대하여」, 『비극의 탄생』, 『반시대적 고찰』의 언어로 말하고 있다는 점, 그리고 그의 초기 철학과 후기 철학 사이에 일관된 방향이 존재한다는 점, 따라서 『인간적인 너무나 인간적인』과 『아침놀』을 쓴 비판적 시기에도 모든 탐구의 긍정적인 목표, 즉 무의미해져 가는 세계에서 인간을 위한 새로운 의미를 정립한다는 목표를 언제나 염두에 두고 있었다는 점을 알 수 있다. 그는 도덕적 가치에 대한 신의 인준이 사라진다는 것은, 곧 인간이 자신의 고유한 가치들을 창조해 내야 하며, 이 가치들은 어떤 식으로든 하나의 토대를 찾아야만 한다는 것을 의미한다고 반복해서 말한다.

우리의 의견과 가치 평가를 정화하고 우리 자신의 새로운 가치 목록을 창조하는 데만 우리 자신을 한정시키자. (…) 우리는 본래의 우리 자신이 되기를 원한다. 새로운 자, 고유한 자, 비교할 수 없는 자, 자신만의 법칙을 스스로 만드는 자, 자기 자신을 창조하는 자! (『즐거운 학문』 335절)

스스로 법칙을 만들고 자신을 창조한다는 것은 아직까지는 장막에 가려진 작업이다. 우리는 아직 어떤 힘으로 그렇게 할 수 있는지 알지 못한다. 그러나 또 다른 아포리즘에서 니체는 『비극의 탄생』에서 제시한 충동인 통제된 열정, 그리고 발전의 역동적 원리인 갈등을 계속해서 염두에 두고 있음을 분명히 드러낸다. 사람은 항상 "위험하게 사는 법"을 배워야만 한다.

나는 더욱 남자답고 전투적인 시대, 무엇보다도 용맹이 다시 존경받는 시대가 다가오고 있음을 알려 주는 모든 징조를 환영한다. 왜냐하면 그 시대는 더 고귀한 시대를 위한 길을 준비하고, 고귀한 시대가 언젠가는 필요로 하게 될 힘을 모을 것이기 때문이다. 고귀한 시대가 언젠가는 필요로 하게 될 힘을 모을 것이기 때문이다. 고귀한 시대는 영웅주의를 인식하고, 사상과 그 결과물들을 위해 전쟁을 벌일 것이다. 그 목적을 이루기 위해서 지금 수많은 용맹스러운 개척자들이 필요하다. (…) 다시 말하면 침묵할 줄 아는 자, 고독해질 줄 아는 자, 결단을 내릴 줄 아는 자, (…) 어떤 것을 보더라도 그 안에서 극복되어야 할 것들을 찾아내는 성향을 타고난 자, 승리에 임해서 관용을 베풀고 패배한 자의 작은 허영심에 너그러울 뿐 아니라 생기발랄하며, 인내심이 있고, 단순하며, 거대한 허영심을 경멸하는 자 (…) 자신을 위한 축제, 자신을 위한 노동의 나날들, 자신을 위한 애도식을 하는 자, 명령할 때는 능숙하고 확신에 차 있지만 필요하다면 기꺼이 복종할 준비가 되어 있는 자, 명령할 때나 명령받을 때나 그 자신의 명분을 위해 종사하며 그래서 자긍심을 가진 자, 더 많은 위험에 처했고 더 많이 생산적이며 더 많이 행복한 자! 그러므로 나를 믿으라! 존재를 최대한 풍요롭게 실현하고 최대한 만끽하는 비밀은 바로 이것이다. 위험하게 살아라! 베수비오 화산의 비탈에 너의 도시를 세워라! 지도에 표시되어 있지 않은 대양으로 너의 배를 띄워라! 네 자신에 필적할 만한 자들과의 대립 속에서, 그리고 무엇보다도 네 자신과의 대립 속에서 살아라! 정히 네가 지배자나 소유자가 될 수 없거든 강도와 약탈자가 되어라, 너희 지식인들이여! 겁먹은 사슴처럼 숲속에 숨어 사는 것에도 만족할 수 있는 날들은 이제 곧 지나갈 것이다! (『즐거운 학문』 283절)

이 아포리즘에서 사용된 언어는 니체의 "전투적인" 문체를 보여 주는 한 예가 될 것이다. 이처럼 전쟁 용어를 사용한 몇몇 구절들은 그의 명성에 크나큰 손상을 입혔고, 그의 다른 모든 저작들을 합쳤을 때 생길 오해보다 더 큰 오해를 불러일으켰다. 문맥에서 떨어져 단독으로 인용된 그 구절들은 무장 투쟁을 선동하는 것처럼 들리며, 실제로 선동하기도 했다. 그러나 문맥 안에서 보면, 그것들은 대개 그가 포르타 시절에 썼던, "투쟁은 영혼의 영속적인 자양분이다."라는 표현과 별반 다르지 않다. 그리고 위의 인용문에서도 알 수 있듯이, 그의 전쟁 용어는 대개 전쟁과 가장 거리가 먼 목표, 즉 철학과 연관되어 있다. 이 점은 실제로 그가 왜 자신의 글에 군사적인 표현들을 쓰려고 마음먹었는지를 알려 주는 중요한 단서가 된다. 독일 철학은 독일의 기존 질서를 잘 따라왔다. 그러나 철학자는 기존 질서에 순응해서는 안 된다. 지금까지의 독일 철학자들은 책을 써 왔고, 어떠한 피해도 끼치지 않았다. 그러나 철학자들은 어떤 피해도 끼치지 않는 존재여서는 안 된다. 정열적이며 활동적인 사람들은 훌륭하기는 하나 생각하는 능력은 없다. 철학자는 생각할 줄 아는 능력에 행동하는 능력을 덧붙여야 한다. 그는 자신의 철학을 생각하기만 할 것이 아니라 실천해야만 한다. 그는 앎의 전사, 앎의 강도, 앎의 약탈자가 되어야만 한다. 니체가 철학을 전쟁과 연관시킨 것은 이런 것들을 말하기 위해서인 것 같다. 니체가 전쟁에 관해서 쓴 것들 중에서 가장 대표적인 것은 『차라투스트라는 이렇게 말했다』의 "전쟁과 전사에 대하여"라는 장이다. 우리에게 익숙한 그 구절은 다음과 같다.

> 너희들은 새로운 전쟁의 수단으로서만 평화를 사랑해야 한다. 그리고 긴 평화보다는 짧은 평화를 사랑해야 한다. (…) 좋은 원인이 전쟁까지도 신성한 것으로 만든다고 말하는가? 나는 너희들에게 말한다. 좋은 전쟁이야말로 모든 원인을 신성하게 만든다고. 자선보다는 전쟁과 용기가 위대한 일을 더 많이 해 왔다. (『차라투스트라는 이렇게 말했다』 1부 10장)

그러나 다소 낯설지만, 이러한 전쟁과 관련된 표현에 그가 본래 의도했던 의미를 부과하는 구절도 있다.

> 만약 너희들이 앎의 성자가 될 수 없다면, 적어도 앎의 전사가 되어라. 전사들은 그러한 성자들의 동료이자 선구자이다. (…) 너희들은 너희들의 적을 찾아내야 하며, 너희들의 전쟁을 벌여야 한다. 너희들의 사상을 수호하기 위한 전쟁을. 그리고 설령 너희들의 사상이 패배하더라도 너희들의 정직성만큼은 그에 굴하지 않고 승리의 함성을 외쳐야 한다! 너희들은 새로운 전쟁의 수단으로서 평화를 사랑해야 한다. (『차라투스트라는 이렇게 말했다』 1부 10장)

초인에 접근하는 또 다른 방향은, 유일신에 대한 믿음이 사라졌기 때문에 이제는 개인의 발전이 더 쉬워졌다는 것이다.

> 유일신 사상, 하나의 표준적인 인간형에 관한 완고한 가르침, 그 옆에서 다른 신들은 고작해야 사기나 치는 거짓된 존재일 수밖에 없는 하나의 표준적인 신에 대한 믿음, 이것은 아마도 인류가 지금껏 직면했던 위험 중 가장 큰 위험일 것이다. 인류는, 우리가 볼 수 있는 한 다른 동물 종들은 이미 오래전에 도달한, 때 이른 정체停滯 상태에 빠져 위협받고 있다. (『즐거운 학문』 143절)

니체는 다음 두 가지 요구, 곧 세계를 설명해야 한다는 요구와 세계를 있는 그대로 받아들여야 한다는 요구에 대한 응답으로 영원 회귀 이론에 도달했다. 전자는 철학적인 성향을 가진 모든 정신의 일반적인 요구이며, 후자는 허무주의로 이끄는 것처럼 보이는 탐구를 하는 한 철학자[니체]의 특수한 요구이다. 모든 현상(심지어, 또는 특히 "악"을 포함하여)의 필연적 성격을 이해하면, 지금과는 다른 모습으로 존재할 수 없는 세계를 "거부한다는", 논리적으로 불합리한 태도를 피할 수 있게 될 것이다. 니체가 "악한" 정념을 "문화의 키클롭스"라고 본 것은 모든 현상의 필연적 성격을 이해하는 데 어느 정도 기여했다. 그러나 이제 그는 문제를 좀더 개인적인 심리학적 관점에서 본다.

> 뭐라고? 학문의 궁극적인 목적이 인간에게 가능한 한 가장 많은 즐거움과 가장 적은 고통을 만들어 주는 것이라고? 그런데 즐거움과 고통이 서로 너무나 밀접하게 연결되어 있어서, 그중 하나를 가능한 한 가장 많이 가지길 원하는 사람은 다른 하나 역시 가장 많이 가져야만 한다면? 아마도 이것이

만물의 이치일 것이다! 어쨌든 스토아주의자들은 그렇게 생각했고, 삶에서 가장 적은 양의 고통을 얻기 위한 방편으로 가장 적은 양의 즐거움을 얻고 자 했을 때, 그들의 태도에는 아무런 모순도 없었다. (『즐거운 학문』 12절)

다음에 나오는 두 개의 아포리즘에는 당시 니체의 눈에 비친 세계, 즉 "더 고차적인 실재"에 의해 "극복될" 가능성이 전혀 없는 가상의 세계와 이 세계를 보이는 모습 그대로 "받아들이겠다"는 그의 결단이 이전보다 훨씬 더 직접적으로 표현되어 있다.

가상의 의식. 존재 전체에 대한 나의 인식 앞에서 나는 얼마나 경이롭고 새로우면서 동시에 끔찍하고 역설적인 느낌을 가지게 되는가! 나는 과거 인간 세계와 동물 세계, 즉 감각을 가진 모든 존재의 태고적 시대 전체와 과거가 내 안에서 작용하고 사랑하고 증오하고 사고한다는 것을 스스로 발견했다. 나는 이러한 꿈의 한복판에서 갑작스럽게 깨어났다. 하지만 내가 방금 전 꿈을 꾸고 있었음을 의식했고, 파멸하지 않으려면 계속해서 꿈을 꾸어야 한다는 사실을 깨달았다. 마치 몽유병자가 쓰러지지 않기 위해서 계속 꿈을 꾸어야 하는 것처럼 말이다. 지금 나에게 있어 "가상"이란 무엇인가! 가상은 분명코 존재자와 대립하는 것이 아니다. 어떤 존재자에 대하여, 그것의 가상 이외에 내가 달리 무엇을 진술할 수 있겠는가! 가상은 미지의 "x" 위에 씌워져 있고 누군가 원하기만 하면 벗겨낼 수 있는, 죽어 있는 가면이 분명 아니다! 나에게 가상은 활동하고 살아 있는 것 그 자체이다. 그리하여 가상은 자조自嘲 속에서 나로 하여금 다음과 같은 것들을 느끼게 한다. 여기에는 가상과 도깨비불 그리고 깜빡거리는 정신의 춤 말고는 아무것도 없다는 것을. 모든 꿈꾸는 자들 가운데 나 역시 "인식하는 자"로서 나의 춤을 추고 있다는 것을. "인식하는 자"는 현세의 춤을 길게 늘이는 하나의 수단이며, 그러한 한에서 존재의 축제를 이끌어 가는 사람들 가운데 하나라는 것을. 모든 인식의 숭고한 일관성과 통일성은 꿈꾸기의 보편성과 모든 꿈꾸는 자들의 상호 이해를 지탱하고, 그럼으로써 꿈을 지속시키는 최상의 수단이며, 앞으로도 그럴 거라는 것을. (『즐거운 학문』 54절)

나는 사물의 필연성을 사물의 아름다움으로 보는 방법에 대해 더욱더 많이 배우고자 한다. 그렇게 해서 나는 사물을 아름답게 만드는 자들 가운데 하나가 될 것이다. 운명애Amor fati. 이것이 이제부터 나의 사랑이기를! 나는 추한 것에 대해서는 전쟁을 벌일 생각이 전혀 없다. 나는 비난하고 싶지도 않으며, 심지어 비난하는 자들을 비난하고 싶은 생각도 없다. 그저 눈을 돌리는 것만이 나의 유일한 부정의 형식이기를! 모든 것에서, 나는 언젠가는 긍정하는 자[예라고 말하는 자]가 되길 원한다. (『즐거운 학문』 276절)

이 마지막 단락은 1882년 1월 1일에 쓴 것으로, 여섯 달 전에 그의 마음속에서 맴돌던 관념들이 영원 회귀의 개념으로 융합되어 나타난 것이다. 그것은 그리스인들에 대한 연구의 최종적인 결실이었으며, 『차라투스트라는 이렇게 말했다』의 근본을 이루는 사상이 되었다. 니체는 영원 회귀 사상이 자신의 뇌리에서 번득였던 당시를 잊지 않았고, 『이 사람을 보라』에서 다음과 같이 회고했다.

(…) 영원 회귀의 사상, 지금까지 누구도 도달한 적이 없었던 가장 극단적인 긍정의 공식, 이것은 1881년 8월에 탄생했다. 이것은 한 장의 종이에 휘갈겨 쓰였고, 다음과 같은 글이 덧붙었다. "인간과 시간을 넘어 1,800미터 높

은 곳에서." (『이 사람을 보라』, 「차라투스트라는 이렇게 말했다」 1절)

영원 회귀 사상을 통해 니체는 비형이상학적 실재에 대한 새로운 상을 얻었다. 그것은 "생성"과 "존재"의 화해를 의미했으며, 인류가 도달해야 할 하나의 목표였다. 『즐거운 학문』에 나타나 있듯이 아직 이 사상은 "…라면 어찌할 것인가?"라는 수준의 단순한 암시에 불과하다. 그것이 함축하고 있는 의미 전체는 힘에의 의지와 초인 이론이 명확하게 정식화된 다음에야 정립될 수 있을 것이었다. 그때까지 이 "…라면 어찌할 것인가?"는 『즐거운 학문』의 끝부분에서 모든 독자들에게 괴이한 수수께끼인 채로 남아 있었다.

가장 무거운 짐. 어느 낮 또는 어느 밤, 네가 가장 외로운 고독에 침잠해 있을 때 악마가 너에게 살그머니 다가와 이렇게 말한다면 어찌할 것인가? "네가 지금 살고 있고, 지금껏 살아 왔던 이 삶을 너는 셀 수 없이 많은 시간 동안 반복해서 살아야만 할 것이다. 거기에는 새로운 것이라고는 전혀 없을 것이며, 모든 고통과 모든 기쁨, 모든 생각과 한숨, 네 삶의 말로 표현할 수 없는 크고 작은 모든 일들이 다 너에게 되돌아올 것이다. 그리고 그 모든 것들은 동일한 순서에 따라 되돌아올 것이다. 지금 이 거미와 나무 사이로 비쳐 드는 달빛도, 지금 이 순간과 나 자신도 마찬가지다. 존재의 영원한 모래시계가 반복해서 돌아갈 것이다. 그리고 그것과 함께 너, 티끌 중에 티끌인 너도!" 너는 사지를 뻗고 누워 이를 갈면서, 이렇게 말하는 악마를 저주하지 않겠는가? 그에게 "너는 신이다. 나는 이보다 더 성스러운 말을 들어본 적이 없다"라고 대답하는 엄청난 순간을 일찍이 경험해 본 적이 있는가? 만약 이러한 생각이 너를 지배하게 된다면 그것은 지금의 너를 변형시키고 뭉

그러뜨릴 것이다. 모든 것 하나하나에 대해서 제기되는, "너는 이것이 셀 수 없는 시간 동안 반복되기를 원하는가?"라는 질문은 너의 모든 행동거지에 가장 무거운 짐을 지울 것이다. 너는 이 최종적이고 영원한 구속과 낙인 이상의 어떤 것을 요구하지 않기 위해서 네 자신과 인생에 대해 얼마 만큼의 호의를 가져야만 할 것인가? (『즐거운 학문』 341절)

10

루 살로메와의 만남

여자는 누구를 가장 증오하는가? 철은 자석에게 이렇게 말했다. "나는 너를 가장 증오한다. 왜냐하면 너는 나를 끌어당기지만, 이미 잡은 것을 놓치지 않을 만큼 강하지는 않으니까." (『차라투스트라는 이렇게 말했다』 1부 18장)

- 1 -

어떤 의미에서 니체는 1882년 여름 무렵에 이미 『차라투스트라는 이렇게 말했다』를 쓰기 시작했다고 말할 수 있다. 왜냐하면 이 책의 토대는 『인간적인 너무나 인간적인』에서 『즐거운 학문』에 이르는 일련의 저작들 속에서 마련됐으며, 『즐거운 학문』에 와서는 『차라투스트라는 이렇게 말했다』의 독특한 어조와 관점이 여러 대목에서 미리 나타나기 때문이다.[1] 물론 『차라투스트라는 이렇게 말했다』의 1부를 본격적으로 집필한 것은 1883년 2월이다. 이러한 사실을 염두에 두어야만 니체와 루 살로메의 "연애 사건"을 제대로 이해할 수 있다. 당시 니체는 그 연애 사건을 매우 중요하게 생각했으며, 구애가 거절당하자, 실망한 나머지 한동안 마음의 균형을 잃었다. 그렇다고 해서 그 사건이 어떤 식으로든 그를 변화시켰다거나, 그가 루 살로메를 만나지 않았다면 1883년 이후

루 살로메

에 나온 작품들이 본질적인 면에서 조금은 달랐을 거라고 생각할 근거는 전혀 없다.

파울 레는 제노바에서 니체와 한 달 가량 머문 뒤 1882년 3월 13일에 떠났다. 그리고 얼마 안 있어 로마로 간 그는 말비다의 집에서 루 살로메와 만났고, 이내 그녀에게 반해 버렸다. 루(정확히 말하면, 루이제)는 1861년에 상트페테르부르크에서 위그노 교도였던 러시아 장군의 딸로 태어났다. 독립적인 삶을 살기로 결심한 그녀는 취리히 대학에서 공부하기 위해 1880년 9월에 어머니와 함께 러시아를 떠났다. 그러나 취리히에서 그녀는 건강이 안 좋아졌다. 그러자 한 친구가 건강을 회복하려면 로마로 가는 게 좋겠다면서 그녀를 말비다에게 소개하는 편지를 써 주었다. 루는 1882년 1월에 말비다의 집에 도착했고, 레가 그 집에 도착했을 때도 계속 머물고 있었다.

레는 그녀에게 청혼했다. 하지만 루는 이를 거절하면서 또 다른 한 사람과 함께 셋이서 "친남매"처럼 공부하며 지내자고 제안했다. 레는 무척 놀랐지만(그리고 말비다는 격분했다.) 이 제안을 받아들였고 제3의 인물로 니체를 추천했다. 니체는 3월 29일에 제노바를 떠나 메시나로 가서 3주 동안 머물렀다.[2] 그의 건강 상태는 매우 안 좋았고, 그래서 주치의를 만나기 위해 독일로 돌아가는 도중에 잠깐 로마에 들렀을 것이다. 그때가 4월 말이었다. 니체는 말비다로부터 레가 지금 로마에 있으며, 3월 중순에 보낸 편지에서 말한 그 젊은 여인과 함께 있다는 말을 듣고 매우 놀랐다. 그는 두 사람을 같이 만났고, 레가 그랬듯이 그 또한 첫눈에 루에게 마음을 빼앗겼다. 며칠 후에 레는, 니체가 자기를 대신해 청혼해 달라고 했다는 말을 루에게 전한다. 루는 니체에 대해서 "세 친구 동맹ménage-à-trois"(니체는 이미 이 제안에 기꺼이 동의했다.)의 셋째 일원으로서만 관심을 가졌을 뿐, 그 당시나 그 후에도 남편감으로 생각하지는 않았다. 니체는 거절당했다. 그러나 빈에서 "공부하기로 한 계획"은 여전히 유효했다.

니체는 이런 화해에 비교적 만족했던 것으로 보인다. 그러나 내심 살로메를 차지하고 싶다는 바람을 접지 않고 있었다. 그래서 그녀와 그녀의 어머니 그리고 레와 함께 이탈리아와 스위스로 짧은 여행(그들은 오르타와 그곳의 유명한 휴양지인 몬테사크로를 방문했다.)을 다녀온 후, 이번에는 자신이 직접 청혼했다. 그는 매우 침착했고 진지했던 것 같다. 루는 니체에게, 자신은 니체뿐 아니라 다른 누구와도 결혼할 생각이 없으며 독신으로 살고 싶다고 말했다. 이러한 대답에 니체는 다시 한 번 수긍한 듯 보였고, 빈에서 함께 공부하며 지낸다는 계획만으로 만족한 것 같았다.

니체가 두 번째 청혼을 한 것은 5월 13일에 루체른에서였다. 그 후 5월 23일부터 6월 24일까지 그는 나움부르크에 머물렀으며, 루와 레는 레의 어머니와 함께 지내기 위해 프로이센의 슈티베로 떠났다. 이 여름에 무슨 일들이 일어났는지는 분명하지 않다. 나움부르크에서 니체가 오버베크에게 보낸, 날짜를 알 수 없는 편지에는 다음과 같은 내용이 적혀 있다.

여름에 일어난 일에 관해 말하자면, 모든 것이 아직도 불확실하네. 나는 이곳에서 [루 살로메에 대해] 아무 말도 하지 않고 있네. 나는 여동생이 이 일에 끼어들지 못하게 할 생각이네. 그 아이는 사태를 혼란스럽게만 할 테니까. (그리고 무엇보다도 그 아이가 혼란에 빠질 테니까.)[3]

니체는 6월 10일에 루에게 다음과 같은 편지를 보냈다.

함께 지내기로 한 계획에 대한 기대가 너무 커서, 별로 중요하지 않은 다른 모든 일들에는 아무런 감흥도 느끼지 못합니다.

나움부르크에서 지낸 한 달 동안에 그는 엘리자베트에게 루에 대해 말했다. 그가 어느 정도까지 말했는지는 알 수 없다. 분명 그는 그 젊은 여인이 그저 더 잘 지도하고 싶은 "제자"일 뿐이며, 그래서 엘리자베트의 도움이 필요하다고 말했을 것이다. 엘리자베트는 그해 여름에 〈파르지팔〉의 첫 공연을 관람하기 위해 바이로이트를 방문할 예정이었고, 루가 그녀와 동행하기로 했다. 그리고 〈파르지팔〉을 관람한 후에는 타우텐부르크에 있는 튀링어발트 별장으로 가기로 했다. 니체가 미리 그곳에 와서 기다리고 있을 것이었다. 타우텐부르크에서 그들 셋은 편안하게 이야기를 나누면서 3주를 보낼 것이고, 엘리자베트는 다가올 겨울의 "비도덕적인" 계획을 차차 자연스럽게 알게 될 것이었다(니체는 혼자서 이렇게 생각했음에 틀림없다). 그는 6월 25일에 타우텐부르크로 떠났고, 7월 2일에 루에게 편지를 보냈다.

지금 제 위에 떠 있는 하늘이 얼마나 밝은지! 어제는 마치 제 생일 같았습니다. 당신이 보낸 [타우텐부르크로 오겠다는 내용이 담긴] 편지는 제가 받을 수 있는 최고의 선물이었습니다. 여동생은 체리를 보냈으며, 토이브너[출판업자]는 『즐거운 학문』의 시작 부분 교정쇄 세 쪽을 보내줬습니다. 게다가 『즐거운 학문』의 마지막 부분 원고를 완성했고, 이로써 지난 6년(1876년~1882년)에 걸친 작업, 곧 저의 완전한 "자유 사상"이 제 모습을 갖췄습니다! (…) 겨울에 할 일에 대해 말하자면, 저는 오로지 빈에서 공부하는 일에 대해서만 진지하게 생각하고 있습니다. 여동생이 겨울 동안 하겠다고 세운 계획은 저와 아무 상관이 없습니다. (…) 저는 더는 외롭게 지내고 싶지 않습니다. 다시 인간답게 사는 법을 배우고 싶습니다. 이 분야에서는 거의 모든 것을 배워야 합니다!

엘리자베트와 루는 8월 7일에 타우텐부르크에 도착했는데, 그들은 이미 싸우고 난 뒤였고, 엘리자베트는 루가 프리츠(니체)와 만나기에 적당하지 않은 여자이며 반드시 둘의 관계를 정리해야 한다고 결론을 내렸다. 그리고 3주 간 타우텐부르크에서 지내면서 그녀의 이런 생각은 확실하게 굳어졌다. 루가 떠난 8월 26일에 남매 사이에는 말다툼이 벌어졌고, 결국 니체도 그 이튿날 그곳을 떠났다. 그는 나움부르크로 갔으며, 9월 초에 엘리자베트에게 다음과 같은 편지를 보냈다(이 편지는 그녀가 어머니에게 보낸 편지에 대한 답장임에 분명하다).

네가 아직도 그날의 일을 마음속에 두고 있다니 유감이구나. 너와 다투지 않았으면 좋았을 텐데. 그러나 이런 식으로 한번 생각해 보렴. 만약 그 일이 일어나지 않았다면 오랫동안 가려져 있었을 것들이 그 일을 통해 드러나게 됐다고 말이야. 루는 나에게 무관심했고, 나를 조금은 못 미더워 하고 있었지. 우리가 처음 알게 된 상황을 생각해 볼 때, 아마도 그녀에겐 (레가 부주의하게 내뱉은 말들이 미친 영향까지도 포함해서) 그럴 만한 이유가 있었을 거야. 하지만 이제 그녀는 분명히 나를 더 좋아하게 되었단다. 그리고 이것이 가장 중요한 점이야. 그렇지 않니, 사랑하는 동생아.

그러나 엘리자베트에게는 그것이 중요한 일이 아니었다. 그녀에게 중요한 것은 니체를 부도덕한 여자의 손아귀에서 빼내는 것이었다. 그녀는 어머니에게 편지를 보내, 오빠가 나움부르크에 있는 동안에는 그곳으로 돌아가지 않겠다고 말했다. 그리고 그 이유를 다음과 같이 설명했다. 프리츠는 지금 루 살로메라는 부도덕한 여자와 교제하고 있으며, 이미 불명예스러운 일이 일어났고, 또 그 이상의 일이 계획되어 있다. 이번에는 니체와 어머니 사이에서 한층 더 이유 있는 다툼이 벌어졌다. 그리고 그는 서둘러 나움부르크를 떠나 라이프치히로 갔다. 그곳에서 그가 오버베크에게 보낸 편지에는 당시의 상황이 설명되어 있다.

> 불행히도 내 여동생은 루와 앙숙이 되어 버렸다네. 그 아이는 시종일관 도덕적 분개로 가득 차 있네. 그러고는 나의 철학이 말하고자 하는 바를 이제는 모두 알 만하다고 말한다네. 그 애는 어머니에게 편지를 보내 나의 철학이 타우텐부르크에서 현실화되는 것을 보았으며, 충격을 받았다고 했다네. 내 동생은, 나는 악을 사랑하지만 자신은 선을 사랑한다고 말한다네. (…) 간단히 말해, 이 나움부르크의 "미덕"은 내게 완전히 맞서고 있네. 그래서 우리 사이에는 진짜로 불화가 생겼네. 그리고 어머니가 너무나 화를 내시는 바람에, 나는 이튿날 아침 짐을 챙겨 라이프치히로 떠났다네.[4]

루와 엘리자베트는 본성상 서로가 너무도 달라서, 결코 잘 지낼 수 있을 것 같지 않았다. 설령 니체가 이 점을 이해했다고 하더라도, 그는 여동생의 독점욕이나 자신의 "철학"을 이해하지 못하는 둔감함을 과소평가했다. 엘리자베트 역시 나름대로 자신이 직면한 상황을 완전히 오해했다. 그녀는 제멋대로 생각하고 제멋대로 살아가는 살로메 양이 자신의 오빠를 "쫓아다니고" 있으며, 오빠를 덫에 빠뜨렸다고 확신했다.

그리고 그 확신을 결코 굽히지 않았다. 하지만 진실은, 루가 남자로서의 니체에게는 무관심하다는 것이었다. 그녀는 그를 사상가이자 달변가로서 존경했으며, 니체만큼은 아니지만 둘이 함께 있는 것을 즐거워했다. 그러나 감정에 있어서는 오로지 니체의 일방통행이었다.

니체는 루에 대한 엘리자베트의 증오를 미처 생각하지 못했으며, 마찬가지로 루를 향한 레의 사랑도 짐작하지 못했다. 10월 초에 레와 루는 라이프치히에 도착했다. 레는 이때 이미 자신과 루가 함께할 미래에서 니체를 배제해야겠다고 결심한 것으로 보인다. 니체는 너무나 위험한 경쟁자였기 때문이다. 라이프치히에서 보낸 3주는 겉으로 보기에는 충분히 즐거운 나날이었다. "세 친구 동맹"은 이제 파리에서 다시 만나기로 했으며, 니체는 벌써부터 적당한 숙소를 알아보고 있었다. 그러던 중 10월 말에 루와 레가, 다음에 만날 날짜도 정하지 않은 채 슈티베로 떠나자 그는 조금 당황했다. 11월 초에는 가스트가 라이프치히로 왔고, 두 주 동안 그와 함께 지내는 사이에 니체는 자신이 따돌림을 당했다는 것을 점차 깨닫게 되었다. 그리고 마침내 그 사실을 확신하게 됐을 때, 그는 분노와 절망에 휩싸인 채 이탈리아로 도망치듯 돌아갔다. 그는 11월 15일에 오버베크의 생일을 축하하기 위해 바젤로 왔지만 곧바로 제노바로 떠났다. 그리고 그곳에서 머물 수 없게 되자 라팔로로 거처를 옮긴 후 그곳에서 이듬해 2월 23일까지 혼자 지냈다.

- 2 -

마음의 평온을 되찾는 데 소요된 열 달 남짓 동안 니체의 심정이 어땠는지를 간단하게 한두 마디로 표현하기는 어렵다. 그는 자부심이 강한 사람이었다. 겨우 스물한 살밖에 되지 않은 루 살로메에게, 다른 여자한테는 품어본 적이 없는 열렬한 애정을 바쳤다는 사실과 그녀가 조용히 떠나가 버렸다는 사실은 그를 미치게 만들었다. 상처 입은 것은 무엇보다도 그의 자존심이었다. 그러나 전후 사정을 설명하는 레의 편지를 받자 좀더 이성적으로 그 일을 볼 수 있게 되었다. 그는 11월 말에 답장을 보냈다.

> 그렇지만, 친애하는 친구여, 나는 자네가 그와는 정반대로 느꼈다고 생각했다네. 나를 제거해 버린 사실을 몰래 기뻐했을 거라고 말이지! 나는 오르타에 다녀온 후로 자네가 우리의 우정을 위해 "너무 많은 것을 희생했다"는 생각을 수도 없이 했다네. 나는 자네가 로마에서 발견한 것(루를 말하는 거네)을 이미 너무 많이 훔쳤지. 그래서 라이프치히에 있을 때 늘 생각했네. 자네에게도 나를 조금은 멀리할 권리가 있다고. 나에 대해 좋게 생각해 주게, 친구여. 그리고 루에게도 그렇게 하라고 말해 주게. 나는 진심으로 당신들의 사람이네. (…) 앞으로도 종종 만나겠지. 그렇지 않은가?

그러고 나서, 그는 지난 여름과 가을에 있었던 일들을 골똘히 생각하기 시작했다. 곧 루와 레 앞으로 비난과 원한으로 가득 찬 편지들이 도착했다. 여기, 12월 중순에 쓴 한 편지가 있다.

> 나의 폭발하는 "과대망상증"과 "상처받은 허영심"에 대해서는 그다지 신경 쓰지 마시오. 설사 내가 격한 감정을 못 이겨 어느 날 자살을 하더라도 너무 걱정할 필요는 없을 것이오. 나의 공상이 당신들과 무슨 상관이 있겠소!

(…) 그저 나는 결국 고독에 빠져 완전히 정신이 돌아 버린 반 미치광이라는 것만 명심해 두시오. 절망에 빠져 지독하게 아편을 빨아 댄 뒤에야 사태를 이처럼 분별 있게(내 생각으로는) 보게 되었소. 아편으로 제정신을 잃는 대신 오히려 사리분별이 생긴 것 같았다오. 확실히, 나는 지난 한 주 동안 정말로 아팠소.

어쩌면 이런 일이 일어났을 수도 있다. 하지만 실제로 일어났다고 믿을 필요는 없다. 왜냐하면 이 편지의 목적은 사악한 자들에게 희생자가 자살해 버릴지도 모른다는 사실을 경고하는 것이기 때문이다. 이런 편지를 받은 루와 레의 기분은 어땠을까? 1882년의 크리스마스에 오버베크에게 보낸 편지를 보면 그 당시 니체가 얼마나 깊은 고통과 절망의 나락에 빠져 있었는지를 알 수 있다.

나는 광기 때문에 고통을 겪었던 것과 마찬가지로 지난 여름의 수치스럽고 비통한 기억들 때문에도 고통을 겪었네. (…) 그 기억들이 내 안에서 상반되는 감정들을 충돌시키는 것을 감당할 수가 없다네. (…) 잠이라도 제대로 잘 수 있다면! 그러나 여섯 시간에서 여덟 시간 정도를 걸어도 소용이 없고, 가장 강력한 수면제를 먹어도 마찬가지네. 이 모든 상황을 바꿔 놓는 주문, 한마디로 오물을 황금으로 바꾸는 마법과 같은 주문을 찾지 못한다면, 나는 계속 길을 잃고 헤맬 것이네. (…) 나는 이제 어느 누구도 믿지 못하네. 내 귀에 들리는 모든 소리가 나를 경멸하는 소리 같네. (…) 어제부터 나는 어머니와의 모든 연락을 끊었네. 더는 참을 수 없었기 때문이지. (…) 나와 루의 관계는 고통스러운 결말을 앞두고 있네. 적어도 오늘은 그렇게 생각되네. (…) 때로는 바젤에 작은 방을 빌려 종종 자네를 찾아가고 강의에도 참석하자는 생각이 든다네. 그러나 또 때로는 이와는 반대로 나의 고독과 체념을 궁극적인 한계에까지 밀어붙여 보자는 생각이 드네.

이 절규에는 아프고 고통받는 자의 목소리뿐만 아니라 오물을 황금으로 바꿔 놓는 예술가의 목소리도 울리고 있다. 어떤 면에서 『차라투스트라는 이렇게 말했다』는 고독에 바치는 찬가이며, 그 주인공은 문학 작품에 등장하는 인물들 중 가장 외로운 자이다. 로빈슨 크루소에게는 프라이데이가 있었고, 연장통도 있었으며, 구조되리라는 희망도 있었지만, 차라투스트라에게는 독수리와 뱀만이 있었다. 진실로 그는 "인간이 이해할 수 있는 영역 바깥에" 있으며, 저잣거리를 걸어 다닐 때조차도 혼자인 사람이다. 니체는 『인간적인 너무나 인간적인』의 마지막 장에 "혼자 있는 사람Der Mensch mit sich allein"이라는 제목을 붙였다. 그리고 이제, 『차라투스트라는 이렇게 말했다』에서 드디어 혼자 있는 사람의 모습을 구체적으로 그리기 시작한다. 그 사람은 처음에는 고독을 선택하지만 곧 고독에 지치고, 고독을 몰아내 줄 동료를 찾는다. 그러나 추종자들에 둘러싸여 있어도 혼자라는 사실을 발견한 후에는, 고독을 자신의 운명으로 받아들이고 그 안으로 침잠하여 마침내 그것을 찬미하고 찬양한다. 차라투스트라의 말은 다른 사람들에게 하고 있을 때조차도 꼭 자기 자신에게 하고 있는 것처럼 보인다. 잘 알려져 있다시피, 이는 그의 간결한 문체 때문에 생기는 효과이다. 『차라투스트라는 이렇게 말했다』가 불명료한 이유는 니체가 독자들도 자신과 비슷한 배경 지식을 가지고 있다고 가정했기 때문이다. 만약 독자가 『인간적인 너무나 인간적인』에서 『즐거운 학문』에 이르는 일련의 저작들을 읽었다면, 그 배경 지식을 공유할 것이다. 그러나 읽지 않았다면 그러지 못할 것이다. 어떤 경우든, 정작 차라투스트라 본인은 자신이 이해되는지 아닌지에 전혀 관심이 없는 것처럼 보인다. 영원 회귀의 궁극적인 비밀을 듣는 유일한 청중은 그 자신뿐이다. 루와 레, 이 두 사람과의 교제를 위해 가족들과 절연한 상태에서 결국 그 둘마저 떠나 버리자 니체는 이제 세상에서 완전히 혼자가 되었다고 느꼈다. 게다가 그의 건강은 어처구니없게도 살 수도 죽을 수도 없는 상태에 이르렀다. 만약 그가 예술가가 아니었다면, 그는 아마도 고통스러운 부조리 자체가 되어 버린 자신의 존재를 1883년이 시작될 무렵에 끝장내 버렸을 것이다. 그러나 그는 예술가였기 때문에, 자살을 택하는 대신 고독의 고통을 쾌락으로 바꿀 수 있었다. 또 모든 허구적인 인물이 그러하듯이 저자 자신이기도 하고 아니기도 한 차라투스트라를 통해서 고독이 자신의 본래적인 요소이기 때문에 고독을 추구하는 인간 유형을 창조해 낼 수 있었다.

『차라투스트라는 이렇게 말했다』의 1부는 책 전체의 어조와 분위기를 결정한다. 니체는 『즐거운 학문』의 결론을 거의 글자 그대로 반복하면서 『차라투스트라는 이렇게 말했다』의 서두를 열었다. 그리고 이를 통해 "자유 사상"과 새로운 작품들 사이의 연관성(그를 비판하는 사람들은 이 연관성을 부인하려고 애썼다.)을 확립했다. 초인과 힘에의 의지가 소개되고 있으며, 당대의 사회를 전례없이 격렬하게 비판했다. 문체는 고도로 생기발랄하고 이색적이며, 사상은 은유와 수사학의 물결 속에서 때때로 길을 잃는다. 성적인 비유도 풍부한데, 니체는 그러한 비유가 언제나 자신의 의식적인 통제 아래서 나오는 것은 아니라고 말하기도 했다. 다시 말해, 이 책의 내용은 6년 동안의 사색의 결과물답게 충분히 숙고한 신뢰할 만한 것이지만, 방식에서만큼은 되는 대로 작업한 부분들이 분명히 존재한다.

『차라투스트라는 이렇게 말했다』의 정상에서 한 달 만에 삶의 현실로 내려온다는 것은 고통스러운 일이다. 니체는 엘리자베트와 화해했고, 그래서 5월 4일에 그녀와 말비다가 함께 머물고 있던 로마를 방문해 6월 16일까지 있었다. 니체는 거기에서 레가 처음부터 그에게 음모를 꾸몄다는 것, 루의 불친절함은 그러한 레가 한 거짓말의 결과였다고 확신하게 되었다. 엘리자베트는 이미 루 살로메에 반대하는 운동을 벌이고 있었는데, 이것은 여자가 원한을 품으면 어떻게 되는지를 새로운 차원에서 보여 준다. 엘리자베트는 사방으로 편지를 보냈고, 당시 루가 베를린에서 레와 동거를 하고 있었기 때문에, 그녀를 부도덕한 인간으로 몰아 러시아로 추방하는 데 모든 노력을 기울였다. 대단히 불명예스러운 일이지만, 니체가 이 운동에 가담했거나 누이를 부추겨 루와 레의 관계를 폭로하는 내용이 담긴 글을 친구들에게 보냄으로써 그들을 곤란하게 만들었다는 데는 의심의 여지가 없다. 니체의 정신 상태를 이해하기 가장 어려운 기간이 바로 이 1883년의 몇 달이다. 이것은 그가 쓴 편지들에서 잘 드러난다. 그 편지들 가운데 가장 중요한 것들은 불행히도 정확한 날짜가 표기되어 있지 않으며, 우리는 그저 순서를 추측할 수만 있을 뿐이다. 그는 "1883년 여름"에 파울 레의 남동생인 게오르크 레에게 보낸 한 편지에서, 파울과 더 교제하는 것은 "체면상 못할 짓"이며, 그래서 게오르크에게 대신 편지를 보낸다고 말한다. 그는 루 살로메는 그저 파울의 "단순한 대변인"일 뿐이며, 파울이야말로 니체가 없는 곳에서 숨어 "중상모략하고 거짓말을 해 대는 사기꾼"처럼 행동했다는 사실을 알게 됐던 것이다.

　나를 저급한 인격의 소유자이며 질 낮은 이기주의자로 몰아붙인 자, 모든 것을 자신의 목적을 위한 수단으로 이용하려 한 자, (…) 고귀한 척 가면을 쓰고서 뒤로는 살로메 양을 빼앗으려는 가장 추악한 계획을 세웠다며 나를 비난한 자, (…) 내가 마치 그의 행동을 전혀 모르는 미치광이라도 된 듯이 감히 나의 지성을 경멸한 자, 그자가 바로 레이다.

루에 대해 말하자면, 그녀는 "가짜 젖가슴을 단 빼빼 마르고, 더럽고, 악취가 나는 원숭이"이다. 레가 니체를 두고서 했다고 하는 말들에 대한 이 짤막한 언급 속에서, 엘리자베트의 조용한 어조가 느껴지는가? 니체가 그녀가 아닌 다른 사람으로부터 그런 정보를 얻었을 것이라고 생각하기는 힘들다. 우리는 레의 인격에 대해 많은 것을 알고 있는데, 이처럼 원한에 찬 말들은 그에게선 상상하기 힘든 것이다. 그러나 엘리자베트에게서는 쉽게 상상할 수 있는 것이어서, 대체로 사람들은 그녀가 자신이 싫어하는 루 살로메를 반대하는 운동에 자신의 오빠를 끌어들일 목적으로 사태를 조작했다고 믿는다. 물론 니체도, 훗날 고백했듯이, 그녀의 말을 곧이곧대로 믿을 정도로 어리석었다. 그러나 오빠와 그의 어린 숭배자가 벌인 연애 놀음에 대한 그녀의 반응은 이상할 정도로 도가 지나쳤다. 역사상 그 어떤 남녀도 단둘이서만 있었던 적은 없었지만, 니체가 루에게서 마음을 돌린 후에도 그녀가 루를 반대하는 행동들을 계속했다는 점은 그녀의 신경증적 강박을 암시한다. 니체는 1883년이 지나기 훨씬 전에 이미 제정신을 차려 레가 한 행동은 바로 자신이 하고 싶었던 행동이었으며, 그저 두 사람이 동시에 한 여자를 사랑했다는 사실이 불행한 일이었다는 것을 깨달았다. 그러나 엘리자베트는 1935년에 죽을 때까지 루와의 불화를 풀지 않았다. (루는 1937년에 죽었다.)

6월 말경에 니체는 질스마리아로 돌아왔고, 거의 같은 시기에 『차라투스트라는 이렇게 말했다』의 2부를 썼다.[5] 그것은 1부와 비교해 볼 때 어떤 면에서도 결코 뒤지지 않으며, 8월에 말비다에게 보낸 편지에서 다음과 같이 퍼부었던 것과는 다른 심정에서 쓴 것으로 보인다.

아! 이젠 너무 늦었지만, 내가 지금까지 알게 된 모든 것에 따르면, 레와 루 같은 인간들은 내 구두 밑창을 핥을 자격조차 없습니다. 지나치게 거친 말투를 용서하십시오! 사기꾼에다 뼛속까지 교활하고 중상모략만을 일삼는 이 레라는 작자와 마주쳤다는 것이 저의 오랜 불행이었습니다.

그러나 오버베크에게 보낸 두 통의 편지는 니체의 마음이 다시 균형을 회복했음을 보여 준다. 간단하게 "질스마리아 1883년 여름"이라고 적혀 있는 한 편지에는 8월에 말비다에게 보낸 편지와는 완전히 상반된 내용이 담겨 있다.

주변 사람들과 나, 우리는 서로 너무나 다르네. 지난 겨울에는 그들로부터 어떤 편지도 받지 않도록 조심할 필요가 있다고 생각했지만, 그런 식의 경계를 계속하는 것은 더는 불가능하네. (나는 그 정도로 모질지 못해.) 그러나 레와 살로메 양에게 쏟아 부었던 온갖 경멸 섞인 말들이 내 마음을 아프게 하네. 나는 적이 되기엔 부적합한 것 같아.

8월 말에 니체는 오버베크를 방문했고, 돌아온 뒤에는 "여동생에게 무서운 증오"를 느끼고 있다는 편지를 그에게 보냈다. 왜냐하면 그녀가 설득한 탓에,

내 마음속 가장 깊은 곳에서는 모든 복수와 처벌을 반대함에도 불구하고 나는 결국 무자비한 복수심의 희생양이 되었던 거네. (…) 내가 여동생에게 편지를 쓰는 것은, 가장 무해한 종류의 편지를 제외하곤, 더는 바람직하지 않네. (…) 아마도 이 사건 전체에 가장 결정적인 단계는 내가 여동생과 화해했던 일일 것이네. 나는 그 애가 나와의 화해를 살로메 양을 향한 복수를 정당화하는 수단으로 받아들였다는 것을 이제야 알 것 같네.

이것으로 이 사건은 확실히 끝났다. 니체는 이전의 삶으로 돌아갔고, 두 번 다시 루와 레를 만나지 않았다. 하지만 가끔씩은 그들에 관한 감상적인 생각에 빠지기도 했다. 예를 들어 1884년 4월 7일에 니스에서 오버베크에게 보낸 편지에서 그곳으로 "레 박사와 살로메 양까지도" 포함해 몇몇 친구들을 불러, "여동생이 꼬아 놓은 매듭을 풀고 싶다"고 말한다. 여기에서 사건의 책임이 누구에게 있는가를 따진다면, 답은 간단하다. 모든 사람에게 책임이 있다. 그러나 아마도 니체 자신에게 누구보다도 가장 큰 책임이 있을 것이다. 세상과 동떨어진 채 지내는 신심 깊은 처녀였던 엘리자베트는 도덕의 기준에 융통성이 없었다. 뿐만 아니라 그녀는 자신보다 더 자유분방하고 억압받지 않는 여자에 대해 원한 섞인 증오심을 품었지만, 모욕당한 도덕성이 품을 수 있는 모든 원한으로 그녀를 괴롭히는 것 외에 더 나은 해결 방법을 알지도 못했다. 그러나 니체는 그보다 더 잘 처신할 수 있었음에도 불구하고 여동생을 만류하기는커녕 그녀를 선동했다. 그도 이러한 점에 대해 수치심을 느꼈음에 분명하다. 왜냐하면 그는 끝까지 동생에게 책임을 전가했기 때문이다. 그는 "여동생이 꼬아 놓은 매듭을 풀고 싶다"고 말하지만, 어느 누구도 그가 엘리자베트에게 이용당하기만 했을 뿐이라고 믿지는 않을 것이다. 그들의 관계는 그런 식이 아니었다. 왜냐하면 니체는 언제나 남을 지배하는 인물이었기 때문이다. 결론적으로 말해서, 그와 루 살로메의 연애 사건이 중상모략과 비난이 난무한 채 끝났다면, 그것은 전적으로 그의 탓이다.

덧붙여, 이 연애 사건의 당사자들에게서 더 깊은 해명을 듣고자 하는 독자는 실망하게 될 것이라는 사실을 말해 두어야겠다. 니체는 편지에서(매우 드물지만) 루를 언급할 때마다 늘 감정의 개입을 자제했으며, 단순히 한 사람의 친구로서만 이야기한다. 단 한 번, 『이 사람을 보라』에서 그녀를 공개적으로 거론한 적이 있는데, 이것은 1882년에 니체가 곡을 붙였던 「삶의 송가」라는 시의 원저자에 관해 생길 수 있는 오해를 바로잡기 위해서였다. 그는 거기에서, 그 시는 자신이 지은 것이 아니라 "내가 당시에 친하게 지냈던 젊은 러시아 여성, 살로메 가의 아가씨"(『이 사람을 보라』, 「차라투스트라는 이렇게 말했다」 1절)가 지었다고 말한다.

1894년에 출간된 루 살로메의 책 『작품으로 본 프리드리히 니체』에는 1882년에서 1883년 사이의 사건에 대해서는 전혀 언급이 없다. 그리고 그녀가 죽은 후 1957년에 출간된 회고록에서도 역시 이 문제는 베일에 가려져 있다. 그 연애 사건이 있은 후 몇 년이 지나서, 예전에 몬테사크로로 여행을 떠났을 때 니체와 키스를 했느냐는 질문을 받자, 그녀는 기억이 나지 않는다며 대답을 회피했다.

영원 회귀는 『차라투스트라는 이렇게 말했다』의 정점을 장식하기 위해 따로 준비됐다. 그것은 1884년 1월에 니스에서 체류하는 동안 쓴 3부에서 처음 소개된다. 3부를 구성하는 열여섯 개의 장은 니체가 이전에 썼던 그 어떤 작품보다도 탁월하게 시적인 힘을 드러내고 있다. 때때로 문장의 장중한 흐름이 익살스러움으로 급격히 전환하는 것은 이 책 전체에서 시도된 의미심장한 서술방식을 더욱 확장하려고 하는 작가의 모험 정신의 산물이다. 1884년에서 1885년으로 넘어가는 가을과 겨울에 쓴 4부는 원래 이 책의 세 부분 가운데서 둘째 묶음의 첫 부분으로 기획됐다. 4부는 문체 면에서 현저하게 뒤떨어지며, 새로운 사상을 담고 있지도 않다. 그리고 니체는 현명하게도 작품을 중지시켰다. 3부의 눈부신 결말은 이 책의 진정한 정점을 이루고 있으며, 이제까지 완성한 철학적 세계관을 최종적으로 봉인한다.

11

차라투스트라는 이렇게 말했다

나는 그들에게 나의 모든 기술과 목적을 가르쳤다. 인간 안에 있는 조각
난 것, 수수께끼, 무시무시한 우연을 하나로 만들고 끌어 모으는 것을.

(『차라투스트라는 이렇게 말했다』 3부 12장)

- 1 -

니체는『즐거운 학문』을 마치고 아직『차라투스트라는 이렇게 말했
다』를 집필하기 전에, 모든 행동이 힘을 향한 욕망에서 비롯된다는 가
정에 도달했다. 그는 쇼펜하우어의 용어를 차용하여 이 원리를 "힘에의
의지"라 명명했다. 그리고 그는 이제 그것을 통해 모든 형이상학적 토
대가 제거된 실재를 설명하려고 한다.

힘에의 의지는 "천 개의 목표와 하나의 목표에 대하여"라는 장에서
소개된다. 지금까지 세상에는 수많은 민족이 존재했고, 따라서 그만큼
많은 "목표", 즉 도덕들이 존재했다. 각각의 민족이 모두 자신만의 도덕
을 가지고 있는 이유는, 그 도덕이 바로 힘에의 의지이기 때문이다. 다
시 말해 타인에 대한 힘에의 의지일 뿐만 아니라 더 근본적으로는 자기
자신에 대한 힘에의 의지이기 때문이다.

1882년의 니체

차라투스트라는 수많은 나라를 돌아다니면서 수많은 민족들을 보았다. 그리하여 그는 수많은 민족의 선과 악을 발견했다. 차라투스트라는 지상에서 선과 악보다 더 큰 힘을 보지 못했다. 어떤 민족도 평가를 하지 않고서는 살 수가 없다. 그러나 자신을 계속 유지하고 싶다면, 이웃 민족의 평가대로 평가해서는 안 된다. 한 민족에게 선이라고 생각되는 많은 것들이 다른 민족에게는 수치스럽고 불명예스러운 것이 되는 모습을 나는 보았다. 나는 어떤 곳에서든 악이라고 불리는 많은 것들이 다른 곳에서는 화려한 영예로 장식되는 모습을 보았다. (…) 모든 민족의 머리 위에는 자신만의 가치 목록이 걸려 있다. 보라! 그것은 그들이 지닌 힘에의 의지의 목소리다. 어렵다고 여겨지는 것은 칭찬할 만한 것이라고 여겨진다. 또 필수불가결하며 어렵다고 생각되는 것은 선하다고 여겨진다. 그리고 가장 큰 곤경으로부터 해방시켜 주는 것, 보기 드문 것, 가장 어려운 것은 신성한 것으로 칭송된다. 그들로 하여금 지배하고 정복하고 빛날 수 있도록 해 주는 것, 그래서 이웃 민족들로 하여금 경외심과 시기심을 품게 만드는 것, 그것을 그들은 가장 숭고한 것, 최고의 것, 척도, 모든 것의 의미라고 여긴다. (『차라투스트라는 이렇게 말했다』 1부 15장)

관습과 동일한 것으로 이해되었던 도덕은 이제 한 민족의 자기 극복으로 그려진다. 한 무리가 힘을 향한 욕망을 자기 자신에게로 돌린다. 무리는 자기 자신을 정복하며, 자신이 부과한 명령에 복종하는 것을 배운다. 그리고 그렇게 복종하는 가운데 무리는 "민족"이 된다. 철학적 사색의 초기 단계에서부터 니체는 늘 국가에 적용했던 것과 똑같은 판단 기준을 개인에게 적용하는 것이 옳다고 느꼈다. 그는 언제나 한 개인을 일종의 축소된 국가라고 봤으며, 개인 안에는 국가와 똑같은 충동이 작용하고 있고, 똑같은 욕구가 존재한다고 생각했다. 그 결과 그는 『차라투스트라는 이렇게 말했다』의 2부에서 힘에의 의지 이론을 개인에게 적용한다.

자기 극복에 대하여. (…) 나는 생명체를 추적했다. 나는 그것의 본성을 이해하기 위해 가장 넓은 길과 가장 좁은 길을 따라갔다. (…) 또 생명체를 발견한 모든 곳에서 언제나 복종의 언어를 들었다. 모든 생명체는 복종하는 존재이다. 그리고 이것이 둘째 것이다. 즉 자기 자신에게 복종할 수 없는 사람은 명령을 받게 될 것이다. (…) 그러나 내가 들은 셋째 것은 명령을 내리는 것이 복종하는 것보다 훨씬 어렵다는 것이다. (…) 내가 보기에 모든 명령은 하나의 실험이며, 위험 부담이 따르는 것이다. 그러므로 생명체는 명령을 내릴 때 언제나 자신의 목숨을 건다. 그렇다. 자기 자신에게 명령을 내릴 때조차도 그러하다. 그리고 나서 그는 또한 자신의 명령에 대해 보상을 해야만 한다. 그는 자신의 율법에 대해 판관이 되어야 하고, 복수하는 자가 되어야 하며, 희생물이 되어야 한다. 어떻게 이렇게 되었는가? 무엇이 생명체를 설득하여 복종하게 하고, 명령하게 하고, 또 명령할 때조차 복종을 하게 한다는 말인가? (…) 나는 생명체를 발견하는 곳에서는 언제나 힘에의 의지를 발견했다. 심지어 노예의 의지 속에서도 주인이고자 하는 의지를 발견했다. 약한 자의 의지는 그를 설득하여 강한 자에게 봉사하게 만든다. 그리고 약한 자의 의지는 더 약한 자의 주인이 되기를 원한다. 이 기쁨만은 절대로 포기하려 하지 않는다. 작은 자가 훨씬 더 작은 자를 통해 기쁨과 힘을 느끼기 위해 더 큰 자에게 굴복하듯이, 더 큰 자 또한 굴복하고 생명을 건다. (…) 그리고 희생과 봉사와 애정 어린 눈길이 있는 곳에는 또한, 주인이고자 하는 의지가 있다. 그곳에서 약한 자는 비밀 통로를 통해 성 안으로 들어가고, 심지어 더 강한 자의 심장으로 들어가, 결국 그 힘을 훔친다. 그리고 삶은 나에게 다음과 같은 비밀을 가르쳐 주었다. "보라, 나는 끊임없이 자신을 극복해야만 하는 존재이다. 분명 너희들은 그것을 생식에의 의지, 하나의 목표를 향한 충동, 그리고 더 높은 것, 더 멀리 있는 것, 더 다양한 것을 향한 충동이라고 부를 것이다. 그러나 이 모든 것은 하나이고, 동일한 비밀이다. 나는 이 하나를 포기하느니 차라리 소멸해 버리겠다. 그리고 진실로, 소멸이 있는 곳, 낙엽이 지는 곳에서, 보라, 삶은 자신을 희생한다. 힘을 얻기 위해! (…) 그리고 너, 계몽된 자여, 너 역시 나의 의지가 지나는 통로요, 계단일 뿐이다. 진실로, 나의 힘에의 의지는 너의 진리에의 의지를 발판 삼아 걸어간다! (…) 오직 삶이 있는 곳에만 의지도 있다. 그러나 삶에의 의지가 아니라 (…) 힘에의 의지다! 생명체는 많은 것들을 삶 자체보다 더 높게 평가한다. 그러나 이러한 평가를 통해 말하는 것은 힘에의 의지다." 삶은 일찍이 내게 이렇게 가르쳤다. 그리고 지혜로운 자들이여, 나는 이 가르침을 가지고 너희 마음속의 수수께끼를 풀어 낸다. (…) 가치를 평가하는 자들이여, 너희들은 선과 악에 대한 너희들의 평가와 교의로 폭력을 휘두른다. (…) 그러나 너희들의 가치들로부터 더 강한 폭력, 새로운 극복이 자라난다. (…) 그리고 선과 악을 창조해야 하는 자는 실로 먼저 파괴자가 되어 가치들을 부숴야 한다. 그러므로 가장 커다란 악은 가장 커다란 선에 속한다. (『차라투스트라는 이렇게 말했다』 2부 12장)

이 이론이 니체의 초기 실험들에서 얼마나 완전하게 발전된 것인지를 보기 위해서는 복종과 명령에 관해, 힘을 위한 자기 희생에 관해, 그리고 선과 악의 상호 의존성에 관해 그가 썼던 글들을 떠올려 볼 필요가 있다.

무시무시하며 비인간적이라고 생각되는 능력들이, 실제로는 충동, 행위, 행동 속에 들어 있는 모든 인간적인 것이 자랄 수 있는 비옥한 토양이다. (「호메로스의 경쟁」)

[고결한 인간은] 언제나 사실들의 맹목적인 힘과 현실의 폭정에 맞서며, 저 역사적 흐름의 법칙이 아닌 법칙들에 자신을 복종시킨다. (…) 자기 실존의 가장 비근하고 어리석은 현실인 자신의 정념과 싸움으로써, 또는 정직을 자신의 의무로 삼음으로써. (『반시대적 고찰』 2편 8절)

개정한 「루가의 복음서」 18장 14절. 자신을 낮추는 사람은 높아지기를 원한다. (『인간적인 너무나 인간적인』 87절)

금욕주의의 여러 형태들은 자기 자신에 대한 저항의 가장 승화된 표현이다. (『인간적인 너무나 인간적인』 142절)

인간은 힘의 느낌을 느낄 때 자신을 선하다고 느끼고, 그렇게 부른다. (『아침놀』 189절)

(…) 철학은 정신을 전제적으로 지배하기 위한 일종의 기고만장한 투쟁이다. (『아침놀』 547절)

(…) 작품을 위해서가 아니라 하나의 작품으로서의 자신을 위해 힘의 놀이를 이용하는 천재, 다시 말해 자신을 통제하기 위해…. (『아침놀』 548절)

(…) 인간의 충동과 행동의 가치 평가와 서열화는 (…) 언제나 공동체와 무리가 요구하는 것을 표현하고 있다. (『즐거운 학문』 116절)

가장 강력하고도 사악한 정신들이 지금까지 인류를 극도로 발전시켜 왔다. (…)악한 충동은 선한 충동만큼이나 유용하며 필수적이고 종족 보존에 기여한다. (『즐거운 학문』 4절)

힘에의 의지 덕택에 니체는 이제 다윈의 생존 투쟁을, 지배를 위한 투쟁의 특수한 사례로 볼 수 있게 되었다.

자신을 보존하고자 하는 것은 궁핍의 표현이며, 삶에 있어 진정으로 근본적인 충동이 제약받고 있음을 표현하는 것이다. 삶에 있어 진정으로 근본적인 충동은 힘의 확장을 목표로 하며, 이를 위해서는 종종 자기 보존에 의구심을 품고, 그것을 희생한다. (…) 자연을 지배하는 것은 궁핍이 아니라 부조리할 정도로 극단적인 과잉과 낭비다. 생존을 위한 투쟁은 유일한 예외이며, 삶의 근본 의지가 일시적으로 제한된 것일 뿐이다. 크든 작든 모든 투쟁은 삶에의 의지에 다름 아닌 힘에의 의지에 근거하여 우월함, 성장과 확장, 힘을 얻기 위한 것이다. (『즐거운 학문』 349절. 『차라투스트라는 이렇게 말했다』 이후에 쓴 제5부에 들어 있음.)

생리학자들은 자기 보존 충동을 유기체의 기본적인 충동으로 설정하기 전에 한 번 더 생각해 봐야만 한다. 생명체는 무엇보다도 자신의 힘을 발산하고자 한다. 삶 자체가 힘에의 의지이다. 자기 보존이란 그저 힘에의 의지의 간접적이고 매우 흔한 결과 가운데 하나일 뿐이다. 간단히 말해, 다른 곳에서와 마찬가지로 여기에서도 불필요한 목적론적 원리들에 주의하자! 자기보존 충동이 바로 그런 원리다. (『선악의 저편』 13절)

니체는 이전에 다비트 슈트라우스가 다음과 같은 사실, 곧 다윈 이후의 세계에서 "선한" 성질들은 "악"에 기원한다는 사실을 설명하지 않으려고 했다고 비판했는데, 이제는 자신이 직접 나서서 그것을 설명하려고 시도한다. "선한" 성질들은 정념이 승화된 것이며, 정념은 이제 힘에의 의지를 의미한다.

일찍이 너는 정념들을 지녔고, 그것을 악이라고 불렀다. 그러나 이제 너는 오직 너의 덕들을 가지고 있다. 그 덕들은 너의 정념들로부터 자라났다. (…) 일찍이 너는 너의 지하실에서 사나운 들개들을 길렀다. 그러나 그것들은 결국 사랑스러운 노래를 부르는 새가 되었다. 너는 너의 독에서 너의 진통제를 만들어냈다. 너는 번민이라는 암소의 젖을 짰고, 이제 그 암소의 젖에서 나온 달콤한 우유를 마신다. (『차라투스트라는 이렇게 말했다』 1부 5장)

덕이라는 것이 존재하기 위해서는 "악한" 정념들이 무성하게 자랄 수 있어야 한다. 왜냐하면 악한 정념들이 바로 덕의 유일한 근원이며, 유일한 추동력이기 때문이다. 따라서 니체는 위험하다는 이유로 악한 정념을 근절하는 자들에게 적개심을 느낀다. 그는 힘에의 의지가 위험하다는 것을 부인하지 않는다. 그러나 그것은 통제되고 "승화"되어야 하며, 약화되거나 파괴되어서는 안 된다.

번개가 더는 해를 입히지 않는다는 것만으로는 충분치 않다. 나는 번개를 다른 곳으로 돌리고 싶지 않다. 번개는 나를 위해 일하는 것을 배워야 한다. (『차라투스트라는 이렇게 말했다』 4부 13장 7절)

니체는 바로 이런 이유로, 설령 그것이 "절제" 같은 것으로 위장하더라도, 약함을 비난하는 것이다.

하늘을 향해 소리치는 것은 너희들의 악행이 아니라 절제이며, 악행 속에 들어 있는 너희들의 쩨쩨함이다. (『차라투스트라는 이렇게 말했다』 1부 서설 3절)

심지어 거대한 사악함이 약함보다 더 바람직하다. 왜냐하면 그것은 가능성을 가지고 있기 때문이다. 거대한 죄악이 있는 곳에는 또한 거대한 활력과 거대한 힘에의 의지가 있으며, 결과적으로 "자기 극복"의 가능성이 존재한다. 니체는 자기 자신을 극복하는 일이 지상에서 가장 바람직할 뿐만 아니라 가장 어렵기도 한 과업이라고 생각했다. 또 그는 힘에의 의지를 인간 안에서 활동하는 유일한 충동이라고 보았다. 가장 어려운 과업에는 강력한 힘에의 의지가 필요하며, 따라서 강하면서도 통제되지 않은 힘에의 의지를 가진 사람은, 힘에의 의지가 약한 사람보다 더 "위험"할지라도 더 바람직하다. 이런 점들을 깨닫지 못한다면 니체를 완전히 오해한 것이다. "선"은 승화된 "악"이므로, 악은 긍정적인 가치를 가진다. 악한 충동을 없애 버린다고 해서 선이 남지는 않을 것이다. 선 역시 사라지기 때문이다. "좋은 에리스"를 파멸하는 것은 곧 인류를 파멸하는 것이다. 왜냐하면 인류는 경쟁을 통하여 오늘날에 이르렀기 때문이다. 그러므로 "파르지팔보다는 체사레 보르자가 더 낫다."(『이 사람을 보라』 3장 1절) (바그너의 〈파르지팔〉에서 영웅으로 묘사되는 것과는 달리 유럽 전역에서 전해 오는 전설상의 파르지팔은 일종의 "바보 영웅담"의 주인공이다. 파르지팔이 일종의 신탁을 받아 성배의 수호자가 되는 상상의 인물인 반면, 교황 알렉산데르 6세의 서자로 태어난 체사레 보르자는 아버지의 뒤를 이어 성직자가 되는 길을 거부하고, 많은 경쟁자들과 형제들을 제치고 로마냐의 공작이자 교황군 총사령관으로 올라, 이탈리아 중부에 자신의 공국을 세우고자 한 야심 찬 인물이었다. – 옮긴이) 다시 말해 선하다는 것이 악을 행하지 않는 것, 더 나아가 악을 행할 수 없는 것이라면, 차라리 악한 사람이 더 낫다. 그러나 니체가 체사레 보르자 자체를 찬양했다고 생각하는 사람은 다음과 같은 점에서 그를 이해하지 못한 것이다. 그가 찬양했던 사람은 힘에의 의지가 강하지만, 그것을 창조성으로 승화한 자들, 그래서 "자기 자신이 된" 자들, 곧 초인이다.

> 너희들에게 초인을 가르치노라. 인간은 극복되어야 할 존재이다. 너희들은 인간을 극복하기 위해 무엇을 했는가? 존재하는 모든 것들은 지금까지 자기 자신을 넘어서는 무언가를 창조해 왔다. 그런데 너희들은 이 거대한 밀물을 맞이하여 썰물이 되길, 인간을 극복하기보다는 오히려 짐승으로 되돌아가길 원하는가? (…) 초인은 대지의 의미다. 너희들의 의지로 하여금 말하도록 하라. 초인이 이 대지의 의미라고! 나의 형제들이여, 부디 이 대지에 충실하라! (『차라투스트라는 이렇게 말했다』 1부 서설 3절)

초인이란 일찍이 국가가 일개 무리 수준에서 벗어났을 때 성취했던 것을 자신 안에서 성취해 내는 자이다.

너는 너 자신에게 너만의 선과 악을 부여할 수 있는가? 그리고 너 자신의 의지를 하나의 율법처럼 네 위에 걸어 둘 수 있는가? 너는 너 자신에 대해 판관이 되고, 너의 율법에 대해 복수하는 자가 될 수 있는가? (…) 네가 마주칠 수 있는 최악의 적은 언제나 너 자신일 것이다. 너 자신은 동굴과 숲 속에 숨어 너를 기다리고 있다. (『차라투스트라는 이렇게 말했다』 1부 17장)

모든 생명체는 힘을 갈망하지만, 자기 자신에 행사하는 힘을 갈망할 수 있는 것은 오직 인간뿐이다. 오직 인간만이 "자기 지배"를 달성하는 데 필요한 힘을 가지고 있다.[1] 이로써, 다윈이 지워 버린 인간과 동물의 차별성이 초자연적인 것에 의지하지 않은 채 다시 복원됐다. 신의 승인을 박탈당한 도덕적 가치들은 이제 새롭고 자연주의적인 방식으로, 즉 힘의 양에 의해 승인받는다. 그리고 인간의 심리는 이제 힘의 관점에서 이해된다. "선"은 이제 승화된 "악"으로 이해되며, 선한 정념과 악한 정념은 본질적으로 똑같은 것으로서, 즉 힘에의 의지로서 이해된다. 새로운 전망이 『안티크리스트』에서 매우 간결한 형식으로 요약된다.

무엇이 선인가? 힘의 느낌, 힘에의 의지, 인간들에게 있어서의 힘 자체. 무엇이 악인가? 약함에서 나오는 모든 것들. 무엇이 행복인가? 힘이 증가하는 느낌, 저항이 극복되는 느낌…. (『안티크리스트』 2절)

모든 사람들은 행복을 원한다. 왜냐하면 힘이 증가하는 느낌을 원하기 때문이다. 최대로 증가한 힘은 최대의 행복을 안겨 준다. 그런데 가장 큰 힘을 필요로 하는 것은 자기를 극복하는 것이다. 따라서 가장 행복한 사람은 자기를 극복한 자, 곧 초인이다.

초인은 현대 유럽에서 확대되고 있는 허무주의에 대항하기 위해 니체가 제시한 새로운 "인간상⟨像⟩"이 무엇인지를 분명하게 보여 준다. 그것은 바로 더는 동물이 아닌 인간이다. 또 니체는 인류의 "목표"가 "초인을 만들어 내는 것", 다시 말해 인간을 "더는 동물이 아닌 것"으로 변형시키는 것이라고 제시한다. 그때 인간은 적극적인 가치를 갖게 될 것이고, "인간"이라는 말은 일반적인 동물 세계와 구별되는 특별한 함의를 가지게 될 것이다. 그리고 "선과 악"은 다시 한 번 "영원한" 성질이라고 불릴 수 있을 것이다. 즉 진정 더 높은 존재가 결정했기 때문에 세계 전체에 타당한 가치 판단이라고 불릴 수 있을 것이다.

> 내가 사람들을 찾아갔을 때 나는 그들이 낡아빠진 자만심 위에 앉아 있는 것을 보았다. 그들은 하나같이 자신은 이미 오래전부터 사람에게 무엇이 선한 것이고 악한 것인지를 알고 있다고 생각했다. (…) 나는 창조하는 자가 아닌 한 그 누구도 무엇이 선이고 무엇이 악인지 모른다고 가르침으로써 그 졸음을 물리쳤다. 창조하는 자란 인류가 추구해야 할 목표를 창조해 내는 자, 이 대지에 의미를 부여하고 미래를 약속하는 자이다. 바로 그가 사물 안에서 선과 악이라는 성질을 창조해 낸다. (『차라투스트라는 이렇게 말했다』 3부 12장 2절)

이런 의미에서 초인은 "신의 계승자"라 불릴 수 있다.

> 일찍이 너희들은 먼 바다를 바라보는 "신"이라고 말했다. 그러나 이제 나는 너희들에게 "초인"이라고 말하라고 가르친다. 신은 하나의 억측이다. 그러나 나는 너희들의 억측이 너희들의 창조 의지보다 더 멀리 뻗어 나가지

않기를 바란다. 너희들이 신을 창조할 수 있을까? 그러나 너희들은 분명 초인을 창조해 낼 수 있을 것이다. (…) 신은 하나의 억측이다. 그러나 나는 그 억측이 너희들이 생각할 수 있는 범위를 벗어나지 않기를 바란다. 너희들이 신을 생각할 수 있을까? 그러나 진리에의 의지가 너희들에게 다음과 같은 것을 의미하길. 곧 모든 것을 인간이 생각할 수 있는 것, 인간에게 자명한 것, 인간이 느낄 수 있는 것으로 변화시키는 것을 의미하길! (…) 그리고 너희들이 지금까지 세계라고 불렀던 것은 이제 너희들에 의해 비로소 창조되어야 한다. (…) 너희들은 파악할 수 없는 것에도, 비이성적인 것에도 익숙해져서는 안 된다.(『차라투스트라는 이렇게 말했다』 2부 2장)

니체가 성장했던 세계에서 "신"은 최고의 존재였다. 그리고 인간은 신이 불어넣은 신성으로 동물보다 높은 자리에 올랐으며, 신의 은총으로 자신의 높은 지위를 승인받은 존재였다. 신은 인간에게 그의 삶이 영원하며, 죽음은 그저 하나의 존재 상태에서 또 다른 존재 상태로 넘어가는 것일 뿐이라고 약속했다. 20대의 니체에게는 이 모든 것과 완전히 반대되는 세계가 강요됐다. 최고의 존재는 없으며, 인간은 본질적으로 동물의 연속이고, 죽음은 곧 끝이다. 이러한 세계상의 과학적 근거를 부정할 수 없었던 그는 30대에 이르러 다음과 같은 사실을 깨닫게 된다. 곧 "신의 죽음"은 형이상학적 세계가 더는 끼어들 수 없는 실재에 대한 새로운 설명을 요구한다는 것이다. 40대에 이르러 니체는 세 개의 가설을 세운다. 이 가설들은 그가 의도했든 의도하지 않았든, 신과 신의 은총, 그리고 영원한 삶을, 자연주의적 관점에서 각각 대체한다. 신 대신 초인, 신의 은총 대신 힘에의 의지, 영원한 삶 대신 영원 회귀.
　힘에의 의지와 초인은 비형이상학적 실재가 함축하는 의미를 설명해야 할 필요에 따라 발전한 것이지만, 영원 회귀는 비형이상학적 실재 그 자체의 산물이다. 니체가 보기에 형이상학적 세계는 단지 가상 세계의 반대에 불과하며, 형이상학적 차원은 현실 차원의 대립항일 뿐이고, 형이상학적 실재라는 관념 그 자체가 이미 현상 세계의 한 부분이다. 그리고 이러한 사실에서부터 영원 회귀가 나온다. 이런 이유에서 니체는 영원 회귀를 자기 철학의 핵심으로 생각했다. 처음에 차라투스트라는 영원 회귀를 두려워하며, 그것이 진리라는 사실을 인식해야만 하는 순간을 지연시키기 위해 할 수 있는 노력을 다한다. 마침내 책의 3부에 이르러서 차라투스트라는 한 악몽에 대해 이야기한다. 그 악몽에서 영원성은 서로 반대 방향으로 뻗어 가는 두 갈래 길을 가진 성문城門으로 그려진다.

이 성문을 보라. (…) 그것은 두 개의 얼굴을 가지고 있다. 두 개의 길이 이곳에서 만난다. 누구도 이 길을 끝까지 가 본 적이 없다. 우리 뒤로 나 있는 이긴 오솔길. 이것은 영원으로 통한다. (…) 이 두 개의 길은 서로 반대 방향으로 뻗어 있다. 그러나 이 두 개의 길은 서로 맞닿아 있다. 이 성문의 이름은 위에 적혀 있다. "순간". 그러나 만일 누군가가 이 두 개의 길 가운데 하나를 따라 멀리, 더 멀리 간다면, 그때도 너는 이 길들이 영원히 반대 방향으로 뻗어 갈 거라고 생각하는가? (…) 보라! 이 순간을. (…) 순간이라는 성문으로부터 하나의 길고 영원한 오솔길이 뒤로 내달리고 있다. 하나의 영원이 우리 뒤에 놓여 있다. 달릴 수 있는 모든 것들이 언젠가 이 골목길을 따라 달려갔음이 분명하지 않은가? 일어날 수 있는 모든 일들이 언젠가 일어났고, 행해졌고, 지나갔음이 분명하지 않은가? 그리고 만약 모든 것들이 이미 존재했다면, 너는 이 순간을 어떻게 생각하는가? (…) 이 성문 역시 이전에 이미 존재했음이 분명하지 않은가? 그리고 이 순간이 미래의 모든 것들을 야기하듯이, 그런 식으로 모든 것들이 서로 견고하게 연결되어 있지 않은가? 그리하여 자기 자신도 야기하지 않는가? 왜냐하면 달릴 수 있는 모든 것들은 다시 한 번 이 긴 골목길을 따라 달려야만 하기 때문이다. 그리고 달빛 속에서 느릿느릿 기어가고 있는 이 거미와 저 달빛 자체, 그리고 이 성문에서, 영원한 것들에 대해 속삭이는 나와 너, 우리 모두는 이미 존재했음이 분명하지 않은가? 그리고 우리는 되돌아와야만 하고, 우리 앞에 있는 또 다른 오솔길, 그 끔찍하게 긴 길을 달려가야 하지 않는가? 우리는 영원히 되돌아와야 하지 않는가? (『차라투스트라는 이렇게 말했다』 3부 2장 2절)

3부가 끝날 때가 되어서야 비로소 차라투스트라는 한낮의 차가운 빛 아래서 이러한 생각을 바라볼 용기를 얻는다. 그러나 이때조차도 그에게 회귀의 의미를 자세하게 설명해야 하는 것은 그의 상징적인 동물들, 곧 독수리와 뱀이다.

오! 차라투스트라여, 노래하라, 그리고 포효하라. 새로운 노래로 그대의 영혼을 치유하라. 이제껏 다른 누구에게도 부여된 적이 없는, 그대의 위대한 운명을 견뎌낼 수 있도록! 왜냐하면 그대의 동물들은 잘 알고 있기 때문이다. 오! 차라투스트라여, 그대가 누구이며, 어떤 사람이 되어야 하는가를. 보라. 그대는 영원 회귀를 가르치는 자이다. 이것이 지금 그대의 운명이다! (…)보라, 우리는 그대가 가르친 것을 알고 있다. 모든 것들은 영원히 되돌아오며, 그와 더불어 우리 자신도 되돌아온다는 것을. 그리고 우리는 이전에 이미 무한한 횟수에 걸쳐 존재했으며, 우리와 더불어 모든 것들이 그러하다는 것을. 그대는 위대한 생성의 해[年], 거인과 같은 해가 존재함을 가르친다. 이해는 모래시계처럼 계속해서 뒤집혀야 한다. 끝나고 새로이 흘러나오기 위해. 그리하여 이러한 해는 모두 가장 큰 것에서나 가장 작은 것에서나 서로 닮았으며, 그래서 우리 자신도 위대한 해마다, 가장 큰 것에서나 가장 작은 것에서나 우리 자신과 닮았다. 만일 그대가 지금 죽게 되더라도, 오! 차라투스트라여. 보라, 그대가 자신에게 무슨 말을 할지 우리는 또한 알고 있다. (…) "나는 지금 죽어 사라진다. (…) 한순간에 나는 무無로 돌아가리라. (…) 그러나 내가 얽혀 있던 원인들은 회귀할 것이다. 그것은 나를 다시 창조할 것이다. (…) 나는 되돌아오게 될 것이다. 이 태양과 이 대지와 이 독수리와 이 뱀과 더불어. 그러나 새로운 삶, 더 나은 삶, 혹은 비슷한 삶도 아니다. 나는 가장 큰 것에서나 가장 작은 것에서나 완전히 똑같고 동일한 삶으로 영원히 되돌아오게 될 것이다. 한 번 더 모든 것들의 영원 회귀를 가르치기 위해." (『차라투스트라는 이렇게 말했다』 3부 13장 2절)

영원 회귀의 배후에는 형이상학적 세계란, 현상 세계에 속하는 하나의 "관념"이라는 전제가 깔려 있다. 다시 말해 형이상학적 세계는 존재하지 않는다. 가상이 곧 실재다. 가상이라고 일컬어지는 모든 것들을 빼 버리면, 우리에게는 아무것도 남지 않는다. 결과적으로, 실재의 또 다른 "차원"을 향한 어떠한 "비약"도 존재할 수 없다. 그러한 표현들은 무의미하다. 왜냐하면 우리가 아무리 "깊이" 침잠해도 현상 세계를 벗어날 수 없기 때문이다.

이러한 생각에서 한 발짝만 더 나아가면 모든 것은 반복한다는 생각에 도달한다. "무시간적인 세계"를 말하는 것은 형이상학 특유의 부정어법일 뿐이다. 다시 말해 "형이상학적인 세계"는 그저 실제 세계의 부정일 뿐이다. 실제 세계는 시간에 얽매어 존재한다. 따라서 형이상학적 세계의 속성은 무시간적이어야 한다(그것이 "형태가 없고" 비공간적이라는 속성을 가지듯이). 우리가 지각되는 실재로부터 벗어날 수 없다면, 결국 우리는 시간을 속성으로 갖는 실재에 묶여 있는 것이다. 다시 말해. 시간은 "무시간적인 실재"를 가리는 "환상"에 불과한 것이 결코 아니라는 것이다. 우리가 묶여 있는 실재의 또 다른 속성은 "생성"이다. 실재는 "생성되고" 있으며 결코 존재하는 것이 아니다. 실재는 시간 속에서 "생성되기" 때문에, 마지막 단계라는 것이 있다면 그것은 이미 오래전에 성취됐을 것이다. 그러나 경험적으로 보면 상황은 그렇지 않다. 게다가 최후의 상태라는 것이 없다면, 최초의 상태 또한 있을 수 없다. 왜냐하면 최초의 상태 역시 어떤 정지 상태, 곧 "존재"였을 것이기 때문이다. 경험적으로 보면, 우리의 삶은 시간적이며, 불안정하다. 다시 말해 시간도 실재하고, 변화도 실재하며, 우리는 시간과 변화에 얽매이지 않는 그 어떤 존재자도 알지 못한다. 이제, 시간에 처음이나 끝이 있다고 가정하는 것이 불가능하다면, 우리의 앞과 뒤에는 시간적인 무한성이 있을 수밖에 없다. 실재는 끝없는 지속이며 지속이 없는 상태로는 결코 진입할 수 없다. 그러나 끊임없이 변화하는 실재가 취할 수 있는 가능한 형태의 수가 무한하다고 단정할 수는 없다. 우리의 상식은 무한하지 않다고 말한다. 곧 아무리 큰 만화경을 만들고 아무리 많은 색종이를 집어넣어도, 가능한 조합의 수는 무한하지 않을 것이다. 가능한 조합의 수와 그 조합들이 나타나는 가능한 순열의 수가 바닥이 나면 어쩔 수 없이 한계점에 다다를 것이고, 이 계열은 그 자체를 반복할 것이다.

"생성되어 가는" 실재를 만화경에 비교하는 것은 부적절해 보일지 모른다. 그러나 이런 비교는 니체가 생각하는 "생성"의 의미를 정확하게 보여 준다. 그는 신이나 형이상학이 은밀하게 자신의 사상 안으로 끼어드는 것을 허용하지 않았다. 다시 말해 그는 신을 거부했을 뿐 아니라, 결국엔 위장된 형태의 신에 불과할, 증명 불가능한 원리도 인정하기를 거부했다. 다른 실패한 "자유 사상가"들은 이런 점에 충분한 주의를 기울이지 못했으며, 이 때문에 니체에게 조롱받았다. 그는 그들이 겁이 많아서 그런 것이라고 생각했다. 만일 세계가 그저 일상적인 의미에서의 "생성"으로 인식 된다면, 곧 무언가로 되어 가는, 목적을 가진 생성으로 인식된다면, 이때의 세계는 다시 한 번 신과 형이상학이 아니고 무엇이겠는가? 그러나 자연에 어떤 방향성이 존재한다는 것이 증명될 수 있는가? 도처에서 끊임없이 일어나고 있는 중이라고 인식되는 변화가, 어떤 법칙에 지배되거나 어떤 목표를 향해 가고 있다는 것이 증명될 수 있는가? 우주에는 방향을 설정하는 힘이라고 할 수 있는 어떤 것이 존재하는가? 니체는 아니라고 말한다. 그러한 종류의 그 어떤 것도 존재한다는 것이 입증될 수 없다. 반대로, 우주가 어떤 목표를 가졌다면, 그 목표는 이미 달성됐을 것이다. "세계의 총체적인 본질은 (…) 영원한 혼돈이다."(『즐거운 학문』 109절) 누가 있어, 혹은 무엇이 있어 세계에 질서를 부여한다는 말인가? 신이든, "자연"이든, "역사"든, 질서를 부여하는 모든 원리는 현상의 흐름 바깥에서 부과되어야 하는데, 이 "바깥"도 여전히 현상일 뿐이다. 니체에게 "생성"이란 곧 완전히 무작위적인 변화를 의미한다. 그리고 바로 이것이 "신의 죽음"이 가져온 궁극적인 결론이며(다른 사람들은 이런 결론을 이끌어 내길 거부했다.), 세계에서 세계를 "지배하는 신의 손가락"이 사라짐으로써 나타나는 필연적인 결과이다. 그리고 니체가, 인류는 자신의 목표를 세워야 한다고 말할 때 암시하고 있는 것도 바로 이것이다. 왜냐하면, 자신을 위한 목적을 갖지 않으면 사람들은 앞으로도 계속, 지금까지와 똑같이 살게 될 것이기 때문이다. 혼돈 속에서.

니체는 우주를 변화의 만화경으로 상상한다. 이 우주가 처할 수 있는 상태가 아무리 많다 하더라도 그 수는 정해져 있음이 분명하다. 그러나 시간은 무한하다. 따라서 우주의 현 상태는 그것의 앞선 상태나 그것에 뒤이어 오는 상태와 마찬가지로 이전 상태의 반복이어야만 하며, 모든 사건은 무한히 되풀이되어야 한다.

누군가가 삶의 결과로 이러한 사실을 깨달았다고 해도 자신의 전체 삶을 다시 사는 데 만족할 정도로 존재의 최고 순간에 이르지 못한다면, 이 앎은 그를 뭉개 버린다고 니체는 말한다. 이제 그의 삶에 존재하는 악과 고통은 긍정적인 선이 된다. 왜냐하면 그것들은 이 최고의 순간을 성취하는 데 반드시 필요하기 때문이다. 다시 말해, 여기서 한 사건만 빠져도 뒤따르는 모든 상황이 달라질 것이기 때문이다. 목표가 있는 삶은 기쁨이 최고로 넘치는 삶이다. 그리고 기쁨은 힘이 증가하는 느낌, 장애가 극복되는 느낌이다. 그러므로 최대의 것을 극복함으로써 힘에의 의지가 최대로 증가한 초인은 최대로 기쁨에 찬 인간이며, 현존을 정당화하는 인간이다. 그런 인간은 삶을 긍정하고 삶을 사랑하며, 고통스럽고 비참한 상황에서 조차 "예."라고 말할 것이다. 왜냐하면 그는 자신이 아는 기쁨이란 자신이 아는 고통과 별개일 수 없을 것이라는 점을 알기 때문이다. 그리고 그는 삶의 기쁨이 끝없이 반복된다는 생각에 당황하지 않듯이, 삶의 고통 역시 반복된다는 사실을 알더라고 겁먹지 않을 것이다.

너희들은 기쁨을 향해 "예."라고 말한 적이 있는가? 나의 친구들이여, 그때 너희들은 온갖 고통에 대해서도 또한 "예."라고 말했다. 모든 것들은 서로 묶여 있고 얽혀 있다. (…) 만일 너희들이 "너는 내 마음에 드는구나. 행복이여, 찰나여, 순간이여."라고 말했다면, 그때 너희들은 모든 것들이 되돌아오길 소망한 것이다.(『차라투스트라는 이렇게 말했다』 4부 19장 10절)

힘이 증가하는 느낌, 기쁨의 느낌은 바로 그 자체로 영원 회귀를 가장 강력하게 주장한다. 왜냐하면 기쁨은 영원을 원하기 때문이다.

오, 인간이여! 주목하라!
깊은 한밤중은 무엇을 말하는가?
"나의 나는 잠을 잤노라.
그리고 이제 나는 꿈의 끝에서 깨어났다.
세계는 깊다.
낮이 이해할 수 있는 것보다 훨씬 더 깊다."

"그것의 고통은 깊다.
기쁨은 가슴을 에는 고통보다 더 깊다.
고통은 말한다! 사라져라! 가라!
그러나 모든 기쁨은 영원을 원한다.
깊고, 깊고, 깊은 영원을 원한다!"
(『차라투스트라는 이렇게 말했다』 3부 15장 3절과 4부 19장 12절)

12

고독

아리스토텔레스는, 사람이 혼자 살기 위해서는 짐승이 되거나 신이 되어야 한다고 말한다. 그러나 셋째 경우가 있다. 짐승이면서 신이 되는 것. 다시 말해 철학자가 되어야 한다. (『우상의 황혼』1장 3절)

- 1 -

『차라투스트라는 이렇게 말했다』를 완성한 후 니체는 큰 짐을 벗어 버린 것처럼 느꼈다. 포르타 공립학교를 다니던 시절부터 그의 내면에서 축적된 그만의 독특한 문제 의식과 글쓰기 방식은 마침내 이 책에서 정열적으로 표현됐다. 그 결과 그에게 찾아온 것은 지독한 피로가 아닌 자유와 새로운 활력의 느낌이었다. 그는 이제 힘에의 의지라고 하는 유효한 가설을 얻었다. 그리고 이것을 『차라투스트라는 이렇게 말했다』 이전의 3부작에 비견할 만한 일련의 저작들인 『선악의 저편』(1886년), 『도덕의 계보』(1887년), 『우상의 황혼』(1888년에 집필하여 1889년에 출간) 속에서 계속 발전시켰다. 이 저작들은 문체상 『인간적인 너무나 인간적인』과 다르다. "자유 사상"을 주장하던 시기의 명료성과 간결성이 『차라투스트라는 이렇게 말했다』의 열정과 결합되었고, 그 결과 그가

니체의 여동생 엘리자베트(1875년)

처음부터 목표했던 것으로 보이는 열정적이면서도 간결한 문체가 태어났다.

> 시간이 이빨을 들이대지만 헛수고일 뿐인 것들을 창조해 내는 것, 형식과 내용에서 작은 불멸성을 추구하는 것. 이보다 못한 일을 하는 것은 나의 자존심이 허락하지 않는다. 아포리즘과 경구, 이 분야에서는 내가 독일인들 가운데 최고의 대가인데, 이것들은 "영원성"의 형식이다. 나의 야심은 사람들이 책 한 권에 걸쳐 말하는 것, 혹은 책 한 권으로도 말하지 못하는 것을 단 열 문장으로 말하는 것이다. (『우상의 황혼』 9장 51절)

아포리즘의 형식은 점차 포기하게 되지만, 하나의 인상적인 문장 안에서 긴 사고 과정을 요약해 낸다는 아포리즘의 정신은 남는다. 이런 의미에서, 니체의 주요 저작 가운데 가장 짧은 『우상의 황혼』은 그의 사상 전체에 대한 아포리즘적 요약이다.

이 세 작품들(그리고 뒤에서 논의할 1888년의 짤막한 저작들)의 배후에는 『차라투스트라는 이렇게 말했다』를 집필한 이후에 기획했던 하나의 작품, 곧 "힘에의 의지"나 "모든 가치의 전도"라고 불리는 작품을 위한 미출간 원고들이 있다. 이 원고들은 이 작품에 대한 방대한 규모의 개요라 할 수 있다. 니체 사후에 『힘에의 의지』라는 제목으로 메모와 아포리즘들을 모은 책이 출간됨으로써, 이 작품에 대한 니체의 의도와 관련한 혼란이 발생했다. 이 문제에 대해서는 14장에서 살펴보겠다.

1883년에서 1888년까지 니체는 여름은 질스마리아에서, 겨울은 니스에서 보냈다. 그리고 봄과 가을에는 주로 가스트와 함께 지내거나 나움부르크에서 보냈다. 그는 1883년 9월 초에 나움부르크로 돌아 갔는데, 만약 그가 어머니와 여동생과의 관계를 예전의 상태로 회복하고자 할 생각을 품고 있었다면, 그것은 그의 오해였다. 그 방문은 관계를 더욱 악화시켰다. 루 살로메에 대한 엘리자베트의 적개심은 조금도 식지 않았고, 어머니도 그 "연애 사건"을 딸의 눈으로 보고 있었다. 앞서 언급했듯이 니체는 감정 표현을 유달리 억제하는 사람이었다. 그의 이런 성격은 결코 비범한 것이라고 할 수 없는, 그저 "예민하다"고 불릴 수 있는 정도의 것이었는데, 이 때문에 그는 어머니에게 루 살로메와 그녀에 대한 자신의 감정을 이야기하지 못했다. 이 시기에 나움부르크에 있던 사람들[어머니와 엘리자베트]은 그가 더는 "존경할 만한 사람들"과 교제하지 않는다고 판단했다. 존경할 만하다는 그들의 관념 속에서는 루 살로메와 파울 레가 빠지는 대신 악명 높은 반유대주의자 베른하르트 푀르스터 박사가 포함되어 있었다. 니체는 그가 엘리자베트와 약혼했다는 사실을 알고 경악했다. 게다가 어머니와 여동생이 그에게 대학으로 다시 돌아가라고 종용하자 가장 가까운 가족 두 사람이 자신을 이해하지 못한다는 느낌은 더욱 강해졌다. 그는 당시까지도 『차라투스트라는 이렇게 말했다』에 대한 생각으로 가득 차 있었으며, 다가올 더 위대한 것들을 꿈꾸고 있었다. 그래서 (그의 건강이 뒷받침해 줄 거라는 가정 아래) 대학 교수직을 위해 이 계획을 포기하라는 제안은 결코 받아들일 수 없었다. 그는 10월 초에 나움부르크를 떠나 제노바로 갔다. 22일에 오버베크에게 보낸 편지에 따르면 그의 몸 상태는 "믿을 수 없을 만큼 안 좋았다." 그는 11월 말에 니스로 떠났다. 그는 이제 자신에게 필요한 것이 "건조한 공기"라고 생각했는데, 니스의 기후가 건조하다는 것을 알고는 그곳에서 이듬해 4월 20일까지 머물렀다.

1884년 여름의 더위가 다가오자 니체는 질스마리아로 돌아갈 생각을 했지만, 그 전에 베네치아에 있는 가스트를 방문하여 4월 21일부터 6월 12일까지 함께 지냈다. 가스트는 그에게 자신이 만든 새로운 희극 오페라 〈베네치아의 사자〉를 연주해 주었다. 니체는 매우 기뻐했고, 가스트가 자신의 음악을 공연할 수 있도록 할 수 있는 한 더 많은 힘을 써야겠다고 생각했다. 6월 15일부터 7월 2일 사이에는 바젤에 있는 오버베크를 방문했는데, 그 기간 내내 몸이 안 좋아지는 바람에 방문은 엉망이 되었다. 그는 회복되자마자 질스마리아로 떠났고, 아이롤로 근방의 피오라와 취리히를 들른 후 7월 16일에 목적지에 도착했다. 그리고 거기에서 9월 중순까지 머물렀다.

이 시기에 가장 기억할 만한 사건은 하인리히 폰 슈타인이 방문한 것이었다(8월 26일~28일). 니체는 이 일을 자신이 바그너주의자들 진영에서 영향력을 발휘하고 있음을 알려 주는 신호라고 받아들였다. 슈타인은 1879년 10월에 스물두 살의 나이로 반프리트에서 바그너의 아들 지크프리트의 가정교사 노릇을 했으며, 바그너가 한 사람의 사상가로서 진지하게 받아들여지던 시절의 기념비라고 할 수 있는 두툼한 『바그너 용어집』(1883년)을 글라제나프와 공동으로 편집했다. 그리고 1883년 2월에 바그너가 죽은 뒤에는, 할레 대학과 베를린 대학의 강사로서 매우 바쁜 생활을 하고 있음에도 불구하고, 바이로이트에서 가장 활발한 활동을 벌인 사람들 가운데 하나였다. 그의 책 『영웅들과 세계』는 1883년에 발표됐으며, 이 책의 서론으로 기획된, 슈타인에게 보내는 바그너의 「공개 서한」은 바그너의 마지막 출판물이 되었다. 1884년 무렵의 바이로이트에서, 니체의 이름은 신성 모독과 같은 표현이었다. 그러므로 슈타인이 『차라투스트라는 이렇게 말했다』를 읽고, 그 저자에게 만날 수 있을지를 묻는 편지를 보냈다는 사실은 적잖이 놀랄 만한 일이다. 니체는 『이 사람을 보라』에서 슈타인의 방문을 다음과 같이 회상한다.

> [슈타인은] 한번은 (…) 사흘 동안 질스마리아에 (…) 나타나서는 모든 사람에게 자기는 엥가딘 때문에 온 것이 아니라고 설명했다. 프로이센의 젊은 귀족답게 격렬한 단순함으로 바그너의 늪에 (…) 빠졌던 이 특출한 사람은, 이 사흘 동안 자유의 폭풍에 휘말려 완전히 다른 사람으로 변한 것 같았다. 마치 갑작스럽게 자신의 정점으로 들어 올려지고, 날개를 얻은 사람 같았다. 나는 그에게 계속 말했다. 그것은 이 높은 곳의 신선한 공기 때문이며, 누구나 똑같이 느낀다고. 바이로이트보다 1,800미터나 높은 곳에 있지 않았다면 이런 느낌을 받지 못했을 거라고. 그러나 그는 나를 믿으려 하지 않았다. (『이 사람을 보라』 1장 4절)

이 방문 이후로, 그 바이로이트 수비병은 니체와의 관계를 유지했고, 서로 활발하게 편지를 주고받았다. 그러나 1887년 6월에 슈타인은 때 이른 죽음을 맞게 되고, 니체는 독일에 존재하는 극소수 동조자들 가운데 한 사람을 잃게 된다.

니체는 10월을 취리히에서 보냈으며, 거기에서 고트프리트 켈러를 만났다. 그는 켈러가 하인리히 하이네 이후 가장 위대한 독일 시인이며, 당시에 유일하게 살아 있는 독일 시인이라고 생각했다. 니체는 또한 취리히 관현악단의 상임 지휘자 프리드리히 헤가를 만나 가스트가 작곡한 〈베네치아의 사자〉의 서곡을 시연해 보라고 설득했다. 취리히 관현악단은 유일한 청중인 니체 앞에서 그 곡을 연주했다. 헤가는 그 곡에 금관악기부와 목관악기부가 너무 많다고 지적했다. 가스트는 현악기를 거의 신뢰하지 않고, 모든 것을 "나팔을 불어서 표현"하고자 했다는 것이다(10월 8일에 가스트에게 보낸 니체의 편지). 니체는 이듬해에도 가스트의 곡을 공연하기 위한 노력을 계속했다. 1886년 6월에 그는 라이프치히의 친구들을 통해 게반트하우스에서 가스트의 7중주곡을 공연할 기회를 얻었다. 그리고 가스트의 악보를 여러 명의 지휘자들과 연주가들에게 보냈는데, 그 연주자들 중에는 프라이헤르 폰 빌로와 요제프 요아힘도 있었다. 그는 심지어 이 문제로 브람스를 만날 생각까지 했다. 브람스가 『선악의 저편』에 "강한 관심"을 보였다는 이야기를 들은 적이 있는 니체는 이를 이용해 가스트를 도울 수 있을지도 모른다고 생각했던 것이다. (1887년 7월 18일에 가스트에게 보낸 편지. 하지만 이 생각은 실행되지 않았다.)

12월이 되자 니체는 니스로 돌아왔다. 이후 열여덟 달 동안 그의 삶에 대외적인 일들은 거의 일어나지 않았다. 1885년까지 그는 오직 글을 쓰기 위해서 살았다. 거의 완벽하게 자신에게 집중하는 동안 그는 살아남는 데 필요한 최소한의 수준을 제외하고는 외부와의 접촉을 끊었다. 그의 건강은 나아질 기미를 보이지 않았고, 병으로 인해, 그리고 작업을 통해 병을 "치유"하려는 그의 방식으로 인해 매번 극도로 손상을 입었던 눈은 이전보다 더욱 나빠졌다. 1894년에서 1885년으로 넘어가는 겨울 사이, 그는 거의 장님이 되어 가고 있었다.

1885년 4월 8일에 니체는 니스를 떠나 베네치아로 갔다. 그곳에서 가스트와 함께 6월 6일까지 머문 뒤 7일에 질스마리아에 도착했고, 한 농가에 방을 얻어 9월 중순까지 지내다가 나움부르크로 갔다. 그리고 그곳에서 가끔씩 라이프치히를 방문하며 여섯 주를 보내다가, 11월에 뮌헨과 피렌체를 거쳐 니스로 돌아왔다. 그는 1885년에서 1886년으로 넘어가는 겨울을 니스에서 보낸 후 5월 중순에 나움부르크로 돌아갔으며, 또다시 자신의 집을 거점 삼아 라이프치히로 여행을 갔다.

그가 마지막으로 로데를 만난 것은 이 무렵이다. 예전의 친구들은 이제 서로 다른 세계에 속한 것처럼 살고 있었다. 로데는 니체로부터 받은 인상을 오랫동안 잊을 수 없었고 1889년에 다음과 같이 기록했다.

> 그는 형언할 수 없는 낯선 분위기에 휩싸여 있었다. 그것은 완전히 낯설고 두려워 보이는 어떤 것이었다. 그에게는 내가 전에 알지 못했던 무언가가 있었고, 예전의 특징이었던 많은 것들은 사라지고 없었다. 그는 아무도 살지 않는 나라에서 온 사람 같았다.[1]

물론 로데가 이 글을 남긴 것은 니체가 정신적으로 붕괴했다는 소식을 전해 들은 직후였으며, 그 소식이 이 글에 영향을 끼쳤을 것이라는 점을 기억해야 한다. 그러나 이런 점을 고려한다 하더라도 니체가 이 시기에 낯설고, 어떤 점에서는 불가사의한 모습을 보였다는 것은 사실이다. 그는 분명 "비정상"이 되었다. 그는 사회적 인간이 가지는 몇몇 특징들을 결여하고 있었다. 이른바 "정상성"을 구성하는 이러한 특징들은 다른 사람들과의 최소한의 어울림 속에서 살아야 한다는 필요성 때문에 발달하게 마련이다. 니체는 고립된 삶을 살면서 자신의 병과 작업에만 몰두한 탓에 로데가 속해 있는 "정상적인" 세계와 멀어지게 된 것이다.

우리는 로데를 통해 니체의 후기 작품이 1880년대의 한 지식인 학자에게 얼마나 마땅찮은 것으로 보였는지도 알 수 있다. 1886년 8월에 니체는 새로 출간된 『선악의 저편』을 로데에게 보냈다. 로데는 9월 1일에 오버베크에게 장문의 편지를 보내 오래전부터 지녀 왔음에 틀림없는 불쾌감과 분노를 털어놓는다.[2] 그는 "너무나 불쾌한 기분으로" 책을 읽었다고 말했다. 그 책의 내용은 대부분 "만찬 자리에서 지나치게 과식한 사람이 떠들어 대는 수다"이며, "모든 사람들과 모든 것에 대한 공격적인 혐오"로 가득 차 있다. 그 책에 담긴 정치학이 "터무니없고 세계에 대해 무지"한 만큼 그 책에 담긴 철학도 "하찮고 거의 유치하기까지" 하다. 몇몇 "재치 있는 통찰들"과 "읽는 이를 매혹시키는 열광적인 구절들"이 있긴 하지만, 모든 것이 변덕스럽다. 이 책의 관점은 계속해서 변하고 있지만, 로데는 "이러한 끊임없는 변신을 더는 진지하게 받아들이지" 못한다. 다시 말해 그러한 변신은 "은둔자의 환상"일 뿐이며, "정신적인 비누 거품"에 지나지 않는 것이었다. 이 모든 것 가운데서도 최악인 것은, 『선악의 저편』에서 머리카락이 곤두서고 소름이 돋는 뻔뻔스러운 사고들이 끊임없이 선언되다가, 독자들이 지루해져서 실망할 즈음이 되면 결코 다시 등장하지 않는다는 점이다. 로데는 "이것이 이루 말할 수 없이 불쾌하다"고 말한다. 이 책의 모든 것은 "마치 모래처럼 손가락 사이로 빠져나가며," 그 위에는 "저자의 거대한 허영심"이 자리 잡고 있다. 결국 로데는 니체에게 필요한 것은 실제적인 직업을 얻는 것이라고 결론내린다. "그러면 그는 이처럼 온갖 것들을 서툴게 만지작거리는 짓이 어떤 가치를 지니는지를 깨닫게 될 것이네. 다시 말해, 아무 가치도 없다는 것을 말일세."

니체는 1886년 7월 초에 다시 질스마리아로 돌아가 9월 25일까지 머물렀다. 그 후에는 제노바와 루타에서 한 달을 보냈고, 10월 22일에는 니스로 돌아와 그곳에서 1887년 4월 2일까지 지냈다. 그리고 베네치아에서 가스트와 함께 한 달을 보낸 후, 다시 질스마리아에서 6월 중순부터 9월 중순까지 머물렀다. 다시 아무 일도 일어나지 않는 나날이 계속되었고, 병마와의 싸움과 끊임없는 강박적인 글쓰기가 그의 삶을 채웠다.

1887년 무렵의 니체의 모습을 기록한 어느 글은, 그가 외관상으로 어떻게 변했는지를 잘 보여 준다. 그해 가을에 파울 도이센은 아내와 함께 휴가 여행을 다니던 중에 질스마리아를 방문했고, 다음과 같은 글을 남겼다. 그는 14년 만에 니체를 만나는 셈이었다.

이 무렵 친구에게 어떤 변화가 일어난 것일까. 지난날의 그 당당한 태도, 경쾌한 발걸음, 유창한 언변은 더는 찾아볼 수 없다. 그는 지쳐서 몸을 질질 끌고 다니는 것처럼 보였으며, 그의 말은 자주 느려지고 끊어졌다. 아마도 그의 몸이 안 좋은 때였던 것 같다. "친구여," 그는 머리 위로 지나가는 구름을 가리키면서 슬프게 말했다. "생각을 집중하려면 파란 하늘이 필요하다네." 그 다음에 그는 자신이 가장 좋아하는 곳으로 우리를 데리고 갔다. 나는 아직도 벼랑 가까이에 있던 잔디밭과 거기에서 내려다 보이던 계곡을 분명하게 기억한다. "여기가 바로 내가 가장 누워서 쉬기 좋아하는 곳이네. 그리고 여기에서 가장 좋은 생각들이 떠오르지." 우리는 허름한 알펜로제 호텔에 묵고 있었다. 이곳은 니체가 평소에 점심을 먹는 곳인데, 대개 고깃덩어리나 그 비슷한 것들이 식탁에 올라왔다. 우리는 한 시간 정도 휴식을 취하기 위해 호텔로 돌아왔다. 한 시간이 채 지나기도 전에 우리의 친구가 문 앞에 나타났다. 그리고는 매우 조심스럽게 아직도 피곤하냐고 물었고, 자신이 너무 일찍 온 거라면 미안하다고 사과했다. 내가 이 이야기를 하는 이유는, 이런 과도한 걱정과 배려는 예전의 니체에게서는 찾아볼 수 없는 것으로, 당시 그의 상태를 알려 주는 표시 같았기 때문이다. 이튿날 아침, 그는 나를 자신의 하숙방, 혹은 그의 표현에 따르면 자신의 동굴로 데려갔다. 그것은 한 농가에 딸린 간소한 방이었다. (…) 가구는 상상할 수 있는 한 가장 간소했다. 한쪽 벽에 그의 책들이 있었다. 대부분 내가 예전부터 익히 알고 있던 책들이었다. 그 옆에는 조악한 식탁이 있었고, 그 위에는 커피 잔들, 달걀 껍질, 원고, 세면 도구들이 마구 뒤섞인 채 놓여 있었다. 이런 혼잡함은 구둣주걱이 그대로 꽂혀 있는 장화를 지나 아직 정돈되지 않은 침대에까지 계속됐다.[3]

우리가 지금까지 살펴보았던 시기에 니체의 여자관계는, 겉으로 드러난 것만 보면 사회적 관습에 어긋나지 않았으며, 그의 저작 안에서 발견되는 여성 혐오에 대한 어떤 암시도 나타나지 않는다. 특히 니체 주변에는, 그 자신은 종종 부인하지만 지적인 여성들로 구성된 소규모의 추종자 집단이 형성되어 있었다. 메타 폰 잘리스, 레자 폰 시른호퍼, 헬레네 드루스코비츠 그리고 헬렌 짐머른이 이에 속하며, 그 가운데서도 메타 폰 잘리스는 니체와 각별한 친분을 유지했다. 우리는 그가 이 시기에 제노바, 니스 또는 질스마리아에서 이와는 다른 방식으로 여성들과 관계를 맺었는지는 알지 못하며, 따라서 그가 점잖지 못한 여자 관계를 맺지 않았다고 생각할 근거도 없다. 그가 성적으로 거의 무관심했다는 기존의 견해는, 말할 것도 없이 엘리자베트에게서 비롯한 것이다. 그러나 이러한 견해는 우선 우리가 그의 젊은 시절에 대해 알고 있는 사실과 상반된다. 또 장년 시절에만 한정했을 때에도 이러한 견해를 뒷받침하고 있는 것은 그가 점잖지 못한 여자 관계를 맺었다는 증거가 없다는 사실뿐이다. 그러나 설령 그가 (쾰른에서 그랬던 것처럼) 매춘부나 다른 여자들을 찾아갔다고 하더라도, 어떤 "증거"가 남았을까? 니체의 "점잖은" 몸가짐이나 그에게는 그런 일탈을 이야기할 만큼 친한 사람이 없었다는 점을 생각해 봤을 때 아무런 증거도 남아 있지 않을 것 같다. 홀로 지낸 사람의 성 생활은, 본인이 원한다면 그의 전기에서 가장 잘 감춰지는 부분이며, 따라서 이 문제에 대해 가타부타 단언하는 것은 절대로 불가능하다. (그의 여동생은 이 문제에 대해 뭔가를 알고 있을 가능성이 가장 적다.) 확실한 것은 루 살로메 이후로 그에게 진지한 "연애 사건"은 없었으며, 결혼할 생각을 완전히 접은 것으로 보인다는 점이다. 그가 이런 결심을 한 데는, 부분적이기는 하지만 그의 건강 상태도 원인이 될 것이다.

일반적으로, 여성에 대한 니체의 태도는 한마디로 요약되지 않는다. 그는 책에서 여성의 지성에 대해 시종일관 경계심을 표명하며(흔히 주장하는 것과 달리 경멸하지는 않는다. 그는 여성이 매우 "영리할" 수 있다는 것을 믿어 의심치 않았다.), 성실성에 대한 여성의 기준을 언제나 낮게 평가한다. 동시에 그는 여성이 가진 외면적인 요소들과 명랑하고 발랄한 점들이 주는 쾌락에 대해 꽤 솔직하게 말한다. "남자는 전쟁을 위한 교육을, 여자는 전사의 원기 회복에 기여하기 위한 교육을 받아야 한다. 그 밖의 것은 모두 어리석다."(『차라투스트라는 이렇게 말했다』 1장 18절) "전쟁"과 "원기 회복"이라는 말이 의미하는 바를 제대로 이해한다고 했을 때, 이 구절은 니체가 생각하는 이상적인 남녀 관계를 매우 정확하게 요약한다고 할 수 있다. 그는 여성이란 "모든 강한[남성적] 영혼의 즐거움"이라고 덧붙인다. 그리고 기회가 있을 때마다 삶, 지혜, 진리를 여성으로 인격화한다. "초인의 특징인 삶의 긍정"을 디오니소스로 인격화했던 시기에, 그는 디오니소스에게 아리아드네를 짝지어 주었다. 그리고 "미궁 속에 갇힌 남자는 진리를 찾는 것이 아니라 언제나 그리고 오직 자신의 아리아드네만을 찾는다."라고 썼다. 확실히 그는 여성에 대해 가혹하게 말했다. "한 늙은 여자가 차라투스트라에게 충고한다. '여자에게 가는가? 그렇다면 회초리를 잊지 말게!'"(『차라투스트라는 이렇게 말했다』 1장 18절) 이것은 그의 글 가운데서 가장 유명한 문장이다. 적어도 여성들 사이에서는 그렇다. 그러나 전체적인 인상은 흔히 말하는 것과는 달리 여성에 대한 혐오나 두려움과는 거리가 멀다. 니체에게 여자는 근본적으로 신비하고, 불가해하며, 무엇보다도 유혹하는 존재였던 것 같다. 그가 여성에 대해 쓴 글 전체에 걸쳐 일관되게 반복하는 어구를 찾는다면, 여성은 위대함으로 가는 도정에 있는 남자를 꾀어내, 그를 망치고 타락시키는 존재라는 것이다.

그러나 이 모든 것보다 더 중요한 것은, 베르누이가 수년 전에 지적했지만 대체로 간과되어 온 다음과 같은 단순한 사실이다. 곧 우리는 그가 사랑했던 여자는 적어도 한 사람은 알고 있지만, 그를 사랑했던 여자는 단 한 사람도 알지 못한다는 점이다. 그가 "사랑받을" 만했는지, 다시 말해 자신이 사랑받을 권리가 있다고 주장할 만했는지의 문제는 접어 두자. 물론 그 자신은 이렇게 썼다, "사랑받고 싶다는 욕구는 가장 큰 오만이다."(『인간적인 너무나 인간적인』 523절) 그러나 사람은 결점이 없기 때문에 사랑받는 것이 아니라, 결점을 가졌음에도 불구하고 사랑받는다. 그런데 니체는 그가 만났던 여자들 중 어느 누구에게서도 사랑을 받지 못했다. 특히 1880년대에 그는 흔히 생각하는 것보다 훨씬 더 많은 여자들을 만났다. 만일 그가 그들에게 사랑을 받았다면, 그가 여자들에 대해 가질 수밖에 없었던 원한과 불평의 상당 부분이 작품에는 나타나지 않았을 것이라는 점은 확실하다.[4]

엘리자베트가 베른하르트 푀르스터와 약혼을 하고 결혼까지 한 사건은 니체의 삶과 사상을 고찰하는 데 중요한 의미를 띤다. 왜냐하면 이 사건은 반유대주의자에 대해 그가 어떤 태도를 취했는지를 분명하게 드러내 주기 때문이다. 그는 자신의 저서에서 여러 차례에 걸쳐 반유대주의를 공격하고,[5] 이 공격을 인종주의에 대한 일반적인 비난과 연결시키며,[6] 유대인과 유대교를 찬양하는 데 힘쓴다.[7] 그리고 그의 노트에도 이와 비슷한 판단과 소감이 들어있다. 그는 원래 인종주의와 민족주의에 특별한 관심을 갖지 않았으며, 그것을 공격하는 데도 특별한 관심이 없었다. 왜냐하면 그의 철학은 그것들이 모두 망상이라고 보기 때문이다. 그러나 그가 처한 개인적인 상황은 그 둘에 대해 어떤 태도를 취하게끔 했다. 따라서 인종주의자와 민족주의에 대한 그의 모든 발언은, 그 당시 널리 퍼져 있었고 특히나 그의 가장 가까운 몇몇 친지들(엘리자베트, 바그너, 코지마, 베른하르트 푀르스터) 사이에 만연해 있던 반유대주의적 견해에 대한 반격으로 이해할 수 있을 것이다. 여동생이 결혼한다는 소식을 듣고 그가 보인 반응은 일반적으로 말하듯이 그렇게 분명하지는 않다. 잘 알려져 있다시피 그는 푀르스터를 공격하고, 엘리자베트가 그를 결혼상대로 고른 것을 비난하는 편지들을 썼을 뿐만 아니라, 한편으로는 그 두 사람이 잘 되기를 바라는 편지들도 썼다. 분명한 것은 니체가 푀르스터의 성격이나 그가 가진 견해들을 몹시 혐오했다는 점이다.

엘리자베트는 서른여섯 살이 되는 1882년에 푀르스터를 만났다. 그는 그녀와 함께 그해에 열린 바이로이트 축제에 참석했다(거기에서 그들은 루 살로메를 만났다). 푀르스터는 1870년부터 베를린 고등학교에서 교편을 잡고 있었다. 그는 1870년대에 독일에서 일어난 반유대주의 운동의 지도적 인물이었다. 그리고 유대인을 배척함으로써 독일인의 삶을 "갱신한다"는 목표를 가진 반유대주의적 정치가들과 "사상가들"의 모임인 "독일 7"의 일원이었다. 1881년에 그는 반유대주의 청원서를 주도적으로 조직했다. 267,000명이 서명했다고 하는 이 청원서는 유대인 이민을 제한하고, 유대인이 정부의 고위 관직이나 학교 교사직에 진출하지 못하게 하며, 모든 유대인들을 등록시킬 것을 요구하는 내용을 담고 있다. 청원서는 비스마르크에게 전달됐지만, 그는 이 "독일 민족의 양심으로부터 우러나온 비탄에 찬 탄원"(푀르스터의 표현이다.)을 무시했다. 그러나 푀르스터는 이 사건을 시작으로 독일 제국에서 "전국적인 반유대주의 운동이 일어났다"고 단언했다. 1880년 9월 8일에 그는 시가전차에서 동료에게 큰 소리로 반유대주의적 주장을 펼치다가 난투극에 휘말렸고, 이 사건과 그가 벌인 전반적인 정치 활동의 결과로 1882년 말에는 교사직에서 물러나야 했다. 청원서 사건의 실패와 실직으로 좌절한 그는 자신의 재능을 제대로 발휘할 수 있을 것 같은 이주지 건설에 착수했으며, 2년 동안 파라과이에 있는 산베르나르디노라는 독일 이주지를 조사했다. 그는 1885년 봄에 독일로 돌아와 "북부 라플라타 지역의 독일 이주지" 건설을 위한 자신의 구상을 책으로 출간했고, 엘리자베트 니체와 결혼한 후 1886년에 그녀와 함께 파라과이로 다시 갔다.

신 게르마니아라고 불린 그 이주지는, 겉으로 드러난 것처럼 그의 무능력 때문이 아니라 그의 부정직함 때문에 처음부터 실패작이었다.[8] 그 땅은 파라과이 정부의 소유지로서, 푀르스터가 (계약일인 1886년 11월 17일로부터) 2년 안에 140가구를 들여와야만 그의 재산이 된다는 합의 아래 임대된 것이었다. 이 조건이 이행되지 않으면 파라과이 정부는 땅을 환수해 다른 사람에게 임대할 수 있었다. 푀르스터가 왜 이런 불만족스러운 계약에 서명했는지는 의문이다. 왜냐하면 이주지 건설의 발기인으로서, 그는 자칫하면 2년에 걸친 노력의 성과를 잃어버릴 수도 있었으며, 더구나 140가구를 들여오지 못한다면 이미 정착한 사람들에게 그들의 이주 비용과 그들이 미래의 땅주인인 그에게 땅을 살 때 낸 돈까지도 물어야 하기 때문이다. 1888년 7월까지 고작 40가구만이 이주했고, 이 가운데 일부는 다시 짐을 싸서 고향으로 돌아갔다. 결국 푀르스터는 엄청난 빚더미에 올라앉게 되었다. 7월과 11월 사이에 백 가구 이상을 이주시키는 것은 불가능한 일이었다. 만약 1889년 초반에 그에게 불만을 품은 이주자 율리우스 클링바일이 신 게르마니아의 사업 상태를 "폭로"하는 214쪽 분량의 책을 출간하지 않았더라면 이 일은 조용히 끝났을 것이다. 그는 푀르스터가 이주 사업을 진행하는데 전체적으로 무능력했으며, 이주자들에게 사기와 폭정, 노골적인 절도를 일삼았다고 비난했다. 그의 주장에 따르면 이주민들은 가져간 돈을 빼앗겼으며, 필요한 물품은 푀르스터로부터 사적인 교환 체계에 따라 억지로 구입해야 했고, 푀르스터와 엘리자베트가 유럽에서 사들인 가구로 가득 찬 화려한 집에서 그들 위에 군림하며 지내는 동안 그들은 막사 같은 곳에서 살아야만 했다. 또 클링바일은 푀르스터가 엘리자베트에게 꽉 쥐여 살았기 때문에 그에겐 아무 책임이 없다고도 말했다. 클링바일의 이 책이 《바이로이터 블래터》에서 명예 훼손이라고 혹평을 받고 있을 즈음에 푀르스터가 죽었다는 소식이 전해졌다. 엘리자베트는 바이로이트에 편지를 보내 그가 "신경 발작"으로 죽었다고 알렸다. 그리고 "신의 없는 친구들과 적의 계략이 그의 심장을 찢어 놓았다"고 불만을 터뜨렸다. 그녀의 막연한 표현은 고의적인 것이었다. 왜냐하면 푀르스터는 파산이 확정되고 조만간 고소될 상황에 이르자, 이를 피하기 위해 총으로 자신의 머리를 쐈기 때문이다.

베른하르트 푀르스터의 삶에 대한 이 같은 간략한 묘사만으로도, 그에 대한 니체의 반감이 단순히 여동생을 데려간 남자에 대한 이기적인 반감보다는 좀더 그럴듯한 이유에서 비롯했다는 점이 충분히 증명된다. 내 생각에 니체가 격렬하게 반감을 표한 이유는 푀르스터의 견해 전반을 싫어했기 때문일 뿐 아니라, 엘리자베트도 그러한 견해를 공유한다는 것을 알았기 때문일 것이다. 그는 1884년 4월 2일에 오버베크에게 보낸 편지에서 "이 저주받을 반유대주의가 (…) 나와 내 동생 사이에서 생긴 근본적인 불화의 원인이다."라고 말했다.

푀르스터는 1883년 2월에 처음 파라과이에 갔으며, 그전에 엘리자베트와 약혼했다. 니체가 그를 언급하는 편지들은 어머니와 여동생에게 보낸 편지들을 묶어 놓은 서간집의 제2권에 수록되어 있는데, 대부분 두 사람의 약혼 무렵부터 1885년에 결혼하기 전까지 쓴 것들이다. 이 편지들은 결혼의 성사를 막고, 결혼한 뒤에 불화나 불편한 감정이 생기지 않게 하려는 분명한 의도에서 쓴 것이다. 이 편지들에서 니체는 국가사회주의에서 파국적인 정점에 이르게 되는 철학과 견해의 모든 측면을 비난하고 있다. 가장 신랄하게 공격을 받은 것은 반유대주의와 그에 따른 당연한 결과인 순수 독일 인종에 대한 숭배였다. 특히 후자와 관련해서 니체는 자신의 의견을 분명하게 표명했다.

나는 정말로 "독일의 민족성"에 전혀 열광하지 않는다. 더욱이 이 "영광스러운" 인종을 순수하게 유지하고 싶은 마음은 더욱더 없다. 오히려, 반대로 …. (1885년 3월 21일에 쓴 편지)

1885년 5월 22일에 엘리자베트가 결혼하자 니체는 그녀의 행복을 빌었다. 그러나 다른 이들 앞에서는 푀르스터에 대한 혐오감을 계속해서 표현했으며, 자신은 그를 만난 적이 없고, 앞으로도 만나지 않길 바란다고 거듭 강조했다. 그는 어머니에게 편지를 보내 푀르스터가 파라과이로 건너가기로 결정해서 기쁘며, 그와 한통속인 인간들도 부디 그렇게 했으면 좋겠다고 말했다. 그리고 신 게르마니아에서 돈을 보내 달라는 편지가 왔을 때는 돈을 주길 거부했다.

푀르스터가 가족의 일원이 된 것이 니체가 적극적인 반유대주의자와 맺은 유일한 관계는 아니었다. 그는 그들과의 관계로 곤란을 겪을까 봐 두려워했다. 이미 그의 명성은 『인간적인 너무나 인간적인』이나 그 이후의 작품들을 출판한 출판업자 에른스트 슈마이츠너와의 관계로 위태로웠던 적이 있었다. 1879년에 슈마이츠너는 〈반유대주의 신문〉을 창간했으며, 독일 내 유대인들의 영향력에 반대하는 강경한 선동자였다. 슈마이츠너는 반유대주의 운동에 열광한 나머지 자신의 사업을 등한시했고, 그 결과 『차라투스트라는 이렇게 말했다』의 출간이 보류됐다.[10] 슈마이츠너와의 관계에서 이러한 심각한 곤란을 겪은 니체는 그에게서 벗어나길 원했다. 1884년에서 1885년 사이에 니체는 그 책에 대한 보상금을 받기 위해 슈마이츠너에게 법적 조치를 취해야만 했다. 그는 예전에 그의 책을 냈던 출판업자 프리취가 슈마이츠너에게서 그의 모든 책의 저작권을 사서 자신의 이름으로 다시 출판하고 싶다는 의사를 표명했을 때에야, 비로소 안심 할 수 있었다. 이 거래는 1886년 여름에 성사됐고, 니체는 『비극의 탄생』에서부터 『즐거운 학문』에 이르기까지, 다시 출간된 모든 작품의 서문을 썼다. (『반시대적 고찰』은 예외이다. 이 책은 재출간되지 않았다.) 이 새 판본들은 1886년에서 1887년 사이에 나왔으며, 프리취는 1, 2, 3부를 통합한『차라투스트라는 이렇게 말했다』의 첫 단행본도 출판했다. 이렇게 슈마이츠너에게서 한창 벗어나고 있는 중에 그보다 훨씬 더 유명한 반유대주의자가 단지 자신의 출판업자 정도가 아니라 매제가 될 거라는 소식을 접하게 된 것이다.

프리취의 낙관적인 투자에도 불구하고 이 시기에 니체의 책은 대중에게 거의 다가가지 못했다. 사실 1, 2, 3부를 묶은『차라투스트라는 이렇게 말했다』의 첫 단행본이 너무 안 팔려서 슈마이츠너는 4부의 출판을 포기했다. 그러자 니체는 게르스도르프에게 편지를 보내 4부를 자비로 출판하려고 하는데 돈을 빌려 줄 생각이 있는지를 우회적인 방식으로 타진했다(1885년 2월 12일에 쓴 편지). 게르스도르프는 돈을 빌려주었고, 니체는『차라투스트라는 이렇게 말했다』의 4부를 자비로 출판했다. 그리고 이 책은 1892년에 가서야 처음으로 출판사를 통해 출판됐다.

우리는『즐거운 학문』을 저술하던 시기에 자기 만족과 자화자찬이 니체의 성격을 이루는 한 부분이 되고 있음을 보았는데, 이러한 자기 만족과 자화자찬은『차라투스트라는 이렇게 말했다』의 시기에 이르러서는 그 책 자체가 분명하게 보여 주듯이 놀라울 정도로 발전했다.『차라투스트라는 이렇게 말했다』의 첫 단행본과 관련해 그는 1884년 2월 2일에 로데에게 다음과 같은 편지를 보냈다.

이 책의 지극한 행복 속에는 어떤 미래의 심연과, 무시무시한 무언가가 들어 있네. 이 책에 담긴 모든 것은 어떤 전형도 따르지 않고, 이와 유사한 어떤 것도 존재하지 않으며, 누구도 시도해 본 적 없는 나만의 것이네. (…) 나는 이『차라투스트라는 이렇게 말했다』를 통해서 독일어를 완벽함의 경지로 끌어올렸다고 자부하네. 루터와 괴테 이후, 아직 내딛어야 할 셋째 발자국이 남았네.

같은 해 5월 초에는 오버베크에게 다음과 같이 말했다.

내가 마흔 번째 해를 맞이했을 때 아주 외로울 것이라는 사실을 의심해 본 적이 없었네. (…) 지금 나는 아마도 유럽에서 가장 독립적인 인간일 것이네.

그리고 이것으로 충분하지 않은 듯, 같은 달에 말비다에게도 다음과 같이 알린다.

저의 과제는 엄청난 것이지만, 저의 결심도 결코 그에 못지않습니다. (…) 저는 사람들이 전 인류의 미래를 결정할 중대한 결정을 내리게 하고 싶습니다.

그는 5월 22일에 슈타인에게 편지를 보내 바그너의 오페라를 보러 바이로이트에 갈 수 없는 이유를 다음과 같이 설명한다.

(…) 나를 지배하는 법칙, 곧 나의 과제는 그럴 시간을 허락하지 않습니다. 나의 아들 차라투스트라가 내 안에서 무슨 일이 계속되고 있는지 알려 줄 겁니다. 만일 내가 스스로 성취하고자 하는 바를 모두 이룬다면, 나는 앞으로 다가올 천 년 동안 사람들이 내 이름을 걸고 최고의 맹세를 할 거라는 것을 알면서 죽게 될 겁니다.

이와 같은 말들에 담긴 지나친 오만은 병들고 반쯤 눈이 먼 사람의 무모한 과잉 보상심리로 보아야 할 것이다. 이런 말들을 그의 철학과 혼동해서는 안 된다. 우리가 이제 그의 철학으로 돌아간다면, 이 무렵 완성된 『선악의 저편』과 『도덕의 계보』가, 이 저작들에 대한 니체 자신의 평가와 무관하게 설명될 수 있다는 것을 보게 될 것이다.

- 2 -

『선악의 저편』은 『차라투스트라는 이렇게 말했다』에서 개진한 이론을 정교하게 다듬고 설명하는 역할을 하고 있으며, 『도덕적 계보』는 『선악의 저편』에 대해 이와 동일한 역할을 하고 있다. 따라서 『선악의 저편』과 『도덕의 계보』는 반드시 함께 생각해야 한다.

니체가 부딪힌 첫째 문제는 진리의 추구 자체가 힘에의 의지에서 비롯한다고 하면, 힘에의 의지가 "참"이라는 말은 모종의 난점을 안게 된다는 데 있다. 크레타 사람인 에피메니데스는 "모든 크레타인들은 거짓말쟁이다."라고 말했다. 힘에의 의지를 이야기한 철학자 니체는 "진리에의 의지란 힘에의 의지다."라고 말했다. 이 두 진술은 참일 경우엔 거짓이 되고, 거짓일 경우엔 참이 된다. 자신의 이론에 내재한 이러한 역설을 깨달은 니체는 삶이 곧 힘에의 의지라고 한다면, 진리의 가치 자체가 의문스러운 것이 된다는 사실을 제시함으로써 이 역설과 대결한다.

우리 안에서 실제로 "진리"를 원하는 것은 무엇인가? (…) 우리가 진리를 원한다고 해 보자. 그렇다면 우리는 왜 하필 비진리를 원하지 않는가? 그리고 왜 불확실함을 원하지 않는가? 심지어 왜 무지를 원하지 않는가? 진리의 가치에 대한 문제가 우리들 앞에 제기됐다. (『선악의 저편』 1절)

진실, 성실, 사심 없음이 가치 있는 것이기는 하지만, 모든 생명을 위한 더 높고 훨씬 근본적인 가치는 가상, 속이려는 의지, 이기심, 욕망에 있어야 한다는 것도 가능한 일이다. 심지어 저 선하고 존경받는 것들이 가치 있는 이유는, 그것들이 외관상 자신과 상반되는 저 사악한 것들과 교묘히 연결되고 결합되고 묶여 있기 때문이라는 것도 가능한 일이다. 더 나아가 그 둘이 본질적으로 동일하다는 것도 가능하다. (『선악의 저편』 2절)

이러한 사실로부터 니체는, 인간이 견딜 수 있는 진리의 크기에 따라 그가 가진 힘의 강약을 측정할 수 있다는 생각에 이르게 된다.

어떤 것은 극도로 해롭고 위험함에도 불구하고 진리일 수 있다. 실제로, 자신이 지닌 완전한 인식 때문에 파멸해 버릴 수도 있다는 것은 인간 존재가 가진 기본적인 성질에 속한다. 따라서 정신의 강인함은 어느 정도의 "진리"를 견딜 수 있느냐에 따라 측정할 수 있다. (『선악의 저편』 39절)

어쨌든 확실한 것은 철학은 진리를 얻기 위한 수단이 아니라, 힘을 얻기 위한 수단이라는 점이다. 따라서 철학자는 단지 수동적이 앎만을 추구할 것이 아니라 능동적으로 지식을 창조해야 한다.

(⋯) 철학은 (⋯) 언제나 자기 자신의 상像에 따라 세계를 창조한다. 다른 방식은 불가능하다. 철학은 이러한 전제적인 충동 자체이며, 힘을 향한, "세계

창조"를 향한, 제1원인cause prima을 향한 가장 정신적인 의지이다. (『선악의 저편』9절)

> 진정한 철학자의 과제는 "가치를 창조하는 것"이다. (…) "그들의 인식은 곧 창조이며, 그들의 창조는 곧 입법이며, 그들의 진리에의 의지는 곧 힘에의 의지다." (『선악의 저편』211절)

다음으로, 니체는 논리학에서 말하는 필요조건에 의지해 유일한 한 개의 원인을 발견하려고 하며, 더 나아가 이 유일한 한 개의 원인으로부터 모든 현상을 파악하고자 한다. 세계는 그 자체로 설명 가능하며 "외부"로부터의 어떤 도움 없이도 "작동한다"는 그의 이론에 따르면, 하나의 기본 원리로부터 세계의 "이해 가능한 성격"을 규정하는 일, 다시 말해 세계를 그 자체로 이해하는 일이 가능함에 틀림없다. 그리고 그에 따르면, 이 기본 원리가 곧 힘에의 의지이다. 대신 현실적으로 존재하는 것에 대한 앎에의 의지인 "진리에의 의지"는 힘에의 의지의 한 측면에 불과하다. 왜냐하면 안다는 것은 힘을 얻는 것이며, 속는다는 것은 속이는 대상을 지배할 힘이 부족함을 의미할 뿐이기 때문이다.[11] 그는 모든 현상 세계를 설명하기 위해 오직 한 개의 유일한 원인이 정립돼야 한다는 주장의 근거를 『선악의 저편』의 36절에서 다음과 같은 하나의 긴 아포리즘에 담아 제시한다.

> 욕망과 정념의 세계만이 실재로서 "주어지며", 우리는 이 충동들 이외의 다른 어떤 "실재"로도 올라가거나 내려갈 수 없다고 해 보자(왜냐하면 사고한다는 것은 충동들 사이의 한 관계에 불과하니까). 그렇다면, 이른바 기계적인

(또는 "물질적인") 세계를 이해하는 데 이 주어진 세계만으로 충분한 것은 아닌지를 묻고 실험해 보는 것이 허용되지 않을까? 내가 말하는 이 주어진 세계란 기만, "가상", (버클리와 쇼펜하우어가 사용한 의미에서의) "표상"이 아니라 우리의 정서들과 똑같은 만큼의 실재성을 가지고 있는 세계, (…) 그 안에서는 모든 것들이 여전히 강력하게 통일되고 완결되어 있는, 좀더 원초적인 형태를 띠는 정서들의 세계이다. (…) 곧 생명의 초기 형태? 결국, 이러한 실험을 하는 것은 허용될 뿐만 아니라 방법의 양심에 의해 명령된다. 한 개의 유일한 원인을 통해 이 세계를 이해하려는 실험이 그 궁극적인 한계에 이르기 전까지는 (…) 여러 종류의 원인을 설정해서는 안 된다. 이것이 오늘날 우리가 거부해서는 안 되는 방법의 도덕이다. (…) 우리는 "작용"이 인지되는 곳 어디에서나 의지가 의지에 대해 작용하고 있다고 과감하게 가정해야 한다. (…) 마침내 우리가 우리의 본능적 삶 전체를 의지의 근본 형식 ─ 나의 이론에 따르면 힘에의 의지 ─ 이 발전하고 분화한 것으로서 설명해 내는 데 성공한다면, 그리고 모든 유기적 기능들을 힘에의 의지에서 비롯된 것으로서 설명해 내는 데 성공한다면, 그때 우리는 작용하는 힘 전체를 명백히 힘에의 의지로 규정할 권리를 얻게 될 것이다. 그 내부로부터 보여진 세계, 자신의 "파악 가능한 성격"에 따라서 규정되고 묘사된 세계, 이 세계는 바로 "힘에의 의지" 외에 다른 것이 아닐 것이다.

만약 힘에의 의지가 모든 생명체의 근본적인 충동이라고 한다면, 다음과 같은 질문이 제기된다. 그러한 의지의 본성은 무엇인가? 거기에는 여전히 두 개의 요소가 작동하고 있는 것처럼 보인다. 곧 먼저, 의지라는 것이 있고, 이 의지가 힘을 추구하고 있는 것처럼 보인다. 이 경우, "의지"는 여전히 하나의 실체로서, 쇼펜하우어가 사용한 의미에서의 의지로서, 삶의 형이상학적인 토대로서 존재하게 될 것이다. 자신의 철학이 쇼펜하우어 철학의 한 변형쯤으로 떨어지는 것을 막으려면 니체는 이러한 의지 개념을 버려야만 할 것이다. 왜냐하면 니체에게 의지는 단지 생존을 위한 노력이 아니라 자기 자신을 확장하려는 노력으로서, 훨씬 더 역동적인 것으로서 드러나야 하기 때문이다. 그리고 그는 언뜻 의외로 보이는 방식을 통해 쇼펜하우어의 의지 개념을 버린다. 그는 의지와 같은 것은 없다고 말한다. 면밀히 검토해 보면 영혼이라는 것은 관계들의 복잡한 체계를 지칭하는 하나의 말에 불과한 것으로 드러나며, 따라서 그것이 존재한다고 말할 수 없듯이, 마찬가지로 의지 역시 독자적으로 존재하지 않는다. 다시 말해 몸 안에서, "의지"와 동일시될 수 있는 힘 같은 것이 발산되고 있는 것이 아니다. "의지 작용"은 복합적인 감각의 산물이다. 우리에게 의지 작용이 느껴지는 것은 명령의 감각이 그 밖의 다른 감각들을 완전히 지배했을 때이다. 우리가 "의지"라고 인식하는 것은 사실, 명령하는 행위 자체이다. 다시 말해 명령의 배후에 있으면서 명령의 형태로 자신을 나타내는 "의지 자체"라는 실체는 존재하지 않는다. 이처럼 의지가 독립된 존재자로 존재한다는 사실을 부정함으로써 니체가 무엇을 말하고자 했는지는 『도덕의 계보』에 다음과 같이 분명하게 명시되어 있다.

강함에게 자신의 강함을 드러내지 말라고 요구하는 것은 (…) 약함에게 강함을 드러내라고 요구하는 것만큼이나 불합리하다. (…) 민중의 도덕은 강함과 그 강함이 표현하고 있는 것을 서로 분리했다. 마치 강한 사람의 배후에 (…) 중립적인 실체가 있기라도 한 것처럼. 그러나 그러한 실체는 어디에도 없다. 행위, 작용, 생성의 배후에는 어떤 "존재"도 존재하지 않는다. "행

위자"는 그저 행위에 덧붙은 것일 뿐이다. 행위가 전부다. (『도덕의 계보』제 1논문 13절)

"행위"의 배후에는 어떤 "존재"도 존재하지 않으며, "의지 작용"의 배후에는 어떤 "의지"도 존재하지 않는다. 존재나 의지라는 표현들은 모두 추상 개념이며, 행위나 의지 작용과 같은 현상들의 복잡한 본성을 이해하는 데 방해가 되는 언어적 장벽일 뿐이다.

내가 보기에, 의지 작용은 다른 무엇보다도 복합적인 것이다. (…) 각각의 모든 의지 작용 안에는 첫째로 다수의 감정들이 존재한다. 말하자면, 어떤 것으로부터 멀어지는 상태에 대한 감정, 어떤 것으로 향해 가는 상태에 대한 감정, 그리고 이 "멀어짐"과 "향해 감" 자체에 대한 감정, 그리고 그 다음으로는 거기에 수반되는 근육 감정 등이 존재한다. (…) 이렇게 감정들이 (…) 의지의 구성 요소로서 인정될 수 있는 것과 마찬가지로, 둘째로 사고 역시 그 구성 요소로 인정될 수 있다. 모든 의지의 행위에는 명령하는 사고가 존재한다. (…) 셋째로 의지는 감정과 사고의 복합체일 뿐 아니라 무엇보다도 정서, 특히 명령의 정서이다. "의지의 자유"라고 불리는 것은 본질적으로 자신에게 복종해야만 하는 상대방에 대한 우월의 정서이다. 곧 "나는 자유로우며, '그'는 복종해야만 한다." 이러한 의식이 모든 의지에 들어 있다. (…) 의지하는 자는 자신 안에 있는 복종하는 것, 또는 복종할 거라고 생각되는 어떤 것에게 명령을 내린다. (…) 우리는 주어진 조건 아래에서 명령하는 자인 동시에 복종하는 자이기 때문에, (…) "의지의 자유"는 의지하는 자, 곧 명령하는 자인 동시에 자신을 명령의 수행자와 동일시하는 자의 복합적인 기쁨의 상태를 일컫는 말이다. (…) 의지 작용에서 중요한 것은 (…) 다수의 "영혼들"로 구성된 공동체를 토대로 한 명령하기와 복종하기이다. 그렇기 때문에 철학자는 의지 작용을 도덕의 관점에서 파악할 권리를 주장해야 한다. 물론 이때 도덕이란 "생명" 현상이 발생하는 원리로서의 지배 관계에 대한 이론을 의미한다. (『선악의 저편』 19절)

그렇다면 의지의 본성은 그것의 "이해 가능한 성격"에 있어서 힘에의 의지이다. 힘에의 의지는 하나의 "사회적 조직"을 구성하는 여러 요소들 사이에 특정한 관계, 곧 힘의 관계가 성립될 때 나타난다. 그 조직이 개인이든, 국가든, 우주 전체든, 생명체와 같은 것이든 마찬가지다. 이러한 결론은 『선악의 저편』에서 반복되고 있는 도덕의 본성에 관한 니체의 결론에서 그대로 유지되고 있다.

모든 도덕은 (…) "자연"에 대한 폭정이며, 또 "이성"에 대한 폭정이다. (…) 모든 도덕에서 본질적이고도 중요한 요소는 그것이 장기간에 걸친 강압이라는 점이다. (…) 본질적인 것은 (…) 장기간에 걸친 한 방향으로의 복종인 것 같다. (『선악의 저편』 188절)

니체는 『도덕의 계보』에서, 여기에서 한걸음 더 나아간 결론을 이끌어 내는데, 이것은 힘에의 의지 이론을 삶의 "의미"를 정립해야 할 필요성과 연결시키는 데 중요한 역할을 한다. 삶이 곧 힘에의 의지이듯이, 삶의 "의미"는 힘에의 의지가 작용하고 있다는 느낌, 즉 어떤 것이 의지에 복종하고 있다는 느낌이다. 무엇이 복종하고 있느냐는 중요하지 않다. 중요한 것은 명령한다는 사실 자체이다.

인간, 다시 말해 동물적인 인간은 금욕주의적 이상과 분리된 상태에서는 어떠한 의미도 가지지 못했다. 그의 존재는 지상에서는 어떤 목적도 가지고 있지 않았다. (…) 바로 이것이 금욕주의적 이상이 의미하는 바이다. 금욕주의적 이상은 인간에게 무언가가 결핍되어 있다는 사실, 끔찍한 공허가 인간을 휩싸고 있다는 사실을 말해 준다. 인간은 어떻게 자신을 정당화하고, 설명하고, 긍정해야 하는지를 몰랐다. 그는 자신의 존재 의미라는 문제로 고통받았다. (…) 그의 문제는 고통 자체가 아니라, "왜 고통스러워야 하는가?"라는 긴박한 물음에 답이 없다는 것이었다. (…) 고통 자체가 아니라 고통의 무의미성이 인류에게 내린 저주였다. 그런데 바로 금욕주의적 이상이 이 고통에 의미를 부여했다! (…) 그리고 이로 인해 인간은 구원을 얻었다. (…) 그는 이제 무언가를 의지할 수 있게 되었다. 무엇을 목적으로, 무엇 때문에, 무슨 대상을 의지하는지는 중요하지 않다. 의지 자체가 구원을 얻은 것이다. 금욕주의적 이상 속에서 방향을 찾은 저 의지 전체가 본래 무엇을 표현하는 것인지는 완전히 감춰질 수 없다. 그것은 인간적인 것에 대한 증오, 동물적인 것과 물질적인 것에 대한 더 큰 증오, 감각과 이성 자체에 대한 혐오, 행복과 미에 대한 공포, 모든 가상, 변화, 생성, 죽음, 소망으로부터 벗어나고자 하는 욕망, 그리고 욕망 자체로부터 벗어나고자 하는 욕망이다. 이 모든 것은, 감히 우리가 그것을 파악하고자 한다면, 허무에의 의지이자, 삶에 대한 적의이며, 삶의 가장 근본적인 전제들에 대한 거부이다. 하지만 이것도 하나의 의지이며, 하나의 의지로 남아 있다! (…) 그리고 인간은 아무것도 의지하지 않기보다는 오히려 허무를 의지할 것이다.(『도덕의 계보』 제3논문 28절)

"(…) 인간은 아무것도 의지하지 않기보다는 오히려 허무를 의지할 것이다."『도덕적 계보』를 끝맺는 이 말은 도덕에 대한 니체의 최종적인 입장의 근거를 간명하고도 기억할 만한 형태로 압축하고 있다. 앞에서 니체는 도덕에 대한 평가는 그것이 힘을 얼마나 증가시키고 고도로 조직화하는지에 따라 이루어진다고 말했다. 힘없는 자의 요구를 명예로운 것으로까지 격상시켜 놓는 도덕은 해를 끼쳤다. 왜냐하면 그러한 도덕은 힘이 요구하는 것들을 좌절시키고, 결과적으로 삶 자체의 요구를 좌절시켰기 때문이다. 니체는 이처럼 삶을 약화시키는 도덕들 가운데 하나가 기독교 도덕이라고 생각했다. 하지만 기독교 도덕은 그가 살던 당시의 유럽을 지배하던 도덕이었다. 그렇다면 약한 자들이 강한 자들에 대해 승리를 거둔 것인가? 그리고 만약 기독교가 승리한 것이라면, 그것은 실제로 더 강한 자들의 도덕임에 틀림없지 않은가? 그렇다면 어떻게 그것이 약한 자들의 도덕이라고 비난받을 수 있겠는가? 게다가, 만약 "선"의 유일한 기준이 힘이라면, 모든 승리하는 힘들이 단지 승리했다는 이유만으로 "선하다"고 말해질 수 있다는 사실 역시 분명하지 않은가? 이것은 니체가 헤겔을 비판했던 지점인, "성공에 대한 맹목적 찬양"이 아닌가? 이러한 의문들은, 니체가 인간은 허무 역시 의지할 수 있다는 사실을 알아내기 전까지는 해명될 수 없었다. 이 허무에의 의지 속에서 그는 허무주의의 기원을 발견했다. 긍정적인 목표가 없는 개인과 국가와 문화는 자신의 힘에의 의지 안에 남아 있는 최후의 것, 즉 자기 자신의 파멸을 의지함으로써 스스로를 파괴한다. 그리고 아무것도 의지하지 않기보다는 이것을 의지하려고 한다. 이제 니체는 역사상 승리를 거둔 다양한 도덕들을 식별할 수 있는 능력을 갖게 되었다. 어떤 하나의 도덕이 성립되었다는 사실이 곧 그 도덕이 힘의 고양을 향한 운동이라는 사실을 함축하지는 않는다. 그 도덕은 허무주의적인 도덕일 수 있으며, 그 도덕의 승리는 허무에의 의지가 승리한 것일 수 있기 때문이다. 따라서 그는 "삶을 고양시키는" 또는 "상승시키는"

도덕과 "삶을 부정하는" 또는 "쇠락시키는" 도덕을 구별하기 시작했고, 모순에 빠지지 않고서도 후자를 서슴없이 비난할 수 있게 되었다.

이제 힘에의 의지 이론은 완성되었다. 그리고 우리는 『선악의 저편』과 『도덕의 계보』에 등장하는 좀더 악명 높은 진술들의 의미를 이해해야 할 단계에 와 있다.

『인간적인 너무나 인간적인』에서부터 줄곧 그래 왔듯이 니체는 여기에서도 자신의 모든 생각을 단숨에 드러내면서, 갈등과 경쟁이 삶의 기본 요소이며, 선한 충동은 악한 충동으로부터 기원한다는 사실을 재차 강조한다.

지금까지의 심리학 전체는 도덕적인 선입견과 두려움에 사로잡혀 있었고 감히 심층에까지 들어가지 못했다. 어느 누구도 나처럼 심리학을 힘에의 의지의 발달 이론과 형태론으로 파악할 엄두를 내지 못했다. (…) 도덕적 선입견의 힘은 가장 냉정하고 편견 없어 보이는 지적인 세계 속으로 깊숙이 침투해 들어갔다. (…) 진정한 생리-심리학은 연구자의 마음속에 존재하는 무의식적인 저항과 싸워야만 한다. 진정한 생리-심리학은 자기 자신에게 저항하는 "용기"를 가지고 있다. "선한" 충동과 "악한" 충동이 서로의 조건이라는 이론조차도 아직 용감하고 확고한 양심을 가진 자에게는 일종의 순화된 비도덕으로 받아들여져 당혹감과 혐오감을 불러일으킨다. 하물며 모든 선한 충동들이 악한 충동으로부터 유래한다는 이론은 더 말할 나위도 없다. 누군가가 증오, 질투, 소유욕, 지배욕과 같은 정서들을 삶의 조건이 되는 정서들로 간주했다고 해 보자. 그리고 더 나아가 이 정서들을 삶 전체의 운영에서 근본적이고 본질적인 어떤 것으로, 따라서 삶이 더욱 고양되기 위해서는 함께 고양되어야 하는 어떤 것으로 간주했다고 해 보자. 그때 그 사람은 마치 뱃멀미에 시달리듯 자신이 내린 결론으로 고통받게 될 것이다. (『선악의 저편』 23절)

사람들이 "정신"이라 부르는 전제적인 존재는 자신의 내부에서, 그리고 자신의 주변에서 지배자가 되기를 원하며, 스스로를 지배자로 느끼고자 한다. (…) 정신이 가진 욕구나 능력은, 일찍이 생리학자들이 살아가고 성장하고 번식하는 모든 것들 안에 존재한다고 주장했던 바로 그 욕구나 능력과 똑같은 것이다. (…) 정신의 목표는 새로운 "경험"을 자기 것으로 동화시키는 것이며, (…) 성장하는 것, 좀더 정확하게 말해 성장의 느낌, 힘이 커졌다는 느낌을 갖는 것이다. (『선악의 저편』 230절)

삶 그 자체는 본질적으로, 낯설고 더 약한 것을 자신의 것으로 만들고, 침해하고, 제압하는 것이며, 억압하는 것이고, 가혹하게 대하는 것이며, 자기 자신의 형식을 강요하는 것이고, 동화시키는 것이며, 가장 부드럽게 말한다고 해도, 착취하는 것이다. (…) 설령 한 조직체의 내부에서 개인들이 서로를 동등하게 대하고 있다 하더라도 (…) 그 조직체가 죽어 가는 것이 아니라 살아 있는 것이라면, 그것은 내부의 개인들이 서로 삼가는 모든 행동들을 다른 조직체에게 행해야만 할 것이다. 그 조직체는 육화된 힘에의 의지가 되어야만 할 것이다. (…) 이는 도덕, 또는 비도덕과는 무관한 문제이며, 단지 그 조직체가 살아 있기 때문에, 그리고 삶이 곧 힘에의 의지이기 때문이다. (『선악의 저편』 259절)

이런 맥락에서 인종에 대한 니체의 태도는 특히 눈길을 끈다.

인종들이 서로 뒤섞이는 용해의 시대에 살고 있는 인간은, 그러므로 자신의 몸 안에 다양한 혈통의 유산을 지니고 있다. 말하자면, 그저 서로 충돌하는 것만이 아니라 서로를 좀처럼 그냥 내버려 두지 않는 상반된 충동들과 가치들을 지니고 있는 것이다. 이러한 말기 문화의 시기, 흐릿한 빛의 시기의 인간은 대체로 다소 허약한 인간일 것이다. 그의 근본적인 소망은 그 자신이기도 한 이 싸움이 끝나는 것이다. (⋯) 그러나 그의 본성 안에 들어 있는 대립과 싸움이 삶을 더욱 촉진하고 복돋는 역할을 한다면, 그리고 다른 한편으로는 자신 안에서 벌어지는 이 싸움을 조정해 나갈 수 있는 능숙하고 교묘한 자기 지배력이 유전되고 육성된다면, 저 놀라울 정도로 불가해하고 설명 불가능한 인간, 승리를 거두고 사람을 유혹하도록 미리 운명지어진 수수께끼와 같은 인간이 출현하게 된다. 그러한 인간이 가장 훌륭하게 구현된 사례는 알키비아데스와 카이사르이며(여기에 나는 내 취향에 따라 최초의 유럽인이라 할 수 있는 호엔슈타우펜 가문의 프리드리히 2세를 덧붙이고 싶다.), 예술가 가운데서는 레오나르도 다 빈치일 것이다. (『선악의 저편』 200절)

나치가 니체의 이름을 도용하기 전까지는 니체가 "인종주의"에 반대했다는 사실, 그리고 "초인"은 어디에서나, 어떤 민족 가운데서나 출현할 수 있다는 사실을 의심하는 사람은 아무도 없었다. "주인 종족"에 관한 그의 생각은, 잠시 후 검토하겠지만, 투쟁을 통해 문명이 발달한다는 그의 일반 이론의 한 부분이다. 먼 옛날에는 다양한 종족들이 서로 투쟁했다. 하나의 종족이 다른 종족에게 승리를 거뒀고, 패배한 종족과의 관계에서 주인 종족이 되었다. 그리고 패배한 종족은 그들의 정복자와의 관계에서 노예 종족이 되었다. 니체는 한번도 특정한 주인 종족에 대해 말한 적이 없으며, 현존하는 종족들 중 가장 우월한 종족에 대해 생각해 본 적도 결코 없다. (그가 설령 그런 생각을 했다고 하더라고, 그 우월한 종족으로 독일인을 생각했을 가능성은 거의 없다는 점을 덧붙여야 할 것이다.) 또 그에게 종족이란 결코 "순수 종족"을 의미하지 않는다. 니체에게 "종족"이란 오랜 기간을 함께 살아와 특정한 공통의 욕구나 특징을 갖게 된 사람들의 집단을 의미했다. 그리고 바로 이런 의미에서 그는 "유럽 종족"의 출현을 소망했으며, 이 "유럽 종족"이 가장 축복받은 "혼합 종족"인 그리스인들과 위업을 놓고 경쟁하기를 바랐다. 그러나 인종주의자에 대한 그의 반대는 단순히 기질적인 경향이거나 간간이 내비치는 의견 정도가 아니었다. 투쟁이야말로 사태의 본질이라고 간주하며, 투쟁 속에서 완전함에 이르는 사다리를 발견하는 철학자는 누구라도 순전한 부조리에 불과한 "순수 종족"이라는 개념에서 등을 돌려야만 할 것이다. 왜냐하면 그와 같은 철학은 종족의 혼합을 그 전제로 해야 하기 때문이다. 구체적으로, 니체는 가장 수준 높은 문화는 투쟁을 통해 발전한다는 것을 입증하는 증거를 그리스인들이 혼돈에 가까울 정도의 혼합 종족이었다는 사실로부터 확보한 것으로 보인다.

종족에 대한 니체의 견해를 검토한 위의 고찰은 우리를 그의 유명한 도덕 유형학과 "귀족" 윤리에 대한 옹호를 검토하도록 이끈다.

지금까지 지상을 지배해 왔고, 또 여전히 지배하고 있는, 세련됐거나 조잡한 수많은 도덕들을 편력하면서, 나는 특정한 특질들이 서로 연결되어 규칙적으로 반복해서 나타나고 있다는 사실을 알게 되었다. 그리고 마침내 두 가지 기본 유형이 드러났고, 하나의 근본적인 차이가 나타났다. 주인의 도덕과 노예의 도덕이 그것이다. 여기에 덧붙여 말하고 싶은 것은, 모든 수준 높고 혼합된 문화에서 이 두 가지 도덕을 조정하려는 시도가 나타나며, 종종 그 두 가지가 뒤섞이거나 서로를 오해하는 일도 있다는 점, 그리고 때로는 심지어 한 인간, 하나의 영혼 안에서조차 그것들이 병존한다는 점이다. 다양한 도덕적 평가들이 한편으로는 지배 집단에서, 또 다른 한편으로는 (…) 피지배자들, 노예들, 예속된 자들 사이에서 생겨났다. (…) 지배자들이 "좋음"의 개념을 결정하는 전자의 경우, 탁월한 것으로 간주되면서 위계질서를 세우는 것은 고양되고 긍지에 찬 영혼의 상태이다. 고귀한 인간은 이처럼 고양되고 긍지에 찬 것과는 정반대되는 영혼의 상태를 나타내는 인간들을 자신과 구분한다. 그는 그들을 경멸한다. 누구나 이런 유형의 도덕에서는 "좋음"과 "나쁨"의 대립이 "고귀함"과 "경멸당할 만함"의 대립과 똑같은 것을 의미한다는 사실을 바로 알아차릴 수 있을 것이다. ("선"과 "악"의 대립은 다른 곳에서 유래한다.) 겁쟁이, 소심한 자, 옹졸한 자, 작은 이익만을 생각하는 자, (…) 의심하는 자, (…) 비굴한 자, 학대받는 것을 기꺼이 감수하는 개와 같은 인간, 구걸하는 아첨꾼, 그리고 무엇보다도 거짓말쟁이가 역시 경멸당한다. 평민들이 거짓말쟁이라는 것은 모든 귀족들의 기본 신념이다. (…) 어디에서건 도덕적 가치는 먼저 사람들에게 부여되고, 그 후에 파생적으로 행위들에 부여됐다는 것은 명백한 사실이다. (…) 고귀한 부류의 인간은 바로 자신이 가치를 결정하는 자라고 느낀다. 그는 타인의 인정을 필요로 하지 않는다. 그는 "나에게 해로운 것은 그 자체로 해로운 것"이라고 단정한다. (…) 그는 가치를 창조한다. (…) 이러한 도덕은 자기 찬미의 도덕이다. 이 도덕의 전면에는 충만의 느낌, 흘러넘치고자 하는 힘의 느낌, 고도의 긴장에서 오는 행복의 느낌이 (…) 자리 잡고 있다. 고귀한 인간은 기본적으로 강한 자를 존경하며, 자기 자신을 지배할 힘이 있는 자, 말할 때와 침묵할 때를 아는 자, 자기 자신에게 기꺼이 준엄하고 가혹한 태도를 취하는 자, 모든 준엄하고 가혹한 것에 경의를 표하는 자를 존경한다. (…) 강한 자들은 존경하는 법을 아는 자들이며, 이것이 그들의 기술이며, 발명품이다. 나이 든 사람과 전통에 대한 깊은 경의, (…) 조상에게는 정중해야 하며 후손에게는 아무렇게나 대해도 된다는 선입견은 강한 자들의 도덕에서 보이는 전형적인 특징이다. 반면, "현대적 이념"의 인간은 거의 본능적으로 "진보"와 "미래"를 믿으며, 갈수록 과거에 대한 존경심을 잃어 간다. 이러한 사실만으로도 이 "이념"의 유래가 고귀하지 못한 것임을 드러내는 데는 충분하다. (…) 도덕의 둘째 유형인 노예의 도덕은 사정이 다르다. 박해를 받는 자, 억압을 받는 자, 고통을 받는 자, 자유롭지 못한 자, 자기 자신에 대한 확신이 없는 자, 그리고 피로에 지친 자가 도덕을 운위한다고 가정해 보자. 그들의 도덕적 가치 평가들은 어떤 공통점을 갖게 될까? 틀림없이 인간이 처한 상황 전체에 대한 염세주의적인 불신이 표출될 것이며, 아마도 인간과 그가 처한 상황에 유죄를 선고할 것이다. 노예는 강한 자의 덕을 의심스러워한다. 그는 강한 자들 사이에서 존중되는 모든 "선"을 (…) 회의하고 불신한다. (…) 반면에 고통받는 자들의 생존을 쉽게 해 주는 데 유용한 자질들이 각광을 받게 된다. 여기에서 칭송되는 것은 동정, 도움을 주는 호의적인 손길, 따뜻한 마음, 인내, 근면, 겸손, 친절 등이다. 왜냐하면 이것들은 생존의 중압감을 견디는 데 가장 유용한 자질들이며, 또 거의 유일한 수단이기 때문이다. 노예의 도덕은 본질적으로 유용성의 도덕이다. 바로 여기에 "선"과 "악"이라는 저 유명한 대립의 기원이 존재한다. 곧 힘, 위험한 것, 두려움을 일으키는 것, 교활함, 경멸을 일으키지 않는 강함은 모두 악에 속한다고 간주된다. (『선악의 저편』 260절)

"노예의 도덕과 주인의 도덕"이라는 개념은 좋음과 나쁨, 선과 악이라는 대립쌍을 이루는 도덕적 판단이 어떻게 생겨났는지를 설명하기 위한 시도이다. 이 절의 함의를 정확히 짚어 보기 전에, 이 절의 내용을 좀더 정교하게 확장시켜 놓은 『도덕의 계보』의 한 절을 살펴보자.

"좋다"라는 판단은 눈앞에서 "좋음"을 지켜본 사람들이 한 것이 아니다. 그보다는 오히려 "좋은 자들 자신", 다시 말해 고귀한 자, 강한 자, 높은 위치에 있는 자, 고결한 마음을 지닌 자들이, 자기 자신을 모든 저급한 자, 저급한 마음을 가진 자, 비속하고 천한 자들과 대비시키는 과정에서, 자신이나 자신의 행위를 "좋다"고, 곧 최상이라고 느끼고 평가했다. 이러한 거리두기의 파토스에 의해 그들은 가치를 창조하고, 가치에 이름을 부여하는 권리를 처음으로 갖게 되었다. 그들에게 유용성이 무슨 상관이었단 말인가? (…) 더 높은 지배 집단이 더 낮은 집단, 곧 "하층민"에 대해 가지는 지속적이고 지배적인, 전체적이고 근본적인 감정인 (…) 우월함과 거리두기의 파토스, 이것이야말로 "좋음"과 "나쁨"이라는 대립의 기원이다. (『도덕의 계보』 제1논문 2절)

다음과 같은 물음이 나에게 올바른 길을 제시해 주었다. "좋음"을 표현하는 다양한 말들이 어원학적인 관점에서 본래 무엇을 의미하는가? 그리하여 나는 그 모든 말들이 동일한 개념의 변형에서 기인했음을 발견했다. 곧 어느 언어에서나 신분을 나타내는 "우월한", "귀족적인"이 기본 개념이며, 여기에서부터 필연적으로 "정신적으로 우월한", "귀족적인", "고귀한 영혼을 가진", "정신적으로 특권을 가진"이라는 의미에서의 "좋음"이 발전해 나온다. 이러한 종류의 의미 전개와 언제나 평행하게 진행되는 또 하나의 의미 전개가 있는데, 여기에서 "비속한", "천한", "저급한"이라는 개념은 결국 "나쁨"이라는 개념으로 변형된다. (…) 내가 보기에 이러한 사실은 도덕 계보학에

관한 하나의 본질적인 통찰인 것 같다.(『도덕의 계보』제1논문 4절)

도덕에서의 노예 반란은 원한이 (…) 창조력을 얻어 가치를 낳을 때 시작한다. (…) 모든 고귀한 도덕이 자기 자신에 대한 의기양양한 긍정에서 생겨나는데 반해, 노예 도덕은 처음부터 "외부에" 있는 것, "이질적인" 것, "자기 자신이 아닌" 것을 부정한다. 그리고 이러한 부정이야말로 노예 도덕의 창조 행위이다. (…) 노예 도덕의 작용은 (…) 반작용이다. (…) 원한을 품은 인간은 "악한 적", "악한 인간"을 생각해 내고, 이것을 기본 개념으로 삼아 그로부터 그것에 대응하는 반대 인물, 곧 "선한 인간"을 생각해 낸다. 그리고 이 선한 인간이 바로 자기 자신이다! (『도덕의 계보』제1논문 10절)

이는 (…) 고귀한 인간의 경우와는 정반대이다. 고귀한 인간은 "좋음"이라는 근본 개념을 자기 자신으로부터 (…) 자발적으로 생각해 내고, 그로부터 비로소 "나쁨"이라는 개념을 스스로 만들어 낸다. 고귀한 인간이 만들어 낸 이 "나쁨"과 끝없는 증오의 도가니에서 생긴 저 "악함" (…) 겉으로만 봐서는 "좋음"이라는 동일한 개념의 반대항인 "악함"과 "나쁨"은 서로 얼마나 다른가? 그러나 "좋음"이라는 개념도 동일한 개념이 아니다. 사람들은 오히려 원한의 도덕에서는 누가 "악한" 자인지를 물어야 한다. 이에 대해 가장 엄격하게 답하자면, 바로 또 다른 도덕[귀족 도덕]에서의 "좋은 사람", 곧 고귀한 자, 강한 자, 지배자이다. (『도덕의 계보』제1논문 11절)

우리는 이러한 모든 고귀한 종족의 밑바탕에서 맹수, 곧 먹잇감과 승리를 갈구하며 헤매는 화려한 금발의 야수를 인식하지 않을 수 없다. 이 숨겨진 밑바탕은 때때로 분출될 필요가 있다. 짐승은 다시 풀려나 황야로 돌아가야만 한다. 로마, 아라비아, 독일, 일본의 귀족, 호메로스의 영웅들, 스칸디나비아의 바이킹, 이들은 모두 이러한 욕망을 지니고 있다. 고귀한 종족이란 그들이 지나간 모든 곳에 "야만인"이라는 개념을 남겨 놓은 자들이다. (『도덕의 계보』 제1논문 11절)

나는 양심의 가책이란, 인간이 지금껏 경험했던 변화들 중 가장 근본적인 변화가 가져온 압력 때문에 걸리게 된 심각한 병이라고 생각한다. 그 변화는 인간이, 자신이 궁극적으로 사회와 평화의 방벽에 갇혀 있다는 사실을 알았을 때 발생했다. (…) 밖으로 발산되지 않는 모든 본능은 안으로 향하게 된다. (…) 이렇게 해서 인간은 훗날 자신의 "영혼"이라 부르게 된 것을 처음 개발해 냈다. (…) 본능의 발산이 저지됨에 따라 내면 세계 전체가 깊이와 넓이와 높이를 얻게 되었다. 사회 조직이 오래된 자유 본능으로부터 자신을 보호하기 위해 구축한 저 무서운 방벽은 (…) 거칠고, 자유롭고, 방랑하는 인간이 가진 모든 본능들을 자기 자신에게 향하도록 만들었다. 박해, 공격, 변혁, 파괴를 즐김, 적대감, 잔인함, 이러한 모든 본능들이 그것의 소유자에게로 방향을 돌렸다. 이것이 바로 "양심의 가책"의 기원이다. (『도덕의 계보』 제2논문 16절)

(…) 가장 오래된 "국가"는 끔찍한 폭정으로서 출현했으며, (…) 사람과 반半동물이라는 원료가 (…) 형태를 갖추게 될 때까지 폭정을 계속했다. 나는 "국가"라는 용어를 사용했다. 이 용어가 무엇을 의미하는지는 자명하다. 그것은 금발의 맹수 무리, 정복하고 지배하는 종족을 의미한다. 전쟁을 위해 조직되었으며, 또 조직화하는 능력을 갖춘 이들은, 수적으로는 앞서지만 아직 형태를 갖추지 못한 채 떠도는 집단에게 주저없이 무서운 발톱을 들이댄다.

"국가"는 이런 식으로 지상에서 시작됐다. (…) 이 천부적인 조직가들은 죄가 무엇인지, 책임이 무엇인지, 숙고가 무엇인지 알지 못한다. (…) "양심의 가책"이 그들에게서 발생한 것이 아니라는 점은 말할 필요도 없다. 그러나 그것은 그들이 없으면 발생하지 못했을 것이다. (…) 그들이 내리치는 망치 아래에서 엄청난 양의 자유가 세상으로부터 축출되지 않았다면, 또는 최소한 눈에 보이지 않는 어떤 것으로, 다시 말해 잠재적인 것으로 되지 않았다면, 양심의 가책은 생기지 않았을 것이다. 폭력으로 인해 잠재적인 것이 된 이러한 자유의 본능이 (…) 양심의 가책의 시작이다. (『도덕의 계보』 제2논문 17절)

이러한 현상이 초기에는 고통스럽고 추하다고 해서 이를 가벼이 보아서는 안 된다. 왜냐하면 근본적으로, 저 폭력적인 예술가와 조직가들 안에서 대규모로 작동하면서 국가를 건설한 힘과 동일한 능동적인 힘이 여기에서는 내면적으로 (…) "가슴의 미궁" 속에서 (…) 스스로 양심의 가책을 만들어내기 때문이다. 이 힘이 바로 자유를 향한 본능(나의 용어로 표현하면, 힘에의 의지)이다. 차이가 있다면 (…) 이 힘이 작용하는 대상이 여기에서는 인간 자신, 그리고 그의 오랜 동물적 자아 전체이지, (…) 다른 인간들이 아니라는 점이다. (『도덕의 계보』 제2논문 18절)

양심의 가책이란 하나의 병이다. 이는 의심할 여지가 없다. 그러나 이것은 임신이 병이라고 할 때와 같은 의미에서 병이다. (『도덕의 계보』 제2논문 19절)

첫째로 주목해야 할 점은 니체가 "계급"을 "종족"의 관점에서 설명한다는 것이다. 그의 생각에 따르면 지배 계급은 정복자 종족의 후손이며, 피지배 계급은 피정복자 종족의 후손이다. 시간이 지남에 따라 종족 간의 차이는 사라졌지만(부분적으로는 계약 혼인 때문이지만, 가장 중요한 이유는 "종족"이란, 근본적으로 오랫동안 한 장소에서 함께 살아온 사람들이 공유하게 마련인 특징들의 집합체이기 때문이다.), 힘의 관계는 계속 유지됐다. 점차로 귀족은 종족 상으로는 평민들과 식별할 수 없게 되어 갔다. 귀족과 평민은 사실상 하나의 종족이 되었다. 그래서 "계급" 개념이 지배자와 피지배자 사이에 존재하는 힘의 관계를 설명하기 위해 등장했다. 니체는 이 힘의 관계라는 개념을 이용해, 서로 대립되는 도덕 유형들, "영혼", 양심의 가책, 죄의식 등의 기원을 설명하려고 한다. 그의 목표는 힘에의 의지 이론을 앞에서 말했던, 논리적인 방법이 요구하는 "유일한 하나의 원인"으로 사용하는 것이다.

"노예의 도덕"은 본질적으로 고통스러운 삶, 혹은 고통이라고 생각된 삶에 대한 반작용이기 때문에, "삶을 부정하는" 도덕이다. 이것은 방어적이며, 삶의 생명력으로부터 도망치고, 또 그것을 감소시킨다. 이 도덕의 극단적인 형태는 현실로부터의 불교적인 도피가 되며, 병으로 인한 고통에 민감해지듯이 삶으로부터 겪는 고통에 병적으로 민감해진다. 니체는 쇼펜하우어 속에서 이러한 경향을 한계점까지 밀어붙인 철학자를 발견한다. 그는 이러한 경향에 반대하여 하나의 대립적인 이상을 건설한다.

가장 대담하고, 가장 생명력이 넘치며, 세계를 가장 긍정하는 인간의 이상. 그는 과거에 존재했고 현재에 존재하는 모든 것과 타협하고 화합하는 법을 배웠고, 자기 자신뿐만 아니라 연극 전체를 향해 영원토록 지치지 않고 '처음부터 다시^{da capo}'라고 외치면서, 그 모든 것을 과거에 존재했던

그대로, 그리고 현재에 존재하는 그대로 다시 한 번 가지고자 한다. (『선악의 저편』 56절)

이것이 영원 회귀에 함축되어 있는 정서이다. 이것은 가장 극단적인 삶-긍정의 형태로서, 삶의 좋은 것뿐 아니라 나쁜 것까지도 모두 긍정한다.

그대들은 가능한 한 (…) 고통을 없애고자 한다. 그렇다면 우리는? 우리는 실로 오히려 고통을 증가시키고, 이전보다 더 악화시키고자 하는 것 같다! (…) 고통에 대한 훈련, 거대한 고통에 대한 훈련, 그대들은 바로 이 훈련이 지금까지 인류의 모든 향상을 가능하게 했다는 사실을 아는가? 영혼의 힘을 길러 주는 불행 속에서 영혼이 느끼는 긴장, 거대한 파멸을 목도하는 영혼의 전율, 불행을 짊어지고, 감내하고, 해석하고, 이용하는 영혼의 독창성과 용기, 그리고 깊이, 비밀, 가면, 정신, 간계, 위대함에 의해 영혼에게 부여된 것, 이것은 고통을 통해, 거대한 고통에 대한 훈련을 통해 영혼에게 부여된 것이 아닌가? 인간 안에는 피조물과 창조자가 통일되어 있다. 인간 안에는 재료, 파편, 과잉, 점토, 오물, 광기, 혼돈이 들어 있다. 그러나 인간 안에는 또한 창조자, 조각가, 냉혹한 망치, 신적인 관조자 그리고 제7일이 들어 있다. 그대들은 이러한 대립을 이해하는가? 그리고 그대들의 동정심은 "인간 안에 있는 피조물", 곧 형성되고, 부서지고, 단련되고, 찢기고, 불태워지고, 달구어지고, 정련되어야만 하는 것, 고통받을 수밖에 없고, 또 고통받아야만 하는 것을 향하고 있다는 것을 이해하는가? (『선악의 저편』 225절)

오직 초안이라는 표지標識 아래서만 "귀족 정치"에 대한 니체의 옹호를 제대로 이해할 수 있다.

지금까지 "인간"이라는 종을 향상시킨 것은 귀족 사회의 공훈이었다. (…) 귀족 사회는 인간과 인간 사이의, 수많은 등급으로 나뉜 서열과 가치의 차이를 믿으며, 어떤 형태로든 노예제도를 필요로 한다. (…) 계층 간의 뿌리 깊은 차이에서 생겨나는 거리두기의 파토스 없이는, (…) 이보다 더 신비한 또 다른 파토스, 곧 영혼 자체 안에서 점차 더 새로운 거리를 확보하고자 하는 욕구는 결코 생겨나지 못했을 것이다. 또 더 높고, 드물고, 멀리 있고, 긴장감 있고, 폭넓은 상태로의 발전, 간단히 말해 "인간"이라는 종의 향상, 즉 초도덕적인 의미에서의 도덕적인 표현을 사용했다면, "인간의 지속적인 자기 극복"은 생겨나지 못했을 것이다. (『선악의 저편』 257절)

훌륭하고 건강한 귀족 정치에 있어서 본질적인 점은 (…) 그것이 자신을 (왕정 또는 공화정의) 하나의 기능이 아니라 그러한 것들의 의미, 또는 최고의 근거로서 인식한다는 사실이다. 그리고 그런 이유로, 자신의 목적을 위해, 불완전한 인간이나 노예, 도구로까지 억압당하고 전락해야만 하는 무수한 인간들의 희생을, 아무런 양심의 가책 없이 받아들인다는 사실이다. 귀족 정치의 근본 신념은 다음과 같다. 곧 사회는 사회를 위해 존재하는 것이 아니라, 선택된 종족이 자신을 (…) 더 높은 존재로 고양시키는 토대나 발판이 되어야 한다는 것이다. (『선악의 저편』 258절)

귀족 정치를 옹호하는 이러한 논리는 앞서 언급한 모든 것에 비춰 볼 때 불가피한 것이다. 그리고 니체에게는 안됐지만, 이 논리의 비현실성 역시 불가피한 것이다. 니체 스스로 그러한 귀족 정치가 가능하다고 생각했을지는 의심스럽다. 니체가 제시한 귀족 정치의 모습은 현실적으로 존재하는 것이 아님에 분명하기 때문이다. 그러나 이 문제가 해결될 수 없는 것은 아니다. 이 문제는 주로 니체가 여기에서 고풍스러운 언어를 사용하고 있으며, 그로 인해 그가 제시한 귀족 정치가 구식 사회라는 인상을 주기 때문에 생겨난다. 그러나 그가 사용한 고풍스러운 언어의 배후에는, 지금까지 보았듯이, 그의 철학 전체의 기초를 형성하고 있는 다음과 같은 관념이 놓여 있다. 곧 현실적인 존재가 그 자체로 중요한 것은 아니며, 인간은 자신이 이 현실적인 존재의 한 부분이라는 사실로부터는 어떠한 의미도 끌어낼 수 없다. 오히려 인간은 스스로 현실적인 존재의 의미가 되어야 하고, 그것을 정당화시켜야 한다.

페터 가스트

13

정신의 붕괴

A: 너는 삶으로부터 점점 더 빠른 속도로 달아나고 있다. 그들은 곧 네 이름을 명부에서 지워버릴 것이다! B: 그것이 죽은 자들이 누리는 특권을 공유할 수 있는 유일한 길이야. A: 무슨 특권? B: 더는 죽지 않는다는 것. (『즐거운 학문』 262절)

- 1 -

1888년 한 해 동안의 니체의 여행 일지는 이전 해의 것만큼이나 간략하다. 그는 니스에서 4월 2일까지 머문 후 5일에 토리노에 도착했고, 거기에서 6월 5일까지 머물렀다. 그는 그곳을 매우 좋아해서 "이제부터는 나의 저택"이라고 결정했다. 여름에는 질스마리아로 가서 9월 20일까지 머물렀고, 그 후 다시 토리노로 돌아왔다. 한여름에 한 차례 병이 재발하긴 했지만, 그는 건강이 좋아지고 있다고 느꼈다. 그의 정신은 어느 때보다도 맑았고, 작업을 하면서 일찍이 느껴보지 못했던 흥분을 맛보았다. 만일 그가 가진 "의학적 지식"이 그의 주장처럼 정확한 것이었다면, 그는 자신의 증상을 알아차리고 이 시점에서라도 최악의 결과를 방지하거나, 적어도 늦추기 위해 모종의 조치를 취했을 것이다. 그러나 그는 아무것도 하지 않았다. 십중팔구 그는 무언가를 해야 한다는 사실을 알아차리지도 못했을 것이다. 그는 잠시 동안의 "회복"을 있는 그대로 받아들였지만, 그것은 총체적인 붕괴에 앞선 기만적인 서곡일 뿐이었다. 1889년 1월 9일에 토리노를 떠날 당시 그는 이미 돌이킬 수 없을 정도로 미친 상태였다. 다시 말해 "오직 한 명의 친구만이 알아차릴 수 있는 파괴된 상태"였다.[1]

결국엔 광기로 끝나는 니체의 정신적 쇠락은 처음엔 도취의 형태를 띠다가 점차 과대망상으로 치달았다. 1888년 2월에 그가 쓴 편지들을 보면, 그때 이미 지난 세월에 대한 과잉 보상심리가 다소 과장된 색채를 띠고 있음을 알 수 있다. 예를 들어, 2월 12일에 자이틀리츠에게 보낸 편지에서 그는 이렇게 말한다.

우리끼리 얘기지만, 내가 이 시대 최고의 철학자라고 해도 전혀 근거 없는 소리는 아닐 걸세. 좀 과하게 말한다면, 나는 지난 천 년과 앞으로 올 천 년 사이에 존재하는, 결정적이고 운명적인 사건일 것이네.

5월에 니체는 환희의 외침을 터뜨릴 정도로 행복한 기분을 경험하고 있었다. 그는 13일에 자이틀리츠에게 편지를 쓰면서 이렇게 말했다. "놀랍고도 놀라운 일이네. 나는 최근까지 유난히 유쾌한 봄을 보냈다네. 이런 기분을 10년이나 15년 전에나 느꼈을까? 아니, 그보다 더 오랜만이네." 한동안 그의 건강은 더 악화되지는 않았으나, 그해 가을이 끝날 무렵부터 상태가 급격히 나빠지기 시작했다. 그는 마흔네 번째 생일(10월 15일)에 "이 완벽한 날에An diesem vollkommnen Tage"라는 짧은 글을 써서 『이 사람을 보라』의 서문과 1부 사이에 붙여 넣었다. 이 글은 한껏 고양된 유쾌함을 나타내고 있지만 그의 작품 가운데 가장 애처로운 것이다.

포도가 검붉게 물들어 가고 모든 것이 익어 가는 이 완벽한 날에 한 줄기 햇살이 내 삶을 비추었다. 나는 뒤를 돌아보고, 멀리 앞을 내다보았다. 그러나 이렇게 많고 좋은 것들을 한꺼번에 본 적은 처음이다. 오늘 나의 마흔네 번째 해를 묻어 버리는 것은 헛되지 않다. 나는 그것을 묻을 자격이 있다. 이 한 해 동안 생명을 가졌던 것은 이제 해방되고, 불멸한다.

니체는 이제 모든 일이 자신에게 유리하게 진행되고 있다고 생각했다. 머지않아 자신은 지난 세월의 노력을 보상받을 것이라고 생각한 것이다. 하지만 비극은, 그의 정신적 붕괴가 방해하지만 않았다면, 이런 보상이 정말로 실현됐을 것이라는 점에 있다.

1888년은 니체가 마지막으로 활력 넘치는 삶을 살았던 해이자, 또 처음으로 명성을 얻은 해이기도 하다. 그는 명예와 인기를 경멸하는 태도를 취하곤 했지만, 실제로는 계속된 좌절 때문에 더욱더 격렬하게 그것을 갈망했다. 자신의 작품이 소수(『안티크리스트』의 서문에 따르면, "아마도 아직 태어나지도 않은 극소수")를 위한 것이라는 단언은 실망하지 않으려는 보호 장치일 뿐이다. 또 철학자들 가운데서 가장 읽기 쉽고 재미있는 글을 쓴 그가, 자신의 책이 읽히지 않기를 원했다는 것은 어쨌든 납득하기 힘든 모순이다. 오히려 그에게는 다분히 선동가적인 기질이 있었다. 그는 대중에게 충격과 자극을 주는 데 적합한 방식으로 자신의 생각을 정립해 나갔다. 그리고 이런 전략이 계속 성공을 거두었기 때문에, 일각에서는 제1차 세계대전과 제2차 세계대전에 대한 책임이 그에게 있다는 주장까지 제기됐다.[2] 그가 만약 이런 오해를 알았다면 슬퍼하거나 격분했을 것이다. 그렇지만 그는 분명 그런 악명조차도 사랑했을 것이다! 하지만 실제로는 그는 명성의 첫 순간만을 경험했다. 덴마크의 비평가이자 문학사가인 게오르크 브란데스는 니체의 부고에 다음과 같이 썼다. "니체의 삶에 존재했던 모든 비극에 다음과 같은 또 하나의 비극이 덧붙여졌다. 그는 거의 병적이라 할 정도로 대중들에게 알려지길 열망했지만, 정작 놀랄 정도로 큰 명성을 얻었을 때는 살아 있긴 하지만 삶에서 완전히 내몰린 상태였다."[3]

1888년 1월 1일 베른의 〈데어 분트Der Bund〉지의 일요일 판에는 니체의 작품에 대한 카를 슈피텔러의 논평이 실렸는데, 이것은 니체의 작품에 관해 신문에 실린 최초의 논평이었다. 브란데스는 오래전부터 니체와 서신을 주고받았는데, 4월 3일에는 코펜하겐 대학에서 니체의 철학에 대해 강의할 생각이라는 내용의 편지를 보냈다.

어제 당신의 책 한 권을 집어 드니, 이곳 스칸디나비아에 당신에 대해 아는 사람이 아무도 없다는 생각이 들어 갑자기 화가 치밀었습니다. 그리고 곧 당신을 단숨에 만인에게 알려야겠다고 결심했습니다.

브란데스의 강의는 성공적이었고, 그는 이 사실을 니체에게 알렸다. 니체는 그해가 끝날 때까지 여러 편지에서 이 일을 거듭 말한다. 마침내 누군가가 자기를 알아 준 것이 매우 기뻤던 것이다. 사실 브란데스는 국제적인 명망가 가운데 처음으로 니체의 천재성을 알아본 사람이었다. 그는 자신의 글 「귀족주의적 근본주의에 대한 소론」(1889년)의 서두에서 다음과 같이 말했다. "내가 보기에 프리드리히 니체는 현대 독일 문단에서 가장 주목할 만한 작가이다." 이것은 니체에 대한 합당한 비평이 최초로 활자화된 경우였다.

브란데스는 니체에게 키르케고르와 스트린드베리를 소개하려고 했다. 그러나 니체가 이 작가들이나 다른 어떤 작가들에게 무언가를 얻기에는 이미 너무 늦은 시기였다. 더욱이 스트린드베리와 잠깐 동안 이루어졌던 서신 왕래는 두 사람 모두에게 정신이상의 초기 증세가 나타나면서 안 좋게 끝나고 말았다.

이런 일들과 더불어, 니체는 자신의 작품을 대중들에게 알리는 문제를 심각하게 고민하기 시작했다. 이 한 해 동안 그가 쓴 작품들은 모두 다른 언어로 번역될 것을 염두에 두고 쓴 것들이었다(그는 『이 사람을 보라』의 번역자로 스트린드베리를 생각하고 있었다). 그리고 자신의 모든 작품을 독점으로 소유할 생각을 가졌다. 출판업자 프리취가 『차라투스트라는 이렇게 말했다』에 이르기까지 니체의 모든 작품에 대한 출판권을 넘겨받았을 때, 니체는 앞으로 나올 책들을 출판할 권리는 오직 자신에게만 있다는 단서를 달았다. 그리고 이런 조항을 C. G. 나우만과의 계약에도 적용했다. 그의 후기 저작들의 첫 표지에 나우만이라는 이름이 나오기는 하지만, 이 회사는 정확히 말해서 인쇄업체의 역할만 한 것일 뿐, 출판인은 니체 자신이었다. 이런 상황 속에서 『선악의 저편』과 『도덕의 계보』가 출간됐다. 1888년 초반에 이르자 니체의 돈은 거의 바닥이 났고, 이런 그를 돕기 위해 친구들이 힘을 모으기 시작했다. 도이센이 그에게 2천 마르크를 보내 주었으며(아마도 파울 레의 도움을 받았을 것이다.), 메타 폰 잘리스는 천 프랑을 주었다. 니체는 이 돈으로 9월에 『바그너의 경우』를 출간했다.

니체와 바그너의 저작을 출판했던 프리취는 한편으로는 《음악 잡지》도 발행하고 있었는데, 이 잡지의 10월 25일 판에는 니체의 『바그너의 경우』에 대한 반론으로 리하르트 폴이 쓴 「니체의 경우」가 실렸다. 니체는, 프리취가 자신이 운영하는 출판사의 저자를 공격하는 글을 허용했다는 사실에 분노하여(혹은 분노한 척 하면서), 다음과 같이 짤막하게 일침을 놓는 편지를 보냈다.

내 작품 전체에 대해 얼마를 원하는가? 극도의 경멸과 함께,[4] 니체.

이에 프리취는 11,000마르크라고 답했다. 니체는 이 답변을 진지하게 받아들이기로 하고, 나우만 형제에게 조언을 구했다. 그들은, 브란데스의 강의와 신문과 잡지에서 니체의 이름을 둘러싸고 벌어진 여러 차례의 논쟁으로 앞으로 책이 훨씬 더 많이 팔릴 것이며, 프리취에게 줄 돈을 마련할 수만 있다면 이것은 모든 저작권을 되찾아 올 수 있는 더없이 좋은 기회라고 대답했다. 그는 이 조언을 들은 후 바젤의 한 변호사에게 편지를 보내 대출을 받을 수 있는지 물었다.

그러나 니체의 이런 왕성한 활동은 근본적으로 점점 강해지는 내적 흥분의 결과였다. 지난 몇해 동안 그저 자신의 특징을 과장하는 것일 뿐이었던 자화자찬은 이제 노골적인 광기로 발전하고 있었다. 그 진행 과정과 속도는 그가 10월에서 12월 사이에 쓴 편지들에서 분명하게 나타나고 있다.

10월 18일에 말비다에게 보낸 편지(『바그너의 경우』를 읽고 그녀가 표한

항의에 대한 답장)를 보자.

이 문제들에 대한 항의를 수용할 수 없습니다. 퇴폐주의에 관한 문제라면 제가 바로 지상에 현존하는 최고의 법원입니다.

같은 날 오버베크에게 보낸 편지이다.

나는 지금 가을을 (이 말이 가진 모든 좋은 의미에서) 맞이하여 세상에서 가장 감사해 하고 있는 사람이네. 지금은 나의 위대한 수확의 시기이네. 나는 지금껏 누구도 경험한 적 없는 큰 문제들을 안고 있지만, 그럼에도 내게는 모든 것이 아주 손쉽고, 시도하는 것마다 모두 성공하네. "모든 가치의 전도"라는 책의 첫째 권이 완성되어 곧 출판될 거라는 소식을 전하려니, 무어라 형언하기 어려운 감정이 북받치네. (…) 나이 든 포병[5]이 되어 버린 지금, 이번에는 내가 가진 것 가운데 가장 큰 총을 꺼내고 있네. 이것으로 인류의 역사를 두 쪽 내지나 않을까 두렵네.

10월 30일에 가스트에게 보낸 편지이다.

거울 속의 내 모습을 들여다보았네. 지금처럼 좋아 보인 적이 없었다네. 본보기가 될 만큼 활기차고, 영양 상태도 아주 좋아서, 실제보다 10년은 젊어 보인다네.

11월 5일에 말비다에게 보낸 편지(니체가 10월 18일에 쓴 편지를 받고 그녀가 답장을 보내자 또다시 보낸 답장)이다.

조금만 기다려 주십시오. 귀한 친구여! 지금 당신에게 "니체는 언제나 가증스럽다"는 것을 입증할 또 다른 증거를 보내고 있습니다. 분명코, 저는 당신에게 잘못을 했습니다. 그러나 저는 이번 가을에 지나친 솔직함으로 고통을 받았기 때문에, 누군가에게 잘못한다는 것이 저 자신에겐 정말로 잘하는 일입니다. (…) "비도덕주의자"가.

11월 13일에 오버베크에게 보낸 편지이다.

이곳 토리노 사람들은 내가 아주 대단한 사람이라도 된다는 듯이 나를 정중하게 대접해 준다네. 내가 들어설 때 문을 열어 주는 방식이 따로 있는데, 다른 어느 곳에서도 결코 본 적이 없는 것이네.

12월 7일에 스트린드베리에게 보낸 편지이다.

이제 딱 다섯 마디만 하겠습니다. 그것도 우리 사이에서는 아주 많은 편이지만, 어제 당신의 편지가 도착했을 때는(그것은 내가 살아오면서 받아본 첫 편지였습니다.) 『이 사람을 보라』의 마지막 교정을 마치고 난 직후였습니다. 내 인생에 우연이란 존재하지 않기 때문에 이것도 물론 우연이 아닙니다. 왜 하필 당신은 그 순간에 도착하도록 편지를 쓴 것입니까!

12월 9일에 가스트에게 보낸 편지이다.

심각한 문제가 생겼네. 친구여, 나는 『차라투스트라는 이렇게 말했다』의 4부를 모두 회수하고 싶네. 아직 정식으로 출간되지 않은 이 책을 생과 사의 모든 우연으로부터 지켜 내기 위해서지(어제 그 책을 다시 읽었는데, 거의 아무런 감정도 느끼지 못했네). 그 책은 2, 30년에 걸친 세계사적 위기(전쟁들!)가 끝난 뒤에 출간하는 것이 가장 적절할 것이네. 기억을 잘 더듬어서 누가 그 책을 가지고 있는지 알려 주게.

12월 18일에 카를 푹스(음악비평가)에게 보낸 편지이다.

모든 일들이 환상적으로 진행되고 있습니다. 저는 지난 9월 초부터 오늘까지 한 번도 겪어 본 적이 없는 나날을 보냈습니다. 지금껏 누구도 해내지 못했던 과업들이 마치 장난을 치는 것만큼이나 쉬우며, 악천후와 같던 내 건강은 날마다 억누를 수 없는 활기와 기쁨으로 넘치고 있습니다.

12월 21일에 어머니에게 보낸 편지이다.

다행히도, 저는 지금 제가 해야 할 모든 과업을 수행할 준비가 모두 되어 있습니다. 제 건강은 정말로 더할 나위 없이 좋습니다. 지금껏 그 어느 누구도 감당할 수 없었던, 가장 막중한 과업들이 제겐 아주 수월하게 다가옵니다.

크리스마스에 오버베크에게 보낸 편지이다.

친애하는 친구여, 우리는 프리취와의 일[저작권을 사들이는 일]을 빨리 처리해야 하네. 왜냐하면 두 달쯤 후에는 나는 지구상에서 가장 유명한 사람이 되어 있을 테니까. (…) 여기 토리노에서 놀라운 것은, 내가 얼마나 사람들에게 매력적인 존재인가 하는 점일세. (…) 내가 큰 상점에 들어가면, 모두

들 표정이 변하네. 내가 거리를 걸으면, 여자들은 고개를 돌려 나를 쳐다본다네. 상점의 여종업원은 내게 가장 달콤한 포도를 골라 주면서, 값도 깎아 준다니까.

오버베크에게 보낸 편지(12월 28일에 수신)이다.

나는 유럽 여러 나라의 법정에 보낼, 반反독일 노선을 제안하는 회문을 쓰고 있는 중이네. 나는 "독일 제국"을 쇠사슬로 꽁꽁 묶어서 절망적인 싸움을 벌이도록 만들고 싶네. 마음대로 할 수만 있다면 곧장 젊은 황제와 그 추종자들을 모두 내 손안에 넣을 텐데.

12월 31일에 가스트에게 보낸 편지이다.

친구여, 이 얼마나 절묘한 우연의 일치인가! 자네가 보낸 엽서가 도착했을 때, 내가 무엇을 하고 있었는지 아는가? (…) 그것은 저 유명한 루비콘 강이었네. (…) 나는 이제 더는 내 주소를 모르네. 조만간 내 주소가 퀴리날레 궁전(16세기 중반에 교황의 여름 별장으로 지은 이 궁은 1870년대 이후에는 이탈리아 왕국의 왕궁으로 쓰였다. 지금은 이탈리아 대통령의 관저로 이용된다. ─옮긴이)이 될 거라고 생각하게나.

니체를 사로잡고 있던 긴장 상태는 가스트와 스트린드베리로부터 거의 비슷하게 흥분에 찬 답장을 받은 탓에 조금도 사그라지지 않았다. 가스트는 니체의 모든 자화자찬을 액면 그대로 받아들였던 것 같다. 그는, 니체가 『우상의 황혼』의 원래 제목으로 염두에 두고 있던 "한 심리학자의 한가한 한때"가 "너무 평범"하다고 생각하여, 니체에게 "좀더 눈에 띄는 멋진 제목"을 생각해 보라고 했다. 스트린드베리는 자신이 아는 모든 사람에게 편지를 보내 "카르타고는 멸망해야 한다. 니체를 읽어라."라고 말하고 있다는 답장을 보냈다.[6]

마지막 발작은 새해 벽두에 찾아왔다. 가스트가 받은 12월 31일자 편지는 아마도 니체의 이름이 단독으로 서명된 마지막 편지일 것이다. 나우만이 1889년 1월 2일에 받은 편지도 있긴 하지만, 언제 쓴 것인지는 불분명하다. 니체는 1889년 1월 3일에 쓰러졌다. 그가 다시 의식을 회복했을 때, 그는 더는 바젤 대학의 교수였던 니체가 아니었다. 그는 고통받는 신이 디오니소스와 십자가에 못 박힌 자라는 두 개의 가장 인상적인 형태 속에서 육화된 모습이었다.

- 2 -

1888년 한 해 동안 니체는 다음과 같은 여섯 개의 짤막한 저작들을 집필했다. 5월에 써서 9월에 출판한 『바그너의 경우』, 8월과 9월 사이에 쓴 『우상의 황혼』과 『안티크리스트』, 크리스마스에 쓴 서문이 실린 『니체 대 바그너』, 『차라투스트라는 이렇게 말했다』를 쓸 무렵에 지은 몇 편의 시가 담겨 있는 『디오니소스 송가』(이 책의 헌사는 카튈 망데스에게 바치는 것이었는데, 작성한 날짜가 1889년 1월 1일로 되어 있다.) 그리고 1888년의 마지막 몇 달 동안 쓴 『이 사람을 보라』이다.

이 저작들을 정신적 불균형의 산물로 봐야 하는지 아닌지는 분명 해결해야 할 문제이다. 이 질문에 대해 단순이 예, 아니오라고 대답할 수는 없지만, 그렇다고 해서 이 문제가 대답하기 어려운 것은 아니다. 먼저, 이 저작들에 담긴 철학적 내용은 니체의 이전 저작들과 일치한다. 이 저작들은 새로운 사상을 소개하는 것이 아니며, 그가 앞서 주장했던 철학과 모순되는 내용을 담고 있지도 않다. 그는 책의 내용에 대한 지배력을 상실하지 않고 계속 유지한다. 따라서 이 마지막 저작들이 지적인 결함이 있으며 "허튼 소리"를 하고 있다는 생각은 전적으로 틀린 것이다. 둘째로, 사고를 조직화하는 니체의 능력은 전혀 쇠퇴하지 않았다. 『안티크리스트』는 『반시대적 고찰』 이후 가장 길이가 긴 단일 연구물이며, 『우상의 황혼』 속의 몇몇 장은 『반시대적 고찰』과 같은 방식으로 썼다면, 비슷한 길이의 작품이 됐을 것이다. 여기에서 우리는 셋째 문제, 곧 문체의 문제에 대해서 생각하게 된다. 1888년에 쓴 작품들은 니체가 독일어에 대해 거둔 최종적인 승리를 보여준다. 이 마지막 작품들에 나타나는 그 유명한 간결성은 표현 수단을 절대적으로 지배한 결과물이다. 굳이 문체상의 결함을 지적한다면, 그 효과들을 너무나 명백하게 의식적으로 결정했다는 점 정도가 될 것이다. 넷째로, 앞에서 이미 말했듯이, 니체가 철학이 아닌 자기 자신에 대해 이야기하는 부분에서는 자신의 자질을 평가하는 감각이 합당한 범위를 넘어 허황한 지경에까지 이르고 있으나, 이런 부분에서조차 그의 지성이 쇠퇴했다는 징후는 찾아볼 수 없다. 심지어 『이 사람을 보라』에서 자신을 신처럼 묘사한 부분들도 언어가 지닌 과장의 가능성을 극단까지 밀어붙이고자 한 욕망의 결과로 볼 수 있다. 사실, 가장 문제되는 것들은 니체의 이처럼 유명한 과장된 주장들이 아니라, 자신이 실제로 허황한 능력들을 소유하고 있는 것처럼 침착하게 기술하고 있는 부분들이다.

나는 본능적으로 깨끗함에 대해 거의 초인적으로 민감하기 때문에, (⋯)모든 영혼의 "내장"을 생리적으로 지각할 수 있다. 곧 냄새를 맡을 수 있다. (『이 사람을 보라』 1장 8절)

나의 인간애는 끊임없는 자기 극복이다. (『이 사람을 보라』 1장 8절)

유일하게 나만이 "진리"의 판단 기준을 가지고 있다. (『이 사람을 보라』, 「우상의 황혼」 2절)

이 후기 저작들에 담긴 철학적 내용은 니체가 『인간적인 너무나 인간적인』 이후로 계속 고수해 온 관점을 더 간결하고 일관되게 반복한 것이다. 가장 눈에 띄는 것으로는 형이상학적 세계는 결코 실재가 아니라는, 영원 회귀 이론의 기초가 되는 주장이 다시 강조된다는 점이다.

이런 점에서, 존재는 공허한 허구에 지나지 않는다는 헤라클레이토스의 말은 영원히 옳을 것이다. "가상" 세계가 유일한 세계이며, "참된" 세계는 그 위에 덧붙은 기만일 뿐이다. (『우상의 황혼』 3장 2절)

철학자들의 특이한 점은 (⋯) 처음과 나중을 바꾸어 놓는다는 것이다. 그들은 가장 나중에 오는 것, (⋯) "최고의 개념들", 다시 말해 가장 일반적이며 가장 공허한 개념들, 증발하는 현실의 마지막 연기를 가장 앞에, 최초의 것으로 놓는다. 이것은 (⋯) 그들이 경의를 표하는 방식의 하나일 뿐이다. 곧 높은 것은 그보다 낮은 것에서 유래하지 말아야 하며, 어떤 식으로든 유래가 있어서는 안 된다. (⋯) 여기에서의 교훈 : 최고 등급의 모든 것들은 반드시 자기가 자신의 원인이어야 한다. (…) 이렇게 해서 그들은 "신"이라는 놀라운 개념을 획득했다. (…) 가장 나중의 것, 가장 빈약한 것, 가장 공허한 것이 최초의 것으로서, 그 자체가 원인인 것으로서, 가장 현실적인 것으로서 자리를 잡는다. (『우상의 황혼』 3장 4절)

"이" 세계를 가상이라고 부르는 여러 근거들이 오히려 이 세계의 실재성을 확립해 준다. 또 다른 종류의 실재는 절대로 증명될 수 없다. (…) 사물의 "참된 존재"에 부여된 모든 특징들은 비존재의 특징, 무의 특징일 뿐이다. "참된 세계"는 실제 세계와 반대되는 것으로 구성되었다. (…) 우리 안에 있는 삶을 비방하고 깔보고 나무라는 본능이 그렇게 강하지 않다면, 이 세계가 아닌 "또 다른" 세계에 대해 이야기하는 것은 아무 의미도 없다. 그러나 그런 본능이 강할 경우, 우리는 "또 다른", "더 좋은" 세계에 대한 환상을 만듦으로써 현재의 삶에 복수한다. (…) 기독교적인 방식으로든, 칸트의 방식으로든, 세계를 "참된 세계"와 "가상 세계"로 나누는 것은 모두 퇴폐주의에 대한 암시에 불과하며, 쇠락하는 삶의 징후일 뿐이다. (『우상의 황혼』 3장 6절)

순수한 정신이란 순전히 거짓이다. (『안티크리스트』 8절)

이상이라는 거짓은 지금까지 실재에 내린 저주였다. (『이 사람을 보라』 서문 2절)

이제 니체는 철학의 역사란 곧 형이상학적 세계가 점차 평가 절하되는 과정이며, 자신의 철학에 이르러서는 "참된" 세계와 "가상" 세계에 대해 말하는 것이 얼마나 불합리한 일인지가 분명하게 밝혀진다고 본다.

어떻게 해서 "참된 세계"는 마침내 하나의 신화가 되었는가

〈어떤 오류의 역사〉

1. 참된 세계는 지혜로운 자, 경건한 자, 덕 있는 자가 도달할 수 있는 것이다. 그는 그 세계에 살고 있으며, 그가 곧 그 세계다.

(가장 오래된 형태의 관념, 비교적 이치에 닿고, 단순하며, 설득력이 있다. "나 플라톤이 곧 진리이다."라는 말을 그대로 옮겨 놓은 것과 같다.[진리는 참된 세계에 대응한다.])

2. 참된 세계는 지금 이 순간에 도달할 수는 없지만, 지혜로운 자, 경건한 자, 덕 있는 자에게는 ("회개하는 죄인에게는") 약속되어 있다.

(관념의 발전. 관념은 더 정교해지고, 더 유혹적이며, 더 이해할 수 없게 된다. 관념은 여성이 되고, 기독교적으로 된다.)

3. 참된 세계는 도달할 수 없고, 증명할 수 없으며, 약속할 수도 없는 것이지만 이미 위안, 의무, 명령이라고 생각한다.

(근본적으로는 옛날과 똑같은 태양이지만, 지금은 안개와 회의주의 속에서 빛나고 있다. 관념은 숭고해지고, 희미해지고, 북방적으로 되며, 쾨니히스베르크적으로[즉 칸트적으로]된다.)

4. 참된 세계에는 도달할 수 없는가? 좌우간, 도달할 수 없다. 그리고 도달할 수 없다면, 알 수도 없다. 따라서 어떤 위안도, 구원도, 의무도 없다. 어떻게 모르는 것에 의무감을 가질 수 있단 말인가?

(새벽 어스름. 이성의 첫 하품, 실증주의의 여명.)

5. "참된 세계", 더는 아무런 쓸모도 없고, 더는 의무조차도 아닌 관념. 쓸데

없고, 불필요하게 남아도는 관념, 그래서 논박된 관념. 그러므로 이제 이런 것은 없애 버리자!

(세상이 환하게 밝아옴, 아침식사, 양식良識과 명랑함의 복귀, 플라톤이 부끄러 워 얼굴을 붉힘, 자유로운 정신들의 야단법석.)

6. 우리는 참된 세계를 없애 버렸다. 그렇다면 어떤 세계가 남는가? 가상 세계가 남을까? (…) 그렇지 않다! 우리는 참된 세계와 함께 가상 세계도 없앴다!

(정오, 그림자가 가장 짧아지는 시간, 가장 길었던 오류의 끝, 인류의 정점, 차라 투스트라의 등장.)(『우상의 황혼』 4장)

"참된 세계"를 "제거"한다는 것은 물론 신의 "죽음"만큼이나 은유 적인 표현이다. 참된 세계는 더는 실재가 아니다. 전체가 6막으로 구성 된 드라마가 존재의 "이쪽 편"에서 일어나며, 이쪽 편이야 말로 우리가 알고 있고, 알 수 있는 유일한 세계이다. 그러나 참된 세계를 "제거"한 결과는 철학자들이 깨달았던 것보다 훨씬 더 심각하다. 만약 신이 "죽 는다면," 세계는 자신에게 부여됐던 전통적인 가치를 잃게 된다. 만일 "저쪽 편"이 없다면, 지금까지 도덕 세계를 받쳐 왔던 기둥들은 무너진 다. 본체적 세계가 현상 세계에 속하는 것이라면, 현상 세계는 자신을 만들었다고 가정되던 것을 빼앗긴다. 윤리적, 형이상학적, 논리적 세계 가 모두 폐허가 됐다. "차라투스트라의 등장"(차라투스트라는 여기에서 시 작한다.)으로 니체는 새로운 율법을 주창하는 철학자의 자리를 차지한 다. 이 새로운 율법이란, 이전의 모든 확실성(오류)을 박탈당한 인간은, 이제 자신을 제외하고는 이 세상에 의지할 수 있는 것이 아무것도 없다 는 진실에 직면해야 한다는 사실이다. 그리고 이것이 바로 위대한 깨달 음의 순간(정오)이다. 위 인용문의 셋째 단락은 니체가 10여 년에 걸쳐

이 책 저 책에서 수행했던 칸트에 대한 비판을 40어절 이하로 요약하고 있으며, 그가 "사물자체"와 "정언명법"을 어떻게 평가하는지를 한눈에 볼 수 있게 해준다. 니체는 이 개념들을 "저쪽 편"이라는 관념이 몰락하는 과정의 한 단계로 본다. 칸트의 희미하고 막연한 "참된 세계"가 쾨니히스베르크의 북방적인 기후 때문이라는 그의 설명은 매우 특징적이다. 다섯째 단락에는 "자유 정신을 위한 책"이라는 부제가 달린 『인간적인 너무나 인간적인』을 저술하던 무렵의 자신의 입장에 대한 비판이 나타나 있다. 그때 당시 그는 "자유 정신"이라는 말을 자기 자신 그리고 시대의 편견으로부터 자유로운 모든 사람들을 일컫기 위해 사용했다. 그러나 그가 지금 말하고 있듯이, 그 결과에 대해서는 충분히 인식하지 못한 상태였다.

『비극의 탄생』에서 제시했듯이, 창조적 힘이란 통제된 정념이다. 그리고 『차라투스트라는 이렇게 말했다』에서 말했듯이 "초인"이란 자기 자신을 "극복한", 강한 정념의 소유자이다.

모든 정념이 그저 재난일 뿐인 시기, 곧 모든 정념이 자신의 우매함으로 그 희생자를 쓰러뜨리는 시기가 있다. 그리고 후에, 아주 오랜 시간이 지난 후에 정념들이 정신과 결합하는 시기, 즉 "정신화"되는 시기가 있다. 이전에, 사람들은 정념에 내재한 우매함 때문에 정념 자체와 투쟁했다. 그들은 정념을 근절하기 위해 서로 협력했다. 모든 늙은 도덕적 괴물들은 "정념을 죽여야 한다"는 데 동의했다. 정념을 죽이는 가장 유명한 방식은 『신약성서』의 "산상설교"에 나온다. (…) [거기에서는] 성욕과 관련해, "네 눈이 죄를 짓거든 눈을 빼 버려라."라고 말한다. 다행히도 기독교인들은 이 지시를 따르지 않는다. 정념과 욕망에 내재된 우매함과 그로 인한 달갑지 않은 결과를 예방하기 위해 정념과 욕망 자체를 근절한다는 것, 이것 자체가 오늘날 우리에게는 가장 심각한 우매함으로 보인다. (…) 교회는 절제切除(이 말이 갖는 모든 의미에서)라는 수단을 이용하여 정념과 싸운다. 곧 교회의 실천, 교회의 "치료법"은 거세이다. 교회는 결코 "어떻게 욕망을 정신화하고, 아름답게 만들고, 신적인 것으로 만들 수 있는가?"라고 묻지 않는다. 교회는 언제나 계율의 주안점을 (관능, 교만, 권력욕, 소유욕, 복수심 등의) 근절에 두었다. 그러나 정념을 뿌리에서부터 공격한다는 것은 삶을 뿌리에서부터 공격한다는 것을 의미한다. (『우상의 황혼』 5장 1절)

(…) 자유란 무엇인가? 자기를 책임지려는 의지를 가지는 것, (…) 고통과 난관, 궁핍, 심지어 삶에 대해서까지도 무관심하게 되는 것. (…) 자유란 전쟁과 승리를 즐기는 남성적 본능이 "행복"을 추구하는 본능과 같은 다른 본능들을 지배하게 되었다는 것을 의미한다. (…) 국가에 있어서나 개인에 있어서 자유는 어떻게 측정되는가? 극복해야 하는 저항의 크기, 높은 곳에 머무르기 위해 치러야 하는 노고의 정도에 의해 측정된다. 가장 자유로운 인간은 가장 큰 저항이 끊임없이 극복되고 있는 곳에서 찾아야 할 것이다. 곧 폭정暴政에서 다섯 걸음 쯤 떨어진 곳에서, 그리고 예속이라는 위험의 문턱 가까이에서. 이것은 특히 "폭군"이라는 말이 일종의 무자비하고 끔찍한 본능으로, 그리고 자기 자신에게 최대의 권위와 규율을 요구하는 본능으로 이해됐을 때 심리학적으로 참이다. 제1원칙, 반드시 강함을 욕구해야 한다. 그렇지 않으면 결코 강해지지 못할 것이다. (『우상의 황혼』 9장 38절)

나 역시 "자연으로의 회귀"를 이야기한다. 사실 이것은 회귀가 아니라 상승이다. 드높고 자유로우며 섬뜩하기까지 한 자연과 자연성으로의 상승. (『우

괴테. (…) 자연으로의 회귀를 통해, 르네상스 시대의 자연성으로의 회귀를 통해 18세기를 극복하려는 원대한 시도이자, 18세기의 시각으로 볼 때는 일종의 자기 극복. (…) 그는 자신을 삶으로부터 분리시키지 않고, 그 안에 머물렀다. (…) 그리고 가능한 한 많은 것들을 자신에게, 자신의 위에, 자신의 내부에 받아 들였다. 그가 원했던 것은 전체성이었다. 그는 이성, 감성, 감정, 의지의 분리에 맞서 싸웠다. (…) 그는 모든 것을 갖춘 자가 되기 위해 자신을 단련시켰으며, 자기 자신을 창조해 냈다. (…) 괴테가 마음속에 그린 것은 강하고 교양이 높은 인간이었다. 이 인간은 자신을 통제하고 존중하면서 자연의 모든 범위와 풍요로움을 과감하게 허용하는 인간, 이런 자유를 누릴 수 있을 만큼 충분히 강한 인간, 평균적인 인간에게는 파괴를 가져올 것을 자신에게 이롭게 이용하는 법을 알고 있기 때문에 약함이 아니라 강함에서 비롯하는 관용을 가진 인간, 약함(이것이 악덕이라고 불리든 미덕이라고 불리든)을 제외하고는 그 어떤 것도 금지되어 있지 않은 인간이다. (…) 이렇게 해방되어 있는 정신은 모든 것을 기뻐하고 신뢰하는 운명론을 간직한 채 우주의 중심에 서 있다. 분리되고 개별적인 것은 거부될 것이며, 모든 것은 전체성 속에서 구원받고 긍정된다는 믿음으로. (…) 그는 더는 부정하지 않는다. (…) 그러나 이런 믿음은 인간이 가질 수 있는 모든 믿음들 가운데 최고의 믿음이다. 나는 그 믿음에 디오니소스라는 이름을 주었다. (『우상의 황혼』9장 49절)

이제 디오니소스라는 이름은 "자유를 누릴 수 있을 만큼 강한" 인간, 자신의 정념을 통제할 수 있기에 모든 자유를 자신에게 허용할 수 있는 인간, 삶의 희생양이 되지 않고 삶을 지배하는 인간, 기쁨이란 힘에의 의지를 발휘하는 데 있기에 삶을 즐기며 결과적으로 그것을 긍정하는 인간이 가진 "삶의 긍정"을 상징한다. "디오니소스"는 이제 『비극의 탄생』에 나오는 아폴론과 결합한 디오니소스다. 즉 자기 힘으로 통제된, 다시 말해 승화된 강력한 정념, 강력한 힘에의 의지가 가져오는 결과이다.

이 점을 이해하면, 『이 사람을 보라』의 유명한 마지막 구절에 담긴 의미를 이해할 수 있다. "내가 이해된 적이 있던가? 십자가에 못 박힌 자에 대항하는 디오니소스."(『이 사람을 보라』 4장 9절) "디오니소스적 인간"은 "초인"이다. 단지 희구되는 것이 아니라 현실적으로 존재할 수 있는 "고양된 인간"이다.

> 인류가 반드시 더 나은 것, 더 강한 것, 더 높은 것으로의 발전을 의미하는 것은 아니다. (…) 변화가 필연적으로 고양, 전진, 강화를 의미하는 것은 아니다. 그러나 다른 의미에서 보면, 세계 곳곳의 다양한 문화들로부터 개별적인 성공의 사례들이 계속해서 생겨나고 있다. 그리고 이러한 사례들 속에서 더 높은 유형이 나타나는데, 그것은 전체 인류와의 관계에서 일종의 초인이다. 우연히 일어나는 이런 위대한 성공은 지금까지 언제나 가능했고, 앞으로도 항상 가능할 것이다. (『안티크리스트』 4절)

그러나 니체는 주장한다.

> 기독교는 (…) 이 더 높은 유형의 인간에 맞서 목숨을 건 전쟁을 벌였다. (『안티크리스트』 5절)

니체는『인간적인 너무나 인간적인』의 "종교적 삶"이라는 장에서 처음으로 기독교에 대한 심각한 반감을 정식화했다. 니체의 말에 따르면 과학적 지식, 특히 심리학적 지식으로 인해 우리는 더는 기독교의 교의를 믿을 수 없게 됐다.

> (…) 현재의 지식 수준에서 인간이 자신의 지적 양심을 치명적일 정도로 더럽히지 않으면서 그것[기독교]과 관계를 맺는다는 것은 더는 불가능하다. (『인간적인 너무나 인간적인』 109절)

기독교적 신에 대한 믿음에 대해서는 다음과 같이 말한다.

> (…) 우리가 선을 행하길 원하는 신, 그래서 우리의 모든 행동, 모든 순간, 모든 생각을 지켜보고, 지켜 주는 신, 그래서 우리를 사랑하는 신이 존재한다는, 사제들의 그릇된 주장…. (『인간적인 너무나 인간적인』 109절)

예수의 신성神性에 대해서는 다음과 같이 말한다.

> (…) 인간 여자를 임신시킨 신, 더는 일하지도 말고 판단하지도 말고 오직 임박한 세상의 종말에만 주의를 기울이라고 권하는 현자, 죄 없는 인간이 다른 사람을 대신하여 희생되는 것을 받아들이는 재판관, 제자들에게 자신의 피를 마시라고 명령한 어떤 사람, 기적이 일어나라고 기도하는 사람들, 신에 반대해 저질렀고, 신이 사해 주는 죄들, 죽음이라는 문을 지나면 이르게 될 저편에 대한 두려움, 십자가의 의미와 수치를 더는 알지 못하는 시대에 하나의 상징이된 십자가…. (『인간적인 너무나 인간적인』 113절)

이와 같은 것들은 지성을 갖춘 이에게 더는 먹혀들지 않는다. 기독교적 믿음은 그동안 심리학으로 해로운 영향을 끼쳐 왔다.

> (…) 세상에 죄를 불러온 것은 다름 아닌 기독교였다. 기독교가 죄의 치료책으로 내놓은 것들에 대한 신앙은 점차 그 뿌리까지 흔들리게 되었다. 그러나 기독교가 가르치고 유포시킨 병에 대한 신앙은 여전히 남아있다. (「방랑자와 그의 그림자」 78절)

> 기독교의 주창자는 (…) 영혼의 의사로서는 만병통치약에 대한 파렴치하고 무식한 신앙에 빠져 있었다. 때때로 그의 방식은 고통을 치료하는 데 이빨을 뽑는 것밖에 할 줄 모르는 치과의사와 비슷해 보인다. (…) 그러나 다음과 같은 차이가 있다. 치과의사는 적어도 환자의 고통을 멈추게 한다는 목적은 달성한다. (…) 반면, 자신의 관능을 없애버렸다고 믿는 기독교인들은 착각하고 있는 것이다. 관능은 기괴한 흡혈귀의 형태로 살아남아 혐오스러운 변장을 한 채 그를 괴롭힐 것이다. (「방랑자와 그의 그림자」 83절)

비판은 『아침놀』에서도 계속되는데, 거기에서 사도 바울로는 "최초의 기독교인이자 기독교인다움의 발명자"(『아침놀』 68절) 그리고 기독교 교회는 "선사시대 제식祭式의 백과사전"(『아침놀』 70절)이라고 불린다.

> 죽어 가는 이의 침상을 고문받는 침상으로 만들어 놓은 것이 기독교임을 잊지 말자. (『아침놀』 77절)

> (…) 옛날에는 진짜 불행이 있었다. 순수하고 무고한 불행. 오직 기독교 안

에서만 모든 것이 벌이 되었다. 너무도 당연한 벌. (『아침놀』 78절)

뇌 속에 피 한 방울이 모자라거나 넘치는 것만으로도 우리의 삶은 말할 수 없이 비참하고 힘들 수 있다. 따라서 우리는 프로메테우스가 독수리 때문에 받았던 것보다 더 큰 고통을 이 피 한 방울 때문에 받아야 한다. 그러나 가장 나쁜 것은 사람들이 이 피 한 방울이 원인이라는 사실을 알지도 못하고, "사탄!" 또는 "죄!"라고 외칠 때이다. (『아침놀』 83절)

성性에 대한 기독교의 태도는, 니체의 눈에는 그저 도착적인 것으로 보였다.

기독교는 신자들이 성적 흥분을 느낄 때마다 그들의 양심에 고통을 불러일으키고, 그 고통을 수단으로 삼아 에로스와 아프로디테를 (…) 악마 같은 도깨비나 유령으로 바꾸어 놓았다. 인간에게 반드시 필요하며, 규칙적으로 되풀이 되는 감각을 내적인 비참의 원천으로 만드는 것은 (…) 너무도 끔찍한 일 아닌가? (…) 에로스를 적이라고 불러야만 하는가? [성교 중인] 인간은 자신을 만족시키는 행위를 함으로써 상대방에게 쾌락을 준다. 그리고 이처럼 자비로운 협정은 자연에서 그리 많이 발견되는 것이 아니다! 그런 협정을 비방하고, 떳떳치 못한 양심과 연결지어 파괴하려 하다니! 인간의 생식을 떳떳치 못한 양심과 연결짓다니! (『아침놀』 76절)

이 글을 8년 뒤에 쓴 『이 사람을 보라』의 다음 구절과 비교해 보라.

그리고 나의 견해에 대해 어떠한 의심의 여지도 남기지 않기 위해, (…) 악덕에 반대하는 내 도덕률의 구절 하나를 알려 주겠다. (…) 그 구절은 다음과 같다. "순결에 대한 설교는 반자연성을 공공연하게 선동하는 것이다. 성생활에 대한 모든 경멸의 표현, '불결하다'는 개념으로 성생활에 가하는 모든 비난은 삶에 대한 범죄이며, 삶의 신성한 정신을 거스르는 진정한 범죄이다."(『이 사람을 보라』 3장 5절)

문헌학자로서 니체는 특히 기독교가 성경을 주해하고 해석하는 방식을 엄격하게 비판했다.

기독교가 정직과 정의에 대한 감각을 얼마나 교육시키지 않는지는 기독교 학자들의 글에 나타나는 특징을 보면 잘 알 수 있다. (…) 그들은 반복해서 말한다. "나는 옳다. 왜냐하면 그렇게 쓰여 있기 때문이다." 그리고 그 다음에는 너무도 뻔뻔스러운 자의적인 해석이 이어진다. 그래서 이것을 들은 한 문헌학자는 분노 반 조소 반의 감정을 느끼면서 이렇게 자문한다. "그것이 가능한가? 이것은 정직한 것인가? 이것은 최소한의 예의라도 지키고 있는 것인가?" (…) 그러나 초창기에 수백 년 동안 『구약성서』의 해석과 관련해서 전대미문의 문헌학적 광대극을 연출했던 종교가 만들어 낸 결과로부터 도대체 무엇을 기대할 수 있겠는가? 내가 지적하려는 것은 『구약성서』가 오직 기독교의 가르침만을 담고 있으며, 기독교인들만의 것이라고 주장함으로써 유대인들의 발밑에서 『구약성서』를 빼내려는 시도이다. (『아침놀』 84절)

지금까지 니체가 기독교에 보인 적개심의 바탕에는 이 종교가 불합리하다는 관점이 깔려 있다. 곧 충분한 교육을 받았거나 분별 있는 사람이라면 그런 종교를 믿어서는 안 된다는 것이다. 그러나 이런 이유로 기독교를 공격하는 것은 어떤 철학자라도 할 수 있었을 일이다. 그런데 일반적으로 니체의 공격이 좀더 특별하다는 데 다들 동의하는 것 같다. 기독교에 대한 그의 공격이 가지는 독특성은, (특히 『안티크리스트』에서) 그것이 그 자신의 철학에 기반을 두고 있으며, 일차적으로 예수 자신의 가르침을 향하고 있다는 점에 있다. 니체는 예수라는 인물을 파악할 수 있는 단서를 악에 대한 무저항주의라는 교설에서 발견했다.

> (…) 모든 싸움에 반대인 것, 자신이 투쟁하고 있다는 느낌에 반대인 것이 여기서는 본능이 되었다. 저항하지 못한다는 것이 여기서는 도덕이 되고 ("악에 저항하지 말라." 이것은 복음의 가장 심오한 말이며, 어떤 의미에서는 복음을 이해하는 단서다.) 평화, 온화함, 적개심을 가질 수 없음에 깃들어 있는 행복. (『안티크리스트』 29절)

> "기쁜 소식"이란, 더는 반대자들이 존재하지 않는다는 것이다. 천국은 아이들의 것이다. (『안티크리스트』 32절)

> 그러한 신앙은 화내지 않으며, 탓하지 않으며, 자신을 방어하지 않는다. (…) 그것은 기적으로, 보상이나 약속으로, 심지어는 "경전"으로도 자신을 입증하지 않는다. 왜냐하면 그것 자체가 모든 순간마다 기적이고, 보상이며, "신의 왕국"이기 때문이다. (…) 좀더 자유롭게 표현한다면, 예수를 "자유 정신"이라고 부를 수도 있을 것이다. 그는 고정되어 있는 것에는 전혀 관심이 없다. 말語은 죽이고, 고정된 모든 것은 죽인다. (…) 그는 가장 내적인 것들에 대해서만 말한다. "삶"이나 "진리" 또는 "빛"은 가장 내적인 것들을 가리키는 그의 표현이다. (『안티크리스트』 32절)

"복음"이라는 심리학 전체에는 죄와 벌이라는 개념이 빠져 있다. 보상이라는 개념도 마찬가지다. "죄", 다시 말해 신과 인간 사이를 멀어지게 하는 모든 종류의 관계는 폐지된다. 바로 이것이 "기쁜 소식"이다. 행복은 약속된 것이 아니며, 어떤 조건에 묶여 있지도 않다. 행복이 유일한 현실이다. (『안티크리스트』33절)

"천국"이란 마음의 상태다. "현세에" 또는 "사후에" 오는 어떤 것이 아니다. (…) "신의 나라"는 기다림의 대상이 아니다. 신의 나라에는 어제도 없고, 내일도 없다. 그것은 "천 년 후에" 오지도 않는다. 그것은 마음속에서 경험하는 것이다. (『안티크리스트』34절)

이 "기쁜 소식을 가져온 자"는 자기가 살았던 대로, 가르쳤던 대로 죽었다. "인류를 구원하기 위해서"가 아니라 어떻게 살아야 하는지 보여 주기 위해서, 그가 인류에게 남겨 놓은 것은 그의 실천이다. 재판관 앞에서, 간수 앞에서, 고발자와 온갖 비방과 조소 앞에서 보였던 그의 태도, 그리고 십자가 위에서 보였던 태도. 그는 저항하지 않는다. 자신의 권리를 변호하지도 않는다. 그는 자신에게 일어날 수 있는 최악의 상황을 피하기 위한 어떤 조치도 취하지 않는다. 오히려 그는 그것을 부추긴다. (…) 그리고 자기에게 악을 행하는 자들 속에서 그들과 함께 간구하고 괴로워하며 사랑한다. (…) 자신을 방어하지 않는다는 것, 화내지 않는다는 것, 책임을 물으려 하지 않는다는 것, (…) 그러나 악한 자에게조차 저항하지 않는다는 것, 그를 사랑하는 것. (『안티크리스트』35절)

십자가 위에서의 죽음과 함께 끝나 버린 것이 무엇인지는 알 수 있다. 불교적 평화 운동, 곧 실제적이며 단지 약속된 것만은 아닌 지상에서의 행복을 향한 새롭고, 단연코 최초인 시작. (『안티크리스트』 42절)

니체는 다음과 같이 말한다. "이 가장 흥미로운 퇴폐주의자의 이웃에 도스토옙스키 같은 인물이 없었다는 사실을 유감스러워 해야만 한다. 곧 숭고한 것, 병적인 것, 어린애 같은 것의 결합이 가지고 있는 감동적인 매력을 감지할 수 있는 인물 말이다."(『안티크리스트』 31절) 예수는 저항하지 않는 것, "다른 쪽 뺨마저 내미는 것"을 통한 구원을 가르쳤다. 그러나 니체에게 삶의 약동하는 힘은 갈등이었다. 그러므로 "안티크리스트"라는 책의 제목이나 "십자가에 못 박힌 자에 대항하는 디오니소스"라는 도전장이 그가 자신을, 예수에 대립하는 또 하나의 신으로 내세웠다는 것을 의미하지는 않는다. 그것들은 니체 자신의 힘의 철학과 예수의 무저항이라는 교설 사이의 대립을 나타내기 위한 구호이다.

니체는 한 인간으로서의 예수를 상당히 존경했다.

실제로는 오직 한 사람의 기독교인이 존재했고, 그는 십자가 위에서 죽었다. "복음"이 십자가 위에서 죽었다. (…) "신앙" 속에서 기독교인이 독특한 특징을 보는 것은 터무니없이 잘못된 것이다. 오직 기독교적 실천만이, 곧 십자가 위에서 죽은 사람이 살았던 것과 같은 삶만이 기독교적이다. (…) 오늘날에도 그런 삶은 가능하며, 어떤 사람들에게는 필수적인 것이기까지 하다. 진정한 원시 기독교는 어느 시대에나 가능하다. (『안티크리스트』 39절)

그러나 니체는 예수의 교설이 고통에 대한 병적인 민감함에서 나온 결과라고 생각했다.

현실에 대한 본능적인 증오. 모든 접촉이 너무 강한 자극으로 다가오므로 더는 "접촉"을 원하지 않는, 고통과 자극에 대한 극단적인 감수성의 결과. 모든 종류의 반감, 적개심, 거리감, 경계境界에 대한 본능적인 배제. 모든 저항, 모든 저항하려는 욕구를 참을 수 없이 불쾌한 것으로 느끼며, (…) 누구에게도, 어떤 것에도, 악에게도, 악인에게도 더는 저항하지 않는 것에서 행복을 알고, 사랑을 삶의 유일하고 궁극적인 가능성이라고 아는, 고통과 자극에 대한 극단적인 감수성의 결과. (…) 고통에 대한 두려움은 (…) 사랑의 종교가 아닌 다른 곳에서는 끝날 수 없다. (『안티크리스트』 30절)

그러나 예수가 살았던 삶은 분명 평범한 기독교인이 살았던 삶이 아니었으며, 그의 실천도 그의 이름을 본뜬 교회의 실천과는 달랐다. 다시 말해 "기독교"는 예수의 삶과 실천이 아닌 다른 곳에서 연유한 것임에 틀림없다. 기독교의 기원에 대한 니체의 견해는 다음의 한 문장에 나타난다. "'기쁜 소식'의 바로 뒤를 이어 가장 나쁜 것이 왔다. 바울로의 그것."(『안티크리스트』 42절) 니체가 기독교에 대해 경멸에 차 말할 때 염두에 두고 있는 것은 바울로의 기독교이지, 십자가 위에서 죽은 복음이 아니다. 그는 예수가 이미 극복했던 원시 종교의 모든 조잡한 개념들을 바울로가 재도입했다고 주장한다.

인격적 존재로서의 신, 장차 도래할 "신의 나라", 저편에 있는 "천국", 삼위의 제2인격으로서의 "신의 아들"이라는, 교회의 조잡한 개념들보다 더 비기독교적인 것은 없다. (『안티크리스트』 34절)

복음의 근원, 의미, 권리였던 것과 정반대인 것 앞에서 인류가 무릎 꿇어야 했다는 사실, "기쁜 소식을 가져온 이"가 자기의 발밑과 뒤에 있다고 생각했던 것이 바로 "교회"라는 개념 안에서 신성시되었다는 사실. 이보다 더 큰 세계사적 모순을 찾는 것은 헛일이다. (『안티크리스트』 36절)

따라서 기독교에 대한 니체의 비판은 이중적이다. 첫째, 그는 예수 자신의 가르침에 대해 비판한다. 그의 주장에 따르면 예수가 전파하는 교설의 핵심은 절대적인 평화주의에 대한 권고이다. 그리고 이 교설은 고통에 대한 병적으로 과장된 민감함이라는, 특정한 존재 상태의 표현임에 틀림없다. 만약 이런 상태가 모든 인간에게 보편적이었다면, 인류가 지금까지 창조해 온 모든 가치들(실로, "인류" 자체)은 아무것도 등장하지 않았을 것이다. 왜냐하면 더 높은 자질들은 개인들 사이에서, 그리고 개개인 안에서, 곧 한 "영혼" 안에서 일어나는 갈등을 계기로 발전해 왔기 때문이다. 따라서 그는, 일부는 생리학적인 이유에서(그는 예수의 신경계가 병적일 정도로 흥분하기 쉬웠음에 틀림없다고 생각한다.) 그리고 일부는 좀더 일반적인 이유에서(예수의 교설이 보편적으로 받아들여진다면, 인류는 결국 쇠퇴하게 될 것이다.) 예수를 "퇴폐주의자"로 부르는 게 마땅하다고 생각한다. 둘째로, 니체는 기독교 교회를 비판한다. 그 이유는 교회가 예수의 가르침을 제도화했기 때문이 아니라(교회가 이 일을 하지 않았다는 것은 자명하다.), 예수 자신이 이미 극복했던, 기적-구원의 원시 종교로 기독교가 되돌아갔기 때문이다. 『안티크리스트』의 극단적인 수사학을 걷어 내고 봤을 때, 서양 종교에 대한 니체의 반대는 합리적인 근거에 바탕을 두고 있으며, 그 자신의 철학에서 비롯한 것이라고 할 수 있다. 또 이 책의 서두에서 말했듯이 그의 성장 환경이 이 문제와 전혀 무관하다는 점도 분명하다.

『안티크리스트』의 핵심에 놓여 있는 "퇴폐주의" 문제는『바그너의 경우』에서도 중심에 놓여 있다. 이 책에 대한 논의는 대부분 니체가 바그너를 공격한 개인적인 동기와 그러한 공격의 실제 내용을 구분하지 않은 채 이루어졌으며, 실제 내용을 전부 빠뜨리는 경우도 허다했다. 이런 까닭에 뉴먼은 자신의 책『바그너의 삶』제4권에서 여러 쪽을 할애해『바그너의 경우』에 관해 논하면서도, 바그너는 "퇴폐주의자"라는 그 책의 중심 주제에 대해서는 비판은커녕 언급조차 않은 채, 그저 "어리석고 악의에 가득 찬" "풋내기의 잔인한 행동" 그리고 "개탄할 만한 풍자"라고 간단하게 치부해 버린다.[7]『바그너의 경우』와 다비트 슈트라우스를 다루는『반시대적 고찰』사이에는 유명인의 이름을 이용해 특정 "문제"를 정확하게 짚어 낸다는, 방식상의 유사함이 존재하지만, 이런 사실은 충분히 주목받지 못했다. 또 니체가 바그너에게 퍼부은 과격한 언사는 사적인 관계가 전혀 없었던 슈트라우스의 경우에도 마찬가지였다는 점은 거의 알려지지 않았다. 오히려『바그너의 경우』는 니체가 자신이 한때 바그너에게 예속했다는 것을 잊지 못하고 앙심을 품은 결과라고 받아들여졌다. 여전히 바그너주의자들이던 니체의 친구들은 바그너의 편에 서서 이 책의 불경스러운 어조에 몹시 격분했다. 니체는 10월 20일에 브란데스에게 편지를 보내면서, "나는 가장 가깝고 소중한 사람들에게 경악할 만한 충격을 주었다"고 썼다.

예를 들어 내 오랜 친구인 뮌헨의 자이틀리츠 남작은 유감스럽게도 뮌헨시 바그너 협회 회장이오. 그리고 그보다 더 오랜 친구인, 쾰른 시의 법률고문관 크루크 역시 그 지역 바그너 협회의 회장으로 있소. 남미에 있는 내 매부 베른하르트 푀르스터는 꽤 유명한 반유대주의자이며《바이로이터 블래터》

의 열렬한 팬이오. 또 내 절친한 친구이자 『한 이상주의자의 회상』의 저자인 말비다 폰 마이젠부크는 바그너를 미켈란젤로와 혼동할 정도로 숭배하고 있다오.

아마도 바그너가 5년 전에 죽었다는 사실(그는 1883년 2월에 죽었다.) 이 사람들의 격분을 더욱 부채질한 것 같다. 이런 마당에 니체가 『니체 대 바그너』를 준비하자 죽은 스승에 대한 배신이라는 비난이 쏟아졌다. 『니체 대 바그너』는 『인간적인 너무나 인간적인』에서부터 『도덕의 계보』에 이르는 각각의 저작들에서 조금씩 발췌한 구절들로 이루어져 있는데, 니체는 이를 통해 바그너에 대한 자신의 견해는 그가 죽기 5년 전인 1878년부터 변함없이 계속 이어져 왔다는 것을 보여 주려고 했다.

그렇다면, 『바그너의 경우』가 담고 있는 내용을 하나하나 따져 보는 것이 중요할 것 같다. 그 책의 내용은 물론 바그너에 대한 공격이며, 그 공격은 여러 측면에서 이루어진다. 가장 먼저 이야기해 볼 수 있는 것은 바그너의 성격에 대한 비난인데, 그 비난은 정당하다. (옛 친구가 한 그 비난이 과연 그 나름의 품위를 갖춘 것이었는지는 또 다른 문제이다.) 지금에 와서는 바그너가 세상 사람들과 원만한 관계를 맺지 못했다는 사실을 숨길 이유가 전혀 없다. 그가 그런 인물이 아니었다면, 그의 업적도 이룰 수 없었을 것이다. 그리고 내 생각엔 이것으로 이 문제는 끝이다. 하지만 그 당시에 바그너는 단순히 위대한 작곡가 또는 바이로이트의 창조자로서가 아니라 한 인간으로서 신격화되고 있었다. 카를 글라제나프가 쓴 "공식" 전기가 1876년에 발간되었는데, 이 책은 고된 시련을 견뎌 낸 성자의 삶을 그린 것으로서, 엘리자베트가 쓴 니체의 전기만큼이나 사기성이 짙었다. 다른 점이 있다면, 바그너가 그 전기를 쓰는 작업을 은밀히 도왔다는 점이다. 니체는 바그너가 결코 성자로 추앙될 만한 인물이 아님을 당연히 알고 있었고, 『바그너의 경우』에서 그것을 말했던 것이다.

바그너는 또한 사상가로서 높은 존경을 받았다. 그는 자신의 "작품 전집"을 직접 출간했고, 얼마 뒤에 휴스턴 스튜어트 체임벌린은 그를 인류 – 또는 적어도 북유럽 – 의 "개조자"라고 선언했다. 바그너의 "저술"에 대한 니체의 비판이 『바그너의 경우』의 둘째 측면을 이루고 있다고 할 수 있다. 그리고 그의 비판은 오늘날 어느 누구도 부정할 수 없다.

셋째 공격 대상은 바그너의 모호성이다. 바그너는 자신의 음악이 음악 이상의 것이며, 말로 표현할 수 없는 깊은 의미를 담고 있다고 주장했다. 그리고 이를 통해 자신의 작품을 신비한 것으로 만들어 사람들을 미혹시켰다. 니체는 바그너적인 악극의 세계를 〈카르멘〉과 대조하면서, 후자를 더 좋아한다고 말한다. 물론 비제에 대한 니체의 감탄은 진심에서 우러난 것이지만, 이러한 대립 구도의 설정이 매우 극단적이어서 그 논쟁적인 의도가 확연히 드러난다. 바그너는 물론 비제보다 훨씬 더 "위대한" 작곡가이다(니체가 이 사실을 부인하려고 한 것은 결코 아니다). 그러나 바그너의 신은 보탄^Wotan(독일 민간 신화에 나오는 신으로 해와 구름과 바람을 지배하는 신들 중의 왕이다. – 옮긴이), 곧 "나쁜 날씨의 신"이다.(『바그너의 경우』 10절) 그렇기 때문에 그는 그 모든 능력과 천재성을 가졌음에도 비제가 쉽게 이룬 것, 곧 "즐거운 학문, 가벼운 발걸음, 위트, 불꽃, 기품, (…) 그리고 남부의 명멸하는 빛, 고요한 바다, 완전함"(『바그너의 경우』 10절)을 이룰 수 없었다.

넷째로 니체는 바그너가 배우이며, 그는 "음악의 세계에서 배우가 등장"한 것을 상징한다고 주장한다.(『바그너의 경우』 11절) 이 주장은 논란의 여지가 있기는 하지만 전혀 엉뚱하거나 터무니없는 것은 아니다. 오히려 오늘날 많은 사람들이 여기에 동의할 것이다. 그리고 이런 점이 실로 『바그너의 경우』에서 니체가 바그너에게 가한 많은 비판들과 관련해 놀라운 점이다. 니체가 가한 많은 비판들은 마치 1920년대 파리의 한 작곡가가 제기하는 이의처럼 들린다. 실제로 자크 바르쳥은 니체가 바그너와 결별한 것은 20세기의 선구자가 19세기와 단절한 최초의 결정적인 사건이라고까지 말했다.[8]

그러나 니체의 논박에 담긴 핵심은 이러한 비난들이 아니다. 니체가 말하고자 했던 것은 바그너가 "퇴폐적"이라는 것이다. 이 경우 그가 어떤 의미로 "퇴폐"라는 말을 사용했는지는 분명하다. 그것은 바그너가 19세기 후반의 예술적 퇴폐주의의 일부분이라는 것이다. 그는 1888년 2월 26일에 가스트에게 보낸 편지에서 이렇게 썼다.

> 나는 오늘 매우 위험해 보일 수도 있는 어떤 질문에 대한 답을 확증하는 기쁨을 맛보았네. "누가 바그너의 등장을 위한 최상의 준비를 했는가? 바그너를 제외하고 누가 그만큼 천성적인 바그너주의자였는가?" 나는 오래 전부터 이렇게 말해 왔네. (…) 보들레르.

이러한 결론은 곧장 『바그너의 경우』의 다음과 같은 핵심적인 문장으로 이어진다. "바그너는 신경증 환자다." (『바그너의 경우』 5절)

> 그가 무대에 올리는 문제들(이것은 모두 신경증 환자의 문제들일 뿐이다.), 발작적인 격정, 지나치게 흥분하는 감성, 점점 더 자극적인 향료를 원하는 입맛, (…) 불안정성, 특히 심리학적 전형을 보여 주는 남녀 주인공들에 대한

선택(병자들의 전시장!), 이 모든 것이 의심할 여지 없는 병적 경향을 나타낸다. 바그너는 신경증 환자다. (『바그너의 경우』 5절)

니체는 바그너가 무대에 올린 모든 문제가 "신경증적"인 문제들이었다고 주장한다.

> (⋯) 바그너를 일상적인 것으로, 현대적인 것으로 바꿔 보자. (⋯) 아마도 깜짝 놀랄 것이다! 바그너의 여주인공들을 감싸고 있는 숭고한 장식을 벗겨 버리면, 그들은 단 한 명도 예외 없이 모두 보바리 부인이라는 것을 믿겠는가? (⋯) 그렇다. 대체로 바그너는 오늘날 파리의 나이 어린 퇴폐주의자들이 흥미롭게 여기는 문제들에만 흥미를 느끼는 것 같다. 정신병원 주변에서나 발생할 수 있는 문제들! 오직 전적으로 현대의 문제들, 오직 대도시의 문제들! (『바그너의 경우』 9절)

"퇴폐주의 예술가"(『바그너의 경우』 5절)인 바그너는 "퇴폐주의 철학자" 쇼펜하우어를 통해 자기 자신을 깨닫게 되며, 그 후로는 그전에 맹목적으로 좇았던 길을 뚜렷한 의식을 가지고 따른다.

니체는 바그너가 본성과 예술에 나타나는 두드러진 특징들을 그가 신경증 환자라는 기본 명제와 연결하려고 한다. 그래서, 예를 들면 "이 음악가는 이제 배우가 되었다.", "예술에서 연기로의 이런 완벽한 전환은 (⋯) 퇴화의 결정적인 징후(더 정확하게는 신경증의 한 형태)이다." (『바그너의 경우』 7절)라고 주장한다. 또 이 책의 제목("바그너의 경우")도 바그너가 질병의 한 "사례"라는 주장과 관련된다.

니체의 이런 태도는 갈수록 세를 더하는 바그너 숭배자들의 주장에 대한 직접적인 반격이라는 점을 고려할 때 그 의미가 온전히 드러난다.

바그너 숭배자들은 무엇보다도 바그너가 독일적이며, 실제로 새로운 독일제국의 국민 시인이라고 주장했다. 이에 대해 니체는 바그너는 프랑스적 퇴폐주의자라고 단언하면서 반격한 것이다. 한편, 당시 바이로이트 운동은 반유대주의적 경향에 깊이 물들어 있었는데, 이에 대해 니체는 바그너 자신이 유대인이라는 사실을 제시하면서 반대한다. 이 주장은 『바그너의 경우』에 삽입된 한 주석에서 제기되고 있는데, 그 내용은 다음과 같다.

> 과연 바그너가 독일적인 인물이었는가? 이런 질문을 던지는 데는 몇 가지 이유가 있다. 그에게서 독일적인 흔적을 찾기란 어려운 일이다. (…) 그의 본성은 지금까지 독일적이라고 여겨 왔던 것들과 모순된다. (…) 그의 아버지는 가이어Geyer라는 성姓을 가진 배우였다. 가이어는 거의 아들러Adler와 같다.[가이어와 아들러는 모두 독수리라는 뜻이다. 아들러는 독일계 유대인의 성이며, 가이어도 종종 그렇다.] "바그너의 생애"라는 이름으로 떠돌았던 이야기는 모두 (…) 진부한 우화일 뿐이다. 고백하건대, 나는 오직 바그너 자신의 말에만 근거를 둔 이야기는 믿지 않는다. (『바그너의 경우』 후기)

바그너의 공식 전기에는 그의 아버지가 라이프치히의 경찰 서기였던 카를 프리드리히 바그너라고 되어 있으며, 바그너 자신도 이 사실을 『나의 삶』에서 반복한다. 그러나 그는 몇몇 가까운 이들에게 실제로는 배우이자 화가였던 계부 루트비히 가이어가 자신의 생부일 가능성이 높은 것 같다고 말한 것으로 알려져 있다. 가이어가 바그너의 아버지라는 니체의 분명한 진술은, 바그너 자신이 니체에게 이 일을 그처럼 분명하게 말한 적이 있음을 암시한다. 물론 지금은 그 사실을 확인할 수 없을 것이다. 그러나 뉴먼은 이 문제를 탐구한 후 다음과 같은 결론을 내렸다. "이제 와서 보면, 가이어가 바그너의 아버지라는 추측에 격렬히 반대했던 이들은 잃어버린 대의를 옹호하고 있었던 것 같다."[9] 그리고 이는 니체가 바그너의 입을 통해 가이어가 자신의 아버지라는 말을 들었을 가능성을 높여 주는 것 같다. 그러나 니체가 『바그너의 경우』에서 이 문제를 언급한 목적은 최근에 가이어가 사실은 유대인이 아니었다는 증거가 발견되면서 가치를 잃었다. 가이어의 중간 이름은 "크리스티안^Christian"이었고, 니체와 마찬가지로 독실한 독일 프로테스탄트의 후손이었다.

앞에서 지적했듯이, 『바그너의 경우』에서 보이는 신랄함은 슈트라우스에 대한 논박에서 나타나는 신랄함과 유사하다. 니체는 두 작품에서 모두 저명인사를 이용해 당시의 독일을 비판하고 있다. 두 작품의 차이라면, 바그너의 경우엔 개인적인 친분이 바탕에 깔려 있다는 점이다. 그리고 이 상황이 너무도 많은 일들을 만들어 냈다. 니체가 바그너에게 적의를 품게 된 이유를 알기는 그다지 어렵지 않다. 1876년에 바그너와 완전히 결별한 뒤 그는 지난 7년의 세월을 헛된 낭비처럼 여겼고, 이런 낭비가 자신보다는 바그너 때문에 생긴 것이라고 생각했다. 이런 감정은 그들이 교제하던 시기에 바그너가 니체의 삶에서 아버지와 같은 역할을 했기 때문에 생긴 결과였다. 물론 이런 감정이 지속됐다는 것은 바그너의 영향력이 얼마나 컸는가를 보여 주는 것이기는 하지만, 이 감정 자체가 특별히 주목할 만한 것은 아니다. 왜냐하면 모든 세대는 이전 세대에 대해 불공정한 판단을 내리며, 그들이 과거에 다른 모습으로 존재하지 않았다는 사실을 비난하기 때문이다. 이처럼 바그너가 자신을 "잘못 인도"했다는 니체의 생각은 바그너의 성공이 거듭되자 그 적용 범위를 넓혀 갔다. 곧 바그너는 지금의 독일인 전부를 잘못 인도하고 있으며, 그 가운데서도 특히 젊은이들을 잘못 인도하고 있다. 바그너만 아니라면 이 젊은이들은 니체가 바그너의 추종자가 됐듯이, 이번에는 니체의 "추종자들"이 됐을 텐데 말이다. 그는 1888년 7월 말에 말비다에게 다음과 같은 비통한 어조의 편지를 보냈다.

> 바이로이트 크레틴병(알프스 산 등지에서 자주 발생하는 풍토병. 갑상선 호르몬의 결핍으로 소인증과 정신박약 증세가 나타나는 것이 특징이다. – 옮긴이) 이 또 내 앞길을 막아서고 있습니다. 늙은 유혹자 바그너는 심지어 죽은 후에도 내게서, 어쩌면 나를 추종했을지도 모를 많은 사람들을 빼앗아 가고 있습니다.

니체가 제정신을 유지했던 마지막 해에, 바그너의 세계관에 대한 그의 반대는 바그너 자체에 대한 반감으로 변해 버렸고, 마찬가지로 독일제국이 창설될 때부터 그것을 비판하던 태도는 독일 사람들 자체를 혐오하는 것으로 변모했다. 두 경우 모두 이유는 비슷했다. 후자의 경우엔 그의 나라 사람들이 그나 그의 작품을 조금도 인정해 주지 않았기 때문이고, 전자의 경우엔 갈수록 바그너의 명성과 인기가 하늘 높이 치솟는 굴욕적인 광경이 눈앞에 펼쳐졌기 때문이었다.

그러나 어떤 책의 유래를 밝히는 것이, 곧 그 책을 완전히 설명하는 것은 아니다. 『바그너의 경우』를 쓸 당시 니체는 "다른 어떤 것도 증오하지 않았기 때문에 바그너를 증오하게"[10] 되었을지도 모른다(물론 나는 이런 식의 접근이 지나치게 단순한 것이라고 생각한다). 하지만 연구자의 과제는 이런 발견으로 끝나지 않는다. 여기에서 한 발 더 나아가 한 사람에 대한 "증오"가 그 사람으로부터 어떤 객관적인 결론을 이끌어 냈는지, 그리고 그 결론이 그것을 유발한 감정과는 상관없이 타당한지를 밝혀야 한다. 우리가 보들레르를 퇴폐주의자라고 할 때와 똑같은 의미에서, 바그너가 "퇴폐주의자"라는 니체의 주장은 객관적으로 논의할 여지가 있는 판단이며, 따라서 좀더 자세히 살펴볼 필요가 있다고 생각한다.

보들레르는 〈탄호이저〉와 같은 초기 작품에서, 바그너가 자신과 유사한 정신을 가지고 있다는 점을 알아차렸다. 그리고 그 작품이 1861년 3월 13일에 오페라 극장에서 공연된 후 평판이 별로 좋지 않자, 이에 분개해 4월에 「리하르트 바그너와 파리의 탄호이저」라는 소책자를 발행하기도 했다. 그는 또한 당시 프랑스의 수많은 바그너 숭배자들과 함께 파리에 바그너 극장을 설립하는 것을 진지하게 고려했는데, 이 계획은 1870년에 일어난 전쟁으로 무산됐다. 바그너를 존경하고 모방했던 또 다른 "퇴폐주의자들" 가운데는 가브리엘 다눈치오, 귀스타브 모로, 카튈 망데스, 모리스 바레스, 조지 무어, 오브리 비어즐리, 앨저넌 찰스 스윈번을 비롯한 많은 사람들이 있었다. 탁월하지는 않지만 그 시기의 전형적인 작가라 할 수 있는 조제프 펠라당에게도 "바그너의 작품"은 "악마들의 연회와 사실상 동의어"였다.[11] 스테판 말라르메는 1885년에 《바그너주의 잡지》의 창간을 기념하는 한 시에서 "신神 리하르트 바그너"에게 경의를 표했다. 우리는 이미 바그너의 작품들에 익숙해져 있기 때문에, 그의 작품들을 받아들이는 감수성이 무뎌져 있다. 그래서 그의 작품들이 1880년대와 90년대에 그리고 그 이전 시기에 어떤 영향을 주었는지를 이해하려면 상상력을 동원해야 한다. 많은 사람들에게 그의 작품은 관능의 향연이었다. 1850년대까지 〈탄호이저〉의 서곡은 관능적인 자유분방함을 예술적으로 표현한 최고의 작품이었으며, 보들레르는 이 오페라를 보고 나서 "마비될 정도의 기쁨의 전율, 아니 차라리 말로는 표현할 수 없다고 해야 옳을 감정"을 느꼈다. 〈탄호이저〉가 구 식으로 들리기 시작했을 즈음에는 〈트리스탄과 이졸데〉가 그 뒤를 이었 고, 많은 처녀들이 그 음악을 들은 뒤에 잠을 이루지 못했다. "나는 [〈트리 스탄〉이 나온 후] 밤마다 눈물로 지샌 사람을 몇몇 알고 있다. 듣기로는 다 른 많은 사람들이 그랬다고 한다." 마크 트웨인은 바이로이트를 방문했 을 때 이런 기록을 남겼다. "나는 여기에서 소외된 듯한 느낌이 든다. 어 떤 때는 광인들의 모임에서 나 혼자만 제정신인 것처럼 느낀다."[12] 19세 기의 마지막 10년 동안에 사람들은 종종 〈파르지팔〉을 죄와 벌에 대한 기독교적 드라마가 아니라 놀랄 만큼 괴이쩍고 "비잔티움 풍"의 장관 을 보여주는 작품으로 즐겼다.

　그 무렵 "퇴폐주의자들"의 기호에 이 모든 것 이상으로 잘 들어맞 는 것은, 바그너가 계속해서 성적인 요소를 죽음과 연결시킨 점이었다. 바그너의 본래 의도를 따지자면 이러한 연결은 완벽한 성적 결합을 표 현하기 위한 상징일 뿐이었지만, 거기에서 자신들이 가진 것과 똑같은 심오한 허무주의를 본 당대의 작가들에게는 그 자체가 호소력을 가졌 다. 니체는 다음과 같이 묻는다. "당신은 바그너의 여주인공들에게 아 이가 없다는 것을 눈치 챘는가? 그들은 아이를 가질 수 없다. (…) 지크 프리트는 '여자를 해방시켰다.' 그러나 자손을 보겠다는 희망은 없이." (『바그너의 경우』 9절) 이것은 터무니없는 이야기가 아니다. 프라츠의 말 에 따르면, "자웅동체 이상은 퇴폐주의 운동 전체의 (…) 강박증이다."[13] 그리고 그것은 불임의 상징이기도 하다. 바그너의 여주인공들은 사랑 을 위해 살지 않는다. 그들은 사랑을 위해 죽는다. 그리고 그들은 오직 소멸 속에서만 "구원"된다.

"낭만주의"를 규정하는 수많은 근본적인 특징들이 바그너의 손을 통해 뚜렷하게 부각되고 호소력을 얻었다. 감당하기에 너무 버거운 지난 5세기 동안의 발전에 대한 거부, 복잡하고 불안정한 현대 사회에 당황하면서 느끼는 과거나 "동양"의 (추측하건대) 더 단순한 삶에 대한 동경, (복잡하고 실제적인) "역사" 대신 (단순하고 비현실적인) "신화"에 대한 선호, 극단적인 감정 상태에 대한 편애(왜냐하면 이런 상태는 다른 모든 감정들, 불편하기 짝이 없는 요구들, 모든 의무들, 타인이 가진 권리들을 제거해 버리고 삶을 양자택일의 상황으로 단순화시키기 때문이다.), 분명하고 확실한 것에서 어둡고 신비하고 불가해하며 "심오한" 것으로의 회귀, 궁극적으로는 "사라짐", 소멸을 향한 욕망으로 귀결되는 "넋을 잃고자 하는" 욕망. 이 모든 것들이 바그너를 통해 최고의 예술 영역 안으로 들어왔다. 방황하는 네덜란드인(바그너의 오페라 〈방황하는 네덜란드인Der fliegende Holländer〉을 빗대는 표현으로, 이 오페라는 흔히 플라잉더치맨Flying Dutchman이라 불리는 유령선에 관한 전설을 주제로 만든 것이다. 이 전설에서 배의 선장인 반데르데켄은 신의 구원을 받아 폭풍우치는 희망봉을 돌아서 올 수 있다고 내기를 했으나, 결국 실패하고, 영원히 항해할 수밖에 없는 운명에 처한다. - 옮긴이)에서 보탄에 이르기까지 그의 비극적 캐릭터들은 대부분 무거운 짐짝과 같은 삶으로 고통을 받으며, 어떤 의미에서는 자신의 파멸을 기꺼이 바란다. 마침내 삶의 복잡다단함 - 이것은 모두 "알베리히Alberich의 저주"(중세의 프랑스 시 「보르도의 위옹Huon de Bordeaux」에 나오는 요정의 왕으로, 숲에 살면서 주인공을 돕는 마술적인 힘을 지닌 난쟁이다. 독일의 서사시 「니벨룽족의 노래」에서는 땅속에 묻힌 니벨룽족의 보물을 지키는 난쟁이로 나오지만, 바그너의 악극에서는 강의 소녀들로부터 마법의 황금을 훔치는 니벨룽으로 나오며, 이 요정을 다룬 이전의 작품에서보다 더 악역으로 묘사된다. - 옮긴이)로 묶여 있다. - 으로부터 자유로워지고

자 하는 열망은 세상을 파괴하기에 이른다. 그 다음 단계는 바그너 이후의 대다수 "퇴폐주의적" 낭만주의자들이 그대로 밟아 나갔던 것으로서, 욕망 자체의 죽음, 정념의 소멸, 죽음과도 같은 삶, 이국적이면서도 불모인 비잔티움식 "종교", 곧 〈파르지팔〉이다. 〈파르지팔〉에 나타나는 바그너 예술의 장대함에 눈이 멀어 그것이 추구하는 목적을 놓쳐서는 안 된다. 그것은 기독교적 상징으로 쇼펜하우어의 철학을 말하는 허무주의다.

바그너의 음악은 그 후계자들이 사라진 뒤에도 계속 살아남았으며, 오늘날 그 명성은 이전보다 오히려 더 확고해졌다(그는 더는 "유행"하지 않는다. 왜냐하면 바흐나 모차르트, 베토벤처럼, 언제나 유행하고 있기 때문이다). 그리고 이는 바그너가 가진 예술가로서의 자질을 입증하는 증거라고 할 수 있다. 그러나 이런 사실 자체가, 바그너가 퇴폐적인 경향을 지녔다는 니체의 주장을 반박하는 근거인 것은 아니다. 니체의 이 주장은, 이미 앞에서 말했듯이 그가 바그너를 "증오했는지"와는 무관하게 논의하고 입증할 수 있다. 『바그너의 경우』는 19세기를 마감하는 10년 동안 예술이 밟아 나가게 될 길을 미리 내다보고 제기하는 항변이다. 또 옛 친구를 공격하는 일이 "품위 없는 행동"임에도 불구하고 니체가 거기에서 물러서지 않은 이유는 분명하다. 그가 바그너를 비난한 이유였던 "퇴폐주의"는 당시 유럽과, 특히 독일 제국의 허무주의적 경향을 지칭하는 가장 영향력 있고 널리 유행하는 표현이었으며, 그는 이 허무주의적 경향이 이제껏 유럽 문명이 직면했던 위험 가운데 가장 심각한 것이라고 보았다.

『이 사람을 보라』는 니체의 작품들 가운데 가장 수수께끼 같고 문제적인 작품이어서 읽는 이들의 세심한 주의가 필요하다. 그 내용을 보면 알 수 있듯이, 이 작품의 많은 부분은 니체가 더는 자신의 환상을 통제할 수 없게 된 시기에 쓴 것이다. 그러나 또 다른 많은 부분은 매우 이성적일 뿐만 아니라, 『차라투스트라는 이렇게 말했다』 이후의 다른 여러 저작들을 통해 우리에게 익히 알려진 견해와 일치한다.

유럽 문명사 속에서 자신이 얼마나 중요한 위치를 차지하는가에 대한 니체의 극단적인 주장들, 예를 들면 "언젠가 내 이름은 무언가 끔찍한 것에 대한 회상과 연결될 것이다. 내 이름을 들으면 지상에 한 번도 나타난 적이 없었던 위기가 떠오를 것이다."(『이 사람을 보라』 4부 1절) 등은 1888년, 또는 그 이전에 쓰인 편지나 개인적인 글에서 본 과잉 보상 심리의 한 예로서 참작할 수 있을 것이다. 그러나 『이 사람을 보라』에서 그가 자신이 아닌 다른 사람에 대해 말하거나, 자신의 철학을 반복하는 부분들을 보면, 균형 감각을 잃은 흔적은 전혀 찾아볼 수 없다. 지적인 퇴보의 흔적도 조금도 발견되지 않는다. 그의 정신은 여전히 날카로우며, 무엇보다도 언어를 장악하는 기술은 전혀 녹슬지 않았다. 아니, 이 책은 의심할 바 없이 독일어로 쓰인 가장 아름다운 책 가운데 하나이다. 많은 구절들이 극도로 간결하게 쓰였으면서도 풍부한 의미를 담고 있다. 다소나마 이에 비교할 수 있는 작가로는 오직 하이네가 있지만, 그의 날아가는 듯한 산문에 담긴 사상의 무게는 니체의 것보다 훨씬 가볍다. 비교할 만한 대상을 찾으려면 문학 세계 바깥으로 나가야 한다. 『이 사람을 보라』는 독일 산문의 〈주피터 교향곡〉이다.[14]

14

미완성 저술들

모든 가치의 전도. 이 물음표는 너무나 어둡고, 너무나 거대해서 그런 질문을 제기하는 자 위에 그림자를 드리운다. (『우상의 황혼』 서문)

공개적으로 거대한 목표를 세웠으나 시간이 지날수록 그 목표를 달성하기에 자신이 너무 약하다는 사실을 깨달은 자는 대개 그 목표를 다시 공개적으로 거부하기에도 너무 약하다. 따라서 그는 어쩔 수 없이 위선자가 된다. (『인간적인 너무나 인간적인』 540절)

- 1 -

『선악의 저편』에서 『이 사람을 보라』에 이르기까지 출간된 니체의 저작들은 그의 삶에서 가장 창조적이었던 시기의 전면에 자리하고 있으며, 그 배경에는 전체적으로 "가치의 전도"라 불릴 수 있을 방대한 분량의 미완성 저술들이 깔려 있다. 이 원고들은 그동안 니체 연구에서 분수에 넘치는 대접을 받아 왔다. 실제로 그의 후기 철학에 대한 논의에는 이 "가치의 전도"라는 그림자 같은 존재가 끊임없이 따라다녔다. 사람들은 마치 이 미완성 원고들이 다른 완결된 저작들과 똑같은 자격

오버베크 부부(프란츠와 이다)

으로 "니체의 견해"를 나타내기라도 한다는 듯이, 이 원고들에서 인용한 글을 출간된 저작들과 나란히 놓았으며, 그럼으로써 니체가 출판했던 것 또는 출판을 준비했던 것과 출판하기를 거부했던 것 사이의 구별을 어렵게 만들었다. 다음의 세 가지 사항을 고려해야 한다. "가치의 전도"에 대한 니체 자신의 태도, 그것을 출판하지 않은 이유 그리고 그 원고들 자체의 질적 수준이다.

1888년 말 무렵이면 니체가 병마와 사투를 벌인 지 벌써 열여섯 해째가 된다. 특히 이 싸움의 후반기에도 그가 계속 버틸 수 있었던 이유가 그의 사명감 때문이었다고 말하는 것은 비현실적인 과장이 아니라 있는 그대로의 진실이다. 게다가 그는 건강이 악화될수록 더 필사적으로 그 사명이 가지는 중요성을 과장했다. 그가 사명이라는 말을 사용하면서 염두에 둔 바로 그 의미에서 보자면, 그 사명은 하나의 무리한 망상이었다. 그가 자신의 사명이라고 생각한 것은, 처음에는 "힘에의 의지"라고 불린 거대한 기획이었다. 이것은 하나의 작품으로 계획되었으며, 이 작품에 대해『차라투스트라는 이렇게 말했다』는 일종의 서론 역할을 하게 될 것이었다. 이 작품은 그의 철학 전체를 철저하게 세분해 설명할 예정이어서, 그 범위가 매우 방대할 것이었다. 그는 1884년에 이 작품을 완성하기 위한 원고들을 모으기 시작했고, 그의 유고에는 이 원고들을 배열하는 방법에 대한 수많은 계획안이 들어 있었다. 이 가운데서 엘리자베트는 1887년 3월 17일로 기록된 한 계획안을 임의로 선택해『힘에의 의지』라는 제목의 편집본을 구성하는 기본 토대로 사용했다.[1]

니체는 계획 중인 이 작품을, 출판된 저작 중에서는『도덕의 계보』에서 처음으로 언급했다. 그 책에는 다음과 같은 구절이 괄호 안에 담겨 등장한다. "내가 준비 중인 작품, '힘에의 의지. 모든 가치의 전도에 대한 시도.'"(『도덕의 계보』제3논문 27절) 그러나 이 당시에는 모은 원고의 상당 부분을 이미 『선악의 저편』과 『도덕의 계보』에서 사용한 상태였다. 그 후에 그는 더 많은 원고를 썼지만, 이것들은 1888년 5월에 『바그너의 경우』를 출간할 때 사용했으며, 그 다음에는 『우상의 황혼』의 집필 초기 단계에서 활용했다. 그러나 그는 어쨌든 1888년 8월 26일까지는 "힘에의 의지"를 저술할 계획을 계속 품고 있었다. 왜냐하면 이 날짜의 기록에 그 작품을 위한 또 하나의 계획이 남아 있기 때문이다. 그러나 그는 갑자기 이 계획을 취소해 버리고, 이와는 완전히 다른 책의 계획안을 작성했다. "힘에의 의지"에 대한 상세한 계획안은 더는 나타나지 않는다. 그 대신 그는 그해(1888년) 초반부터 선호하게 되어 『바그너의 경우』에서 직접 시험해 보기도 했던 짧고 단도직입적인 서술 형식을 도입해 최근에 세운 자신의 철학적 입장을 밝히는, 간결한 책을 쓰려고 했다. 이 새 작품은 포기한 작품보다 분량은 훨씬 짧지만, 구성은 똑같이 네 권의 "책들"로 이루어져 있다. 그리고 그 전에 부제목이었던 "모든 가치의 전도"는 본 제목이 되었다. 네 권의 "책들" 각각의 제목은 그해 가을에 작성한 계획안에 다음과 같이 소개되어 있다.

첫째 책, 안티크리스트. 기독교 비판에 대한 시도. 둘째 책, 자유정신. 허무주의 운동으로서의 철학에 대한 비판. 셋째 책, 비도덕주의자. 가장 치명적인 무지인 도덕에 대한 비판. 넷째 책, 디오니소스. 영원 회귀의 철학.

이 새로운 야심작은 『우상의 황혼』의 서문 끝부분에서 언급된다. 이 서문에는 "토리노. 1888년 9월 30일. '모든 가치의 전도'의 첫째 책을 완성한 날에"라고 적혀 있다. 이 "첫째 책"은 『안티크리스트』를 말하는 것임에 분명하다. 그리고 이 책은 니체의 정신이 붕괴한 후에 출판됐지만, 위의 계획안에서 소개된 부제목[기독교 비판에 대한 시도]을 그대로 달고 있다. 처음에 『안티크리스트』는 (엘리자베트에 의해) "'힘에의 의지'의 첫째 부분이자 유일하게 완성된 부분"이라고 소개됐다. 그러나 "힘에의 의지"를 기획한 수많은 구상안 어디에도 이 책은 언급되어 있지 않다. 이 책은 "가치의 전도"의 "첫째 책"으로서 처음 등장한 것이다. 그리고 이제는 일반적으로 "'가치의 전도'의 첫째 부분이자 유일하게 완성된 부분"으로 받아들여지고 있다.[2] 그러나 이것도 아직은 정확한 설명이라고 할 수 없다. 『이 사람을 보라』에 다음과 같은 구절이 있다.

> 이 작품[『우상의 황혼』]을 끝낸 뒤 나는 단 하루도 쉬지 않고 즉시 "가치의 전도"라는 거대한 과제에 덤벼들었다. (…) 서문은 1888년 9월 3일에 썼다. (…) 9월 20일이 되어서야 나는 질스마리아를 떠났다. (…) 그리고 21일 오후에 토리노에 도착했다. (…) 한순간도 지체하거나 다른 일에 주의를 기울이지도 않고 곧바로 일을 시작했다. 아직 이 작품의 마지막 4분의 1이 남아 있다. 9월 30일. 대승리의 날. 제7일. 신이 포 강변에서 휴식을 취한다. 같은 날 나는 『우상의 황혼』의 서문도 작성했다. (『이 사람을 보라』, 「우상의 황혼」 3절)

이것은 『안티크리스트』가 더는 "가치의 전도"의 첫째 권이 아니라 그 책 전체이며, "가치의 전도"와 『안티크리스트』가 하나이자 동일한 것임을 암시한다. 그 무렵 니체가 쓴 몇 통의 편지도 이를 뒷받침해 준다. 그 편지들에서 그는 "가치의 전도"를 완성했다고 말한다. 그리고

『이 사람을 보라』는 이제 그 책을 위한 서곡으로 간주된다. 그는 11월 20일에 브란데스에게 다음과 같은 편지를 보냈다.

나는 장차 세계사적 풍조가 될 냉소적인 태도로 내 자신에 대해 썼습니다. 제목은 『이 사람을 보라』입니다. (…) 이 책 전체는 지금 내 앞에 완성된 채 놓여 있는 "모든 가치의 전도"에 대한 일종의 서곡입니다. 당신에게 맹세컨대, 우리는 앞으로 2년 안에 세상을 완전히 뒤흔들게 될 것입니다. 나는 하나의 운명입니다.

그렇다면 이 시기에, 규모 면에서 그 자체로 "힘에의 의지"의 축약본인 "가치의 전도"는 이미 『반시대적 고찰』을 이루는 네 편의 글 가운데 하나보다 짧은 분량으로 축소됐으며, 네 권으로 구성된다는 계획도 바뀌어 한 편의 소론이 됐다고 볼 수 있다. 그러나 이때부터 1889년 초 사이의 어느 시기에 니체는 "가치의 전도"를 완전히 폐기해 버렸다. 유고에 남아 있는, 니체가 수기로 직접 작성한 두 개의 표제지가 그 사정을 말해준다.[3] 그 둘 가운데 앞 장의 내용은 이렇다. "안티크리스트. 기독교 비판에 대한 시도. 모든 가치 전도의 첫째 책." 뒷장의 내용은 이렇다. "안티크리스트. 모든 가치의 전도." 그러나 부제목에는 두껍게 줄이 그어져 있고, 그 아래에 큰 글씨로 다음과 같이 적혀 있다. "기독교에 대한 저주." 따라서 그의 마지막 의도에 따르면 『안티크리스트』는 "가치의 전도"의 전체도, 그것의 첫째 책도 아니다. 그 이전에 "힘에의 의지"가 그랬던 것처럼 "모든 가치의 전도" 역시 포기된 것이다.

방대한 규모로 계획했던 자신의 대표작이 용두사미가 되어 갈수록 그것에 대한 니체의 욕구는 커져만 갔고, 그가 그것을 완전히 폐기하기로 결정했을 즈음엔 절정에 달했다. 그는 현실에 대한 감각을 잃어버릴 지경에 이르렀으며, 공공연하게 광기를 드러냈다. 많은 사람들에게 이 시기는 그의 정신이 정상적인 상태에서 광기를 향해 지속적으로 내달리기만 한 시기로 보였다. 그리고 그 증거로 그가 자신과 자신의 작품의 중요성에 대해 갈수록 비현실적인 평가를 내렸다는 사실을 들었다. 그러나 "가치의 전도"가 결국 세상에 나타나지 않았다는 사실은 상황이 그렇게 단순하지만은 않았음을 알려준다.

니체의 자화자찬의 배후에는 그에 상응하는 자기비판의 흐름이 놓여 있다. 만일 이 자기 비판이 없었다면, 세계를 그 토대에서부터 흔들어 놓을 운명을 가진 걸작은 아마도 그 운명에 걸맞은 크기로까지 확장됐을 것이다. 그러나 그 작품은 오히려 범위가 점점 축소되었고, 마침내는 폐기되어 버렸다. 이것은 배후에 놓여 있던 그의 정상적인 정신이 작동한 결과였는데, 그의 정상적인 정신은 "가치의 전도"가 『차라투스트라는 이렇게 말했다』에서 완성된 철학에서 더 나아간 것이 아니라, 단지 그 책의 주석에 불과하다는 것 그리고 이 주석 자체가 『선악의 저편』에서 『우상의 황혼』에 이르는 일련의 저작들을 통해 이미 출판됐다는 사실을 깨달은 것이다. 따라서 1888년 한 해 동안 자기 자신과 자신의 작품을 대하는 니체의 태도에 분열이 있었다고 말하는 것은 타당하다. 그는 언제나 자신의 자질을 다소 과대평가하곤 했는데, 1888년에는 이런 경향을 억제하는 내부 기제가 완전히 무너져 버렸다. 그 결과가 『이 사람을 보라』에 등장하는 광적인 자화자찬이다. 그러나 이에 못지않게 그는 철학자로서 그리고 문장가로서의 자신의 명성에 세심하게 신경을 쓰는 사람이었다. 따라서 그는 부적절한 사고라거나 서툰 솜씨라는 비판을 받을 수 있는 작품은 아예 출판하지 않으려 했다. 이런 면에서 그의 입장은 언제나 확고했다. 그 결과가『우상의 황혼』에서 볼 수 있는 정상적인 정신 상태이다. 이 무렵 그의 삶을 유지해 주는 목적이었던 원대한 작품의 계획을 공표한 것은 전자의 정신 상태에서 나온 산물이다. 그러나 이 계획이 점차 축소되고 결국 소멸된 것은 후자의 정신 상태가 끊임없이 근저에서 영향력을 발휘했다는 것을 예증한다.

- 2 -

1895년에 엘리자베트는 니체의 모든 출판, 미출판 저작의 독점적인 저작권을 획득했고, 따라서 중도 포기한 작품의 원고들 역시 그녀의 손으로 넘어갔다. 그녀는 이 원고들을 거의 완결된 책의 형태로 만들어 세상에 내놓기로 결정했다. 그러나 이것은 이 원고들에 대한 과대평가를 부추긴 치명적인 오류였다.『힘에의 의지: 연구들과 단편들』이 1901년에 니체의 셋째 전집판(곧 그로스옥타브의 둘째 판, 1901년~1913년)의 제15권으로 처음 출간됐다. 이 책에는 페터 가스트와 에른스트 호르네퍼, 아우구스트 호르네퍼가 편집한 483개의 절이 수록되어 있고, 엘리자베트 푀르스터 니체가 작성한 서문과 후기가 포함되어 있다. 1906년에는 문고판 전집이 등장했다. 그리고 그때 엘리자베트와 가스트가 편집을 주도한『힘에의 의지』는 분량이 늘어나 1,067개의 절을 수록하게 되었으며, 네 권으로 나뉘어 출판됐다. 이 판본이 그 후 (1910년에서 1911년 사이에) 그로스옥타브 판으로 넘어가 (기존의 제15권을 대체하면서)『힘에의 의지, 모든 가치의 전도를 위한 시도』라는 제목으로 바뀌어 출판됐다.

이 책의 제1판이 만들어지던 당시의 상황은 에른스트 호르네퍼를 통해 들을 수 있는데,[4] 그 상황은 엘리자베트의 작업 방식이 어떠했는지를 알려 준다. 그에 따르면, 그의 선임 편집자였던 프리츠 쾨겔이 이미 작업해 놓은 유고의 편집은 아무런 가치도 없었다고 한다. 왜냐하면 원고의 대부분이 아직 해독되지 않았거나 읽히지도 않았으며, 누구도 그것을 어떻게 편집해야 하는지 몰랐기 때문이다.

우리가 가장 먼저 해야 할 일은 유고 전체를 통독하여 어떤 식으로든 전체적인 윤곽을 잡는 것이라고 생각했다. 우리가 계획하고 있는 판본을 위해서도 매우 중요한, 이 필수적인 사전 작업이 그때까지도 이루어지지 않고 있었다. 해독되지도 않고, 사본이 만들어지지도 않은 원고들만이 가득 쌓여 있을 뿐이었다. 누구도 그 안에 무슨 내용이 담겨 있는지 모르고 있었다. 그러나 문서보관소 측은 아무 생각 없이 출판을 계속해 왔다. 그래서 우리는 유고 전체의 사본을 만드는 일에 착수했다. 그러나 푀르스터 니체 부인이 보기에 이것은 너무나 시간이 많이 걸리는 일이었다. 그녀는 우리의 "지루한" 작업 방식을 몹시 싫어했다. 그녀는 될 수 있는 한 빨리 끝내고 싶어 했다. (…) 간단히 말해, 그녀의 유일한 목적은 책을 빨리 출판하는 것이었다. 우리는 어려운 결정에 직면했다. 유고의 편집을 서둘러 완성하고자 하는 그녀의 의지는 매우 단호했다. 우리는 그것을 알고 있었다. 만약 우리가 협력하지 않는다면 그녀는 이 일을 다른 누군가에게 맡겨 버릴 것이다. 그녀가 가끔씩 들먹거리는 이름들은 니체의 작품을 생각해 봤을 때 최악의 인물들이었다. 그래서 우리는 더 나쁜 사태가 일어나는 것을 막기 위해 할 수 있는 한 최선을 다해 참기로 결정했다.

호르네퍼의 이 같은 설명은 제2판을 작업할 때의 상황과는 더욱더 잘 들어맞는다. 왜냐하면 그땐 엘리자베트가 직접 가담했기 때문이다.

이렇게 책으로 출판된 『힘에의 의지』를 니체의 저작으로 인정할 수 없다고 보는 사람들의 논리는 한마디로 다음과 같다. 곧 이 편집본은 니체가 발표를 거부했거나, 그전의 작품들에서, 다른 맥락에서 다른 형태로 이미 사용했던 원고들만을 담고 있다는 것이다. (엘리자베트가 작업한 편집본에서는 이 두 종류의 원고가 조금도 구분되어 있지 않다.) 또 편집자가 잡은 제목에 맞춰 원고를 배치해 놓고, 그것을 니체의 "주요 저작"이라고 주장하는 것은 정당화될 수 없다는 것이다. 이 책이 안고 있는 이런 문제점을 꿰뚫어 본 사람은 1906년 9월에 『힘에의 의지』에 대해 논평을 쓴 알베르트 람이었다.[5] 그는 다음과 같이 말했다. "이 책에는 니체를 아는 독자들이 읽어 보지 못한 내용은 하나도 없다. 이것은 실제로는 유고를 출판한 것일 뿐이다. 이 책에 수록한 아포리즘들은 『선악의 저편』, 『도덕의 계보』, 『안티크리스트』 등에 들어있는 다른 아포리즘들 옆에 함께 놓아도 되는 것들이다. (…) 새로운 것은 하나도 없다." 그리고 계속해서 이렇게 말했다. "이 원고들을 마구 쓰는 동안 니체는 훨씬 더 중요한 것들[그가 직접 출판한 원고들]을 발견했다. 그의 불행한 운명 때문에 출판할 수 없었던 그 작품은 지금 우리 앞에 놓여 있는 이것[엘리자베트가 편집한 『힘에의 의지』]이 아니다. 우리 앞에 있는 것은 니체 자신도 버린 것이다." 이러한 주장에서 우리가 중요하게 새겨들어야 할 것은 유고에 있는 원고들이 버려진 것이라는 점이다. 니체가 그 원고들을 사용하지 않았다면, 그것은 그가 그러기를 원하지 않았기 때문이다. 따라서 그 원고들이 어떤 형태로 우리에게 주어지든 우리는 이런 관점에서 그것을 읽어야 한다.

전체적인 편집 방식에 관한 한, 그것이 엘리자베트가 『힘에의 의지』에서 취한 방식이든, 혹은 『생성의 무구함』이라고 불리는 편집본의 방식이든, 혹은 "베르글란트 고전" 선집에서 게르하르트 스텐첼이 채택한 방식이든 원고를 특정한 원칙에 따라 배열하는 것은 오해를 불러일으킬 수밖에 없다. 왜냐하면, 그렇게 하는 것은 원고에 원래부터 순서가 매겨져 있다는 인상을 주며, 실려 있는 내용이 실은 니체가 거부했던 것이라는 사실을 감추고, 다른 한편으로는 1886년부터 1888년 사이에 발표된 완결된 저작들을 단지 "미완결된" 작품에서 뽑아 나온 "파생 작품" 정도로 간주하게 만들기 때문이다. 그리하여 한 세대의 연구자들이 엘리자베트의 설명대로 『힘에의 의지』를 니체의 "주요 작품"으로, 그리고 『차라투스트라는 이렇게 말했다』를 그의 "가장 개인적인" 작품으로 생각하게 된 것이다. 그리고 그런 관점에서 봤을 때, 한 작품은 논리적 일관성이 없으며, 또 다른 작품은 불가해하다는 것을 발견하고는, 이 책들의 저자는 자신이 쓴 것에 전혀 확신이 없었다고 믿게 되었다. 그러나 이와 같은 결론은, 니체의 "작품"은 『비극의 탄생』에서부터 『니체 대 바그너』까지일 뿐이라는 사실, 그리고 그는 "힘에의 의지"라는 이름의 책을 계획했지만 포기했으며(이 책 대신 계획됐던 "가치의 전도"도 마찬가지다.), 따라서 그런 책은 존재하지 않는다는 사실을 기억했다면 피할 수 있었을 것이다.

학문적인 객관성을 갖추면서 유고를 출판하는 유일한 방법은 이미 에른스트 호르네퍼가 제시하였다. 그는 앞서 인용한 글에서 그 자신도 어느 정도 책임이 있는 『힘에의 의지』 제1판을 비판하면서, 다음과 같이 말한다.

실로 유고의 편집은 어떻게 이루어져야 하는가? 우리는 너무 늦은 시점에 서야 (…) 이것을 깨달을 수 있었다. 설령 우리가 조금 더 일찍 알았다 하더라도 그 방식을 도입해야 할 필요성에 대해 푀르스터 니체 부인을 설득할 수는 없었을 것이다. 왜냐하면 니체의 유고를 편집할 수 있는 방법은 오직 하나밖에 없었기 때문이다. (…) 니체의 원고들은 편집자가 재배열하거나 재편성하는 일 없이 있는 그대로 출판해야만 한다.

니체의 유고는 1967년에서 1978년 사이에 출판된 콜리-몬티나리 판에서 이와 같은 형식으로 재탄생했다(이 책의 "후기"와 "참고문헌" 참조).

-3-

니체의 유고는 그의 출판된 작품들에 이미 익숙한 사람들만이 의미 있게 읽을 수 있다. 그 이유는 앞에서 언급했듯이 그 내용이 거부된 자료들이라는 사실에 있다. 그것은 그 자체만으로는 메모, 아포리즘, 짧은 단편들의 방대하고 혼란스러운 기록 더미일 뿐이다. 어떤 것은 비록 출판작들에서 볼 수 있는 완성도나 "직접 말하고 있는 듯한" 특징이 없지만, 분명 니체만의 문체로 쓰여 있다. 그러나 많은 것들은 그저 단순한 기록, 끼적거린 것, 제목들의 목록에 지나지 않는다. 따라서 방향을 제시해 주는 어떤 원칙 없이 이 체계적이지 못한 원고 더미를 소화하려고 시도하는 것은 헛수고일 뿐이다. 이러한 원고들에 본래는 없던 질서를 새로 부여하지 않으면서도 가능한, 단 하나의 독해 방법은 출판된 작품과 비교하고 대조하는 것이다.

유고의 내용은 크게 두 종류로 나뉜다. 첫째, 이미 출판된 내용의 예비적인 초고들이나 그와 유사한 표현들. 따라서 여분의 것으로 버려진 것들. 둘째, 여러 이유로 받아들일 수 없어서 제쳐 놓은 글들. 전자의 경우, 우리는 유고에 있는 아포리즘들을 출판된 작품에 실린 대응되는 구절들 옆에 니체의 견해에 대한 일종의 추가 진술로 확실히 덧붙일 수 있다. 후자의 경우에는 완전히 거꾸로 해야 한다. 곧 그 아포리즘들이 니체의 철학을 표현하는 작품 안으로 들어오는 것을 막아야 한다. 왜냐하면 이것은 바로 니체 자신이 했던 일이기 때문이다. 물론 그전에 우리는 전자에 속하는 자료들과 후자에 속하는 자료들을 구분할 수 있어야 한다. 언제나 잊지 말아야 할 근본 원칙은 유고의 아포리즘들 가운데 출판된 작품 속에서 그에 상응하는 내용을 찾을 수 없는 것은 어떠한 것이든 유효하지 않다는 것이다.[6]

첫째 유형의 자료에는 그의 철학의 모든 측면과 관련되는 메모들이 포함된다.

한 사물의 속성이란, 그것이 다른 "사물들"에 미치는 효과를 말한다. 만약 다른 "사물들"을 치워 버리면, 그때 한 사물은 어떠한 속성도 가지지 않는다. 곧 다른 사물들 없이 존재하는 사물은 없다. 다시 말해서, "사물자체"는 없다. (『힘에의 의지』 557절)

이 메모는 형이상학적 세계에 반대하는 논증들 중 사용되지 않은 단편으로서, 출판작 속에 있는 유사한 구절들과 나란히 놓일 수 있다. 다음에 소개되는 투쟁에 대한 아포리즘 그리고 정념의 통제에 관한 아포리즘들도 역시 마찬가지다.

동물들과 달리 인간은 자신 안에 서로 반대되는 다양한 충동들을 발전시켜 왔다. 인간이 지구를 지배하게 된 것은 이런 충동들을 종합시킨 결과다. (…) 가장 높은 인간은 가장 다양한 충동들을 가지고 있을 것이다. (…) 실제로 인간이라는 식물이 가장 강하게 뻗어 나가는 곳에서는, 가장 강력한 상반되는 본능적 충동들이, 길들여진 형태로 발견된다(예를 들어, 셰익스피어). (『힘에의 의지』 966절)

정념의 극복? 이것이 의미하는 바가 정념의 약화나 절멸이라면, 아니다. 오히려 정념으로 하여금 봉사하도록 만들어야 한다. 이것은 또한 정념을 (개인적 차원에서만이 아니라 집단적, 민족적 차원에서도) 장기적인 폭정의 지배 아래 둔다는 것을 의미할 것이다. 그래서 마침내 정념은 다시 신뢰 속에서 자유를 얻게 된다. 곧 그것은 충실한 종으로서 우리를 사랑하며, 우리에게 가장 이로운 방향으로 자진해서 나아간다. (『힘에의 의지』 384절)

정념을 약화시키거나 근절하지 말고 지배하라! 의지의 지배력이 커질수록 정념에 더 많은 자유가 주어진다. (『힘에의 의지』 933절)

이와 비슷하게, 다음에 소개하는 기록은 승화에 대한 이론을 보충한다.

잔인함은 승화를 통해 비극적인 동정이 되었다. 그러나 그것에 더는 잔인함이라는 이름이 인정되지 않는다. 이와 같은 방식으로 성적인 욕망은 연애 감정이 되었다. 노예적 성향은 기독교적인 복종으로, 비참은 겸허로, 교감신경의 병적인 상태는 염세주의, 파스칼주의 혹은 칼라일주의가 되었다. (『힘에의 의지』312절)

"고귀함이란 무엇인가?"(『힘에의 의지』943절)라는 긴 구절도 이러한 첫째 유형에 속하는데, 이 구절은 『선악의 저편』에 있는, 이와 똑같은 이름을 가진 장의 예비적인 초고이거나 거기에서 파생된 것이다. 그리고 『도덕의 계보』에서 "양심의 가책"의 기원을 다루는 절(『도덕의 계보』제2논문 16절, 이 책 12장에 인용되어 있음)은 인간의 "내면화", 곧 인간의 심층화와 내부화를 다루는 다음과 같은 한 메모에서 먼저 제시되고 있다.

인간의 내면화는, 평화가 구축되고 사회 조직이 만들어짐으로써 외부로의 방출이 금지된 강력한 충동들이 내부에서 상상력과 결합하여 스스로를 억제하려고 시도할 때 발생한다. 적개심, 잔인함, 복수, 폭력을 향한 갈망은 자기 자신에게로 방향을 돌린다. 다시 말해 밑으로 "감춰진다." 앎을 향한 욕망 속에는 탐욕과 정복욕이 자리 잡고 있다. 예술가에게서는, 위장이라는 감춰진 힘이 다시 나타난다. 충동은 악마로 변하고, 싸워 없애야 할 대상이된다. (『힘에의 의지』376절)

또한 영원 회귀에 대한 간단한 기록들도 많이 있다. 예를 들면,

1. 영원 회귀 사상: 이것이 참이라면 그에 따라 반드시 참이 되어야 하는 여러 가정들. 그것의 결과들.
2. 가장 견디기 힘든 사상으로서의 영원 회귀: 이것에 대비하지 않았을 때,

다시 말해 모든 가치들을 재평가하지 않았을 때 이것이 가져올 것이라고 예상하는 결과.

3. 영원 회귀 사상을 견뎌 내는 방법들: 모든 가치의 재평가. 확실성을 기뻐하는 것이 아니라 불확실성을 즐김. "원인과 결과"가 아니라 끊임없는 창조. 보존에 대한 의지가 아니라 힘에의 의지. "이것은 모두 주관적인 것에 불과하다"고 겸손하게 말하는 것이 아니라 "이것은 우리의 작품이다! 이것을 자랑스럽게 여기자!"라고 말하는 것. (『힘에의 의지』 1059절)

"허무주의"에 대한 간단한 기록들도 있다. 예를 들면,

허무주의란 무엇을 의미하는가? 최고의 가치들이 가치를 박탈당한다는 것. 목적이 없다. "왜?"라는 물음에 대답이 결여되어 있다. (『힘에의 의지』 2절)

그리고 반유대주의에 관한 기록도 있다.

반유대주의는 유대인들이 "정신"을 가지고 있다는 것, 그리고 돈을 가지고 있다는 것을 용서하지 않는다. 반유대주의는 "제대로 대접받지 못한 자들"을 지칭하는 또 다른 이름이다. (『힘에의 의지』 864절)

둘째 유형의 자료에는 대개 니체의 철학을, 그의 출판작들 속에서 확증되지 않는 어떤 방향으로 이끌고 가는 메모들이 속한다. 다음에 소개하는 영원 회귀에 대한 기록이 그 예이다.

목적이나 목표가 없이 그저 "헛되이" 지속한다는 것은 우리를 가장 강력하

게 마비시키는 관념이다. (…) 이 관념의 가장 끔찍한 형태를 상상해 보자. 어떤 의미나 목적도 없는, 있는 그대로의 존재, 그러나 무無로 끝나지 않은 채 최종적으로는 회귀하는 존재. "영원 회귀." 영원토록 계속되는 무("무의 미")! 이것이 허무주의의 가장 극단적인 형태이다. 불교의 유럽식 형태, 지식과 힘의 에너지가 그와 같은 믿음을 강제한다. 이것은 제시할 수 있는 모든 가설들 가운데 가장 과학적이다. 우리는 최종적인 목표를 부정한다. 만약 존재에 최종 목표가 있다면 이미 성취했을 것이다. (『힘에의 의지』 55절)

이 아포리즘은 『즐거운 학문』과 『차라투스트라는 이렇게 말했다』에서 제시한 견해와 충돌한다. 여기에 소개된 내용이 영원 회귀에 대해 취할 수 있는 한 가지 태도라는 사실은 분명하지만, 그것이 니체 자신이 선택한 태도가 아니라는 점 역시 분명한 사실이다. 그는 이런 태도를 거부했으며, 그런 까닭에 이 아포리즘은 『즐거운 학문』이 아닌 유고에 포함되어 있는 것이다. 영원 회귀에 관한 또 다른 기록을 보자.

모든 것이 회귀한다는 것은 생성의 세계가 존재의 세계로 가장 가까이 다가간 것이다. (『힘에의 의지』 504절)

이 기록은 영원 회귀 이론 속에 함축된 어떤 것을 표현하고 있다. 그리고 나는 이 책의 9장에서 영원 회귀 이론을 설명하면서 그러한 가능성을 참작했다. 그러나 니체는 이것을 명시적으로 사유하지 않았고, 그래서 이 내용은 그의 기록에만 남게 되었을 것이다.

1906년에 출판된 『힘에의 의지』의 서문에 실려 있는 구절에 대해서도 똑같은 이야기를 해야 한다. 이 구절은 중도에 포기한 허무주의에 대한 연구의 시작 부분처럼 읽힌다.

> 내가 말하는 것은 다가올 두 세기의 역사이다. 나는 지금 오고 있는 것, 다른 형태로는 올 수 없는 것인 "허무주의의 도래"를 말하고 있는 것이다. 이 역사는 이미 말해질 수 있다. 왜냐하면 필연성 자체가 여기에서 작동하고 있기 때문이다. 이 미래는 이미 수많은 징후들 속에서 말하고 있으며, 이 운명은 이미 모든 곳에서 자신을 알리고 있다. 모든 이가 이미 이 미래의 음악에 귀를 기울이고 있다. 오래 전부터 우리의 유럽 문화 전체는 10년마다 더해 가는 긴장의 고문으로 마치 파국을 향해 나아가는 것처럼 움직여 왔다. 불안하고 난폭하고 매우 조급하게, 마치 종말에 이르기를 원하는 강물과 같이. (『힘에의 의지』 서문 2절)

여기에서도 상황은 마찬가지다. 이 구절의 어떤 부분은 니체 사상의 전체적인 방향 속에 함축되어 있는 것이지만, 그는 "다가올 두 세기의 역사"를 쓰지는 않았다. 곧 그 계획은 폐기된 것들 가운데 하나이다.

특히 "가치의 전도"와 관련한 기록들이 출판작 속의 견해들과 충돌하지 않고 오히려 그것의 발전된 형태인 것처럼 보이는 지점에서, 우리는 니체가 이 기록들을 거부한 것이라는 점을 반드시 기억해야만 한다. 예를 들어, 다음에 소개하는 나폴레옹과 관련한 구절은 매우 유명하다.

> 혁명이 나폴레옹을 탄생시켰다. 이 점이 혁명을 정당화한다. 이와 비슷한 위대한 일이 일어나길 원한다면, 우리는 우리의 문명 전체의 무정부주의적인 붕괴를 원해야 할 것이다. (『힘에의 의지』 877절)

이 구절은 니체가 이것을 쓸 당시에 정상이 아니었거나, 혹은 최대한 에둘러서 말한다면, "위대한 인간들"을 향한 그의 열정이 균형 감각을 넘어서 버렸다는 증거로 인용되곤 했다. 그러나 여기에서 우리는, 합당한 관점에 도달하기 위해 가장 극단적인 것을 포함한 다양한 관점들을 시도해 보는 "실험주의적"인 철학 방법은 필연적으로 "실험"에 실패할 수도 있다는 사실을 다시 한 번 지적해야 한다. 예를 들어 성급하게 내린 결론들이나 근거가 빈약한 추론들 혹은 타당한 통찰을 부조리한 지점까지 몰고 가는 주장들이 나타날 수 있는 것이다. 또 이런 "실험주의적" 철학자의 통찰력은 하나의 "실험"이 성공했는지 실패했는지를 판단할 줄 아는 능력 속에서 드러난다는 점도 언급해야 한다. (니체의 관점에서 봤을 때, 힘의 철학 전체는 성공적인 실험이었다.) 위에서 인용한 아포리즘이 다른 책이 아닌 『힘에의 의지』에 실려 출판됐다는 사실은 니체가 정상이 아니었다는 것을 입증하는 증거가 아니라, 오히려 그 반대이다. 왜냐하면 그는 이 구절을 썼지만 결국엔 그것을 거부했기 때문이다.

『힘에의 의지』의 1,067째 절로서, 힘에의 의지의 보편성을 다루는 다음과 같은 격정적인 구절은 우리로 하여금 분명하게 의식하지도 못하는 사이에 니체의 힘에의 의지 이론을 오해하도록 만든다.

당신들은 "세계"가 나에게 어떤 모습인지 아는가? 그것을 나의 거울에 비추어 당신들에게 보여 주어도 될까? 이 세계. 끝도 없고 시작도 없는 막대한 크기의 에너지. 더 커지거나 더 작아지지 않으며, 소모되지도 않고 오직 형태만 바뀌며, 전체에 있어 그 양이 불변하고, 확고하며, 파괴되지 않는 막대한 양의 에너지. 지출이나 손실이 없지만 마찬가지로 수입이나 증가도 없는 언제나 일정한 규모의 가계家計. "무"에 둘러싸여 있으며, 흘러가 버리거나 사방으로 흩어져 버리는 어떤 것도 아니고, 끝없이 확장되는 어떤 것도 아니며, 여기저기 "비어" 있을 수도 있는 공간이 아니라 전체가 에너지인, 한정된 공간 안에 놓인 한정된 양의 에너지. 하나인 동시에 다수이며, 여기에서 증가하는 동시에 저기에서는 감소하는 에너지와 에너지의 파동의 유희인 것. 엄청난 세월 동안 회귀하면서 자신 안에서 사납게 휘몰아치고 밀려들며, 영원히 움직이고 영원히 되밀려 오는 에너지의 대양. 형태가 밀려오고 물러가면서 가장 단순한 것에서 가장 복잡한 것으로, 가장 조용한 것, 가장 단단한 것, 가장 차가운 것에서 가장 활활 타오르는 것, 가장 거친 것, 가장 모순적인 것으로 전진해 가며, 그리고는 다시금 충만한 것에서 단순한 것으로, 모순의 유희에서 조화의 즐거움으로 되돌아오는 것. 이렇게 전적으로 동일한 스스로의 궤도와 시간을 지나면서도 자기 자신을 긍정하며, 영원히 회귀하지 않을 수 없는 것으로서, 어떤 포만감, 어떤 권태, 어떤 피로도 모르는 생성으로서 자기 자신을 축복하는 것. 이것이 바로 영원히 자기 창조적이고 영원히 자기 파괴적인 나의 디오니소스적 세계, 두 겹의 환희로 이루어진 이 불가사의한 세계, 순환의 즐거움을 빼고는 어떤 목적도 없이 그 자신만이 목적인 것, 스스로에 대한 선의 외에는 다른 어떤 의지도 없는 나의 "선악의 저편"이다. 당신은 이 세계에 하나의 이름을 붙이기를 원하는가? 이 모든 수수께끼에 대한 한 가지 해답을? 너희들, 가장 숨겨진 자들이며, 가장 강력하며 가장 대담한 자들, 가장 깊은 밤중인 자들인 너희들을 위한 한 줄기 빛을? 이 세계는 바로 힘에의 이지이다. 이것 외에는 없다! 그리고 당신들 자신이 또한 힘에의 의지이다. 이것 외에는 없다!

겉보기에는, 이 구절은 힘의 철학이라는 원리를 가장 넓은 영역에까지 확대 적용함으로써 완성한 것처럼 보인다. 그러나 실제로는 힘의 철학을 관찰 가능한 현상의 영역 바깥으로 가져감으로써 무효화하고 있다. 니체의 힘에의 의지와 쇼펜하우어의 의지를 가장 근본적인 차원에서 구분하는 것은, 전자는 관찰에서 도출한 결론인데 반해, 후자는 독일 형이상학의 전제들에 근거를 둔 공리라는 점이다. 그러나 위의 구절에서 힘에의 의지는 "물질주의적"인 특징을 가졌다는 점에서만 쇼펜하우어의 의지와 구별되는 보편적인 실체로 축소되고 만다.

유고를 구성하는 두 가지 유형의 자료들에 대한 지금까지의 예시가 그 자료들을 사용하는 방법을 제시했기를 바란다. 출판된 저작들에 대한 올바른 지식이 없는 상황에서 이 자료들을 부주의하게 인용했을 때, 이것들은 혼란과 오류를 일으킬 것이다. 다시 말해, 현명하게 읽었을 때만 이 자료들은 니체의 작업 방식과 그의 사상의 진행 과정을 유용하게 통찰할 수 있게 할 것이다.

니체의 타자기

15

시인으로서

예술가들은 끊임없이 찬양한다. **그들은 그것 말고는 아무것도 하지 않는다. 그들은 인간으로 하여금 스스로를 선한 자, 위대한 자, 도취된 자, 기뻐하는 자, 행복한 자, 현명한 자로 느끼게 만든다고 알려진 모든 사물과 상태들을 찬양한다.** (『즐거운 학문』 85절)

- 1 -

니체는 말년에 이르러서도 시 쓰기를 중단하지 않았다. 그가 운문에서 거둔 성과는, 산문에서 성취한 것과는 비교가 되지 않지만, 앞에서 소크라테스와 헤라클레이토스라고 불렀던 그의 개성의 두 측면이 표현되어 있다는 점에서 중요한 의미를 가진다. 한쪽 극단에는 짧은 경구 형식의 단편들이 있는데, 대표적인 것으로는 『즐거운 학문』의 서곡을 들 수 있다. 다른 쪽 극단에는 무정형의 『디오니소스 송가』가 있다. 이 두 극단을 연결하는 공통점은 강한 운율과 압운을 사용한 형식이다. 이 형식은 그의 초기 문체에서 발전한 것으로, 소크라테스적 태도와 헤라클레이토스적 태도를 모두 표현할 수 있다.

짧은 경구 형식의 운문은 기존의, 제목이 달린 한 문장짜리 아포리즘 형식에 음의 강약 및 동음의 반복을 활용한 운율이 추가된 것이라고 할 수 있다. 제목이 달린 한 문장짜리 아포리즘이 최초로 등장한 것은 『인간적인 너무나 인간적인』의 두 개의 부록이다.

훌륭한 결혼에 대한 시험. 결혼은 한 번의 특별의 "예외"를 참아 낸 뒤에야 훌륭한 결혼으로 증명된다.(『인간적인 너무나 인간적인』 402절)[1]

진리의 적들. 확신은 거짓보다 더 위험한 진리의 적이다.(『인간적인 너무나 인간적인』 483절)

고상한 위선. 자신에 대해 전혀 말하지 않는다는 것은 아주 고상한 형태의 위선이다.(『인간적인 너무나 인간적인』 505절)

나쁜 기억력. 기억력이 나쁘다는 것의 이점은 좋은 것을 여러 번 즐겨도 늘 처음처럼 즐길 수 있다는 점이다. (『인간적인 너무나 인간적인』 580절)

인간의 겸손. 인간으로 하여금 삶이 좋은 것임을 깨닫게 하기 위해서는 아주 적은 쾌락만으로도 충분하다. 인간은 얼마나 겸손한가!(『방랑자와 그의 그림자』 15절)

기계 시대의 전제들. 인쇄기, 기계, 철도, 전신은 그것이 앞으로 천 년 동안 미칠 영향에 대해 아직 아무도 감히 결론을 도출하지 못한 전제들이다. (『방랑자와 그의 그림자』 278절)

가장 위험한 당원. 가장 위험한 당원이란 그가 탈당하면 당 전체가 무너질 수도 있는 당원이다. 따라서 가장 훌륭한 당원이 가장 위험한 당원이다. (『방랑자와 그의 그림자』 290절)

아포리즘이라는 형식의 목적은 간결함을 통해 사람들이 기억하기 쉽게 만드는 것이다. 니체는 그의 작품들 가운데서 가장 간결한 작품인 『우상의 황혼』에서 아포리즘의 어휘 수를 거의 절대적으로 줄인다.

우리 중에 가장 용감한 자라도 자신이 실제로 알고 있는 것을 행할 용기는 좀처럼 가지고 있지 않다. (『우상의 황혼』 1장 2절)

삶의 사관학교에서. 내가 죽지 않고 견뎌 내는 그것이 나를 더욱 강하게 만든다. (『우상의 황혼』 1장 8절)

"독일 정신." 18년 동안 하나의 형용 모순. (『우상의 황혼』 1장 23절)

나의 행복에 관한 공식. 하나의 긍정, 하나의 부정, 하나의 직선, 하나의 목표…. (『우상의 황혼』 1장 44절)

그러나 음의 강약 및 동음 반복을 활용한 운율 역시 기억하기 쉬운 아포리즘을 만드는 데 기여한다. 1880년대에 쓴 몇십 개의 짧은 운문 형태의 아포리즘들은 음의 강약과 동음의 반복을 활용하고 있다. (이 장에 실린 시들의 독일어 원문은 "주석"의 15장 맨 마지막에 따로 실어 놓았다. – 편집자)

춤추는 자에게는^{Für Tänzer}

미끈한 빙판은

하나의 천국

멋지게 춤출 줄 아는 자에게는. (『즐거운 학문』 서곡 13절)

위를 향하여^{Aufwärts}

"어떻게 하면 산에 잘 올라갈 수 있을까?" –

그저 위로 올라가라, 그리고 그것에 대해 생각하지 말아라!(『즐거운 학문』

서곡 16절)

나의 이웃^{Der Nächste}

나는 옆집에 사는 이웃을 좋아하지 않는다.

저 멀리 높은 곳으로 그를 쫓아 버려라!

그렇지 않으면 그가 어떻게 나의 우상이 될 수 있겠는가? (『즐거운 학문』

서곡 30절)[2]

경구의 세련됨은 좀더 상투적으로 쓴 시편들에서도 드러나는데, 초기 작품들 가운데 「고향 없이」와 「미지의 신에게」[3]를 그 예로 들 수 있다. 1880년대에 쓴 작품들 가운데 좋은 예로는 『인간적인 너무나 인간적인』의 제2판에 추가된 「친구들 사이에서^{Unter Freunden}」이다.

> 침묵 속에 함께 있는 것은 아름답다.
> 웃음 속에 함께 있는 것은 더욱 아름답다.
> 비단결 같은 하늘 지붕 아래
> 이끼와 너도밤나무에 기대어
> 친구들과 즐거이 웃는 것
> 하얀 이를 드러내면서….

그러나 니체는 『즐거운 학문』을 집필하던 시기에 자신의 격정적인 감정을 표현하기 위한 수단으로 이런 운문 형식을 더 많이 사용하기 시작했다. 「메시나에서의 전원시」(1882년, 『즐거운 학문』의 제2판에 부록으로 통합됨)와, 같은 시기에 쓴 다른 시편들에는 열광적이고 무아지경에 빠진 듯한 경향이 매우 두드러지게 나타난다. 예를 들면, 「새로운 바다를 향해^{Nach neuen Meeren}」가 그러하다.

> 저기로 나는 갈 것이다. 그리고 이제부터 나는 믿는다.
> 나 자신과 나의 조종술을.
> 앞에는 대양이 펼쳐져 있고, 그 푸른 바다 속으로
> 나의 제노바 호^號는 나아간다.

> 모든 것이 새롭게, 더 새롭게 반짝인다.
> 정오가 시간과 공간 위에 잠들어 있다.
> 오직 너의 눈만이 무시무시하게

나를 응시한다. 무한함이여! (『즐거운 학문』 부록 12절)

「북서풍에게An den Mistral」라는 시에서도 그런 경향이 나타나는데, 특히 이 시는 빠르게 내닫는 운율의 교과서적인 전형을 보여 준다.

북서풍, 너 구름의 사냥꾼이여,

고통을 없애는 자여, 하늘의 청소부여,

거세게 몰아치는 자여, 내가 너를 얼마나 사랑하는지!

우리 둘은 한 자궁의 첫 열매가 아닐까?

우리에겐 영원토록 하나의 운명이

예정되어 있지 않을까?

여기 평탄한 돌길 위에서

나는 달린다, 너를 향해, 춤추면서,

너의 피리 소리와 노래 소리에 맞춰 춤추면서.

배도 없고 노도 없이 너는

가장 자유로운 자유의 형제로서,

광포한 대양을 뛰어넘는다…. (『즐거운 학문』 부록 14절)

이러한 시들 속에서 나타나는 경향은 『차라투스트라는 이렇게 말했다』의 시기를 지나면서 더욱 강화되어, 거의 신비주의적인 황홀경을 드러내는 「높은 산에서Aus hohen Bergen」라는 시에 이르러서는 절정에 달한다.

오! 생명의 정오여! 제2의 청춘이여!

오 여름 정원이여!

서서 바라보고 기다리는 가운데 넘쳐나는 기쁨이여!

밤낮으로 나는 친구를 기다린다. 새로운 친구를!

빨리 오라! 때가 되었다! 때가 되었다!

이 노래가 끝난다. 갈망의 달콤한 외침이

입 속에서 사라졌다.

마술사가 한 일이다. 정확한 시간에 온 친구,

정오의 친구. 아니! 그가 누구인지 묻지 마라.

정오였다. 하나가 둘이 되었던 순간은….

이제, 하나가 된 승리를 확신하며 우리는 즐긴다.

축제 중의 축제를.

친구 차라투스트라가 왔다, 손님 중의 손님이!

이제 세상은 기뻐하고, 끔찍한 장막은 찢겨진다.

빛과 어둠의 결혼식 날이 찾아왔다….

(『선악의 저편』 후곡의 마지막 부분)

「높은 산에서」라는 이 시는 그 안에 담긴 감정의 거센 압력으로 운문의 형식과 압운이라는 속박을 깨뜨리고 자유시로 나아가기 일보 직전에 있다. 실제로 니체가 채택한 최종적인 운문 형태는 음의 고저를 활용한 운율을 제외한 모든 조직화 원리를 버리는 것이었다.

조용히 하라!

나는 위대한 것을 보고 있다! 위대한 것에 대해서는,

사람들은 침묵하거나

아니면 큰 소리로 말해야 한다.

큰소리로 말하라, 나의 즐거움에 들뜬 지혜여!

나는 올려다보고 있다

거기에는 빛의 바다가 넘실거리고 있다

오, 밤이여, 오, 침묵이여, 오, 죽음처럼 고요한 소란이여!

나는 표시를 본다.

아득히 먼 곳에서

별자리 하나가 반짝이며 서서히 내게로 떨어진다…. (『디오니스소 송가』

8장 "명성과 영원" 3번)

10년이 흘렀다.

한 방울의 물도 내게 떨어지지 않았다.

습기 찬 바람도, 사랑의 이슬도.

비가 내리지 않는 땅….

나는 이제 나의 지혜에게 간청한다.

이 메마름 속에서 너무 인색해지지 않기를,

스스로 흘러넘치고 스스로 이슬을 떨구기를,

이 누런 황야에 비처럼 내리기를! (『디오니소스 송가』 9장 "가장 부유한 자의

가난에 대하여"중에서)

그러나 이처럼 산문과 운문의 경계가 모호해지는 특징이 후기에 처음 나타난 것은 아니다. 니체는 거의 모든 저작에서 고도로 산문적이면서도 "시적"인 형태의 글을 썼다. 그 예로 『인간적인 너무나 인간적인』 292절을 들 수 있다.

만일 너의 눈이 너의 존재와 너의 지식이라는 어두운 우물의 깊은 바닥을 들여다볼 수 있을 정도로 강하다면, 너는 그것에 비추어서 미래 문화의 먼 성좌까지도 보게 되리라. 너는 생각하는가? 그런 목표를 가진 삶이 안락함이라고는 전혀 없는 고단한 삶이라고? 그렇다면 너는 어떤 꿀도 인식의 꿀보다 달지는 않다는 것, 네 머리 위에 드리운 고뇌의 구름이 너의 원기를 회복할 우유를 짜내는 젖가슴이 되어야 한다는 것을 아직 배우지 못한 것이다.

그리고 『아침놀』을 마무리 짓는 다음의 아포리즘에서도 나타난다.

우리, 정신의 비행사들! 멀리, 가장 먼 곳까지 날아오르는 모든 용감한 새들. 그것들은 분명 어느 곳에선가는 더 이상 앞으로 나아가지 못하고 돛대 위나 험한 벼랑 끝에 내려앉을 것이다! 그리고 그들은 이런 초라한 쉴 곳조차 매우 고마워할 것이다! 그러나 이런 사실 때문에 그들 앞에 광대하게 열린 우주가 없다거나, 그들이 이미 날 수 있는 한 가장 먼 곳까지 간 것이라고 생각할 사람이 누가 있을까? 우리의 모든 위대한 스승과 선조들은 결국 멈춰 서고 말았다. (…) 당신과 나도 그렇게 될 것이다. 그러나 그것이 당신과 내게 무슨 상관이란 말인가! 다른 새들은 더 멀리 날 것이다! 우리의 이런 통찰과 신념은 우리의 머리 위로, 우리의 무력함 위로 높이 날아올라 먼 곳을 내다보며, 저 앞에 있는 한 무리의 새들을 바라본다. 우리보다 훨씬 강한 그 새들은 우리가 가려 했던 곳으로 여전히 가고 있다. 사방이 온통 바다, 바다, 바다인 곳에서! 그렇다면 우리는 어디로 가고자 하는가? 바다를 건너고자 하는가? 이 강렬한 욕망, 우리에게 다른 어떤 쾌락보다 소중한 이 욕망은 우리를 어디로 끌고 가는가? 왜 하필 지금껏 인류의 모든 태양이 저물었던 그 방향인가? 언젠가 사람들은 우리에 대해 이렇게 말하게 될 것인가? 우리 역시 서쪽으로 나아가면서 인도에 도달하길 바랐다고. 그러나 무한에 부딪쳐 난파되는 것이 우리의 운명이었다고. 그게 아니라면, 나의 형제들이여? 그게 아니라면? (『아침놀』 575절)

니체는, 종종 "산문시"라고도 불리는 『차라투스트라는 이렇게 말했다』를 가장 산문적인 산문에서부터 압운을 맞춘 운문에 이르기까지 다양한 형태로 썼다.[4] 그리고 많은 구절들은 자유시 같은 인상을 풍기도록 썼다. 심지어는 한 장 전체가 그런 곳도 있다. 이런 구절들은 다음과 같이 자연스럽게 자유시의 형태로 재배치될 수 있다. 또 이렇게 했을 때 이 구절들에서 표현된 음의 높고 낮은 흐름이 좀더 분명하게 들리게 된다.

무화과가 나무에서 떨어진다, 무화과는 좋고 달다.
무화과가 떨어지면서 붉은 껍질이 터진다.
나는 무르익은 무화과를 떨어뜨리는 북풍이다. (『차라투스트라는 이렇게 말했다』 2부 2장)

밤이다.
지금 솟아오르는 모든 샘은 더 큰 소리로 말한다.

나의 영혼 또한

솟아오르는 샘이다.

밤이다.

바로 지금 모든 연인들의 노래가 깨어난다.

나의 영혼 또한

연인들의 노래다. (『차라투스트라는 이렇게 말했다』 2부 9장)

"저기 무덤의 섬이 있다, 적막한 섬이.

저기 내 청춘의 무덤들도 있다.

나는 그곳으로 시들지 않는 생명의 화환을 가져가리라."

마음속으로 이렇게 다짐하면서

나는 바다를 건넜다. (『차라투스트라는 이렇게 말했다』 2부 11장)

오, 그대 나의 의지여! 모든 곤란을 바꾸는 자여!

나의 필연성이여!

나를 모든 사소한 승리들로부터 지켜다오!

내가 운명이라고 부르는 그대, 내 영혼의 섭리여!

내 안에 있는 자여! 내 위에 있는 자여!

하나의 위대한 운명을 위해 나를 지키고 아껴다오! (『차라투스트라는 이렇게

말했다』 3부 12장 30절)

쉿! 쉿! 지금 막 세계가 완성되지 않았는가?

내게 도대체 무슨 일이 일어났는가?

부드러운 바람이 보이지 않게

매끄러운 바다 위에서 춤추듯

가볍게, 깃털처럼 가볍게,

그렇게 잠은 내 위에서 춤추고 있다. (『차라투스트라는 이렇게 말했다』 4부
10장)

이와 같은 산문에서 조금만 더 나아가면 『디오니소스 송가』에서 나
타나는 자유시가 탄생한다. 그러나 이 시들 대부분이 위에서 인용한 두
개의 시만큼 성공적이지 못한 이유는 니체가 스스로에게 허용한 과도
한 자유 때문일 것이다. 특히 『차라투스트라는 이렇게 말했다』의 4부에
포함된 것들은 통제력의 부족을 드러내고 있으며, 그의 정신이 붕괴된
후 출판된 비슷한 형식의 무수한 단편들에서 엿보이는 질적 저하는 그
가 운율의 사용을 통한 시적 절제를 상실하고 있음을 말해 준다. 그러
나 그가 쓴 최고의 시들 가운데 하나는 그가 마지막에 썼던 작품들 속
에 있다. 그것은 엄격하게 제어된 한 편의 자유 서정시이다. 그는 이 시
속에서 한데 모인 저 모든 디오니소스의 소망-꿈들보다 자신에 대한
본질적인 진실을 더 많이 들려준다.

얼마 전 나는 어스름한 저녁에

다리 위에 서 있었다.

멀리서 노랫소리가 들려 왔다.

황금빛 물방울 하나가

흔들리는 수면 위로 흘러 내렸다.

곤돌라, 불빛, 음악,

취하여 황혼 속으로 헤엄쳐 갔다….

내 영혼은 현악기,

보이지 않는 손길에 스쳐,

나지막이 곤돌라의 노래를 불렀다.

찬란한 행복에 몸을 떨면서.

누군가 귀 기울여 들었을까? (『이 사람을 보라』2장 7절)

게오르크 브란데스

16

토리노에서의 그날

나의 벗들이여! 너희에게 내 마음을 모두 털어놓으리라. 만일 신들이 존재한다면, **어떻게 나는 내가 신이 아니라는 사실을 견딜 수 있겠는가!** 그러니 **어떠한 신도 존재하지 않는다. 진정 나는 이렇게 결론을 내렸다. 그러나 이제는 그 결론이 나를 끌고 간다.** (『차라투스트라는 이렇게 말했다』 2부 2장)

- 1 -

1889년 1월 3일 아침에 니체는 하숙집에서 나오다가 카를로 알베르토 광장에 있는 마차 대기소에서 한 마부가 말을 때리는 장면을 보았다. 그는 외마디 비명을 지르며 광장을 가로질러 달려가 그 말의 목을 껴안았다. 그는 곧 정신을 잃고, 고통받는 말을 껴안은 채 땅바닥에 쓰러졌다. 사람들이 몰려들었고, 그 광경을 보러 왔던 하숙집 주인이 니체를 발견하고는 집으로 옮겼다. 그는 오랫동안 의식을 찾지 못했다. 그리고 깨어났을 때는 더는 예전의 그가 아니었다. 처음에는 노래를 부르고 고함을 치고 피아노를 쾅쾅 쳐 댔다. 이미 의사를 불러놓은 하숙집 주인이 경찰까지 부르겠다고 협박을 하자 그는 조용해졌고, 곧 유럽 여러

나라의 법정들과 그의 친구들에게 자신이 디오니소스이자 십자가에 못 박힌 자로서 왔음을 알리는 그 유명한 일련의 편지들을 쓰기 시작했다. 그가 얼마나 많은 사람들에게 편지를 썼는지는 확실하게 알려져 있지 않다. 그는 공직자들에게 보낸 편지에서 "십자가에 못 박힌 자"인 자신이 "화요일"(1월 8일)에 로마에 갈 예정이며, 그곳에서 유럽의 왕자들과 로마의 교황이 한데 모이는 자리를 마련할 것이라고 알렸다. 이런 내용을 담은 편지가 바티칸의 대신에게 전달되었다. 그러나 호엔촐레른 가문(독일의 명문 왕족으로 13세기부터 브란덴부르크와 프로이센의 왕가였으며, 1871년에 빌헬름 1세가 독일 제국의 황제로 즉위하자, 그 해부터 1918년까지 독일 제국의 왕족으로 군림했다. - 옮긴이)은 배제할 예정이었으며, 독일의 다른 왕자들에게는 그들과는 아무것도 하지 말라는 충고를 했다. 그에게 독일 제국은 여전히 독일 문화의 적이었던 것이다.

페터 가스트에게는 단 한 줄의 편지를 보냈다.

나의 거장 피에트로에게. 내게 새로운 노래를 들려 주게. 세상이 환해졌고 만물이 즐거워하고 있네. 십자가에 못 박힌 자가.

브란데스에게는 조금 더 긴 편지를 보냈다.

당신이 나를 처음 찾아온 이후로 나를 찾는 것은 어려운 일이 아니었습니다. 지금 어려운 일은 나를 잃어버리는 것입니다. (…) 십자가에 못 박힌 자가.

스트린드베리, 말비다, 뷜로, 카를 슈피텔러, 로데 그리고 그 밖의 다른 많은 사람들에게도 편지를 보냈다. 코지마도 한 줄의 편지를 받았다.

아리아드네, 당신을 사랑하오. 디오니소스.

부르크하르트 역시 디오니소스로부터 편지를 받았고, 곧이어 1월 6일에는 여백까지 빡빡하게 채운 넉 장의 긴 편지를 받는다.

최후에 저는 신이 아니라 바젤 대학의 교수로 기꺼이 살았습니다. 그렇다고 제가 세상의 창조를 소홀히 할 정도로 개인적인 이기주의를 고수한 것은 아니었습니다. 선생님께서도 인정하겠지만, 인간은 어디에서 어떤 모습으로 살든 반드시 희생을 치러야 합니다. (…) 저는 학생용 코트를 입고 돌아다니면서 이 사람 저 사람의 어깨를 건드리며 이렇게 말합니다. "잘 되어 가나? 나는 신이야. 이 우스꽝스러운 연극은 내가 만든 거라고." (…) 아리아드네 (…) 코지마 부인을 위해 남겨둔 것. (…) 가끔씩 마술 같은 일이 일어납니다. (…) 저는 카이아파스(유대의 대제사장으로 예수에게 유죄를 선고한 뒤, 로마의 필라테 총독에게 넘긴 장본이다. - 옮긴이)를 쇠사슬로 묶어 놓았습니다. 저 또한 작년에 독일 의사들에 의해 길게 잡아 늘여져 십자가에 못 박혔습니다. 빌헬름과 비스마르크 그리고 모든 반유대주의자들이 제거되었습니다. 저를 향한 바젤 시민들의 존경을 떨어뜨리지만 않는다면 이 편지를 어떤 용도로 사용하셔도 좋습니다.

부르크하르트는 이 편지를 니체의 가까운 친구라고 알고 있던 오버베크에게 가져갔고, 그는 이 편지가 광기까지는 아니더라도 정신의 불균형 상태에서 나온 것임을 알아보았다. 그는 즉시, 니체에게 바젤로 돌아오라고 간청하는 편지를 썼다. 그런데 그 이튿날인 7일에 오버베크 앞으로도 토리노에서 보낸 편지가 배달됐다.

지금까지 자네는 내가 돈을 갚을 능력이 없다고 생각해 왔지만, 나는 빚은 갚는 사람이라는 것을 증명해 보이고 싶네. 예를 들면 자네에게 (…) 나는 방금 모든 반유대주의자들을 사살해 버렸다네. (…) 디오니소스.

오버베크는 곧장 바젤의 정신과 의사인 빌레를 찾아가 이 두 장의 편지를 보여 주었다. 빌레는 가능한 한 빨리 니체를 요양원으로 옮겨야 한다고 충고했다. 오버베크는 그날 바로 토리노로 떠났다. 그리고 8일 오후에 니체의 하숙집에 도착했다. 하숙집은 소란스러웠다. 오버베크는 니체가 또다시 노래를 부르고 피아노를 치면서 소동을 일으키자, 집주인이 막 경찰을 부르려던 참에 도착한 것이다. 오버베크는 말 그대로 "니체의 상태 외에는 다른 어떤 방해도 받지 않으면서 그를 조용히 데리고 나갈 수 있는 최후의 순간"에 도착한 셈이다.[1] 오버베크가 그 집 안에 들어섰을 때, 니체는 한 구석에서 『니체 대 바그너』의 교정쇄를 읽고 있었다. (혹은 읽고 있는 것처럼 보였다.) 그는 옛 친구를 알아보고는 격렬하게 껴안으며 눈물을 흘렸다.

이튿날 오버베크는 간병인의 도움을 받아 니체를 기차역까지 데리고 간 후, 그를 설득하기도 하고 거짓말로 둘러대기도 하면서 무사히 기차에 태웠다. 그들은 10일에 바젤에 도착했고, 니체는 빌레의 병원으로 옮겨진 후 17일까지 거기에 있었다. 그의 몸은 과거의 어느 때보다 건강했으나, 행동은 정신의 완전한 붕괴를 드러내고 있었다. 빌레는

"진행성 마비"라고 진단을 내렸다. 그리고 이 진단은 옳았다.[2]

14일에 니체의 어머니가 그를 보러 왔다. 그는 어머니를 알아보았고, 갑자기 "내게서 토리노의 군주를 보라"고 하며 소리 지르기 전까지는 가족 문제에 대해 매우 정상적인 대화를 나누었다. 니체의 어머니는 그를 나움부르크로 데려가고자 했지만, 빌레가 완강히 반대했다. 니체의 상태로 볼 때, 지속적인 감시와 때로는 감금까지도 필요했는데, 이런 조치들은 집에서는 불가능했기 때문이다. 빌레는 집에서 가까운 곳에 있는 병원으로 옮기는 게 어떻겠냐는 절충안을 내놓았다. 오버베크는 예나 대학병원의 원장인 오토 빈스방어에게 편지를 보내 니체가 그곳에 입원할 수 있는지 물었다. 빈스방어가 이를 수락하자, 니체는 17일에 의사와 간병인, 어머니의 보호를 받아 기차를 타고 예나에 있는 병원으로 옮겼다. 그는 처음에는 조용히 있었지만, 프랑크푸르트에 도착하기 직전에 갑자기 어머니에게 미친 듯이 화를 내기 시작했다. 그리고 나머지 여행 기간 내내 들뜬 상태에서 시끄럽게 소란을 피웠다. 그들은 18일에 예나에 도착했고, 그날 오후 니체는 정신병원에 수용되었다.

바젤에 돌아온 오버베크는 친구의 미래에 대해 매우 비관적으로 생각했다. 그는 11일에 가스트에게 편지를 보내면서 "이처럼 참담한 붕괴의 광경은 처음 보네."라고 썼다. 그 후, 20일에 보낸 편지에서는 니체를 정신병원에 의탁하는 것보다는 그의 목숨을 빼앗는 것이 "진정한 우정일지도 모르겠다"고 쓴다.[3]

나는 하루 빨리 그의 삶이 마감되기를 바랄 뿐 다른 소망은 없네. 나는 이것을 아무런 주저함 없이 말할 수 있네. 최근의 며칠을 나와 함께 보낸 사람이라면 누구라도 이런 심정을 느꼈을 거네. 니체는 완전히 끝났네!

IV

Nietzsche
1889년~1900년

—

이 책은 소수의 사람들만을 위한 것이다. 아직도 그들 중
누구도 존재하지 않을지도 모른다. 그들은 나의 차라투스
트라를 이해한 자들일 것이다. 어떻게 내가 오늘날의 사람
들이 이해할 수 있는 자들과 혼동될 수 있겠는가? 오직 모
레만이 내게 속한다. 몇몇 사람들은 자신의 사후에 태어난
다. (『안티크리스트 서문』)

—

어머니 프란치스카와 함께 찍은 사진(1891년)

17

니체의 죽음

(…) 그는 오해받을 것이며, 그가 혐오하는 세력들의 동맹자로 오랫동안 간주될 것이다. (『반시대적 고찰』 3편 4절)

- 1 -

니체의 삶에 대한 이야기에 이어 그의 죽음에 대한 이야기가 덧붙여져야 한다. 그가 죽음에 이른 것은 정신적으로 붕괴된 지 11년이 지난 후였으며, 그 11년 동안 그는 전설적인 인물이 되었다. 사람들이 이해할 수 없는 세계에 머물면서, 살아 있되 죽은 것과 다름없는 삶을 살았던 이 무렵의 모습은 환상과 비합리주의에 점점 더 빠져들던 독일 민족의 신화 구성 능력을 위험스러울 정도로 자극했다. 나치주의자들이 바이마르에 기념관을 세우면서 기렸던 그 니체는 엄밀히 말해 광인이었다. 니체는 생의 마지막 11년 동안 한 명의 이상적인 철학자이자 천재적인 작가에서 모든 인격적 특성을 결여한 사람을 변해 갔던 것이다. 그러나 이 철학자가 매독임에 분명한 병으로 쓰러졌으며, 광인들이 겪는 전반적인 마비 상태에 빠져들고 있다는 엄연한 현실은, 독일 제국이 출범할 때부터 그 위를 떠돌던 혼란, 자기 기만, 알아듣기 힘든 말들의 안개 속에서 사라져 버렸다(니체는 일찍이 이 안개를 주의하라고 끊임없이 소리 높여 경고했다). 그 결과 마침내 슈테판 게오르게가 만든 "서클"의 저명한 회원이었던 에른스트 베르트람은 니체의 광기를 "신화적인 것에로의 고양", 더 높은 상태로의 "위풍당당한 이행"이라고 부르기에 이르렀다.[1] 니체의 삶과 작품은 제거됐고, 바그너와의 불화는 지워졌으며, 독일 제국에 대한 그의 적대감은 사소한 것으로 치부됐다. 니체는 "그가 혐오하는 세력들의 동맹자"가 되었다.(『반시대적 고찰』 3편 4절) 그리고 이런 과정은 여기에서 그치지 않았다. 니체는 그가 처음부터 반대해 왔던 운동, 곧 반유대주의, 인종과 국가에 대한 숭배, 반이성적인 나치주의의 궁극적인 계승자로 간주됐다. 제2차 세계대전이 끝날 무렵에 버트런드 러셀은 "그의 추종자들이 전성기를 누렸다"고 썼다.[2] 이러한 어투도 널리 퍼졌던 오해만큼이나 영국적인 것이다.

물론 니체가, 이야기와 신화를 꾸며 내던 당시의 독일 민족의 경향에 어느 정도 영향을 받았다는 것은 부정할 수 없다. 그러나 이와 동시에 그가 그러한 경향들에 맞서 싸웠다는 점, 그리고 그의 반독일주의는 사실 내부의 갈등이 외부로 분출된 것에 다름 아니었다는 점이 반드시 언급되어야 한다. 그는 위험을 내다보았으며, 『반시대적 고찰』의 1편에서 그 위험을 경고했다. 거기에서 그는 프랑스와의 전쟁에서 이룬 최근의 승리가 결국엔 "'독일 제국'을 위해 독일 정신이 패배하는 상황, 심지어 소멸되는 상황"을 가져올 것이라는 우려를 나타냈다.(『반시대적 고찰』 1편 1절) 그리고 마침내 그는 자신이 우려한 일이 현실이 됐다고 생각했다.

"독일이여, 가장 위대한 독일이여"가 독일 철학의 종말은 아니었는지 두렵

다. (『우상의 황혼』 8장 1절)

정신적인 붕괴 이후 무력해진 니체는 언제나 자신보다는 푀르스터
와 더 비슷했던 엘리자베트의 손에 맡겨졌으며, 그 다음에는 튜턴족의
신화를 만들어 냈던 무리들의 손에 맡겨졌다. 나치 시대에 이르러, 문
화와 이념 영역으로까지 확장된 "탁월한 선조"를 발굴하는 작업에 "질
스마리아의 은둔자"가 쉽게 발견될 수 있었던 것은 엘리자베트의 준비
덕분이었다. 또 니체 문서보관소를 만들기 위해 바이마르에 세운 니네
비테 건물은 엘리자베트의 수고에 대한 감사의 표시일 뿐 아니라 독일
학술계 전반의 침묵과 공모에 대한 감사의 표시이기도 했다.[3] 그러나
이 모든 것은 말할 필요도 없이 니체 자신과는 아무런 상관이 없다. 이
것은 니체의 삶이 아니라 죽음과 관련된 이야기에 속한다.

니체가 예나 병원에 입원할 당시의 상황은 1월 19일에 작성된 담당
의사의 보고서를 통해 알 수 있다.[4]

환자는 여러 차례 정중하게 인사를 하면서 우리를 따라 입원실에 도착했다.
그는 천장을 응시하면서 당당하게 병실 안을 여기저기 걸어 다녔다. 그러
고 나서 우리에게 "성대한 환영식"을 열어 주어 고맙다고 말했다. 그는 자
신이 어디에 있는지 몰랐다. 어느 때는 자기가 나움부르크에 있다고 생각하
며, 또 어느 때는 토리노에 있다고 생각했다. (⋯) 그는 꾸민 듯한 어조로 과
장된 표현을 사용하면서 끊임없이 이야기하고 몸짓을 했다. (⋯) 그는 말하
는 동안 계속 얼굴을 찡그렸다. 밤에도 그는 거의 쉬지 않고 앞뒤가 맞지 않
는 말을 계속 주절거렸다.

1889년 내내 니체는 거의 이런 상태였다. 가끔은 거의 정상적인 모습을 보이기도 했고, 종종 무의미한 말을 했으며, 때로는 폭력적으로 변했지만, 몸은 그런대로 건강했다. 1890년 초에 가스트가 예나를 방문했는데, 그는 카를 푹스에게 보내는 편지에서 니체와 만났던 순간을 다음과 같이 적고 있다.

그는 나를 곧장 알아보고는 나를 껴안더니 키스를 했습니다. 나를 만나는 것을 굉장히 기뻐했지요. 그리고 내가 실제로 거기 있다는 것을 믿을 수 없다는 듯이 나의 손을 연신 흔들었습니다.[5]

가스트는 니체와 오랫동안 산책을 하면서, 그를 주의 깊게 관찰했다. 이따금씩 가스트는 완치가 임박했다고 느꼈다. 그러나 또 다른 때에는 "끔찍하게도, 니체가 미친 척하면서 이렇게 생이 마감되는 것을 즐기고 있는 것처럼 보였다." 그 전 해에 니체를 방문했던 오버베크도 이와 비슷한 느낌을 받았다고 적고 있다. 그러나 이 두 경우는 모두 다른 식으로는 설명할 수 없는 니체의 특이한 표정 때문이거나, 어쩌면 정신 이상에 동반되는 "무언가를 가장하고 있는 것처럼 가장하는" 몇몇 표정 때문임에 틀림없다. 오버베크는 1890년 2월에도 예나에 찾아와 한 달 동안 머물면서, 가스트와 번갈아 가며 니체의 산책에 동행했다. 그의 말에 따르면, 이때 니체는 1888년 말 이후로 자신에게 무슨 일이 일어났는지를 전혀 기억하지 못하고, 자신의 상태나 자신이 어디에 있는지를 전혀 알지 못한다는 점만 빼고는 대체로 정상적인 대화를 나누었다고 한다.

이 시기에 프란치스카는 아들의 상태가 허락할 때마다 그를 방문하곤 했다. 그리고 2월 중순에는 아들과 가까이 있기 위해 예나에 작은 집을 마련했다. 그녀의 유일한 바람은 그를 퇴원시켜서 자신이 직접 보살피는 것이었다. 그러나 병원측은 환자가 더는 치유될 가능성이 없다는 점, 그리고 환자를 어머니에게 넘긴 뒤 그녀에게 어떤 위험도 따르지 않는다는 점이 분명해지기 전까지 퇴원시킬 수 없다며 이를 거부했다. 3월 24일에 병원측은 퇴원을 결정했고, 니체는 어머니와 함께 예나에서 5월 13일까지 머문 후에 나움부르크로, 그러니까 열네 살 때 포르타 공립학교에 입학하기 위해 처음으로 떠났던 바인가르텐 18번지의 집으로 돌아갔다. 이 무렵 니체는 매우 조용하고 온순해졌으며, 어린아이처럼 어머니를 따라다녔으나, 꾸준한 감시가 필요했다. 그는 어머니와 함께 있을 때에는 적절하게 행동했다. 하지만 5월의 어느 날 아침에 그가 어머니보다 일찍 집 밖으로 나갔을 때 일어난 사건을 보면, 그가 혼자서 외출했을 때 어떤 일이 생기는지 알 수 있다. 일단 거리에 나가자 그는 폭력적인 몸짓과 기괴한 행동으로 즉각 사람들의 주의를 끌었다. 그리고 그가 길 위에서 옷을 벗기 시작하자 경찰이 와서 그를 연행해 갔다. 그러나 곧 그의 신원이 밝혀졌고, 경찰은 그를 집으로 데려다 주었다. 상심한 어머니가 그를 쳐다보았을 때, 그는 자기를 데려다 준 경찰에게 명랑하게 재잘거리고 있었다.

나움부르크로 돌아온 후 니체의 간호는 어머니가 전담했다. 그녀는 매우 헌신적으로 그를 보살폈다. 그녀는 신이 아들을 자기에게 되돌려 주었다는 생각에 용기를 얻었던 것 같다. 그녀가 오버베크에게 보낸 편지에는 다음과 같은 내용이 담겨 있다. "이제 사랑하는 아들을 보살필 수 있다는 생각에, 나의 영혼은 몇 번이고 우리의 귀하시고 선량하신 신에 대한 감사로 충만해지네."[6] 한번은 그녀가 예전에 죽은 누군가에 대해 말하자 니체가 "주의 품안에서 죽은 자들에게 축복이 있을지니."라고 말했다. 그녀는 이를 두고 그가 갈수록 "종교적인 분위기"에 휩싸이고 있음을 보여 주는 증거라고 말했다. 그리고 성경에 대한 아들의 해박한 지식에 천진한 놀라움을 표했다.[7] 가브리엘레 로이터의 말에 따르면 프란치스카는 아들의 불경스러운 글들(아마도 『안티크리스트』를 말하는 것이리라.)을 태워 버릴 생각을 했지만, 엘리자베트가 "천재의 작품은 가족이 아니라 세상의 것이에요."라고 말하면서 설득하자 그만두었다고 한다. 그럼에도 프란치스카는 아들의 명성을 자랑스러워했으며, 아들에 대한 세간의 평가를 열정적으로 옹호하곤 했다.[8]

1891년과 92년 두 해 동안 니체는 가끔 일시적으로 생기를 회복하긴 했지만, 갈수록 무감각해졌다. 프란치스카는 그가 언젠가는 치료될 것이라는 희망을 어쩔 수 없이 포기해야 했다. 그리고 나중에는 완전히 포기했다. 그녀의 노력은 그를 가능한 한 행복한 상태에 있게 하고, 그를 다시 예나로 돌려보낼지도 모를 불안한 사태를 방지하는 것에 국한됐다. 그녀로서는 아들이 다시 예나로 돌아가는 것이야말로 가장 두려운 일이었던 것이다. 그녀가 오버베크에게 보낸 편지들은 1937년에 출간된 『병자 니체』에 실려 있으며, 거의 평온하다고까지 할 수 있는 이 시기에 대한 상세한 정보를 제공해 준다. 1893년 10월 1일에 쓴 편지에는 니체가 여전히 건강해 보이며, 대부분의 시간을 베란다에 앉아서 보내고 있다고 적혀 있다. 그는 어떤 식으로든 고통받고 있다는 인상을 풍기지는 않았다. 그는 "심지어 가벼운 농담을 던지고는 우리[프란치스카와 엘리자베트]와 함께 웃기조차 했는데, 너무도 자연스러웠다." 그해 크리스마스 기간에는 양호한 상태였으나, 1894년 3월에는 상태가 안 좋아져서 몇 시간 동안 계속해서 고함을 지르고 노래를 불러 댔다. 물론 이번에도 그는 고통을 겪고 있는 것처럼 보이지는 않았다. "그는 몹시 흡족해 하는 듯"보였다.(3월 29일자 편지) 또 그녀는 같은 편지에서 날마다 했던 산책을 이제는 그만두어야 한다고 말한다. 왜냐하면 니체는 산책을 나서서 길모퉁이를 돌아서자마자 "우리 집이 어디지?"라고 묻고는, 그때부터 집으로 돌아갈 때까지 전혀 행복해 하지 않았기 때문이었다.

1894년 부활절에 로데가 엘리자베트의 초청을 받아 처음으로 환자를 방문했다. 그는 12월 27일에 오버베크에게 다음의 편지를 보냈다.

나는 그 불행한 사람을 만나 보았네. [일반적으로 방문객들에게는 니체를 직접 만나는 것이 허용되지 않았다.] 그는 주변에 완전히 무관심하며, 어머니와 누이 외에는 누구도 알아보지 못하네. 한 달 동안 한 문장을 한꺼번에 말한 적이 거의 없었네. 안색은 건강해 보이지만 그의 육체는 움츠러들고 약해졌네. (…) 하지만 분명 그는 그 이상의 것은 느끼지 못하네. 행복도 불행도 말이야.

가을 무렵이 되자 니체는 집을 벗어날 수 없게 되었고, 주변의 모든 것에 거의 무관심해졌다. 10월에 그를 보았던 가스트는 오버베크에게 다음과 같은 편지를 보냈다.

니체는 플란넬 가운을 입은 채 하루 종일 위층에 누워 있습니다. 나빠 보이지는 않지만, 점차 말수가 적어졌으며, 몽환적이고 상당히 의문을 품은 듯한 표정으로 응시하곤 합니다. (…) 그는 저를 알아보지 못했습니다.

니체의 쉰 번째 생일(1894년 10월 15일)에 파울 도이센이 그를 찾아 왔다.

그의 어머니께서 그를 방 안으로 데리고 왔다. 나는 그에게 생일을 축하한다고 말하며, 그가 쉰 살이 되었다고 일러 주었다. 그리고 그에게 꽃다발을 주었다. 그는 이 모든 것을 전혀 이해하지 못했다. 오직 꽃다발만이 잠시 동안 그의 관심을 끌었으나, 곧 무관심 속에 내버려졌다.[9]

1895년 9월이 지날 무렵의 어느 날, 오버베크는 니체를 마지막으로 만났다. 그는 12월 31일에 로데에게 보내는 편지에서 니체의 모습을 다음과 같이 묘사했다.

5년 반 전에 나는 그와 함께 한 시간 남짓 예나 거리를 산책했지. 그때 그는 자신에 대해 말할 수 있었고, 내가 누군지도 꽤 잘 알고 있었네. 그러나 이번에는 방 안에서 몸을 반쯤 구부리고 있는 그의 모습만을 보았네. 그는 마치 치명적인 상처를 입은 채 평온하게 있기만을 바라는 한 마리 야생 동물 같았네. 내가 거기 있는 동안 그는 말 그대로 단 한마디도 하지 않았다네. 그의 생기 없는 눈에만 나타나 있는 깊은 불쾌감을 제외하면, 그는 고통받고 있다거나 아픔을 겪는 것처럼 보이지 않았네. 게다가, 내가 방 안에 들어갈 때마다 그는 항상 졸음을 참고 있는 듯이 보였네. 몇 주 동안 그는 극도로 흥분해서 결국엔 으르렁거리며 고함을 지르는 날과 완전히 풀죽은 날 사이를 왔다 갔다 했다네. 내가 그를 본 날은 후자였네.

니체는 쓰러질 당시 많은 분량의 미출간 자료들을 남겨 놓았다. 그 중 몇몇 자료는 그가 쓰러졌던 토리노에 있었고, 몇몇 자료는 제노바에, 그리고 또 다른 자료는 질스마리아에 있었다. 질스마리아에 있었던 자료들에 대해서는 뒤에서 좀더 자세하게 이야기할 것이다. 당시에는 1888년에 쓴 저작들 가운데 오로지 『바그너의 경우』만 출판된 상태였다. 『우상의 황혼』은 출판 준비를 마친 상태였으며, 『이 사람을 보라』와 『니체 대 바그너』는 부분적으로만 인쇄되었을 뿐이고, 『안티크리스트』와 『디오니소스 송가』는 수고 상태로 있었다. 니체의 저작에 관한 한 그의 직계 "상속자들"은, 니체의 작품을 보존해야 할 책임을 느낀 오버베크, 자신을 니체의 유일한 "제자"라고 생각한 가스트, 그리고 업무의 상당 부분이 니체와 연관되어 있던 나우만 회사였다. 1889년 1월 20일에 오버베크는 가스트에게 토리노에서 유고(엄밀히 말하면, 니체가 그 당시는 살아 있었기 때문에 유고가 아니다.)가 도착했다는 편지를 보냈다. 그의 말에 따르면 유고는 완결된 저작들 말고는 온통 "뒤죽박죽인 글 무더기"이며, 몇몇 원고는 전혀 읽을 수 없는 상태였다. 오버베크는 완결된 저작들을 읽은 후, 27일에 다시 가스트에게 편지를 써서, 자기 생각으로는 『니체 대 바그너』는 출간을 취소해야 하지만 『우상의 황혼』은 굳이 출판을 보류할 이유가 없는 것 같다고 말한다. 그는 『우상의 황혼』을 "참으로 놀라운 지성과 통찰로 가득 찬 작품"이라고 평했다. 그러나 그는 『이 사람을 보라』는 아직 읽지 않은 상태였다. 2월 4일에 오버베크는 니체의 나머지 원고들이 자기가 있는 바젤에 있다는 편지를 가스트에게 보낸다. 그 사이에 그는 『이 사람을 보라』의 인쇄된 두 부분을 읽었는데, 이 책에 상당한 충격을 받았다. 그래서 그는 그 자서전을 출판해서는 안 된다는 나우만 회사측의 주장에 동의하면서, "설령 그 책이 훗날 각별히 가치 있는 것으로 여겨진다 할지라도" 당장은 출판해서는 안 된다고 말한다. 그러나 그 밖의 원고들에 대해서는 2월 23일에 보낸 편지에서 "우리가, 곧 자네와 내가 니체의 유고에 대한 통제권을 상실하면 어떤 일이 일어날지 심히 걱정스럽네."라고 말한 것 외에는 아무런 언급도 하지 않았다.

분명 오버베크는 이때 엘리자베트를 생각하고 있었다. 그리고 가스트 역시 이 편지를 읽었을 때 똑같은 생각을 했을 것이다. 이 두 사람은 남매의 사이가 회복할 수 없을 정도로 틀어졌으며, 니체에게 엘리자베트는 당시 그가 싫어하던 독일의 모든 것을 대표하는 사람이었다는 사실을 잘 알고 있었다. 그들은 니체의 유고가 엘리자베트의 수중에 들어가면 분명히 왜곡될 것이라고 생각했다. 이 무렵, 그녀는 아직 파라과이에 체류하고 있었다. 푀르스터는 1889년 6월에 자살했고, 그가 죽은 후에 엘리자베트는 1890년 말까지 그곳에 머물다가 돈이 바닥나자 자금을 조달하기 위해 독일로 돌아왔다. 그녀가 원조를 요청한 사항들 가운데 하나는 신 게르마니아의 영적인 욕구를 채워 줄 교회를 세울 자금이었다. 그리고 또 다른 하나는 푀르스터를 비극적인 영웅으로 그리는 짧은 책 한 권을 출판할 자금이었다.

오빠의 정신적인 붕괴와 남편의 자살로 그녀는 한 해에 자신의 삶에서 어떤 실질적인 중요성을 가졌던 유일한 사람 둘을 한꺼번에 잃었다. 그리고 이것은 그녀의 삶에 최선의 결과와 최악의 결과를 낳았다. 최선의 결과는, 이 두 사건으로 인해 두 남자로부터 독립해서 자신이 얼마나 강하고 단호할 수 있는지를 보여 주게 되었다는 점이고, 최악의 결과는 이를 위해 그녀가 아직까지 자신에게 남아 있던 양심을 마저 버렸다는 점이다. 그녀가 아직 출판되지 않은 니체의 저작들을 출판하는 문제에 개입해서 처음으로 한 일은 그때까지 출판되지 않은 『차라투스트라는 이렇게 말했다』 4부의 발행을 연기하는 일이었다. 그녀는 4부의 대부분이, 그리고 그 가운데서도 특히 "당나귀 축제"라는 장이 불경하다고 생각했다. 그래서 그녀는 만약 그 책의 4부가 출간되면 자신들이 고발당할지도 모른다고 프란치스카를 설득했다. 그러자 근심에 휩싸인 프란치스카는 1891년 3월 24일과 29일에 오버베크에게, 그리고 4월 1일에는 나우만 회사를 통해 4부의 인쇄를 준비하고 있던 가스트에게 편지를 보내, 니체 자신이 4부가 발표되길 원하지 않는다는 말을 자주 했으니 그것을 그냥 묻어 두어야 한다고 주장했다.[10] 가스트는 이것이 니체의 진정한 바람이 아니라고 확신했지만, 프란치스카를 존중하여 그 저작을 한동안 출간하지 않기로 했다.

1892년 8월에 엘리자베트는 파라과이 이주민 가운데 한 명인 프리츠 노이만이 그녀의 이주 방식을 비판하는 책을 출판하려던 계획이 수포로 돌아간 때에 맞춰 독일을 떠나 신 게르마니아로 갔다. 노이만에 따르면, 신 게르마니아에서는 정글이 승리를 거두었다. 라플라타 이주자들의 강력한 적이었던 정글에 대항하기에는 준비가 너무도 미흡했으며, 작업은 사실상 답보 상태에 있었다. 푀르스터는 "경솔하다"는 비난을 받았고, 엘리자베트는 사람들을 그곳으로 계속 꾀어 내는 "범죄"를 저질렀다는 비난을 받았다. 남아메리카의 이주 문제를 다루는 신문인 〈남아메리카 이주지 소식〉은 노이만이 진실을 말하고 있는 것이라고 판단하고 더 많은 증거를 요구했다. 그리고 결국에는 신문사가 직접 나서서 신 게르마니아를 조직한 사람들의 무능력과 이중성을 비난했다. 이 신문은 1892년 9월호에서 신 게르마니아를 조직한 사람들의 전반적인 관심사는 "경험이 없고 쉽게 남을 믿는 사람들을 더 많이 약탈하는 것이며, 이를 양심 없이 가장 냉혹한 방식으로 실행했다"고 주장했다. 신문은 클링바일의 주장이 모든 점에서 옳다고 인정했다.[11] 그리고 1893년에 이 신문은 예전에 엘리자베트의 동업자였던 파울 울리히라는 사람이 그녀에게 보내는 「공개 서한」을 게재했다. 그는 대놓고 그녀를 거짓말쟁이이자 도둑이며, 이주지의 재앙이라고 부르면서, 그곳에서 영원히 떠나라고 요구했다. 신문은 이 요구를 그대로 반복하면서, 만일 그녀가 자발적으로 떠나지 않으면 그녀를 내쫓으라고 이주자들을 부추겼다. 그해 여름에 엘리자베트는 남겨 둔 자산을 정리하여 독일로 돌아갔다.

1892년에 가스트는 프란치스카의 동의를 얻어 나우만 회사와 의논한 후에, 이미 출판된 저작들의 전집을 준비하기 시작했다. 이 전집에는 『차라투스트라는 이렇게 말했다』의 4부, 유고에서 선별한 선집, 그리고 가스트가 직접 쓴 서문도 포함될 예정이었다. 이 작업은 대략 일 년 정도 진행됐다. 그러나 1893년 9월 19일에 가스트는 오버베크에게 다음과 같은 편지를 보냈다. "나와 니체의 대의 전체를 붕괴시킬 사건이 일어났습니다. 파라과이에서 푀르스터 부인이 돌아왔습니다. 그 뒤로는 편집자 자리를 내던지고 싶을 만큼 끔찍한 날들의 연속이었습니다." 그러나 가스트는 편집자라는 자리를 내던질 필요가 없었다. 왜냐하면 얼마 안 있어 그 자리에서 쫓겨났기 때문이다. 그는 11월 13일에 오버베크에게 편지를 보내 "저는 10월 23일에 라이프치히에서 푀르스터 부인에게 유고를 넘겼습니다."라고 말한다. "그녀는 '도대체 누가 당신을 편집자로 임명했나요?'라고 제게 다그쳤습니다. 제가 쓴 서문은 제외될 겁니다. 쾨겔 박사[엘리자베트가 가스트를 대신해 편집자로 임명한 사람이다.]는 고지문에 제가 쓴 서문은 니체의 저작에 '실수로' 인쇄된 것이라고 썼습니다."

가스트의 편집은 1894년 초에 종결되고, 전집 제2판 작업이 쾨겔의 지휘 아래 진행되었다. 그러니 이 역시 편집 방법에 대한 이견 때문에 곧 중단되었다.[12] 2월에 엘리자베트는 바인가르텐 18번지에 "니체 문서보관소"를 설립했다. 2층에 있는 두 개의 방을 하나로 만들어, 니체의 삶과 저작을 기념할 수 있는 것들로 채워 넣었다. 주요 전시물은, 물론 숨어 있긴 하지만 니체 자신이었다. 여름이 되자 이곳에는 더는 빈 공간이 없게 됐고, 그래서 문서보관소는 근처에 있는 더 큰집으로 옮겼다. 문서보관소의 설립과 함께 새로운 인물이 역사의 전면에 등장했는데, 바로 엘리자베트 푀르스터 니체이다. 이전의 엘리 푀르스터(파라과이 시절에 이렇게 불렸다.)는 이제 새로운 신비적인 숭배 의식의 여사제로 변모했다. 그녀는 1895년 1월 15일에 《바이로이터 블래터》에 실린 기고문에서 이주지 건설에 작별을 고했다. 그녀는 고인이 된 남편의 창작품이자 이루 말할 수 없는 비방으로 자신을 내쫓았던 신 게르마니아는 이제 자신의 도움 없이 최선을 다해 제 갈 길을 개척해 나가야 할 것이라고 하였다. 그 이유는 "이제부터는 또 하나의 커다란 삶의 과업, 곧 나의 하나뿐인 친애하는 오라버니, 철학자 니체를 돌보고, 그의 작품들을 관리하고, 그의 삶과 사상을 기술하는 일에 나의 모든 힘과 시간을 쏟아야 하기 때문이다."라고 썼다.[13] 그녀는 하나의 이주지를 잃어버렸지만 또 다른 이주지를 발견한 것이다.

이 와중에 그녀는 니체가 소유했던 모든 것, 특히 니체가 저술했던 모든 것을 손에 넣으려고 노력하고 있었다. 하지만 그녀는 "수고

manuscript"라는 개념을 특이하게 이해했고, 그것이 니체에게 적용됐을 때는 "유고"의 범위를 규정하는 데 치명적인 해악으로 작용했다. 앞에서 언급했듯이, 그녀는 니체가 자신의 저작에서 다른 형태로 사용한 미출간 자료들과 사용하기를 포기한 미출간 자료들을 구별하지 않았다. 이보다 더 안 좋은 것은 니체가 보관하고 있던 자료와 실제로 내다버렸던 자료를 구별하지 않았다는 점이다. 질스마리아에서 가져온 "유고"는 바로 후자였다.

니체가 마지막으로 질스마리아를 떠날 때, 그는 상당한 양의 책뿐만 아니라 문서들도 자신의 방에 그대로 남겨 두고 떠났다. 그는 이듬해 여름에 다시 돌아올 계획이었지만, 집주인 두리쉬 씨에게 방에 있는 문서는 쓰레기이며 자기에게는 더는 필요 없는 공책과 기록들이니 청소를 하면서 태워 버리라고 특별히 일러두었다. 그러나 두리쉬는 이것들을 태워버리지 않고, 니체가 폐지를 모아 두던 쓰레기통과 마룻바닥에서 모두 모아 벽장 안에 넣어 두었다. 그리고 나중에 관광객들이 니체가 살던 집을 구경하러 와서 철학자를 기념할 만한 물건을 부탁했을 때, 이 문서들을 한 아름 들고 와서 마음대로 가져가라고 했다. 이 사실은 《문학 잡지》 1893년 가을호에 실린 기사를 통해 널리 알려졌고, 사람들이 두리쉬에게 와서 "니체의 수고"를 어떻게 처리하고 있는지 물어 보았다. 말썽이 일어나는 게 성가셨던 두리쉬는 그 즉시 니체가 남긴 쓰레기들을 전부 엘리자베트에게 보냈고, 그녀는 이것을 곧 "문서 보관소"에 보관했다. 그리고 『힘에의 의지』를 만들 때, 이 "수고들"에서 선별한 자료를 사용했다.

1895년 말경에 엘리자베트는 니체의 "후견인"이자 그의 저작권의 소유자가 되었다. 니체가 정신적으로 붕괴된 이후에 그의 법적 "후견인"은 그의 어머니였다. 그리고 장차 이 후견인 자격이 그의 누이에게 갈 것이라는 점은 당연한 일이었다. 하지만 그녀는 금전적 가치가 빠르게 상승하고 있던 니체 저작의 "상속인"이자 계승자가 되기 위해 어머니가 죽을 때까지 기다릴 수 없었다. 1895년 12월 내내 그녀는 문서보관소, 저작들, 그리고 니체 자신에 대한 소유권을 자기에게 양도한다는 서명을 해 달라고 프란치스카를 설득했다. 그리고 그녀는 거짓말을 해서 이 일을 성사시켰다. 27일에 오버베크에게 보내는 프란치스카의 편지에 따르면, 엘리자베트가 니체의 "유산"의 공식적인 후견인이 되면 아들의 "친구들"이 3만 마르크를 기부하겠다는 이야기를 들었다고 한다. 그럼에도 프란치스카는 양도에 필요한 서류에 최종 서명을 하는 데 4주일을 지체했다. 그러나 훗날 그녀는 기부금이 단지 대출금에 불과하다는 사실을 알게 된다. 그녀의 말에 따르면, 그녀는 처음부터 자신이 속고 있다는 사실을 어렴풋이 직감하고 있었다고 한다.[14]

엘리자베트가 소유권 전부를 획득하자, 니체의 "대의"는 강한 추진력을 얻게 되었다. 1896년 여름에 그녀는 문서보관소를 나움부르크에서 독일 문화의 성지인 바이마르(엘리자베트의 바람대로라면, 이곳의 황홀한 매력이 오빠의 음산한 이미지를 씻어 줄 것이었다.)로 다시 옮겼다. 그러나 그녀가 선전하고 있던 "대의"의 공허함은, 앞서 보았듯이, 니체의 사상에 전혀 공감하지 않았던 로데와 같은 사람도 이미 간파한 것이었다. 로데는 오버베크에게 보내는 1895년 3월 17일자 편지에서 다음과 같이 말했다.

지금까지 니체에 대해 떠돈 이야기는 모두 엄청나게 부풀려진 것이네. 이제 그들은 [니체 저작들의] 판본을 완성하고, 그에 관한 전기를 씀으로써 그 대의가 잘못된 길로 가지 않도록 해야만 할 것이네. 아, 내가 대의라고 말했군. 그렇지만 어떤 "대의"도 존재하지 않네. 그것은 그저 한 사람의 인간일 뿐이며, 그 외에 어떤 것도 아니네.

이 주장은 가장 분별 있는 것이었지만, 이 주장을 말한 곳은 여론을 주도하는 거대한 집단이 더는 이런 사리분별을 중요하게 생각하지 않는 나라였다. 에르빈 로데의 말대로 그들은 지루한 사실들에 신경 쓰기를 싫어했다. 그들은 "새로운 독일 제국"에 대한 희망과 기대 속에서 살아가고 있었고, 그것의 도래를 알리는 전령들의 전언에 귀를 기울이고 있었다. 그리고 그들은 니체에게서 그 전언을 들었다고 생각했다. 어쨌든 실제로 니체의 "대의"에는 아무런 알맹이도 없었다. 오직 1889년 벽두에 쓰러진, 그 누구로도 대체할 수 없는 니체라는 한 개인과 그의 철학만이 진짜이며, 문서보관소 측의 활동은 니체의 저작을 출간한 일 빼고는 별로 중요하지 않다.

-3-

프란치스카 니체는 1897년 4월 20일에 일흔한 살의 나이로 사망했다. 그녀는 일곱 해 동안 밤낮을 가리지 않고 아들을 보살폈으며, 살아 있는 동안에도 그녀의 헌신은 자주 찬사의 대상이 되었다. 그녀는 완전히 무감각해져 가는 아들을 지켜보았으며, 죽음이 임박했던 몇 달 동안에는 자신이 죽은 뒤에 아들에게 벌어질 일로 굉장히 불안해했다. 그때까지 그녀를 도와 아들을 돌보았던 사람은 그녀의 가족과 30년을 함께 지낸 하녀 알비네였다. 그리고 프란치스카가 더는 니체를 맡을 수 없게 되자 알비네가 그를 보살폈다.

이 당시 엘리자베트는 이미 문서보관소 일로 나움부르크를 떠나 바이마르에 머물고 있었다. 그녀는 니체의 숭배자였던 한 스위스 여인이 빌려 준 질베르블리크 별장에 문서보관소를 설립했고, 자신도 거기에서 살았다. 어머니가 사망한 이후 니체도 그 집으로 옮겼으며, 니체를 위층에 있는 방에 머물게 했다. 그가 도착한 것은 마을에서는 하나의 사건이었다. 당시 그 마을에 살고 있었던, 니체의 초기 제자였던 루트비히 폰 셰플러가 당시의 상황을 기록하였다. 셰플러에 의하면, 질베르블리크 별장은 외따로 떨어져서, 뜨거운 여름 햇살에 무방비 상태로 노출된 흉한 건물이었다.[15] 그래서 그 건물은 "존넨스티히 별장"(곧 일사병 별장)이라는 별명으로도 불렸다.

> 어느 날 어린 아들이 흥분한 상태로 학교에서 돌아와서 "아빠 어떻게 생각하세요? 미친 철학자 한 명이 거기로 이사 왔대요!"라고 말했다. [셰플러는 일사병 별장으로 갔다.] 니체의 누이동생이 나를 객실 같은 곳으로 안내했다. 객실은 벽에 걸려 있는 니체의 초상화, 책들, 수고 모음집 등 그녀의 위대한 오빠의 기념품들로 경건하게 채워져 있었다. (⋯)

그 후 많은 방문객들이 이 객실에서 접대를 받았다. 하지만 그들이 니체를 만나보고 싶어 하면 대개 거부되었다. 니체는 흰색 실내복을 입은 채, 위층에서 이따금씩 마루를 걸을 때 내는 발소리를 제외하고는 조용하게 숨어 지냈다. 엘리자베트도 니체를 점점 덜 찾았으며, 그를 보살피는 일은 충실한 알비네가 맡았다.

이 비극적이고 불쌍한 인물을 에워싸고 어떻게 반쯤 신비적인 숭배가 생겨나게 되었는지는 당시의 기록에서 찾아볼 수 있다. 그의 완벽한 정신적 붕괴, 그리고 그것이 그의 책에 담긴 살아 있는 활력과 일으킨 끔찍한 대조가 자연스럽게 불러일으킨 경외감은, 그 사람 자신에 대한 경외감으로 점차 변해 갔다. 사람들은 그가 인간보다 열등한 어떤 존재가 된 것(이는 사실이었다.)이 아니라 그 이상의 존재가 된 것으로 생각했다. 그가 나움부르크에 있을 때도, 그의 모습을 본 방문객들이나 건강했던 시절의 그를 알지 못하는 방문객들은 고통받고 상처 입은 이 인물에 대한 미신적인 두려움에 사로잡히곤 했다. 어떤 이들은 이 두려움을 억제하려고 하지 않았으며, 오히려 자기 안에서 키워 나갔다. 이 두려움은 니체를 새롭고 놀랄 만한 경험으로 받아들이는 이들에게 널리 퍼져 나갔다. 가브리엘레 로이터는 그가 얼마나 강하게 자신의 마음을 동요시켰는지 기록했다. 이것을 기록한 그녀의 언어는, 객관적인 의도에서 쓴 것이겠지만, 1890년대의 독일의 감성을 위험하게 자극하기에 충분할 만큼 감정적이다.

나는 그의 눈빛이 뿜어 내는 힘 아래 떨면서 서 있었다. 그의 눈빛은 깊이를 헤아릴 수 없는 고통에서 튀어나온 것처럼 보였다. (…) 내가 보기에 그의 정신은 모든 인간사로부터 무한히 멀리 떨어져서, 한없는 고독에 거주하는 것 같았다. 이처럼 위대하고 불행한 영혼이 여전히 저 유폐된 육체 속에 살고 있다는 사실을 누군들 알 수 있겠는가?[16]

이처럼 현실을 연극처럼 각색한 태도에서 조금만 더 나아가면, 루돌프 슈타이너와 같은 사람들이 보여 준 완전히 비현실적인 태도가 나타난다. 슈타이너는 다음과 같이 말했다.

우리가 아래층에서 세상을 위해 그의 수고들을 분주히 정리하고 있는 동안, 그는 우리에게 무관심한 채 에피쿠로스의 신처럼 엄숙하고 경건한 자태로 베란다 위에 왕처럼 앉아 있다는 것은 경이로운 느낌이었다. 그는 하얗고 주름 잡힌 헐거운 옷을 입고 기대어 서서, 무성한 눈썹 아래에 있는, 사이가 넓고 움푹 팬 두 눈으로 브라만 같은 시선을 던지고 있었다. 고귀한 모습의 얼굴은 수수께끼 같았고, 질문을 던지고 있는 듯했으며, 머리는 사자와 같이 위엄 있는 태도를 취하고 있었다. 이때의 니체를 본 사람이면 누구나 이 사람은 죽지 않을 것이며, 그의 시선은 영원히 인류와 현상계 전체를, 헤아릴 수 없는 환희를 가지고 바라보고 있을 것이라는 느낌을 가졌다.[17]

- 4 -

그러나 니체는 죽었다. 1900년 8월 25일, 그러니까 쉰여섯 번째 생일을 맞기 6주 전이다. 그는 죽기 전 2년 동안 아무것도 알지 못했고, 아무것도 느끼지 못했으며, 어떤 생각도 하지 못했다. 그는 자기 어머니가 사망했다는 것도, 자기가 바이마르에 있다는 것도 몰랐다고, 우리는 감히 말할 수 있다. 자기가 유명하다는 것도, 자기의 명성이 자기가 가르쳤던 거의 모든 것에 대한 왜곡에 기반하고 있다는 것도 그는 몰랐다. 뿐만 아니라 그는 20세기 역사의 상당 부분을 예견했음에도 불구하고 자신이 20세기의 여덟 달 가량을 살았다는 것도 모른 채 죽었다. 그는 20세기가 "허무주의의 증대"의 세기이자 낡은 세계의 질서가 붕괴하는 세기이며, "신의 죽음"과 도덕적 구속력의 소멸의 결과로 나타난 "전형적인 거대 정치"와 "전쟁의 시대"이며, 또 20세기에 와서 힘에의 의지는 19세기의 제약들로부터 완전히 풀려나, 순화되지도 억제되지도 않은 채 도처에서 권력의 수단들을 포착하게 되리라는 것, 그리고 "저 가증스러운 반유대주의"는 최악의 허무주의적인 범죄를 위한 기회와 동기를 제공하리라는 것을 예견했었다. 외적인 만족을 박탈당한, 강력한 힘에의 의지를 가진 사람들은 아무것도 의지하지 않기보다는 오히려 자신의 파괴를 의지할 것이라는 그의 이론은, 결국 절망하고 좌절한 독일 제국의 의해 끔찍할 정도로 철저하게 증명되었다.

니체가 죽기 전 해에, 곧 지난 세기의 마지막 해에 그의 전집의 셋째 판본이 준비되기 시작했다. 가스트는 엘리자베트와 화해했으며, "대의"를 옹호하면서 문서보관소에서 그녀와 함께 새로운 판본을 만드는 공동 작업을 했다. 또 그는 니체가 뢰켄에 있는 교회 묘지에 안장된 아버지의 무덤 옆에 묻힐 때 추도 연설을 하기도 했다. 그는 분명 무척 슬퍼했지만, 위에서 인용한 루돌프 슈타이너의 글과 같은 풍조를 띤 그의 연설은 "스승"에 대한 끔찍한 오해를 여실히 보여 주고 있다. 그는 다음과 같이 말하면서 추도사를 마쳤다. "당신의 재에 평화가 깃들길! 당신의 이름은 누대에 걸쳐 신성할지니!" 니체는 『이 사람을 보라』에서 "어느 날 내가 '신성하다'고 불릴까 봐 매우 두렵다"고 썼다. 그는 이것 역시 예견했던 것이다.

니체가 죽은 후 한 세기 가량 우리는 그가 "신성하다"고, 그리고 더 자주 "사악하다"고 말했다. 그러나 오늘날 이 모든 것은 과거의 일부이고 또 그래야만 한다. "바그너주의"처럼 "니체주의"도 죽었다. 우리에게 남은 것은 설교하고 변호해야 할 교리가 아니라 한 사람의 개인, 능수능란하면서도 정력적으로 말하는 예술가, 설득력 있는 통찰과 원리의 엄밀함을 갖춘 한 명의 철학자다. 그 사람과 그의 철학이 남겨진 것이다. 그의 인생과 사유 모두 어떤 의미에서는 "실험"이었고, 양자 모두 논리적 결론에 이르기까지 철저하게 파헤쳐지는 한 그것들은 스스로 정당화되며 어떠한 변호도 필요치 않다.

니체의 여동생을 방문한 히틀러
1934년 7월 20일, 니체 문서보관소 입구

후기

- 1 -

이 책이 처음 출판된 1965년 이후로 니체에 대한 연구 영역에서 일어난 가장 중요한 사건은 콜리-몬티나리^{Colli-Montinari} 판 니체 전집과 서간집이 출판된 것과 학계 안팎에서 니체에 대한 관심이 폭발적으로 늘어난 것이다.

1965년 당시 완성본이라고 불린 최신 니체 전집은 1920년에서 1929년 사이에 총 스물세 권으로 출간된 무자리온 판^{Musarionausgabe}이었는데, 이것은 이른바 "표준" 판을 자칭하는 그로스옥타브 판 전집^{Gesamtausgabe in Grossoktav}과 비교해 볼 때, 본문의 편집 방식이 달랐음에도 불구하고 실질적으로는 거의 차이가 없었다. 그로스옥타브 판 전집의 제2판은 1901년에서 1913년 사이에 총 열아홉 권으로 출판됐다. 이것은 엘리자베트가 관리하고 있던 바이마르의 니체 문서보관소에서 만든 것이었으며, 그녀는 1935년에 여든아홉 살의 나이로 사망할 때까지 문서보관소를 관리했다. 1933년에는 새로운 "역사적 비판" 전집이 만들어지기 시작했지만, 니체의 초기 작품들(열 살부터 스물일곱 살 사이에 쓴 글들 – 옮긴이)만을 출판한 상태에서 전쟁으로 중단됐다. 무자리온 판이 출간된 이후부터 콜리-몬타나리 판이 등장하기 전까지의 시기에도 니체의 저작들이 부분적으로 계속 출판됐으나, 기존의 전집에 포함되지 않은 새로운 작품이 출판되지는 않았다. 단 하나 예외가 있었는데, 그것은 바로 1961년에 출판된 에리히 F. 포다흐의『정신 붕괴기의 니체의 작품들Friedrich Nietzsches Werke des Zusammenbruchs』이다. 그는 바이마르에 있는 원고들을 새로 조사하여 이 책을 출판했다. 아마도 단 한 차례 독일 민주 공화국(옛 동독의 정식 명칭 - 옮긴이)을 방문한 것이 새로운 원고의 출판으로 이어진 것 같다. 이와 같은 사정들로, 니체의 작품 가운데서도 특히 그가 정신적으로 붕괴됐을 당시 미출판 상태였던 원고들, 이른바 유고들은 1960년대까지도 여전히 20세기 초반에 엘리자베트가 편집한 상태 그대로 남아 있었다.

유고와 관련하여 콜리-몬티나리 판은 모든 면에서 진일보한 것이다. 이 전집은 니체 전집의 결정판이라고 불릴 만한 최초의 것이다. 이 전집에서 가장 흥미를 끄는 것은 유고의 출판 방식이다. 이 전집은, 유고를 확인할 수 있는 한 본래 쓰인 순서에 가장 가까운 형태로 출판했다. 이런 방식으로 유고를 출판하는 것은 니체의 철학을 연구하는 사람의 입장에서 봤을 때 매우 중대한 사건이지만, 그의 전기를 쓰는 사람에게도 각별히 중요한 것이다. 일반적으로, 행적보다는 작품을 통해 중요한 의미를 얻는 사람들에 대한 전기에는, 역설적이게도 작품의 창작 활동 자체에 대한 이야기가 거의 들어 있지 않다. 이런 측면에서 뉴먼이 쓴 바그너의 전기를 한번 검토해 보자. 이 전기는 더할 나위 없이 상세하며, 전통적인 의미에서 완벽하다고 할 수 있다. 그러나 우리가 바그너에 대해 가장 흥미로워하는 지점, 곧 작곡과 관련된 활동은 거의 등장하지 않는다. 이 전기를 통해 우리는 수많은 일들을 하고 있는 바그너의 모습을 볼 수 있지만, 작곡하는 모습은 거의 볼 수 없다. 물론 니체의 경우도 마찬가지이며, 그 이유도 똑같다. 곧 우리의 관심을 끄는 것은 끊임없이 되풀이된 그의 저작 활동이지만, 이것에 대해 전기 작가가 쓸 수 있는 것은 아무것도 없다. 그러나 이제 우리는 콜리-몬티나리 판 유고를 통해 그가 어떻게 사고했으며, 자신의 작업을 어떻게 평가했는지를 알 수 있게 됐다. 콜리-몬티나리 판 유고는 작업하고 있는 니체의 모습을 보여 준다. 따라서 이 새롭게 편집된 원고들은 철학자로서 니체에 대한 재평가를 요구하지는 않겠지만, 그의 전기를 위해서는 일차적으로 중요한 자료가 될 것이 분명하다. 장차 이 유고를 니체의 전기를 쓰는 데 활용할 때, 그것은 그의 사유 방식을 가까이에서 상세하게 기술하는 데 도움을 줄 것이다.

그러나 미래의 니체 전기 작가에게 이보다 더 많은 도움을 주는 것은 콜리-몬티나리 판 서간집일 것이다. 이 서간집이 전기를 쓰는 데 유용할 것이라는 점은 명백하다. 만약 당신이 니체의 전기를 쓰면서 그의 편지들을 활용하려고 시도해 본 적이 있다면, 이 서간집이 이전에 나온 모든 서간집들에 비해 얼마나 많이 개선된 것인지를 분명하게 알 수 있을 것이다. 1965년 당시에 완성본이라고 불린 유일한 서간집은 1900년에서 1909년 사이에 여섯 권으로 출판된 『프리드리히 니체의 서간집Friedrich Nietzsches Gesammelte Briefe』이었다. 이것은 당시의 관습, 그러나 전혀 무익한 관습에 따라 연대순이 아닌 수신자별로 편집되어 있다. 이를테면 니체가 로데에게 보낸 편지, 니체가 가스트에게 보낸 편지, 니체가 어머니와 여동생에게 보낸 편지와 같은 식이다. 이 서간집은 엘리자베트의 감독 아래 편집된 것이며, 따라서 믿을 만한 것이 아니다. 니체가 쓰거나 받은 또 다른 편지들도, 대부분 입수하기 힘든 것들이었지만 따로 책으로 묶여 출판됐다. 이 편지들 가운데 가장 흥미로운 것은 베르누이가 편집한 오버베크와 니체의 편지들일 것이다. 그러나 이것은 수정과 삭제를 많이 하여 본래의 모습이 손상됐다. 이는 엘리자베트가 이 편지들의 출판을 원천 봉쇄하려다가 실패하자 법원의 명령을 받아 내 취한 조처였다. 1933년에 와서 니체의 편지들을 연대순으로 출판하려는 시도가 있었지만, 그 이듬해에 곧 중단됐다. 이 역시 엘리자베트 때문인데, 그녀는 편집자로 나선 카를 슐레히타가 그 편지들을 보거나 읽는 것, 또는 다른 어떤 방식으로도 건드리는 것을 허용하지 않았다.

콜리-몬티나리 판 서간집이 출판되기 시작하던 무렵의 상황은 대체로 이러했다. 가끔씩 "새로운" 편지들을 출판하려는 움직임이 있었고, 이미 출판된 편지들을 선별하여 연대순으로 편집함으로써 하나의 "삶"을 구성해 낸, 믿을 만한 시도들도 여럿 있었다. 대표적인 예로 1950년대에 나온 슐레히타 판 서간집을 들 수 있다. 우리는 이 서간집을 통해 니체가 쓴 수많은 편지들을 읽을 수 있으며, 또 그것들이 모두 믿을 만하다고 확실할 수 있다. 하지만 그럼에도 불구하고 콜리-몬티나리 판 서간집의 출판은 이 영역에서 더 나은 방향으로 나아가는 데 있어 혁명을 이루었다고 할 수 있다. 콜리-몬티나리 판 서간집 덕택에 우리는 니체의 삶의 흐름을, 어떤 때는 하루하루 단위로도 따라갈 수 있게 되었다. 이는 그 서간집이 방대한 분량의 편지를 연대순으로 묶어 놓았기 때문일 뿐만 아니라, 니체가 쓴 편지들을 그가 받은 편지들과 서로 연결시켜 놓았기 때문이기도 하다. 니체가 쓴 편지들 각각에는 그가 받은 편지에 대한 언급이 적절한 곳에 달려 있다. 그 결과, 편지의 모든 어감이 그대로 살아 있는 연속적인 서간집이 탄생했다.

니체 탄생 150주년 기념일에는, 1933년에 시작됐으나 실패로 끝난 역사적 비판 전집Historisch-Kritische Gesamtauagabe에 수록된 초기 작품들이 재출간됐다. 거의 3천 쪽에 달하는 분량이 다섯 권으로 나뉘어 출판된 이

『초기 작품집』은 1854년에서 1870년 사이에 쓰인 원고들을 모두 모아 놓은 것으로서, 이 가운데 극히 일부만이 다른 곳에서 출판된 상태였다. 각각의 작품들에는 풍부한 주석이 달려 있다. 이 작품집이 가치 있으며, 실로 필요한 것임을 조금이라도 의심하고 싶은 마음은 없지만, 나는 과연 누가 이것을 1쪽에서 2,909쪽까지 다 읽을지 의문이다. 왜냐하면 이 초기작들은 그렇게 흥미롭지 않기 때문이다. 그러나 이것이 전기로서 가지는 가치는 상당하다. 니체의 초기 작품들은 그의 10대, 20대 시절의 지적인 발전 과정을 보여 주며, 또 19세기 말에 독일에서 고등교육을 받던 학생들이 배웠던 학업의 종류와, 무엇보다도 분량에 대한 직접적인 증거를 제공해 준다.

1976년에 출판된 니체의 음악 작품들에 대한 얀츠Curt Paul Janz의 편집본도 콜리-몬티나리 판 작품집과 서간집 그리고 『초기 작품집』 못지않게 탁월하다. 작곡가 자신(니체 – 옮긴이)은 자신의 작품들 가운데 〈삶의 송가Hymnus an das Leben〉 하나만을 출판했다. 그 이유는 간단하다. 그 작품들은 대부분 어린 시절이나 청년 시절에 작곡한 것들이며, 그 각각이 서로 구별될 만큼 고유한 특징을 가지고 있지도 않기 때문이다. 그리고 〈삶의 송가〉로 말할 것 같으면, 이곡은 합창단과 관현악단을 위한 곡으로 가스트가 관현악으로 편곡했는데, 프로테스탄트 찬송가에 대한 배경 지식을 가지고 있는 사람이라면 누구라도 작곡할 수 있을 만한 작품이다. 그리고 니체의 또 다른 종류의 작곡 유형에 대한 가장 유명한 비평은 1872년 7월 24일에 한스 폰 뷜로가 쓴 편지에 실려 있다. 이 편지는 니체가 자신이 작곡한 〈만프레드 명상곡Manfred Meditation〉의 악보를 보내자 그에 대한 답장으로 쓴 것이다. 이 편지에서 뷜로는 이 작품에 대해, "내가 지금까지 본 음표로 그려진 것들 가운데 가장 엉뚱하고, 가장 비교훈적이며, 가장 반음악적인 것"이라고 평하면서, "나는 이 곡이 전부 농담이 아닌지 몇 번이고 자문해 봐야만 했다."라고 말했다. 그런 뒤에 그는 바그너의 음악에서 불협화음과 그 밖의 다른 "진보적인" 방식들이 사용되는 원리에 대해 짤막한 강의를 덧붙였다. 그는 니체의 〈만프레드 명상곡〉을 바그너의 음악을 무의식적으로 모방한 것이라고 생각한 것이다. (이 편지의 영역본은 뉴먼이 쓴 바그너 전기의 넷째 권에 수록되어 있다.) 니체의 음악 작품들 중 일부는 다른 사람이 아닌 바로 니체가 작곡했다는 이유로 대중 앞에서 연주되고 판매를 목적으로 녹음되었다. 만약 그 곡이 우리가 한 번도 들어본 적 없는 누군가가 작곡한 것이라면, 이런 일은 결코 일어나지 않았을 것이다.

- 2 -

이 책이 처음 출판된 뒤부터 지금까지 이루어진 니체에 대한 설명과 해석, 연구는 경외감을 불러일으킬 정도로 그 양이 늘었다. 니체에 대한 학계의 관심은 괄목할 정도로 확대되어서, 만약 철학이나 "문화 연구" 또는 관련 분과 학문에 종사하는 학생이 니체에 대해 아무것도 배우지 못했다면, 그는 부당한 대우를 받았다고 느낄 것이다. 또 니체에 대해 모종의 권리를 주장하지 않는 지적, 예술적 운동도 거의 없다. 마르크스주의가 쇠퇴한 대신 니체 안에 있는 정치적 좌파의 가능성에 대한 관심이 부활했다. 이러한 좌파의 가능성은 백 년 전에 유행했던 그에 대한 열광의 결정적인 요소이기도 하다. 실존주의자 니체를 뒤이어 해체주의자 니체가 나타났다. 비합리적인 파시스트 니체(이것은 그저 환영일 뿐이다.)를 뒤이어 포스트모더니즘으로 넘어가는 데 중추적인 역할을 하는 철학자로서의 니체가 등장했다. 페미니스트 니체와 포스트페미니스트 니체가 있다. 이러한 니체는 (그를 좋아하지 않는 페미니스트들의) 반격을 불러왔을 정도로 설득력 있는 운동들을 상징한다. 들리는 말로는, 현대 사회(주로 미국)를 감염시켜서 도덕적 붕괴를 일으키고 있는 윤리적 상대주의에 대한 책임이 있는 니체도 있다(블룸즈버리 그룹의 니체). 계몽주의로 시작된 도덕적 허무주의의 극단에 서 있는 니체가 있다(매킨타이어의 니체). 마지막으로 니체와 진지하게 연루된 이 모든 운동들 옆에 문화적 우상이 된 니체가 있다. 이 니체는 어디에서나 쉽게 만날 수 있기 때문에, 사람들은 자신이 니체에 대해 실제로 아는 것보다 더 많은 것을 알고 있다고 착각하게 된다.

나는, 지난 30년 동안 니체에 대해 쓴 모든 글의 가치를 평가하려고 나설 만큼 한가하지 않으며, 아는 바도 없고, 또 그렇게 주제 넘는 사람도 아니다. 나는 그 글들을 전부 읽은 것도 아니며(누구도 그것을 다 읽을 수는 없을 것이다.), 내가 읽은 것을 모두 이해한 것도 아니다(이것은 아마 세대의 문제일 것이다. 그러나 니체에 대한 해석, 설명, 해설들 가운데는 실제로 이해할 수 없는 것들도 있다). 따라서 내가 가장 흥미롭게 읽었던, 니체를 평가하는 좀더 최근의 경향에 대해서만 간단히 언급하고 넘어가겠다. 최근에는 20세기의 특징적인 사고방식과 관련하여 니체를 하나의 철학적인 전형 혹은 출발점으로 평가하고 있다. 그리고 이러한 경향들 가운데 가장 확고하게 기반을 다진 것으로 보이는 것은 주로 데리다와 관련한 해체주의이다. 해체주의가 표방하는, 이원론적 사고에 대한 비판과 극복은 지금에 와서 볼 때, 니체의 철학적 기획의 많은 부분을 구성한다고 할 수 있다. 만약 내가 이 책을 쓰기 전에 데리다를 읽을 수 있었다면, 니체의 사상에 대한 설명은 상당 부분 강조점이 달라졌을 것이다.

그러나 덧붙여 말하자면, 이것 말고는 지난 30년 동안 이 책에서 제시한 니체의 삶과 철학에 대한 설명을 몇몇 세부 사항이 아니라 전반적으로 수정해야겠다고 생각할 만한 경험은 하지 못했다. 제1판에서 분명하게 밝혔듯이, 이 책에서 제시한 니체의 철학에 대한 해석은 발터 카우프만의 해석, 특히 1950년에 출판된 그의 "재기" 작에서 소개한 해석에 근거하고 있다. 물론 나는 카우프만이 니체를 실제 모습보다 훨씬 더 인도주의자로 생각하고 있다는 점을 알고 있었으며, 지금도 그렇다. 그리고 나는 이 점을 참작하려고 했다. 내가 이 책을 쓰던 1963년에서 64년 무렵에 내가 아는 한 카우프만의 니체 해석과 겨룰 만한 것으로서, 포괄적인 차원으로 니체를 이해하려 한 유일한 시도는 하이데거의 해석, 특히 1961년에 출판한 책에서 제시한 해석이었다. 카우프만과 하이데거는 거의 모든 면에서 서로 다르지만, 힘에의 의지를 니체의 핵심 교의로 간주하면서, 힘에의 의지에 대한 고려 없이는 니체를 제대로 이해할 수 없다고 보았다는 점에서만은 뜻을 같이한다. 그리고 이런 점에서, 나는 내가 이 책에서 취한 방향에 대한 확증을 하이데거 안에서 발견했다. 그러나 니체에 대한 하이데거의 해석의 나머지 부분은 나의 것과 일치하지 않는다. 내가 하이데거를 받아들일 수 없었던 가장 주된 이유는, 니체에 대한 나의 설명이 거의 대부분 그가 직접 출판한 작품들에 의존하고 있는 데 반해 하이데거는, 잘 알려져 있다시피, 출판된 작품들을 거부하고 전적으로 유고에 의존했다는 사실에 있다. 나는 유고를, 심지어 카우프만보다도 적게 이용했다. 나는 카를 슐레히타의 다음과 같은 말에 전적으로 동의했으며, 지금도 여전히 그렇다. "내가 보기에는, 한 작가를 이해할 때는 우선 그가 사람들에게 이해받고자 했던 방식대로 이해하려는 지적 예절이 필요한 것 같다." 게다가 하이데거의 독해에 따르면 "니체의 철학"은 그의 (출판된 것이든 출판되지 않은 것이든) 저작에서는 조금도 명시적으로 드러나지 않으며, 오히려 해석자에 의해 비로소 추론되어야만 한다. 하지만 그렇게 되면 니체 자신도 하이데거의 니체를 알아보지 못할 것이다. 니체에 대한 하이데거의 해석이 넓고 깊은 영향을 미쳤다는 사실이 이러한 결론에 반대할 이유가 되지는 않는다. 물론 하이데거의 철학은 20세기의 어느 철학자 못지않게 넓고 깊은 영향력을 발휘했고, 이를 통해 니체에 대한 관심을 확산시키는 데도 어느 정도 기여했다. 하지만 이는 달리 말하면 많은 사람들이 하이데거를 통해 니체를 한 사람의 진지한 철학자로서 접하게 됐으며, 따라서 그를 하이데거의 방식대로 보게 되었다는 것을 의미한다. 그러나 하이데거를 이해하는 것보다 니체를 먼저 접했던 사람들의 눈에 하이데거의 니체는 필시 하이데거 말고는 어느 누구도 만들지 않았을 또는 만들 수 없었을 하나의 구성물로 보일 것임에 틀림없다.

한때 나는 유고를 니체의 철학적 입장을 보여 주는 유효한 자료로 인정할 수 없다는 내 생각이 지나치게 경직된 것일지도 모른다는 생각을 했는데, 이런 생각을 하게 된 계기를 제공한 것은 유고에 대한 하이데거의 평가가 아니라 오히려 콜리-몬티나리 판 전집이었다. 1880년대에 쓴 단편적인 메모들은 확실히 출판된 작품들에 비해 읽고 이해하기가 더 힘들지만, 그럼에도 불구하고 너무나 중요한 것들이기 때문에, 출판된 작품에만 관심을 국한한다는 것은 변명할 여지없이 지나치게 엄격하고 금욕적인 것으로 보일 것이다. 그러나 이런 점을 알고 있음에도 불구하고 나는 언제나 다음과 같은 사실(내가 보기에 분명 사실이다.)로 돌아갈 수밖에 없었다. 곧 유고를 구성하는, 사용되지 않은 원고들은 우연히 사용되지 않은 채 남겨진 것이 아니며, 니체가 철학으로서 제시할 만하다고 생각했던 것들은 그가 직접 출판했거나 명백히 출판을 의도했던 것들뿐이라는 사실이다. 그래서 나는 1880년대의 유고들 가운데서 출판된 작품들 속에서 대응되는 구절을 발견할 수 없는 원고들은 그의 숙고된 견해를 나타내는 진술로서 유효하지 않다고 지금도 주장할 수 있다.

- 3 -

사소한 문제이긴 하지만, 본문의 각주에서 허용되는 것보다는 좀더 길게 이야기하고 싶은 두 가지 사항이 있다.

1. 시칠리아 섬 북동쪽 끝에 위치한 메시나(10장 참조)는 니체가 방문했던 곳들 가운데 가장 남국적인 분위기가 풍기는 곳이다. 사람들은 그가 그곳에 간 이유를 추측하기 시작했고, 결국 바그너가 시칠리아에 있다는 이야기기를 듣고서 그를 만나려고 갔을 거라는 생각을 해냈다. 니체가 메시나에 있을 동안 바그너와 그의 가족들은 아치레알레에 머물면서 근방의 가까운 휴양지로 여행을 다녔다. 그리고 4월 10일에서 14일 사이에는 바로 메시나에 있었다. 만약 두 사람이 만났다면, 이 사실은 니체가, 그리고 다른 누군가가 하지 않았다면 아마도 코지마가 기록했을 것이 분명하다. 그러나 기록은 없으며, 따라서 우리는 그들이 만나지 않았다고 가정해야만 한다. 이 문제에 관해 이 이상의 추측이 있

었던 이유는 궁극적으로 우연의 일치를 곧이곧대로 받아들이기가 쉽지 않았기 때문일 것이다.

2. 이 책이 출판되고 한참 후에 한 미국인 학자는 니체가 횔덜린에 대해 쓴 글의 대부분이 유명한 "현대 고전" 시리즈(『현대의 고전 작가들: 전기와 비평 그리고 표본들을 통해 본 최신 독일 문학사Moderne Klassiker: Deutsche Literaturgeschichte der neueren Zeit in Biographien, Kritiken und Proben』, Kassel, 1853)의 한 권에서 글자 하나도 틀리지 않고 그대로 표절한 것이라는 점을 증명했다. 이 폭로는 사뭇 진지하면서도 선정적인 논평을 불러일으켰다. 그리고 이 작품이 표절의 산물인 줄 몰랐던 몇몇 유명한 주석가들이 이 작품을 얼마나 격찬했는지가 밝혀지자, 이를 고소해하는 말들까지도 쏟아져 나왔다. (뿐만 아니라 니체가 표절한 현대 고전 시리즈의 내용은 그 자체로 상당 부분 슈바베가 쓴 횔덜린의 전기와 알렉산더 융이 그의 작품에 가한 비판적 분석에서, 출처를 밝히지 않은 채 표절되었다는 사실도 드러났다.) 그러나 내 생각으로는, 이러한 사실들은 그리 중요한 문제가 아니다. 왜냐하면 젊은이라면 누구나 어리석은 행동을 범할 수 있기 때문이고, 어떤 분야의 전문가라도 미리 주의 받지 않았다면 오류를 범할 수 있기 때문이다. 이런 문제보다는 만약 당시에 그 표절 사건이 밝혀졌다면, 니체에게 과연 무슨 일이 일어났을지를 생각해 보는 것이 훨씬 더 흥미롭다. 쫓겨났을까? 만약 그렇다면, 그 다음에 그에겐 무슨 일이 일어났을까? 혹시 니체가 살던 당시의 포르타에서, 표절은 매우 흔한 일이 아니었을까?

옮긴이의 글

이 책은 1999년에 나온 레지날드 J. 홀링데일의 『니체, 그의 삶과 사상Nietzsche, The Man and His Philosophy』의 개정판을 번역한 것으로, 원서는 1965년에 처음 출간되었다.

총 4부 17장으로 구성된 이 책에서, 저자는 각 장의 전반부는 니체의 삶을 기술하는 데, 그리고 후반부는 그의 사상을 해설하는 데 할애하고 있다. 저자는 광기와 천재라는 이미지에 의해 모호하게 우상화된 니체, 혹은 그 반대로 정신적으로 불안정한 사악한 예언자로서의 니체를 해체한다. 대신 그 자리에 병으로 끊임없이 고통받으면서도 오히려 이 고통을 자신의 사유와 창작의 동력으로 변화시켰던 정력적이고 냉철한 사유가로서의 니체의 모습을 우리에게 보여 준다.

1부에서는 뢰켄의 목사관과 나움부르크에서 보낸 어린 시절, 포르타 공립학교와 본과 라이프치히에서의 대학 시절을 소개하고 있다. 여기에서는 어린 시절에 겪은 아버지의 죽음을 중요한 사건으로 그리고 있으며, 그의 초기 시 작품들이나 철학적 에세이들을 인용하여, 훗날 니체의 사상과 그의 독특한 문체의 씨앗을 직접 드러낸다.

2부에서는 스물네 살의 젊은 나이에 바젤 대학의 교수가 된 후부터 그만두기까지의 10년 동안의 시기를 소개한다. 니체의 바그너에 대한 열광과 헌신 그리고 결별의 과정이 한 편의 소설처럼 그려져 있다. 더

불어 그가 바그너의 미학 이론과 쇼펜하우어의 철학, 다윈의 진화론과 맺은 관계와 그리스 문화에서 받은 영향을 그린다.

3부에서는 교수를 그만둔 후부터 1889년에 그가 카를로 알베르토 광장에서 쓰러지기 전까지, 이탈리아, 프랑스, 스위스 각지를 떠돌며 저술 활동을 하던 시기를 다룬다. 병으로 고통받는 한 인간의 애처로운 모습 위에 정력적으로 저술에 매달리는 한 철학자의 모습이 겹쳐진다. 또 그 유명한 루 살로메와의 만남도 그려진다. 『인간적인 너무나 인간적인』에서부터 『이 사람을 보라』에 이르기까지 그의 저술의 대부분을 3부에서 해설하고 있으며, 니체가 남긴 유고에 관련한 문제도 논의한다.

4부에서는 니체가 쓰러진 후부터 죽기까지 11년 동안 니체가 어떤 식으로 신화화됐는지를 소개한다.

이 책이 가지는 장점은 무엇보다도 니체의 삶을 충실히 복원했다는 데 있을 것이다. 우리에게 익히 알려진 니체의 출판 저작 이외에 초기 시절의 중요한 작품들, 일기 그리고 평생에 걸친 수많은 편지들과 주변인들의 기록을 토대로 그의 삶을 세밀화처럼 그려 낸다. 더구나 니체의 일기나 편지를 발췌하여 인용함으로써 독자들로 하여금 니체가 "어떻게 자기 자신이 되어갔는지"를 그 자신의 목소리를 통해 알 수 있게 해 준다.

그러나 이 책이 가지고 있는 더 중요한 장점은 니체의 사유 세계가 그 전기만큼이나 친숙하고 생생하게 해설되고 있다는 데 있다. 저자는 그의 사상을 단지 전기적인 사실의 일부로서 소개하는 수준에 그치지 않고, 그 자체로 "니체의 사유에 대한 전기"라 할 수 있을 정도로 그의 사유 과정을 충실히 따라가면서 보여 준다. 또 저자는 각각의 저술이 쓰였던 시기의 니체의 삶의 모습을 미리 보여 주며, 그의 작품은 주요 구절을 상세히 인용함으로써 우리로 하여금 니체의 사유 세계에 저절로 몰입할 수 있게 한다. 따라서 이 책은 니체의 사상에 다가가기 위해 반드시 거쳐야 할 첫 "계단"의 역할을 하는 데 부족함이 없다고 말할 수 있겠다.

우리는 니체의 저작과 편지를 발췌하여 인용한 부분을 번역함에 있어, 자칫 중역이 가져올 수 있는 오류를 방지하기 위하여 저자의 영역과 독일어 원문을 충실히 비교하여 번역하였다. 이 저서가 가지는 연구사적인 의의와 위치에 대해서는 저자 후기를 참조하기 바란다.

이 역서는 원래 2004년 이제이북스에서 출간되었던 것인데, 이번에 북캠퍼스를 통해 다시 출간되어 역자들로서 감회가 새롭다. 니체에 관한 전기 가운데 결코 빼놓을 수 없는 중요한 위치를 차지하고 있는 홀링데일의 니체 전기의 우리말 번역본이 그 동안 니체를 즐겨 읽는 독자들의 많은 사랑을 받아왔으나, 첫 인쇄본 출간 이후 추가적인 출간이 이루어지지 못해 독자들뿐만 아니라, 역자들로서도 아쉬웠던 것이 사실이다. 이제 이렇게 재출간으로 새로이 빛을 보게 되어 기쁠 따름이다. 재출간을 흔쾌히 허락해주신 이제이북스 전응주 사장님에게 감사드리고 싶다. 무엇보다도 묻혀버릴 수도 있었던 이 책의 재출간을 기획하시고, 이전 번역본의 미진했던 부분까지도 꼼꼼하게 수정, 보완해주신 도서출판 북캠퍼스에 깊은 감사의 마음을 전하고 싶다. 또 첫 인쇄본 출간 당시 많은 조언을 통해 번역의 질을 높이는 데 큰 도움을 준 박경아 씨에게도 여전히 깊은 감사의 말을 전한다.

2017년 8월

김기복 · 이원진

주석

I. 1844년 ~ 1869년

1. 어린 시절

1) 프리드리히 아우구스트 니체의 책으로는 『가말리엘, 혹은 기독교의 영원한 지속Gamaliel, oder die immerwährende Dauer des Christentums』(1796년)과 『종교, 교육, 복종의 의무, 이웃 사랑에 대한 이성적 사고방식을 촉진하기 위한 기고Beiträge zur Beförderung einer vernünftigen Denkensart über Religion, Erziehung, Untertanenpflicht und Menschenliebe』(1804년)가 있다. 이를 통해 우리는 니체 이전의 니체 가문 사람들이 지닌 보통 수준 이상의 지적 능력의 일단을 엿볼 수 있다.

2) 리하르트 블룽크Richard Blunck, 『프리드리히 니체. 유년 시절과 청년 시절Friedrich Nietzsche. Kindheit und Jugend』(바젤, 1953년), 16쪽.

3) 이 글은 니체가 포르타 공립학교의 기숙사에 들어가기 위해 집을 떠나기 직전인 1858년 8월 18일부터 9월 1일 사이에 쓴 것이다. 그는 어린 시절의 모든 기억을 잊어버리기 전에 기록하길 원했다.

4) 『나의 삶』에서 인용한 부분은 발췌한 것이다. 니체는 장례를 집전한 목사의 이름까지 쓰면서 상당히 자세하게 장례식을 기록하고 있다. 그는 장례식 광경을 매우 정확하게 기억했던 것으로 보인다. 『나의 인생 여정』에서 아버지의 죽음을 다시 한 번 묘사하는데, 다음과 같은 추모시 한 편도 함께 실려 있다.

애! 그들은
한 선량한 남자를 매장했네.
하지만 나에게는 그는 그 이상이었네!

이 모든 것은 그가 어린 나이에 아버지의 죽음을 겪은 후 13년이나 지난 시점에 쓴 것이다!

5) 어니스트 뉴먼Ernest Newman, 『리하르트 바그너의 삶The Life of Richard Wagner』, 1권(런던, 1933년),

89쪽.

6) 엘리자베트 역시 근시였다. 이는 두 자녀가 똑같이 아버지로부터 물려받은 것이다.

2. 포르타에서

1) 『포르타 일기Pforta Diary』, 1859년 8월 9일.

2) 『포르타 일기』 8월 6일자에는 부덴지크가 니체의 향수병을 없앨 수 있는 수단들을 일러
    준 목록이 담겨있다.

3) 블룽크, 앞의 책, 87쪽에서 인용.

4) 사실 그의 실제 집은 나움부르크에 있었다. 그러나 앞에서 설명했듯이, 집이 없다는 주관
    적인 감정은 아버지가 일찍 죽었다는 사실에 기인하는 것으로 보인다.

5) 블룽크, 앞의 책, 60쪽에서 인용. 횔덜린에 관해 쓴 글에 대한 또 다른 이야기는 이 책의
    "후기"를 참조하라.

6) 오이포리온은 괴테의 『파우스트』 제2부에 등장하는, 그리스의 헬레나와 파우스트 사이에
    서 태어난 아이이다. 오이포리온이 고딕 양식과 그리스 양식을 새롭고 탁월한 방식으로
    결합한 것으로 평가되는 바이런을 상징한다는 것은 잘 알려진 사실이다. 니체의 오이포리
    온은 바이런을 흉내 내고 있는 니체 자신이다.

7) 여기에 쓰인 "투쟁"의 독일어는 Kampf이다. 니체는 평화로운 휴식 상태와 대비시켜 활동
    적이고 공격적인 투쟁 상태를 가리키기 위해 Kampf, Krieg, Streit라는 단어들을 엄밀하
    게 구별하지 않고 사용하고 있다. 영어에서는 "Strife(싸움, 투쟁)"가 그 의미에 가장 맞는 단
    어가 될 것이다. 이 단어를 봐서도 알 수 있듯이 그 안에 국가 간의 무력 충돌이라는 의미
    는 없다.

3. 본 대학과 라이프치히 대학

1) 니체가 라이프치히로 옮긴 이유를 순전히 리츨 때문이라고 말하는 것은 정확한 설명이
    아니다. 니체가 본에서의 생활에 만족하고 있었다면 리츨이 그곳에 갔다고 해서 따라가지

는 않았을 것이다. 그리고 그가 다른 대학이 아니라 라이프치히 대학을 택한 것은 게르스도르프도 그곳으로 가려고 했기 때문이기도 하다. 그러나 라이프치히에 리츨이 있다는 것이 아마도 결정적인 요인이었을 것이다.

2) 파울 도이센Paul Deussen, 『프리드리히 니체에 대한 회상Erinnerungen an Friedrich Nietzsche』(라이프치히, 1901년), 20쪽.

3) 같은 책, 22쪽.

4) 같은 책, 24쪽.

5) 브린턴Brinton, 『니체Nietzsche』, 15쪽.

6) 카우프만Kaufmann, 『니체Nietzsche』, 49쪽.

7) 블룽크, 앞의 책, 160쪽 이하.

8) 브란Brann, 『니체와 여자들Nietzsche und die Frauen』, 138쪽.

9) 만Mann, 《새로운 연구들Neue Studien》, 〈니체 철학Nietzsches Philosophie〉. (이런 연구들의 자세한 내용은 참고문헌을 참조할 것.)

10) 도이센, 앞의 책, 20쪽.

11) 「라이프치히에서 보낸 2년에 대한 회고Rückblick auf meine zwei Leipziger Jahre」, 1867년 8월에 씀.

12) 오스트리아와 바이에른이 한편이 되어 프로이센과 벌인 전투로 6월 14일에 시작되어 8월 22일에 프로이센의 승리로 끝났다.

13) 「라이프치히에서 보낸 2년에 대한 회고」.

14) 이 책 5장을 참조하라. 5장에서는 니체가 랑에로부터 받은 영향도 논의한다.

15) 이 책 12장을 참조하라.

16) 라이프치히에서의 마지막 몇 달 동안 그의 마음이 문헌학을 벗어나 다양한 분야로 향하고 있을 때, 그는 철학으로 박사 학위를 받을 생각을 하고 연구 주제를 결정해 놓기까지 했다. "칸트 이후의 기관의 개념에 대해서On The Concept of the Organic since Kant." 그러나 이것은 그가 너무 늦게 착수했던 계획들 가운데 하나가 된다.

Ⅱ. 1869년 ~ 1879년

4. 스물네 살의 대학 교수

1) 카를 알브레히트 베르누이^{Carl Albrecht Bernoulli}, 『프리드리히 니체와 프란츠 오버베크. 그들의 우정^{Friedrich Nietzsche und Franz Overbeck. Eine Freundschaft}』(예나, 1908년), 1권, 67쪽.

2) 같은 책, 1권, 252쪽에서 인용.

3) 알프레트 폰 마르틴^{Alfred von Martin}, 『니체와 부르크하르트^{Nietzsche und Burckhardt}』(뮌헨, 1941년, 1947년), 173쪽 이하에는 이에 대한 증거가 수집되어 논의되고 있다.

4) 같은 책, 7쪽.

5) 에리히 헬러^{Erich Heller}, 『상속권을 빼앗긴 정신^{The Disinherited Mind}』, 「부르크하르트와 니체 Burckhardt and Nietzsche」(런던, 1952년).

6) 베르누이, 앞의 책, 1권과 2권.

7) 니체에 대한 오버베크의 회상은 아주 생생하며 다정다감하다. 이를 통해 우리는 니체가 자신이 존중할 만한 지성과 견해를 가졌고 진실한 대화를 나눌 수 있는 사람들과 편안하게 어울리고 있을 때 어떤 모습이었는지를 희미하게나마 엿볼 수 있다. 베르누이, 앞의 책, 1권, 234-251쪽.

8) 베르누이, 앞의 책, 1권, 61쪽에서 인용.

9) 후원회^{Patronatverein}는 1876년에 열린 바이로이트 음악 축제를 재정적으로 지원하기 위해 바그너와 그의 주요 후원자들이 만든 전국적인 단체였다. 그러나 후원회는 음악 축제의 비용을 감당하겠다는 목적을 달성하지 못했다. 이 후원회의 진정한 의미는 바그너의 대단한 업적에 새로운 목록을 추가했다는 데 있다. 곧 최초의 조직적인 팬클럽이 형성된 것이다.

5. 바그너, 쇼펜하우어, 다윈 그리고 그리스인들

1) 게르스도르프에게 보낸 1869년 8월 4일자 편지.

2) W. A. 엘리스^{W. A. Ellis}가 번역한 바그너의 산문집 『산문집^{Prose Works}』 8권(런던, 1892-1899년)에서 인용했다. 『오페라와 드라마^{Opera and Drama}』 제2권에 실려 있고, 나머지는 1권에 실려

있다.

3) 블룽크, 앞의 책. 이 책에는 니체 목사의 사진이 실려 있다. 그의 모습은 바그너와 아주 똑같지는 않지만 놀랄 정도로 많이 닮았으며, 이는 분명 니체의 주목을 끌었을 것이다. 블룽크는 바그너와 니체가 먼 친족 관계였다고 적고 있다. 그들의 어머니들은 카스파르 슈뛰렐 또는 슈뛰를이라는 공통의 선조를 가지고 있으며, 그는 1530년부터 1600년까지 살았고 잘부르크의 시장이었다.(20쪽)

4) 바그너는 바젤의 인쇄업자가 인쇄한 자신의 전기 『나의 삶Mein Leben』을 니체에게 정리하게 했으며, 교정도 그에게 맡겼다. 이것은 니체가 바그너와 얼마나 가까워졌는지를 보여준다.

5) 월레스W. Wallace, 『아르투어 쇼펜하우어의 삶Life of Arthur Schopenhauer』(런던, 1890년), 11쪽 이하.

6) 카우프만, 앞의 책, 131쪽.

7) 그러나 니체는 "소크라테스 이전"의 철학자들이 아니라 "플라톤 이전"의 철학자들을 언급한다. 「그리스 비극 시대의 철학Die Philosophie im tragischen Zeitalter der Griechen」에서 그는 "탈레스로부터 소크라테스에 이르는 천재들의 공화국"(2절)에 대해 말하고 있다. 그가 소크라테스를 그 천재들의 맨 마지막 사람으로 보았다는 사실을 염두에 두지 않는다면 "소크라테스 이전" 철학자들에 대한 그의 숭배를 오해하게 될 것이다.

8) 「플라톤 이전의 철학자들Die vorplatonischen Philosophen」의 열째 번 강의.

9) 뉴먼, 앞의 책, 4권(런던, 1947년), 319쪽. 인용 안의 홑따옴표는 코지마의 일기에서 인용했다.

10) 엘리스가 번역한 바그너의 「공개 서한」은 그의 『산문집』 5권에 실려 있다.

11) 콘포드Conford, 『종교에서 철학으로From Religion to Philosophy』(1912년), 111쪽.

6. 바그너와의 결별

1) 힐데브란트Hildebrandt, 『니체의 삶과 작품에 나타난 건강과 질병Gesundheit und Krankheit in Nietzsches Leben und Werk』(베를린, 1926년), 159쪽. 베를린의 비테나우어 하일슈테텐Wittenauer Heilstätten의 수석 내과의였던 힐데브란트는 1888년 10월 이전에는 니체의 삶과 저작에서 "정신이상"의 흔적을 발견할 수 없었다.

2) 뉴먼의 말에 따르면, 그들이 슈투트가르트에서 만났다는 것은 사실이 아니다.(앞의 책, 4권, 370쪽) 바그너 부부는 슈투트가르트에서 21일 하루만 머문 후 슈트라스부르크로 갔기 때문이다. 오토 슈트로벨Otto Strobel, 『리하르트 바그너. 삶과 철학. 하나의 연대표Richard Wagner. Leben und Schaffen. Eine Zeittafel』(바이로이트, 1952년), 106쪽을 보라.

3) 이 부분은 바그너를 "화나게" 한 사건이 기록된 것보다 더 많았음을 암시한다.

4) 에리히 F. 포다흐Erich F. Podach, 『니체의 주변 인물들Gestalten um Nietzsche』(바이마르, 1932년), 71쪽 이하.

7. 대학을 떠나다

1) 니체는 서른두 살, 레는 스물여섯 살, 브레너는 스물한 살이 채 되지 않았다.

2) 그의 편지는 베르누이, 앞의 책, 1권, 198쪽 이하에 수록되어 있다.

3) 뉴먼, 앞의 책, 4권, 581쪽.

4) 나탈리에 헤르첸은 알렉산더 헤르첸의 딸이었다. 말비다는 나탈리에의 여동생 올가의 개인교사였다. 또 다른 여성들도 틀림없이 말비다가 제안했을 것이다.

5) 쾨케르트 양은 제노바의 은행가의 딸이었고, 그녀의 재산에 대한 니체의 물음은, 그와 말비다가 "부유함"이라는 용어를 결혼 상대자에게 어떤 의미로 적용했는지를 우리에게 알려 주고 있다.

6) 그것은 "관객과 대중성Publikum und Popularität"이라는 표제 아래 실린 셋째 글에 들어 있다. 1878년 2월에 설립된《바이로이터 블래터》는 바그너 파 잡지였다. 물론 편집은 한스 폰 볼초겐이 했지만, 이 잡지는 바그너의 수중에 있었으며, 볼초겐은 그의 배후 조종을 받았다.

Ⅲ. 1879년 ~ 1889년

9. 홀로 떠돌며

1) 이 무렵 가스트의 활동과 심경을 알려 주는 편지들은 이 책 6장에 소개되어 있다.

2) 이 오페라는 이후 니체가 살아 있는 동안에도 계속 바이로이트에서 상연되었지만 그는 그것을 결코 보지 않았다. 설령 그가 그곳에 갔더라도 환영받지 못했을 것이다. 니체는 (몬테카를로에서) 1887년 1월에 오케스트라가 연주하는 〈파르지팔〉의 서곡을 들었다. 그리고 1월 21일에 가스트에게 편지를 보내 그에 대한 감탄을 솔직하게 털어놨다. "바그너가 이 작품보다 더 좋은 작품을 쓴 적이 있던가?" 〈파르지팔〉에 등장하는 모든 대사의 직접성과 심리학적 분명함은 "날카로운 칼로 영혼을 잘라 내는 것 같았다." 이러한 감탄과 『바그너의 경우』에서 나타나는 공공연한 비난 사이에는 아무런 모순이 없다. 왜냐하면 니체는 바그너가 천재적인 작곡가가 아니라고 주장하는 것이 아니기 때문이다.

10. 루 살로메와의 만남

1) 예를 들면 115절, 121절, 124절, 125절, 153절, 183절, 267절, 268절에서부터 275절까지 등장하는 여덟 개의 질문과 대답 그리고 4부 전체(276절~342절)이다.

2) 메시나로 떠난 여행에 관해서는 이 책의 "후기"를 참조하라.

3) 니체가 4월에 로마에서 엘리자베트에게 썼으며, 루에 대한 이야기를 담고 있다는 이 편지는 위조된 것이다. 카를 슐레히타 판 니체 전집(뮌헨, 1960년), 3권, 1408쪽 이하 참조.

4) 좀더 나중에 쓴 어느 편지를 보면, 엘리자베트가 니체에게 "아버지의 죽음을 더럽히는 자식"이라고 말했다는 것을 알 수 있는데, 죽은 아버지를 향한 니체의 감정에 대한 나의 판단이 옳다면, 그는 이 말에 당혹스러운 분노를 느꼈을 것이다.

5) 『이 사람을 보라』에서 니체는 『차라투스트라는 이렇게 말했다』의 1부와 2부를 각각 열흘 만에 완성했다고 주장한다. 그러나 그는 『이 사람을 보라』에서 자신의 작업 속도를 시종일관 과장한다. 예를 들어 『우상의 황혼』은 "시간이 너무 적게 걸려 작업 일수를 밝혀야 할지 망설여진다"고 말한다.(『이 사람을 보라』, 「우상의 황혼」 1절) 그러나 그가 적어도 두 달 정도 꼬박 『우상의 황혼』에 매달렸다는 것이 증명될 수 있다. 따라서 『차라투스트라는 이렇게 말했다』의 1부와 2부를 쓰는 데 걸린 정확한 시간은 불확실하다고 할 수 있다.

11. 차라투스트라는 이렇게 말했다

1) 이런 측면에서 인류가 얼마나 우월성을 획득했는지는 『도덕의 계보』에서 설명하고 있다. 이 책 12장을 참조하라.

12. 고독

1) 1889년 1월 24일에 오버베크에게 보내는 편지. 포다흐, 『니체의 주변 인물들Gestalten um Nietzsche』, 59쪽.
2) 같은 책, 55쪽.
3) 도이센, 앞의 책, 92-93쪽.
4) 니체와 페미니즘에 관한 더 상세한 정보는 이 책의 "후기"를 참조하라.
5) 예를 들어 『인간적인 너무나 인간적인』 475절, 『선악의 저편』 251절, 『안티크리스트』 55절.
6) 예를 들어 『즐거운 학문』 377절, 『우상의 황혼』 1장 11절, 『우상의 황혼』 8장의 3절과 4절.
7) 예를 들어 『인간적인 너무나 인간적인』 475절, 「다양한 의견과 격언들」 171절, 『니체 대 바그너』 4장, 『아침놀』 38절, 『선악의 저편』 52절과 250절, 『도덕의 계보』 제3논문 22절.
8) 이에 대해서는 포다흐의 『니체의 주변 인물들』의 142쪽에 등장하는 진정한 식민주의자 슐체C. F. E. Schultze에 대한 설명을 참조하라. 파라과이에서의 푀르스터와 엘리자베트에 관한 설명은 포다흐의 책의 내용에 근거한 것이다. (이 책 17장 참조)
9) 니체가 바그너의 가장 노골적인 반대자가 되어 가던 무렵에 《바이로이터 블래터》의 지면이 그의 여동생에게 늘 열려 있었다는 사실은, 19세기 말에 독일에서 반유대주의적 감정이 어느 정도의 힘을 가지고 있었는지를 보여 준다. 그녀는 유대인과의 전쟁에서 중요한 여자 당원이었다.
10) 재미있는 사실은 이 책의 인쇄를 담당한 토이브너가 그전에 주문받은 50만 부의 찬송가 책을 만드는 일 때문에 이 일에 착수할 수 없었다는 점이다. 이에 대해 니체는 기독교인들이 찬송가를 부르고 반유대주의를 외쳐 대면서 차라투스트라를 죽이려고 한다고 말했다.
11) 이 책 8장 2절에 인용되어 있는 「다양한 의견과 격언들」 26절을 참조하라.

13. 정신의 붕괴

1) 1889년 1월 11일에 오버베크가 가스트에게 보낸 편지.
2) 이 책에서는 니체가 독일 군국주의와 나치즘을 주장한 철학자였다는 주장에 대해 길게 논하지 않겠다. 비록 대략적인 개요에 불과하지만, 이 책에서 제시한 니체 사상에 대한 해석을 받아들인 독자라면 어떤 경우에도 이런 주장을 수용할 수 없음을 알 것이다. 니체가 독일 군국주의를 주창했다는 비난은 그가 "힘"이라는 용어를 통해 말하고자 했던 것을 잘못 이해함으로써 생긴 것이며, 나치즘과 관련한 비난은 나치 작가들이 그에 대해 말한 내용을 무비판적으로 수용함으로써 나타난 것이다. 또 이 두 비난은 모두 니체가 직접 쓴 저작에 무지한 결과이다.
3) 게오르크 브란데스, 『프리드리히 니체』(런던, 1914년), 103쪽. [이 책은 국내에 『니체. 귀족적 급진주의』(김성균 옮김, 까만양, 2014년)라는 제목으로 번역, 출간되었다. –옮긴이]
4) "극도의 경멸과 함께"라는 표현은 니체가 일반적으로 편지 말미에 붙는 관용적 표현인 "깊은 존경과 함께" 대신 쓴 것이다.
5) 여기에서 니체는 군 복무 시절인 1867년에서 1868년 사이의 경험을 언급하고 있다.
6) 카를 슈트레커Carl Strecker, 『니체와 스트린드베리』(뮌헨, 1921년), 35쪽.
7) 뉴먼, 앞의 책, 525, 570, 573쪽
8) 자크 바르죙, 『다윈, 마르크스, 바그너: 운명의 비평』, 「니체 대 바그너Nietzsche contra Wagner」(뉴욕, 1941년, 1958년).
9) 뉴먼, 앞의 책, 3권(런던, 1945년), 528쪽.
10) 같은 책, 4권, 573쪽.
11) 마리오 프라츠(앵거스 데이비드슨 옮김), 『낭만적 고통』(옥스퍼드, 1933년), 5권 76절. 낭만적 퇴폐주의에 대한 최고의 보고서라고 할 수 있는 이 책은 바그너를, 성애를 주제로 삼은 수많은 작가와 예술가들에게 영감을 불어넣은 원천으로 설명하고 있다.
12) 페인A. B. Paine, 『마크 트웨인Mark Twain』, 2권, 922쪽.
13) 프라츠, 앞의 책, 5권 14절.
14) 『이 사람을 보라』 가운데 제목, 차례, 서문, "이 완벽한 날에" 그리고 첫째 장은 니체가 정신적으로 붕괴하기 전에 활자로 조판되었다. 그 책의 나머지 부분이 그의 의도에 얼마나 부합하느냐의 문제는 이 책의 "참고문헌"을 참조하라.

14. 미발표 저술들

1) 이 계획안의 내용은 다음과 같다. "힘에의 의지. 모든 가치의 전도를 위한 시도. 첫째 책, 유럽의 허무주의. 둘째 책, 지금까지의 가장 고귀한 가치들에 대한 비판. 셋째 책, 새로운 가치 평가의 원리. 넷째 책, 훈육과 육성.""힘에의 의지"와 관련해서는 대략 스물다섯 개의 계획안들이 남아 있다. 따라서 (니체가 이 계획 전체를 포기했다는 사실은 별개의 문제로 치더라도) 이 계획안이 최종적인 안이라고 간주할 아무런 이유가 없다. 오히려 이 계획안을 쓴 종이는 두 부분으로 찢어져 있고 원제와 부제가 "모든 가치의"라는 말과 떨어져 있다.

2) 카우프만, 앞의 책, 91쪽.

3) 이 표제지들은 포다흐, 『정신 붕괴기의 프리드리히 니체의 작품들Friedrich Nietzsches Werke des Zusammenbruchs』(하이델베르크, 1961년), 4장과 5장에 수록되어 있다.

4) 베르누이, 앞의 책, 2권, 『니체의 마지막 작품Nietzsches letztes Schaffen』, 348쪽 이하.

5) 『힘에의 의지』에 대한 알베르트 람의 논평은 슐레히타 판 니체 전집 3권 1404쪽에 인용되어 있다.

6) 이 점에 관한 부가적인 설명은 이 책의 "후기"를 참조하라.

15. 시인으로서

1) 이 아포리즘은 《뉘른베르크의 명가수》의 끝 악장에 등장하는 2행 대구 가사에서 암시를 얻어, 그 전체 의미를 끌어온 것처럼 보인다.

우리는 그것을 좋은 규칙이라고 말할 수 있겠네.
만약 그것이 한 번의 예외를 견뎌 낼 수 있다면.
Der Regel Güte daraus man erwägt,
dass sie auch 'mal' ne Ausnahm' verträgt.

2) 이 책 2장에 수록되어 있는 시「나의 무정함」그리고 5장에 수록되어 있는 시「이 사람을 보라」도 함께 참조하라.

3) 이 책 2장에 수록되어 있다.
4) "둘째 춤의 노래"(『차라투스트라는 이렇게 말했다』 3부 15장 1절)의 첫 부분은 압운을 맞춘 산문이라는 독특한 형식을 띠고 있다.

• 15장에 실린 시들의 독일어 원문

Für Tänzer(춤추는 자에게는)

Glattes Eis

Ein Paradeis

Fur den, der gut zu tanzen weiss.

Aufwärts(위를 향하여)

"Wie komm ich am besten den Berg hinan?"

Steig nur hinauf und denk nicht dran!

Der Nächste(나의 이웃)

Nah hab den Nächsten ich nicht gerne:

Fort mit ihm in die Höh und Ferne!

Wie würd er sonst zu meinem Sterne? –

Unter Freunden(친구들 사이에서)

Schön ists, miteinander schweigen,

Schöner, miteinander lachen, –

Unter seidnem Himmels-Tuche

Hingelehnt zu Moos und Buche

Lieblich laut mit Freunden lachen

Und sich weisse Zähne zeigen…

Nach neuen Meeren(새로운 바다를 향해)

Dorthin – will ich; und ich traue

Mir fortan und meinem Griff.

Offen liegt das Meer, ins Blaue

Treibt mein Genueser Schiff.

Alles glänzt mir neu und neuer,

Mittag schläft auf Raum und Zeit – :

Nur dein Auge – ungeheuer

Blickt mich's an, Unendlichkeit!

An den Mistral(북서풍에게)

Mistral-Wind, du Wolken – Jäger

Trübsal-Mörder, Himmels – Feger,

Brausender, wie lieb ich dich!

Sind wir zwei nicht eines Schosses

Erstlingsgabe, eines Loses

Vorbestimmte ewiglich?

Hier auf glatten Felsenwegen

Lauf ich tanzend dir entgegen,

Tanzend wie du pfeifst und singst:

der du ohne Schiff und Ruder

Als der Freiheit frei'ster Bruder

Über wilde Meere springst⋯

Aus hohen Bergen(높은 산에서)

Oh Lebens Mittag! Zweite Jugendzeit!

Oh Sommergarten!

Unruhig Glück im Stehn und Spähn und Warten!

Der Freunde harr ich, Tag und Nacht bereit,

Der neuen Freunde! Kommt! 's ist Zeit 's ist Zeit!

Dies Lied ist aus – der Sehnsucht süsser Schrei

Erstab im Munde:

Ein Zaubrer tat's der Freund zur rechten Stunde,

Der Mittags – Freund – nein! fragt nicht, wer es sei –

Um Mittags war's, da wurde Eins zu Zwei···

Nun feiern wir, vereinten Sieg gewiss,

Das Fest der Feste:

Freund Zarathustra kam, der Gast der Gäste!

Nun lacht die Welt, der grause Vorhang riss,

Die Hochzeit kam für Licht und Finsternis···

Still! –

Von grossen Dingen-ich sehe Grosses! -

soll man schweigen

oder gross reden:

rede gross, meine entz?ckte Weisheit!

Ich sehe hinauf –

dort rollen Lichtmeere:

oh Nacht, oh Schweigen, oh totenstiller Lärm!···

Ich sehe ein Zeichen –,

aus fernsten Fernen

sinkt langsam funkelnd ein Sternbild gegen mich···

(『디오니소스 송가』 여덟째 시 「명성과 영원」 3절)

Zehn Jahre dahin –,

kein Tropfen erreichte mich,

kein feuchter Wind, kein Tau der Liebe

– ein regenloses Land···

Nun bitte ich meine Weisheit,

nicht geizig zu werden in dieser Dürre:

ströme selber über, tr?ufle selber Tau;

sei selber Regen der vergilbten Wildnis!

(『디오니소스 송가』아홉째 시 「가장 부유한 자의 가난에 대하여」 중에서)

Die Feigen fallen von den Bäumen, sie sind gut und süss;

und indem sie fallen, reisst ihnen die rote Haut.

Ein Nordwind bin ich reifen Feigen.

(『차라투스트라는 이렇게 말했다』 2부 2장)

Nacht ist es:

nun reden lauter alle springenden Brunnen.

Und auch meine Seele ist

ein springender Brunnen.

Nacht ist es:

nun erst erwachen alle Lieder der Liebenden.

Und auch meine Seele ist

das Lied eines Liebenden.

(『차라투스트라는 이렇게 말했다』 2부 9장)

"Dort ist die Gräberinsel, die schweigsame;

dort sind auch die Gräber meiner Jugend.

Dahin will ich einen immergrünen Kranz des Lebens tragen."

Also im Herzen beschliessend,

fuhr ich über das Meer. –

(『차라투스트라는 이렇게 말했다』 2부 11장)

Oh du mein Wille! Du Wende aller Not,

du meine Notwendigkeit!

Bewahre mich vor allen kleinen Siegen!

Du Schickung meiner Seele, die ich Schicksal heisse!

Du In-mir! Über-mir!

Bewahre und spare mich auf zu einem grossen Schicksale!

(『차라투스트라는 이렇게 말했다』 3부 12장 30절)

Still! Still! Ward die Welt nicht eben vollkommen?

Was geschieht mir doch?

Wie ein zierlicher Wind, ungesehn,

auf getäfeltem Meere tanzt,

leicht, federleicht: so –

tanzt der Schlaf auf mir.

(『차라투스트라는 이렇게 말했다』 4부 10장)

An der Brücke stand

jüngst ich in brauner Nacht.

Fernher kam Gesang;

goldener Tropfen quoll's

über die zitternde Fläche weg.

Gondeln, Lichter, Musik –

trunken schwamm's in die Dämmrung hinaus…

Meine Seele, ein Saitenspiel,

sang sich, unsichtbar berührt,

heimlich ein Gondellied dazu,

zitternd vor bunter Seligkeit.

– Hörte jemand ihr zu?

(『이 사람을 보라』 2장 7절)

16. 토리노에서의 그날

1) 1월 15일에 가스트에게 보낸 편지. 베르누이, 앞의 책, 2권, 231쪽.
2) 니체가 바젤에서 환자로 입원해 있던 동안의 기록은 포다흐, 『니체의 붕괴Nietzsches Zusammenbruch』(하이델베르크, 1930), 109쪽에 자세하게 수록돼 있다.
3) 오버베크가 가스트에게 보낸 편지. 베르누이, 앞의 책, 2권, 238쪽.

Ⅳ. 1889년 ~ 1900년

17. 니체의 죽음

1) 베르트람, 『니체: 신화화의 시도Nietzsche: Versuch einer Mythologie』(1918년), 361~362쪽.
2) 버트런드 러셀Bertrand Russell, 『서양 철학사History of Western Philosophy』(1946년), 800쪽.
3) 이에 대한 주석으로는 포다흐, 『정신 붕괴기의 니체의 작품들Friedrich Nietzsches Werke des Zusammenbruch』, 11~12쪽과 412쪽 이하를 참조하라.
   『헤겔에서 니체까지Von Hegel bis Nietzsche』 저자 카를 뢰비트Karl Löwith는 이 건물을 재치 있게도 "니체에 대한 바그너의 복수"라고 부른다.
4) 에리히 F. 포다흐, 『니체의 붕괴』 120쪽에 수록되어 있다.
5) 같은 책, 135쪽.
6) 에리히 F. 포다흐, 『병자 니체Der Kranke Nietzsche』(빈, 1937년), 141쪽을 참조하라.

7) 같은 책, 87쪽.

8) 에리히 F. 포다흐, 『니체의 주변 인물들』, 31쪽을 참조하라.

9) 파울 도이센, 앞의 책, 97쪽.

10) 에리히 F. 포다흐 『병자 니체』, 111쪽을 참조하라.

11) 율리우스 클링바일의 주장에 대해서는 이 책 12장을 참조하라.

12) 이 책 14장을 참조하라.

13) 에리히 F. 포다흐, 『니체의 주변 인물들』, 176쪽에서 인용하였다.

14) 에리히 F. 포다흐, 『병자 니체』 193쪽과 200쪽을 참조하라.

15) 베르누이, 같은 책, 2권, 379쪽에서 인용하였다.

16) 에리히 F. 포다흐, 『병자 니체』 251-252쪽에서 인용하였다.

17) 베르누이, 같은 책, 2권, 370쪽에서 인용하였다.

니체의 저작 목록

니체가 살아 있을 당시와 죽은 후에 그의 이름으로 출판된 방대한 분량의 작품들 가운데 우리는 그의 진짜 "작품들"(그가 직접 출판했거나 출판을 준비했던 책들)과 그 외의 원고들(그가 정신적으로 붕괴되고 사망한 후에 남겨진 원고들인 유고와 문헌학 관련 글들, 초기 작품들)을 구분할 필요가 있다. 전자의 경우는 니체에게 책임이 있지만, 후자의 경우는 그렇지 않다. 왜냐하면 후자는 바로, 니체 자신이 그것을 "작품"으로 세상에 내놓은 것이 아니기 때문이다. 그러나 1880년대에 쓴 유고를 선별해 편집한 『힘에의 의지』가 출판된 것을 주된 계기로 이 둘 사이의 경계선은 흐려졌고, 니체 철학의 논리적이고 순차적인 발전 과정은 모호해졌다. 만약 우리가 이 발전 과정을 추적해 보고자 한다면, 먼저 무엇을 토대로 삼아야 할지를 분명히 해야 한다. 니체 철학의 발전 과정은 그의 "작품들" 속에서 찾아야 한다. 또 작품의 출판 순서를 미리 정리해 둔다면 바람직할 것이다. 왜냐하면 출판 순서는 그의 사상이 어떻게 발전해 갔는지를 고찰할 때 항상 중요한 역할을 하기 때문이다. 이런 이유에서 나는 위에서 규정한 의미에 따른 니체 작품들의 목록을 연대순으로 정리했다. (작품 제목 다음의 팔호 안의 알파벳은 그 작품의 약어이다.)

1. 『비극의 탄생, 또는 그리스 문화와 염세주의Die Geburt der Tragödie, oder Griechentum und Pessmismus』 (GT)

1872년에 『음악 정신으로부터의 비극의 탄생Die Geburt der Tragödie aus dem Geiste der Musik』이라는 제목으로 출판한 작품으로, "리하르트 바그너에게 바치는 서문"과 스물다섯 개의 절로 구성되었다. 1874년에 발행한 제2판에서는 본문의 내용을 약간 수정했으며, 1886년에 발행한 제3판에서는 위의 제목으로 바꾸면서, "자기 비판의 시도"라는 서문을 추가했다. 제3판은 "새로운 판"이라고 불리지만 실제로는 제1판과 제2판의 재고를(제목을 바꾸고, 서문을 추가해) 재발행한 것이다. 이 책에 수록한 구절들은 제2판에서 인용한 것이다.

2. 『반시대적 고찰Unzeitgemäße Betrachtungen』

1편, 「다비트 슈트라우스, 고백자이자 저술가David Strauss, der Bekenner und der Schriftsteller」(UI). 1873년에 출판했으며, 열두 개의 구성됐다.

2편, 「삶에 있어서 역사의 유용함과 불리함^{Vom Nutzen und Nachteil der Historie für das Leben}」(UⅡ). 1874년에 출판했으며, 서문과 열 개의 절로 구성됐다.

3편, 「교육자로서의 쇼펜하우어^{Schopenhauer als Erzieher}」(UⅢ). 1874년에 출판했으며, 여덟 개의 절로 구성됐다.

4편, 「바이로이트의 리하르트 바그너^{Richard Wagner in Bayreuth}」(UⅣ). 1876년에 출판했으며, 열한 개의 구절로 구성됐다. 이 외에도 또 다른 편들을 계획했으나 완성되지는 않았다.

3. 『인간적인 너무나 인간적인. 자유 정신을 위한 책^{Menschliches, Allzumenschliches. Ein Buch für freie Geister}』

제1권(MA). 1878년에 출판했으며, 638개의 절을 아홉 개의 장으로 나누어 수록했다. 볼테르에게 바치는 헌사와 데카르트를 인용한 글이 "서문을 대신해" 들어가 있다. 1886년에 발행한 제2판에는 다음의 세 가지 사항을 바꾸었다. 헌사를 삭제했으며, 새로 쓴 서문을 데카르트의 인용문 대신 넣었고, 운문 형식의 후곡 "친구들 사이에서"를 추가했다.

제2권, 첫째 부록. 「다양한 의견과 격언들^{Vermischte Meinungen und Sprüche}」(VMS). 1879년에 출판했으며, 408절로 구성되었다.

둘째 부록. 「방랑자와 그의 그림자^{Der Wanderer und sein Schatten}」(WS). 1880년에 출판했으며, 350절로 구성되어 있고, 끝부분은 방랑자와 그의 그림자 사이의 대화로 마무리했다.

1886년에 발행한 제2판에서는 이 두 개의 부록을 『인간적인 너무나 인간적인』의 제2권으로 통합했으며, 새로 쓴 서문을 추가했다.

4. 『아침놀. 도덕적 선입견들에 대한 사유^{Morgenröte. Gedanken über die moralischen Vorurteile}』(M). 1881년에 출판했으며, 575개의 절을 다섯 개의 "권"으로 나누어 수록했다. 1887년에 발행한 제2판은 새로 쓴 서문을 추가한 것 외에는 변경된 사항이 없다.

5. 『즐거운 학문^{Die fröhliche Wissenschaft}』(FW).

1882년에 출판했으며, 342개의 절을 네 개의 "권"으로 나누어 수록했다. 맨 앞에는 예순세 편의 짧은 시들로 이루어진 "독일적 압운의 서곡: 농담, 음모 그리고 복수(이 제목은 괴테에게서 따온 것이다.)"를 수록했다. 1887년에 발행한 제2판에서는 제5"권"으로 "우리 두려움 없는 자들^{Wir Furchtlosen}"을 추가했으며, 열네 편의 시로 이루어진 "포겔프라이 왕자의 노래^{Lieder des Prinzen Vogelfrei}를 부록으로 추가했고, 새로 쓴 서문을 추가했다. 제1판에서 제사 題詞로 사용한 에머슨의 글은 니체 자신이 쓴 4행시로 대체했다.

6. 『차라투스트라는 이렇게 말했다. 만인을 위한, 그러나 어느 누구를 위한 것도 아닌 책 ^{Also sprach Zarathustra. Ein Buch für Alle und Keinen}』(Z).

1부, 1883년에 출판했으며, "차라투스트라의 서설"과 스물두 개의 장으로 구성되었다.

2부, 1883년에 출판했으며, 스물두 개의 장으로 구성되었다.

3부, 1884년에 출판했으며, 열여섯 개의 장으로 구성되었다.

4부이자 마지막 부, 1885년에 자비로 출판했으며, 1892년에 (페터 가스트가 편집한) 니체의 첫째 전집의 일부로 출판되었고, 스무 개의 장으로 구성되었다.

1부, 2부, 3부는 1887년에 어떤 변경이나 추가 사항 없이 그대로 묶어 한 권의 책으로 재출간했다.

7. 『선악의 저편. 미래 철학을 위한 서곡^{Jenseits von Gut und Böse. Vorspiel einer Philosophie der Zukunft}』(J).

1886년에 출판했으며, 296개의 절을 아홉 개의 장으로 나누어 수록했다. 서문과 "높은 산에서"라는 운문 형식의 후곡이 들어 있다.

8. 『도덕의 계보. 하나의 논박서^{Zur Genealogie der Moral. Eine Streitschrift}』(GM).

1887년에 출판했으며, 서문과 세 개의 논문으로 구성되었다.

9. 『바그너의 경우. 한 악사樂士의 문제^{Der Fall Wagner. Ein Musikanten-Problem}』(W).

1888년에 출판했으며, 한 편의 논쟁적인 시론과 서문, 두 편의 후기 그리고 후록으로 구성되었다.

10. 『우상의 황혼, 또는 망치를 가지고 철학하는 방법^{Götzen-Dämmerung, oder Wie man mit dem Hammer philosophiert}』(G).

1888년에 출판을 준비했으며, 1889년에 출판하였다. 열 개의 장과 서문 그리고 『차라투스트라는 이렇게 말했다』에서 인용한 "망치가 말한다"라는 후록으로 구성되었다.

11. 『니체 대 바그너. 한 심리학자의 편지Nietzsche contra Wagner. Aktenstücke eines Psychologen』(NCW).
1888년에 출판을 준비했으며, 1889년에 자비로 출판하였다. 그리고 1895년에 프리츠 쾨겔이 편집한 그로스옥타브 판 전집의 일부로 출판되었다. 아홉 개의 짧은 장과 서문 그리고 후록으로 구성되었다.

12. 『안티크리스트Der Antichrist』(A).
1888년에 출판을 준비했으며, 1895년에 그로스옥타브 판 전집의 일부로 출판되었다. 예순두 개의 절로 구성된 한 편의 긴 시론과 서문이 수록되어 있다.

13. 『디오니소스 송가Dionysos-Dithyramben』(DD).
각기 다른 날짜가 적혀 있는 아홉 편의 시로 구성되었다. 이 시들은 1888년 말에 출판하기 위해 니체 자신이 직접 편집한 것으로 보인다. 1892년에 페터 가스트가 편집한 첫째 전집의 일부로 출판되었다.

14. 『이 사람을 보라. 어떻게 사람은 자기 자신이 되는가Ecce Homo. Wie man wird, was man ist』(EH).
네 개의 장과 서문으로 구성된 자서전으로, 3장과 4장 사이에는 니체의 이전 작품들을 논하는 열 개의 짧은 글이 들어 있으며, 각각은 여러 개의 절로 구성되어 있다. 이 책의 본문에서는 "『이 사람을 보라』,「선악의 저편」 1절" 또는 "『이 사람을 보라』,「도덕의 계보」 1절" 등으로 표기했다. 1888년의 10월에서 12월 사이에 출판을 준비했으나 부분적으로만 인쇄되었고, 1908년(한정판)과 1911년에 출판되었다.

참고문헌

니체와 관련된 문헌은 이제 그 규모가 매우 방대하고, 그 수도 매우 빠른 속도로 증가하고 있어서, 완전한 목록을 작성하는 것은 더는 기대하기 힘든 일이다. 그리고 설령 가능하다 하더라도, 인쇄가 채 끝나기 전에 틀림없이 불완전한 것이 되고 말 것이다. 이 책에 수록한 참고문헌은 출판된 책들로 범위를 한정했지만, 종수가 워낙 많아 그 안에서조차 선별하지 않을 수 없었다. 그러나 목록에 수록한 많은 책들에 모두 자체의 참고문헌이 기재되어 있으며, 그 가운데 어떤 것들은 광범위한 내용을 담고 있어 보완이 가능할 것이라고 생각한다. 다음 목록은 1) 독일에서 출판된 니체 전집, 2) 영어로 번역된 니체의 저서들, 3) 2차 문헌으로 나눈 것이다.

1

Kritische Gesamtausgabe: Werke. Ed. Giorgio Colli and Mazzino Montinari (30 vols., Berlin: de Gruyter, 1967-78).

Sämtliche Werke. Kritische Studienausgabe. Ed. Giorgio Colli and Mazzino Montinari (15 vols., Berlin: de Gruyter, 1980).

Werke auf CD-ROM.

Historisch-Kritische Studienausgabe (Berlin: de Gruyter, 1994 / Charlottesville, Va.: InteLex, 1995).

Kritische Gesamtausgabe: Briefwechsel. Ed. Giorgio Colli and Mazzino Montinari (24 vol., Berlin: de Gruyter, 1975-84).

Sämtliche Briefe. Kritische Studienausgabe. Ed. Giorgio Colli and Mazzino Montinari (8 vol., Berlin: de Gruyter and DTV, 1975-84).

Werke in drei Bänden. Ed. Karl Schlechta (3 vols. Plus index vol., Munich: Hanser, 3rd edn., 1965).

Frühe Schriften. Ed. Hans Joachim Mette, Karl Schlechta and Carl Koch. (5 vols., Munich: Beck, 1994).

Der musikalische Nachlass. Ed. Curt Paul Janz. (Basel: Bärenreiter, 1976).

2

Complete Works. Ed. Bernd Magnus. (20 vols., Stanford, Calif.: Stanford University Press, 1995 onwards).

The Birth of Tragedy. Trans. Walter Kaufmann. (New York: Vintage, 1966).

Untimely Meditations. Trans. R. J. Hollingdale. (Cambridge: Cambridge University Press 1983).

Human, All Too Human. Trans. R. J. Hollingdale. (2 vols. in 1, Cambridge: Cambridge University Press, 1986).

Daybreak. Trans. R. J. Hollingdale. (Cambridge: Cambridge University Press, 1982).

The Gay Science. Trans. Walter Kaufmann. (New York: Vintage, 1974).

Thus Spoke Zarathustra. Trans. Walter Kaufmann. (in The Portable Nietzsche, New York: Viking 1954). Trans. R. J. Hollingdale (Penguin, 1961).

Beyond Good and Evil. Trans. Walter Kaufmann. (New York: Vintage, 1966). Trans. R. J. Hollingdale. (New York: Penguin, 1973)

On The Genealogy of Morals. Trans. Walter Kaufmann and R. J. Hollingdale (New York: Vintage, 1967). Trans. Carol Diethe. (As On the Genealogy of Morality. Cambridge: Cambridge University Press, 1994).

The Case of Wagner. Trans. Walter Kaufmann. (New York : Vintage, 1966).

Twilight of the Idols. Trans. Walter Kaufmann. (in The Portable Nietzsche, New York: Viking, 1954). Trans. R. J. Hollingdale (New York: Penguin, 1968).

The Antichrist. Trans. Walter Kaufmann. (In The Portable Nietzsche, New York: Viking, 1954). Trans. R. J. Hollingdale (New York: Penguin, 1968).

Nietzsche contra Wagner. Trans. Walter Kaufmann. (In The Portable Nietzsche, New York: Viking, 1954).

Ecce Homo. Trans. Walter Kaufmann. (New York: Vintage, 1967). Trans. R. J. Hollingdale (New York: Penguin, 1979).

Dithyrambs of Dionysus. Bilingual edn., trans. R. J. Hollingdale. (London: Anvil Press Poetry,

1984).

The Will to Power. Trans. Walter Kaufmann and R. J. Hollingdale. (New York: Vintage, 1967).

Philosophy in the Tragic Age of the Greeks. Trans. Marianne Cowan. (South Bend, Ind.: Gateway, 1962).

Philosophy and Truth: Selections from Nietzsche's Notebooks of the Early 1870s. Ed. and trans. Daniel Breazeale. (Atlantic Highlands, N. J.: Humanities Press, 1979).

The Poetry of Friedrich Nietzsche. Ed. and trans. Philip Grundlehner. (New York: Oxford University Press, 1986).

A Nietzsche Reader. Ed. and Trans. R. J. Hollingdale. (New York: Penguin, 1977).

Nietzsche Selections. Ed. Richard Schacht. (New York: Macmillan, 1993).

Selected Letters of Friedrich Nietzsche. Ed. and Trans. Christopher Middleton. (Chicago: University of Chicago Press, 1969).

Nietzsche: A Self-Portrait from His Letters. Ed. and trans. Peter Fuss and Henry Shapiro (Cambridge, Mass.: Harvard University Press, 1971).

3

ALDERMAN, Harold: *Nietzsche's Gift.* (Athens: Ohio University Press, 1977).

ALLISON, David(ed.): *The New Nietzsche.* (Cambridge, Mass.: MIT Press, 1985).

ANSELL-PEARSON, Keith: *An Introduction to Nietzsche as Political Thinker.* (Cambridge: Cambridge University Press, 1994).

ANSELL-PEARSON, Keith and HOWARD Caygill(ed.): *The Fate of the New Nietzsche.* (Aldershot: Avebury Press, 1993).

ASCHHEIM, Steven E.: *The Nietzsche Legacy in Germany,* 1890-1990. (Berkeley and Los Angeles: University of California Press, 1993).

BABICH, Babette E.: *Nietzsche's Philosophy of Science.* (Albany: SUNY Press, 1994).

BINION, Rudolpf: Frau Lou: *Nietzsche's Wayward Disciple.* (Princeton, N. J.: Princeton University Press, 1968).

BRANDES, George: *Friedrich Nietzsche.* (London: Heinemann, 1914).

Brann, H. W.: *Nietzsche und die Frauen.* (Leipzig, 1931; Bonn, 1978).

BRINGTON, Crane: *Nietzsche.* (Cambridge, Mass.: Harvard University Press, 1941).

CARR, Karen L.: *The Banalization of Nihilism.* (Albany: SUNY Press, 1991).

CHAMBERLAIN, Lesley: *Nietzsche in Turin.* (London: Quartet, 1996).

CLARK, Maudmarie: *Nietzsche on Truth and Philosophy.* (Cambridge: Cambridge University Press, 1990).

DANTO, Athur: *Nietzsche as Philosopher.* (New York: Macmillan, 1965).

DELEUZE, Gilles: *Nietzsche and Philosophy.* Trans. Hugh Tomlinson. (New York: Columbia University of Chicago Press, 1979).

DEUSSEN, Paul: *Erinnerungen an Friedrich Nietzsche.* (Leipzig: Brockhaus, 1901).

DIETHE, Carol: *Nietzsche's Women.* (New York and Berlin: de Gruyter, 1996).

FOUCAULT, Michel: 'Nietzsche, Genealogy and History', in *Language, Counter-Memory, Practice.* (Ithaca, N. Y.: Cornell University Press, 1977).

FUKUYAMA, Francis: *The End oh History and the Last Man.* (New York: Free Press, 1992).

GILLESPIE, M. A., and T. B. Strong(ed.): *Nietzsche's New Seas.* (Chicago: University of Chicago Press, 1988).

GILMAN, Sander: *Conversations with Nietzsche.* Trans. David J. Parent. (New York: Oxford University Press, 1987).

GRAYBEAL, Jean: *Language and The 'Feminine'*, in *Nietzsche and Heidegger.* (Bloomington: Indiana University Press, 1990).

HAYMAN, Ronald: Nietzsche: *A Critical Life.* (London: Weidenfeld, 1980).

HEIDEGGER, Martin: *Nietzsche.* Trans. David Farrell Krell. (4 vols., New York: Harper & Row, 1979-86).

    'Who Is Nietzsche's Zarathustra?', in David Allison(ed.): *The New Nietzsche.* (Cambridge, Mass.: MIT Press, 1985).

    'The World of Nietzsche: "God Is Dead"', in *The Question Concerning Technology and Other Essays.* (New York: Harper & Row, 1977).

HIGGINS, Kathleen: *Nietzsche's Zarathustra.* (Philadelphia: Temple University Press, 1987).

HIGGINS, Kathleen and Bernd Magnus(ed.): *The Cambridge Companion to Nietzsche.* (Cambridge: Cambridge University Press, 1996).

HIGGINS, Kathleen and Robert Solomon(ed.): *Reading Nietzsche.* (New York: Oxford University Press, 1988).

HOLLINGDALE, R. J.: *Nietzsche.* (London: Routledge, 1973).

IRIGARAY, Luce: *Marine Lover of Friedrich Nietzsche.* Trans. G. G. Gill. (New York: Columbia University Press, 1991).

JANZ, Curt Paul: *Friedrich Nietzsche Biographie.* (3 vols., Munich: Hanser, 1978).

JASPERS, Karl: *Nietzsche: An Introduction to the Understanding of His Philosophical Activity.* Trans. Charles Walraff and Frederick J. Schmitz. (Chicago: Regnery, 1965).

KAUFMANN, Walter: *Nietzsche: Philosopher, Psychologist, Antichrist.* (Princeton, N. J.: Princeton University Press, 1950; 4th edn. 1974).

KOELB, Clayton(ed.): *Nietzsche as Postmodernist.* (Albany: SUNY Press, 1990).

KOFMAN, Sarah: *Nietzsche and Metaphor.* Trans. Duncan Large. (Stanford, Calif.: Stanford University Press, 1993).

KÜNG, Hans: *"Nietzsche: What Christians and Non-Christians Can Learn"*, in Does God Exist? Trans. Eduard Quinn. (New York: Vintage, 1981).

LÖWITH, Karl: *Nietzsches Philosophie der ewigen Wiederkehr des Gleichen.* (3rd edn., Hamburg: Felix Meiner, 1978)

MANN, Thomas: "Nietzsches Philosophie", in *Neue Studien.* (Stockholm: Bermann-Fischer, 1948).

Nietzsches Philosophy in the Light of Contemporary Events. (Washington, D.C.: Library of Congress, 1947).

NEHAMAS, Alexander: *Nietzsche: Life as Literature.* (Cambridge, Mass.: Harvard University Press, 1985).

OWEN, David: *Nietzsche, Politics and Modernity.* (London: Sage, 1995).

PARKES, Graham: *Composing the Soul.* (Chicago: University of Chicago Press, 1994).

SALOMÉ, Lou: *Nietzsche.* Ed. and trans. Siegfried Mandel. (Redding Ridge, Conn.: Black Swan, 1988).

SANTANIELLO, Weaver: *Nietzsche, God and the Jews.* (Albany: SUNY Press, 1994).

SCHABERG, William: *The Nietzsche Canon.* (Chicago: Chicago University Press, 1996).

SCHACHT, Richard: *Nietzsche.* (London: Routledge, 1983).

(ed.): *Nietzsche, Genealogy, Morality.* (Berkeley and Los Angeles: University of California

Press, 1994).

SCHRIFT, Alan: *Nietzsche and the Question of Interpretation.* (London: Routledge, 1990).

SCHUTTE, Ofelia: *Beyond Nihilism.* (Chicago: University of Chicago Press, 1984).

SEDGWICK, Peter (ed.): *Nietzsche: A Critical Reader.* (Oxford: Blackwell, 1995).

STATEN, Henry: *Nietzsche's Voice.* (Ithaca, N.Y.: Cornell University Press, 1990).

STERN, J. P.: *A Study of Nietzsche.* (Cambridge: Cambridge University Press, 1979).

STERN, J. P. and M. S. Silk: *Nietzsche on Tragedy.* (Cambridge: Cambridge University Press, 1981).

STRONG, Tracy B.: *Friedrich Nietzsche and the Politics of Transfiguration.* (Berkeley and Los

Angeles: University of California Press, 2nd edn. 1988).

WILCOX, John T.: *Truth and Value in Nietzsche.* (Ann Arbor: University of Michigan Press, 1974).

찾아보기

491

| ㅇ |

레지날드 J. 홀링데일 Reginald J. Hollingdale 지음

1930년에 태어나서 2001년에 세상을 떠났다. 명쾌하고도 신뢰할 만한 그의 니체 번역은 많은 독자들로 하여금 그를 옥스퍼드 출신쯤으로 생각하게 했지만, 사실 그는 열여섯 살에 사우스 런던의 학교를 졸업한 뒤, 저널리스트와 《가디언》의 보조 편집자 생활을 했을 뿐, 특별한 학교 교육을 받지 않은 채 평생 니체 연구에만 몰두했다. 그가 쓴 이 니체 전기는 1965년에 출간된 후 열렬한 호응을 얻었으며, 몇십 년 동안 많은 학생들의 철학자 연구의 필독서가 되었다. 가장 존경받는 니체 연구자이자 번역자 가운데 한 사람이며, 영국 프리드리히 니체 협회FNS는 그를 명예 회장으로 선출하여 그에 대한 경의를 표했다. 『아침놀』, 『반시대적 고찰』, 『인간적인 너무나 인간적인』을 비롯한 니체의 저술 열한 권을 번역했고, 니체에 관한 두 권의 책을 저술했다.

김기복 옮김 | 철학박사

서울대학교 경영학과를 졸업하고 동 대학원 철학과에서 현대 현상학 운동의 창시자인 에드문트 후설E. Husserl에 대한 연구로 박사 학위를 취득하였다. 후설의 현상학을 포함하여 니체, 하이데거, 아렌트, 리쾨르 등의 현대 실존주의 및 해석학을 연구하고 있다. 〈습성習性의 현상학: 후설의 초월론적 습성 개념 연구〉, 〈후설에서의 '인격적 동일성'〉, 〈정의justice에 대한 목적론적 접근〉 등의 논문이 있으며, 역서로 〈현상학의 근본문제〉(후설, 필로소픽, 근간)가 있다. 현재 가천대학교 가천리버럴아츠칼리지 조교수로 재직하고 있으며, 한국현상학회 총무이사를 맡고 있다.

이원진 옮김 | 철학박사, 전 중앙일보 기자

서울대학교 불어교육과를 졸업하고, 서울대와 국민대에서 서양철학 석사과정을, 성균관대에서 동양철학 박사과정을 밟은 후 『퇴계 정학의 규구방원 구조 연구退溪 情學의 規矩方圓 構造 硏究』로 박사학위를 받았다. 학창시절 고통을 받았던 교육제도를 고쳐보고자 기자가 됐고 10년 정도 정치, 사회부의 현장에서 일하다 다시 동양철학 공부에 뛰어들었다.

주요 논문으로 「키에르케고어와 退溪가 본 心病과 그 극복 – '순간 Øieblik'과 '경敬'을 중심으로」, 「동서양 고전에서 본 부모의 범죄에 대한 자녀의 자세 – 『논어』와 『에우튀프론』을 중심으로」, 「퇴계의 도설圖說과 라캉의 위상학」, 「『맹자』의 '방심放心과 『메논』의 '다이달로스'로 본 '심心 – 영혼psyche'의 구조 고찰」 등이 있으며, 『열살 전에, 더불어 사는 법을 가르쳐라』(공저, 걷는나무), 『최고를 꿈꿔라』(파워북) 등의 책을 냈다.

감정의 측면에서 동서양의 개념 비교연구에 몰두하고 있다. 현재 국민대 문화교차연구소 연구원으로 국민대와 동서울대에서 동서철학을 '자기답게' 읽는 수업을 하고 있다. 현장에 발을 디딘 '엄마철학자'로 살고자 팟캐스트 '씽투육아'도 진행하고 있다.